Renée Maheu (signature)

18/11/88
Salon du livre 1988
" Délie de lire "

Pierrette
ALARIE
Léopold
SIMONEAU

deux voix, un art

Pierrette Alarie (signature)

Léopold Simoneau (signature)

RENÉE MAHEU

Pierrette
ALARIE
Léopold
SIMONEAU

deux voix, un art

LIBRE
EXPRESSION

Remerciements

Au Conseil des Arts du Canada pour son encouragement et son aide financière.

Aux archives du Festival de Salzbourg, de l'I.N.A. et de l'O.R.F.

À Radio-Canada, ses réalisateurs et ses archivistes.

À Pierrette et Léopold qui m'ont accordé de longues heures d'entretien et l'accès à leurs documents personnels.

Au Prêt d'Honneur Inc.

Données de catalogage avant publication (Canada)

Maheu, Renée

    Pierrette Alarie et Léopold Simoneau : deux voix, un art

    Discographie : p. 314

    ISBN 2-89111-348-9

    1. Simoneau, Léopold, 1916-   . 2. Alarie, Pierrette, 1921-   . 3. Chanteurs - Québec (Province) - Biographies. I. Titre.

ML420.S55M33 1988   784'.092'4   C88-096544-4

Maquette de la couverture : France Lafond

Photocomposition et mise en pages : Imprimerie Gagné Ltée

Dépôt légal:
4e trimestre 1988

ISBN 2-89111-348-9

*Ce n'est pas par vanité que nous avons accepté de contribuer
aux pages qui suivent mais uniquement par désir de
revivre certaines étapes de nos carrières respectives à
l'intention de ceux qui ont été témoins de nos faits et gestes,
et qui nous ont appuyés. Mais nous souhaitons avant
tout que notre belle aventure serve de jalons à ceux
qui voudraient suivre nos pas...*

Pierrette Alarie et Léopold Simoneau

À mes filles,
Geneviève et Dominique,
ainsi qu'à Isabelle
et Chantal Simoneau.

La Musique est l'essence de l'ordre, qu'elle rétablit et élève vers tout ce qui est bon, juste et beau, dont elle est, bien qu'invisible, la forme éblouissante, passionnante, éternelle.

Platon

Table des matières

Avant-propos

C'est à Paris, à l'écoute des émissions animées par Armand Panigel sur les ondes de Radio-France et intitulées *La Tribune des critiques de disques* que j'ai vraiment été fascinée par la dimension de l'art mozartien de Léopold Simoneau. Si une nouveauté concernant une œuvre lyrique de Mozart était comparée avec les enregistrements précédents, les critiques Antoine Goléa, Jacques Bourgeoys, Jean Roy et leurs invités citaient immanquablement l'interprétation de Léopold Simoneau comme enregistrement de référence. Ils n'hésitaient pas à le qualifier de «plus grand ténor mozartien de notre époque».

Dès 1966, Gabriel Dussurget, alors directeur artistique du Festival d'Aix-en-Provence, me parlait du Don Ottavio de Léopold Simoneau comme de la révélation de l'été 1950, tout en ne tarissant pas d'éloges sur la brillante artiste qu'était Pierrette Alarie. Les artistes lyriques, chefs d'orchestre, répétiteurs ou metteurs en scène rencontrés par la suite à travers les festivals européens, en France, en Italie, en Angleterre ou en Autriche, se souvenaient avec enthousiasme de ce couple d'interprètes de grande classe. J'étais fière de mes compatriotes et un peu de leur gloire rejaillissait sur moi...

Quelques années plus tôt à Montréal, il m'avait été donné de côtoyer ces grands artistes que j'admirais autant pour leur art du chant que pour le rayonnement de leurs personnalités et la véracité de leurs interprétations musicales. D'une part, au hasard des distributions, j'ai eu la joie de travailler aux côtés de Léopold; d'autre part, le souvenir de la fascination qu'exerçait Pierrette sur moi est demeuré très vivace; je l'ai fréquemment croisée dans les couloirs de Radio-Canada, entre autres lors des répétitions de *La Voix humaine* de Francis Poulenc pour la télévision; son professionnalisme ne se démentait jamais: je la vois encore travaillant son rôle avec Jan Doat, revêtue du vêtement de nuit de l'héroïne afin de mieux se mettre dans la peau du personnage... Je les entendis fréquemment, solistes ou duettistes, en concert, en récital, à la radio, à la télévision naissante, et je collectionnais leurs disques. Bref, je les aimais.

Je vivais en France lorsque me sont parvenus à travers Raoul Jobin, alors conseiller culturel à la Délégation générale du Québec à Paris, les échos du scandale suscité par la démission de Léopold Simoneau à la direction artistique de l'Opéra du Québec en 1971. Vue de l'étranger, cette situation semblait incompréhensible: comment pouvait-on, sans rougir, humilier des artistes de pareille dimension internationale? Les commentaires des collègues européens nous mettaient tous un peu à la gêne, nous, leurs compatriotes.

Quelques années plus tard au Festival de Guelph, en Ontario, je retrouvais un Léopold Simoneau amer et intransigeant; une remarque de Lord Harewood me revint en mémoire: «Quand j'ai appris à Londres la nomination de Léopold Simoneau comme directeur artistique de l'Opéra du Québec, j'ai pensé que les Canadiens avaient beaucoup de chance. La suite des événements demanderait quelques explications et éclaircissements...»

À cette époque, je ne songeais pas encore au travail biographique concernant un autre ténor du Québec, Raoul Jobin. Devant l'oubli, l'indifférence, voire l'ignorance qui entourent chez nous les carrières de nos artistes, j'ai alors cherché à en savoir davantage. La dimension humaine et artistique de Raoul Jobin fut une révélation, tout autant pour les lecteurs témoins de son époque que pour les musiciens et mélomanes d'aujourd'hui. Animée du même désir de faire revivre le souvenir des Simoneau, d'alimenter la mémoire du cœur, de les découvrir à travers leur véritable dimension socio-culturelle en rétablissant les faits au moyen de documents authentiques, j'ai souhaité vivre une expérience nouvelle, solitaire mais passionnante. C'est ainsi que j'ai décidé de travailler à la biographie du couple Alarie-Simoneau alors qu'ils sont toujours actifs dans la foulée des pionniers de l'art lyrique au Canada.

Un premier jalon fut posé avec Pierrette à l'occasion de la tournée, dans l'est du Canada, des jeunes de leur école d'été de Victoria, en Colombie britannique — le Canada Opera Piccola. Comme ils habitaient alors à Victoria et moi à Paris, une correspondance chaleureuse s'est amorcée, suivie pour moi d'un premier séjour sur la côte ouest où je fus accueillie dans la confiance et l'amitié. Après avoir dépouillé les souvenirs enfouis dans les programmes et critiques, nous avons enregistré des heures d'entretiens et confidences. Toujours je demeurais émerveillée devant les exclamations attendrissantes de Léopold relisant quelque commentaire de journal ou revoyant quelque photo jaunie: «Tu te souviens, ma mie?...» disait-il à tout instant à Pierrette. C'était un baume merveilleux. Simplicité, gentillesse et civisme constituent l'art de vivre de ce couple peu commun et du quatuor qu'ils forment avec leurs deux splendides filles, Isabelle et Chantal.

Profitant du recul des ans, nous avons étudié et analysé les raisons de leur départ du Québec, nous basant sur les documents confidentiels qui demeurent d'ailleurs la propriété des intéressés. J'ai donc relaté les principaux événements de leur vie d'artistes et leur histoire d'amour à l'image de la vie. On constatera que les Simoneau eux-mêmes furent ma principale source d'information et de compréhension. J'ai tenté de suivre l'histoire de leur vie et de leur carrière le plus fidèlement possible, mais comment avoir la certitude que tout a été dit? Comme le rappelait Régine Pernoud dans son introduction à *La Femme au temps des cathédrales* (Stock): «Écrirait-on jamais, en histoire surtout, si l'on ne se résignait d'avance à être incomplet?»

Sutton.

PREMIÈRE PARTIE

1.

Pierrot, une petite fille de talent

Elle a 17 ans, cette gracieuse Montréalaise. Elle rêve de cinéma et de chant, et elle fait déjà la manchette des journaux...

Pierrot — c'est ainsi qu'on l'appelle dans l'intimité — est très jolie, de taille moyenne, très personnelle, deux grands yeux bleus qui disent beaucoup, une bouche mignonne facile au sourire et, avec ça, un air semi-bambin et semi-grande fille, air qui lui va à merveille.

Et ce même jour de juin 1938, «la petite Pierrette Alarie», chanteuse de genre, répondait à Henri Letondal, animateur de *L'Heure provinciale* à CKAC: «Oh! l'avenir!... chose à quoi je pense souvent... Je vais dévoiler mon rêve... J'aimerais beaucoup un jour faire du cinéma ou encore devenir une chanteuse, oh! cette fois ''grande chanteuse''... Mes idées sont peut-être banales, mais impossible de penser le contraire, étant née de parents artistes.» C'est à Caro Lamoureux, soprano vedette des Variétés lyriques, que Pierrot chuchotera la première fois ce rêve merveilleux. Elle a alors à son répertoire les chansons de Mireille, belle diseuse française qu'elle admire, et de courtes mélodies:

Le Temps des cerises, Le Chemin des écoliers, Maman, dites-moi, etc. Elle a la certitude qu'un jour elle sera chanteuse d'opéra. Et pourtant, en ce moment, tout lui sourit au théâtre et à la radio.

Elle a 9 ans lorsque Hector Charland, un grand ami de son père, la fait débuter sur les planches du Gesù, en la tenant par la main, avec une poupée dans les bras. Pierrette Alarie se souvient de sa première expérience au théâtre. Hector Charland lui disait, avec une grande gentillesse:

— Viens, ma petite Pierrot, ne crains rien. Tu connais déjà tout le monde ici. Tu auras une petite réplique à me donner et tu verras que ce sera très facile.

— Mais tout est noir dans la salle, lui dit-elle. Où est passé papa?

— Il reviendra bientôt. Il est parti avec tes frères chercher les programmes pour les vendre ce soir avant le spectacle. Si tu préfères attendre leur retour, nous attendrons.

— Je préfère attendre.

— Comme tu voudras.

Il la prend doucement par la main et, soudain:

— Oh! j'aimerais que tu me chantes la jolie chanson qu'Amanda t'a apprise l'autre jour... Tu sais, la petite bergerette. Je t'accompagnerai du mieux que je peux au piano. Viens!

— Oh oui!... jouez pour moi!...

Ils se dirigent vers le fond de la scène où est le piano droit. Hector Charland l'ouvre et joue quelques accords. Pierrot, très sérieusement, serre sa poupée contre elle, se redresse, salue un auditoire invisible et, en se tenant très droite, commence à chanter, avec justesse:

Maman dites-moi ce qu'on sent quand on aime,
Est-ce un plaisir, est-ce un tourment?
Je suis tout le jour dans une peine extrême
Et la nuit je ne sais comment
Quel mal peut nous causer un amant
Si près de nous son cœur soupire
Que faut-il lui dire?

Elle est si mignonne, la petite Pierrot. Elle est la fierté de son père, Sylva Alarie, qui possède une belle voix de baryton et qui lui enseignera ses premières notions de solfège.

Sylva Alarie est un excellent musicien; il joue avec habileté du violoncelle et il est un copiste minutieux très en demande chez les musiciens. D'abord maître de chapelle à l'église Sainte-Brigide puis à l'église du Sacré-Cœur, il deviendra chef des chœurs et chef d'orchestre à la Société canadienne d'Opérette, fondée par Honoré Vaillancourt. Avant son mariage avec Amanda Plante, originaire de Sorel, il avait été frère des Écoles chrétiennes durant quelques années. Son français est châtié et, pour gagner le pain de la famille, il est traducteur pour le quotidien montréalais *La Presse*.

Amanda Plante avait une voix remarquable de soprano dramatique et un sens inné du théâtre. Elle avait dû renoncer à l'offre d'un oncle prêtre qui, croyant en son talent, avait offert à ses parents de payer les études de chant qu'elle espérait faire à Paris. Les parents s'y étaient opposés catégoriquement. À Sorel, il n'était pas question de songer à l'Europe — ces vieux pays où une belle fille peut mal tourner. Amanda Plante en aura toujours la nostalgie et elle reportera plus tard ses désirs refoulés sur sa talentueuse Pierrette.

C'est au cours d'une soirée musicale chez des amis communs qu'Amanda Plante et Sylva Alarie se sont rencontrés. Le sachant violoncelliste, elle lui avait demandé un obligato de violoncelle pour une des mélodies de son répertoire. La musique sera le lien qui unira ces deux artistes et qui sera à l'origine des goûts artistiques de leurs quatre enfants. Ils unirent leurs destinées en 1913.

À cette époque, les Canadiens se réunissaient dans les salons durant les longues soirées d'hiver. Une colonie artistique régnait sur la métropole francophone et anglophone, et une autre, plus fermée, était aussi active à Québec. Chaque paroisse de la province avait sa chorale réunie autour de son clocher et une élite intellectuelle formée dans les collèges classiques défendait l'héritage culturel venu de France. Les troupes de théâtre faisaient des tournées à travers la province et les comédiens les plus en demande étaient Alfred Barry, Albert Duquesne et sa femme Marthe Thierry, et «papa Godeau» que tous adoraient et qui leur servait d'impresario. Le folkloriste Conrad Gauthier et Sylva Alarie se déplaçaient avec eux et, à l'occasion, montaient de courtes opérettes.

L'enfance de la petite Pierrette baigna dans cette ambiance de théâtre et de musique. Que de fois les invités, chez les Alarie, ont-ils découvert, à leur amusement, une petite fille blonde endormie à la porte de sa chambre, ne voulant rien manquer de ces belles soirées qui se terminaient par des jeux de société et un goûter... Pierrette Alarie se souviendra longtemps du Quatuor Sylva, qu'avait formé son père et qui répétait à la maison; de Lise Bonheur, mère de Monique Chailler, diseuse de grand talent qui récitait les poèmes romantiques avec tant de grâce; de Charles Goulet, baryton d'origine belge, qui l'amusera en lui racontant qu'il avait «chanté en trio» avec elle alors qu'Amanda Alarie était enceinte d'elle... Plus tard, Charles Goulet sera un appui constant dans l'évolution de sa carrière et de celle de Léopold Simoneau.

Née sous le signe du Scorpion, le 9 novembre 1921, Pierrette Alarie aura une enfance heureuse qui illuminera son orientation vers la recherche de la perfection dans le travail et la réalisation d'un idéal artistique. De son père, elle héritera une minutie constante, une grande musicalité, un sens de l'humour, et de sa mère, un goût et un sens profond du théâtre.

La petite Pierrot était la troisième d'une famille de quatre enfants. Son frère aîné, Bernard (1914), avait tous les talents. «Que de fous rires et de coups de règle sur les doigts nous avons eus ensemble, dira-t-elle, surtout durant nos leçons de solfège chez Madame Blanche Laurendeau, mère du journaliste André Laurendeau. Elle était très stricte et Bernard ne faisait que des bouffonneries... Il était plein d'esprit et il avait le don de faire rire les plus sérieux. Son charme le rendait très populaire dans les soirées d'amis...»

Son frère Roland (1916) quittera assez jeune la maison pour le noviciat des frères des Écoles chrétiennes et sa vie sera orientée vers l'apostolat et l'enseignement. Il obtiendra un baccalauréat en musique et un doctorat en lettres. Il deviendra directeur du Mont-Saint-Louis de Montréal, pensionnat pour garçons, et il fondera une chorale d'une centaine de voix qui prendra le nom d'Alarica. Enfin, sa sœur cadette Marie-Thérèse (1927) sera la confidente et l'amie très chère. Douée d'une belle voix de soprano dramatique, elle étudiera le théâtre avec Lilianne Dorsenn et la danse avec Monique Chailler. Elle fera un début de carrière radiophonique et elle participera pendant quelques années à l'émission très populaire de Radio-Canada *Les Joyeux Troubadours*. Elle chantera durant quelques saisons aux Variétés lyriques et, un jour, elle rencontrera l'amour qui orientera sa vie différemment. Pierrette dira que sa sœur Marie-Thérèse avait la belle voix de leur mère...

Amanda Alarie avait été l'une des premières vedettes de la Société canadienne d'Opérette. Très gaie, elle aimait le plaisir, la société, et faisait beaucoup de théâtre dans la vie. Elle avait formé, après la mort de son époux, un trio vocal féminin, le Trio charmant. Amanda Alarie avait chanté dans *La Basoche* d'André Messager au Monument-National en 1918, sous la direction d'Arthur Laurendeau qui était alors maître de chapelle à la cathédrale de Montréal, directeur de l'Académie de Musique de Québec, directeur artistique de l'Association d'Art lyrique, et professeur de chant et de solfège à l'École normale. «Sa voix dramatique était très forte et très puissante», disait-il d'Amanda Alarie.

Au début de son mariage, ses activités artistiques étaient surtout orientées vers le théâtre et les spectacles au Monument-National. Très tôt, Bernard et Roland vendront des programmes dans la salle tandis que les parents joueront sur scène et chanteront des extraits de *Ciboulette* ou d'opérettes d'Offenbach. La famille Alarie habitait au 3771 de la rue Saint-André, entre les rues Roy et Sherbrooke, et Roland se souvient «du grand incendie de l'église du Sacré-Cœur et du clocher qui s'est effondré dans les flammes».

Amanda Plante-Alarie avait été membre de l'Association d'Art lyrique, et, parmi ses collègues les plus célèbres des années 1915-1925, nous pouvons citer Cedia Brault, Blanche Gonthier, Berthe Roy, Sarah Fisher, Florence Easton, Eva Gauthier, Gaston Favreau, Rodolphe et Arthur Plamondon, Paul Dufault, Ulysse Paquin, Graziella Dumaine, Joseph Saucier, le pianiste-critique lauréat du prix d'Europe 1912, Léo-Pol Morin, le quatuor à cordes Dubois, etc., tous des artistes qui alimentaient la revue montréalaise *Le Canada Musical*.

Sylva Alarie était un père de famille autoritaire et juste. «Cependant, chacun de nous a reçu une seule et unique fessée, dira Roland Alarie. Jamais il n'a élevé la voix, il parlait avec ses yeux, ses grands yeux bleus, ceux de Pierrette.»

Et celle-ci se souvient très bien de la «fessée de sa vie». Elle racontera: «En rentrant à la maison, à l'heure du souper et dans un mouvement de contrariété, j'ai jeté mon béret par terre, en tapant du pied. Oh! ce n'était pas des manières! Mon père, qui était à la maison, m'a dit: "Tu vas ramasser ton béret." Je lui réponds: "Non! — Tu vas ramasser ton béret. — Non! — Tu vas ramasser ton béret", répète-t-il pour la troisième fois. Devant mon entêtement, il s'est levé de table, m'a pris la main que je tenais bien fermée et m'a alors flanqué une bonne fessée. Ma main s'est ouverte malgré moi et j'ai doucement ramassé mon béret. Je n'ai jamais recommencé. Il était doux mais il fallait obéir. Je l'ai toujours respecté et aimé.»

Tous les dimanches, la famille Alarie faisait une promenade en voiture. C'était devenu une tradition. Après la grand-messe que dirigeait le père, maître de chapelle à l'église du Sacré-Cœur, c'était le repas de famille puis la promenade autour de l'île de Montréal. Il fallait rentrer en fin d'après-midi pour les vêpres. Et, avec les enfants qui grandissaient, le père musicien avait formé le Quintette Alarie — papa, maman, Bernard, Pierrette et la petite Marie-Thérèse. Roland, qui avait quitté la maison depuis l'âge de 13 ans, se souviendra de la visite surprise et du petit concert qu'ils lui firent au parloir du Mont-Lasalle à Rivière-des-Prairies...

Avec la venue de ses enfants, Amanda Alarie avait passablement réduit ses activités artistiques. C'est devant l'inéluctable — la mort subite de Sylva Alarie, en décembre 1934, quatre jours avant Noël, à l'âge de 50 ans — qu'elle orientera sa vie vers la radio, le théâtre et la télévision naissante pour en devenir une des plus populaires vedettes de l'époque, dans le rôle de maman Plouffe.

Le public radiophile se souvient des *Joyeuses Commères* — Mme Chose et Mme Untel — avec Juliette Béliveau d'abord et Juliette Huot par la suite; de la bonne grosse Arthémise Labranche, «la femme à ce brave cousin d'Alexis», dans *Un homme et son péché*, roman radiophonique de Claude-Henri Grignon, avec le grand ami Hector Charland, le premier Séraphin Poudrier; des huit saisons des *Fridolinades* de Gratien Gélinas, suivies de *Ti-Coq* en tournée à travers la province; des revues *Bleue et Or* à l'Université de Montréal; de *Tante Lucie* tous les jours de la semaine, durant seize ans, à l'antenne de Radio-Canada. Puis enfin, avec l'avènement de la télévision, elle fut la maman Plouffe du roman de Roger Lemelin *La Famille Plouffe,* en français d'abord, puis à la télévision anglaise, toujours en direct, beau temps, mauvais temps — tempête de neige ou pas —, malade ou non. Amanda Alarie étudiait ses rôles la nuit, et Marie-Thérèse, très proche de sa mère à qui elle ressemblera de plus en plus avec les années, l'aidait à mémoriser ses textes, français et anglais.

Marie-Thérèse Alarie témoignera: «Maman était très dure au travail. Elle ne prenait jamais de vacances. À la mort de mon père, elle a dû gagner sa vie et terminer notre éducation. Elle était assez sévère mais très tendre. À sa mort, survenue en décembre 1965, à l'âge de 76 ans, elle était devenue aussi populaire que le cardinal Léger, qui d'ailleurs a voulu officier à la messe des funérailles, le 23 décembre, en la cathédrale de Montréal qui était archipleine de gens très émus. Le père Ambroise Lafortune concélébrait l'office. Durant l'homélie funèbre, le Cardinal l'avait surnommée «la maman des Canadiens français». Les gens pleuraient. Amanda Alarie a laissé le souvenir d'une grande dame du théâtre québécois — aimable, souriante et ''bonne comme du bon pain''.»

La mort subite du père assombrira les jeunes années de la petite Pierrette, qui venait d'avoir 13 ans. Elle dira, avec grande émotion, des années plus tard:

«J'ai gardé un souvenir très vivant de mon père. Avec mes grands yeux bleus semblables aux siens, je revois toute mon enfance. C'était un homme extrêmement discipliné, d'une belle culture et qui s'exprimait très bien. Il était très chatouilleux pour le bon parler français et nous corrigeait sans cesse à la maison. J'ai gardé ce goût du beau langage.

«Il aimait faire des calembours et raconter des histoires avec esprit. Il avait un bon sens de l'humour. Il était très tendre quoique sous un extérieur très froid. Et, comme j'étais venue après deux garçons, il y eut une très grande affinité entre nous. J'aurais tout fait pour lui, et pour moi il était un prince. Il était très beau, très chic et bien mis, élégant et soigneux de sa personne. Il détenait l'autorité dans la maison.

«Lorsqu'il est mort, ce fut pour moi un traumatisme qui a duré très longtemps. J'en ai rêvé — j'en ai fait des cauchemars. Hector Charland, qui était son grand ami, est demeuré avec nous les trois jours où il fut exposé dans son cercueil à la maison. Il m'a alors consolée et il fut comme un second père pour moi. Je peux dire que la perte de mon père m'a marquée pour la vie — j'ai été très longue à me remettre de ce premier chagrin. J'étais plus près de mon père que de ma mère.

«Après la mort de mon père, maman a concentré sa vie sur moi. Je la suivais partout dans le milieu artistique qu'elle fréquentait pour son travail. Très tôt, grâce à elle, j'ai pris des cours de diction, de danse et de chant. Elle voulait que je devienne une artiste accomplie et populaire. Moi, je rêvais de cinéma. Deanna Durbin était devenue mon idole après son interprétation de l'*Alleluia* de Mozart dans le film *One Hundred Men and a Girl*.»

Très tôt la petite Pierrette prendra le chemin de l'école de Madame Gélinas-Gagnon, les Artistes en Herbe, et elle aura comme camarades Denise Saint-Pierre et Robert Savoie, futur baryton. Elle fera ses premières vocalises avec une amie de sa mère, Éléonore Hamel, membre du Trio Charmant, tout en continuant son cours académique chez les religieuses de la congrégation de Notre-Dame. Elle sera gagnante d'un concours d'amateurs à CKAC jugé par Ernest Loiselle et commandité par la brasserie Black Horse, avec la chanson de la diseuse Mireille *Ma grand-mère était garde-barrière*. Elle avait 14 ans, ce 12 février 1936, et c'est là que commença la prodigieuse ascension de celle qui allait devenir la belle et grande artiste Pierrette Alarie.

Séduit par le charme et le talent de cette jeune fille, Yves Bourassa, alors directeur de la programmation à CKAC, l'engagea à plusieurs reprises. Elle chanta au *Gala humoristique* et, suprême ambition des débutantes, il lui donna une émission régulière de chansons avec le sympathique Léo LeSieur à l'orgue. Ainsi naquit une jeune étoile, chanteuse de genre, qui prit la route du studio d'Albert Roberval et de sa femme Jeanne Maubourg, pour le chant et l'art dramatique. La chance, incontestablement, lui souriait, et, l'été suivant, Pierrot faisait partie de la tournée en province de *La Revue du bonheur*, avec Mimi d'Estée, Henry Deyglun, Roger Baulu, Ferdinand Biondi et Marcelle Martin au piano d'accompagnement. Et enfin ce sera toute une semaine au Loew's avec le groupe Ludovic Huot et ses Débutantes.

Les Variétés lyriques, qui succédèrent à la Société canadienne d'Opérette, lui feront faire ses débuts, à 16 ans, dans *L'Auberge du Cheval-Blanc* en septembre 1938, dans le petit rôle de Sylvabelle qui lui vaudra une première critique — «petite voix fort plaisante, et se sent à l'aise sur le plateau». Elle est entourée de sa très chère Caro Lamoureux, ainsi que de Gaston Dauriac, Olivette Thibault et Marthe Létourneau.

Cette saison 1938-1939 des Variétés lyriques verra à l'affiche, en octobre, au Monument-National, une *Carmen* avec Anna

Malenfant, Raoul Jobin, Lionel Daunais et Thérèse Drouin-Jobin. Et en mars, la petite Alarie sera à nouveau invitée et chantera Barbara, «Je voudrais en savoir davantage», dans *Normandie,* la 100ᵉ représentation des Variétés lyriques, aux côtés de Marthe Lapointe. Son succès est incontestable et on loue encore «sa grâce espiègle, son aisance en scène et son authentique jeunesse» ou encore la «jeune artiste de talent qui ne manque pas de genre et d'allant».

Son talent a déjà plusieurs facettes et les auditeurs de CKAC l'entendent dans les romans radiophoniques. Elle est Hortense de *La Métairie Rancourt* ou Clémentine de *La Famille Gauthier,* d'Henri Letondal. Elle participe au *Radio-Théâtre Lux,* puis elle animera chaque semaine l'émission *Rythmes et mélodies.*

À 19 ans, elle n'est plus Pierrot mais «la petite Alarie». Elle a interrompu ses études académiques pour des raisons financières et elle regrettera toujours de ne pas avoir fait les humanités. Elle est sollicitée de partout. Madame Simpson et l'Opéra-Comique de Montréal font appel à son talent pour le rôle de Claudine dans *La Fille du Tambour-Major* que dirige Albert Roberval au His Majesty's. Au théâtre, elle est de plus en plus active et, avec les jeunes de la radio, Lucille Laporte, Janine Sutto, Huguette Oligny et Pierre Dagenais, elle participe au spectacle de Radio-Théâtre-Français, au théâtre Saint-Sulpice.

On la retrouve au théâtre Arcade où Henri Letondal, directeur des Comédiens-Associés, présente les spectacles *Beauté, La Femme X, L'Embuscade, Romance* et *L'amour veille.* Parmi les comédiens qui l'entourent se trouvent François Rozet, Germaine et Antoinette Giroux. À Antoinette, elle avouera timidement: «J'aimerais être une chanteuse classique. — Pourquoi? lui répondit-elle. Tu vas très bien au théâtre, tu as beaucoup d'engagements.» Pierrette n'en parlera plus, sauf à Caro Lamoureux et à «papa Roberval», son professeur de chant.

Le 6 avril 1941, c'est avec le pianiste Armand Bluteau que la jeune soprano Pierrette Alarie fait ses débuts en récital, conjointement avec la harpiste Gloria Agostini, à la salle Saint-Sulpice, récital organisé par sa mère et Madame Simpson. Henri Letondal écrira dans *Radiomonde:*

> Pierrette Alarie, déjà en possession d'une réputation enviable à la radio et au théâtre, aurait pu se contenter d'être «la petite chanteuse» des émissions populaires. Mais elle n'est

pas de celles qui se contentent du succès facile. Déjà en possession d'une voix souple, aisée et d'une jolie qualité, elle s'est attaquée à des airs qui nous ont démontré l'insuffisance de ses moyens mais qui ont en même temps prouvé qu'elle avait l'étoffe dont on fait les chanteuses de premier plan. Ce qui lui manque, ce n'est pas l'assurance ou le goût de l'étude, c'est une certaine maîtrise qui ne vient qu'avec l'âge. Elle supplée au volume de la voix par une délicatesse d'expression et surtout par une diction remarquable.

Henri Letondal, homme brillant qui deviendra correspondant à Hollywood, écrivait déjà, à l'époque des débuts de Pierrette Alarie, ce que d'autres grands critiques français ou allemands écriront dix ou vingt ans plus tard.

Le 4 octobre 1941, la colonie artistique de Montréal apprenait la mort subite d'Albert Roberval, à la veille de ses 72 ans. À l'issue des funérailles qui eurent lieu à l'église du Sacré-Cœur, où Sylva Alarie avait été maître de chapelle durant quinze ans, MM. Paul-Émile Corbeil, père du baryton-basse Claude Corbeil, et Georges Dufresne, ténor, père du comédien Pierre Dufresne, chantèrent un adieu à celui qui fut mêlé à l'histoire lyrique de Montréal durant près de trente ans, et qui avait parcouru le monde avant de s'y établir.

Né à Florence en 1869, Albert Roberval reçut sa formation musicale à Paris avec Massenet, Charles-René, et il étudia le chant avec Paul Lhérie, créateur du rôle de Don José. Il dirigea trois opéras de Massenet au Grand Théâtre de Bordeaux et fut chef des chœurs à l'Opéra-Comique. Il voyagea entre Saïgon, l'Opéra de La Nouvelle-Orléans, le Manhattan Opera de New York où il fut l'adjoint de Cleofonte Campanini, puis à Madagascar, en Algérie, à Buenos Aires et en d'autres contrées, avant de s'établir à Montréal où il devint directeur artistique de la Société canadienne d'Opérette aux côtés d'Honoré Vaillancourt. Avec sa femme Jeanne Maubourg, il dirigea une école que fréquentèrent plusieurs artistes de la scène et de la radio.

Pierrette Alarie perd un professeur et un ami.

«J'ai beaucoup appris avec ''papa Roberval'', surtout la discipline. Il rêvait d'une troupe permanente à Montréal et il regrettait qu'une critique élogieuse fasse trop souvent croire aux élèves qu'ils étaient des maîtres accomplis.»

«Je me souviens qu'au lendemain d'une émission radio-phonique je me présentai à ma leçon tout heureuse et fière de moi. Le chef d'orchestre m'avait demandé de faire un "effet vocal" sur la dernière note de la partition, et je l'avais réussi. Monsieur Roberval me reçut, de glace: "Entre", me dit-il sèche-ment. Je ne comprenais rien, ayant la certitude d'avoir bien chanté. Il me dit, après quelques minutes: "Mais qu'est-ce que tu as fait à ton programme? Te rends-tu compte de ce que tu as fait à la musique?" Je ne comprenais vraiment rien et il continua: "On ne change pas ce qui est écrit. Cette mélodie est bien faite, tu n'avais aucun droit d'en changer les notes." J'étais en larmes. J'ai compris alors qu'il fallait respecter les auteurs. Je suis partie penaude et sans leçon ce jour-là.»

Les années de guerre affectent peu Pierrette Alarie; ça se passe si loin, tout ça. Néanmoins, elle participe à quelques spec-tacles d'Épargne de Guerre au théâtre Saint-Denis et, à l'un d'eux, elle chantera aux côtés de Jean Sablon et de Lucienne Delval, épouse du chef d'orchestre André Durieux. Dans ce même théâtre, elle aura la possibilité d'assister aux grands spectacles lyriques des Festivals de Montréal et de France-Film, et d'entendre les grands du Metropolitan Opera de New York en tournée. Elle distribuait les programmes et, assise dans les marches du balcon, elle caressait ses rêves. Toujours gaie, taquine et légèrement «flirt», elle s'amuse de l'interview que fait un jeune journaliste de *Courrier*, Jean-Louis Laporte, sur ce que pensent de l'amour les deux jeunes vedettes Lucille Laporte et Pierrette Alarie, rencontrées dans les studios de CKAC un jour d'octobre 1941.

«Lucille et toi, Pierrot, pourriez-vous me donner votre opinion sur l'amour et sur les hommes?» demande le journaliste. Alors, Pierrette Alarie, d'une petite voix ironique, répond: «Nous ne voulons pas blesser ton amour-propre d'homme! N'est-ce pas, Lucille? — Tu parles, Pierrot! — Ah l'amour! C'est beau, c'est beau! — Moi, je n'y crois pas, à l'amour. — Tu n'y crois pas? Moi, j'y crois! — Je n'y crois pas parce qu'ils sont trop durs, les hommes. — Tu as raison, dit Pierrot, mais n'empêche que je les aime bien! Pas pour me marier immédiatement, je suis trop jeune! Plusieurs personnes disent qu'on ne peut vivre sans amour. Qu'en pensez-vous?» demande-t-elle au journaliste. «Quand vous mariez-vous?» demande-t-il à brûle-pourpoint.

Alors, se sauvant en riant, Pierrette Alarie et Lucille Laporte répondent: «Quand les hommes seront plus sages, ou mieux: quand les poules auront des dents.»

La chère Pierrot ne se doute pas que l'amour, avec un grand A comme elle dit, l'attend le lendemain chez son professeur de chant, et que là elle réalisera le rêve de sa jeune vie: *I want to be an opera singer!*»

2.

Une prise de ruban: art vocal

Dans la grande salle des promotions du Petit Séminaire de Québec, ce 18 juin 1940, les jeunes étudiants, les professeurs — ces messieurs du Séminaire —, les parents et les amis sont réunis pour l'événement de l'année, la cérémonie de la prise des rubans. C'est le soir où chaque finissant dévoile le secret de sa «vocation» après les deux années de philosophie qui terminent le cours classique; où décident de leur avenir ces jeunes gens bien mis dans leur redingote bleue et leur ceinturon vert, sérieux et bien éduqués, de tous les milieux sociaux — quelques-uns d'entre eux ayant eu la bonne fortune d'avoir un oncle curé pour payer leurs études.

À cette époque, faire des études classiques était un privilège. Seuls pouvaient y accéder les plus nantis, les fils de famille ou ceux qui brillaient déjà par leur intelligence et le sérieux de leur formation académique. C'était l'élite intellectuelle et sociale chez les Canadiens français. Plusieurs d'entre eux deviendront des politiciens nationalistes, de grands médecins, des évêques, des magistrats et des scientifiques, mais peu s'orienteront vers les affaires et encore moins vers les arts.

Léopold Simoneau est parmi les quelques finissants qui attendent que Monsieur le Supérieur et l'aréopage des professeurs prennent place. Doris Lussier, un compagnon de ces deux dernières années d'études, raconte ainsi l'événement dans son livre *Le Père Gédéon:*

> Il y avait sur la scène de la salle des promotions une table avec, dessus, un grand plateau contenant des rubans de plusieurs couleurs, dont chacune signifiait une orientation professionnelle. Les rubans violets, qui signifiaient la prêtrise, étaient toujours les plus nombreux, bien entendu, puisque la première raison d'être du Séminaire était de «sortir les étudiants de la corruption du siècle» (dixit le directeur). Après, c'est le ruban blanc, qui désignait les ordres religieux réguliers: franciscains, dominicains, pères blancs d'Afrique, trappistes, etc. Il y avait même quelquefois un jésuite! Le bleu, c'était le droit; le rouge, la médecine; le vert, les différents génies.
>
> Mais ce soir-là, il y en avait trois de couleur jaune, ce qui ne s'était jamais vu, et qui suscitait une grande curiosité. Le premier de ces rubans a été pris par mon camarade Léopold Simoneau, et c'était écrit dessus: «art vocal». Il y eut un grand «Ah!» dans la salle.

Léopold Simoneau rectifiera ce texte en affirmant que c'était un ruban vert qu'il portait avec fierté ce soir-là. Il ajoutera: «J'étais déterminé dans ce choix, marginal à l'époque. Je me souviens de ma devise de la classe de rhétorique, qui était: ''Je trouverai ma voie ou je la ferai!'' Je pourrais dire aujourd'hui que j'avais trouvé ma voie et que, par la suite, ma voix a été ma vie! Je ne voulais pas suivre les sentiers battus. Nous avions aussi, comme modèle ou devise, la phrase du chevalier du Guesclin, qui nous impressionnait: ''Si j'avance, suivez-moi; si je recule, tuez-moi, et si je meurs, vengez-moi!'' C'était toute l'impétuosité de la jeunesse. Nous étions jeunes, enflammés et idéalistes.» Il venait d'avoir 24 ans. Il couronnait ainsi les deux dernières années de ses études classiques en externat à l'université Laval, dont faisait partie le Petit Séminaire pour les cours de philosophie. C'était la suite de six ans d'humanités au collège de Lévis. C'est surtout à ce collège qu'il reçut la formation qui devait le marquer tout au long de sa vie d'adulte. Le cheminement pour y arriver fut long et difficile.

Né le 3 mai 1916 à Saint-Flavien, petit village du comté de Lotbinière, près de Québec, il perdit sa mère, née Olivine Boucher, morte de la grippe espagnole le 3 mars 1917, à l'âge de 42 ans, alors qu'il avait à peine 10 mois. Il était le dixième d'une famille de cinq garçons et cinq filles. Son père, Joseph Simoneau, demeurait seul avec neuf enfants, l'un d'eux étant mort quelques années plus tôt, à l'âge de 8 mois. Trois de ses sœurs hébergèrent Léopold à tour de rôle: Florida, l'aînée, Anne-Marie et Jeanne.

Ses parents étaient de souche terrienne. Ses ancêtres étaient des défricheurs qui avaient obtenu des lopins de terre près de Québec — à Saint-Nicolas et à Saint-Antoine-de-Tilly. Sa mère était issue de la famille Boucher, bien connue et répandue à travers la province, et qui remonte à l'origine du Canada français, au temps de Samuel de Champlain. Ses ancêtres paternels avaient quitté l'«armée du roy» et s'étaient établis dans le comté de Lotbinière.

Joseph Simoneau n'aimait pas l'exploitation agricole. Il s'était donc orienté vers le commerce en devenant fabricant de beurre et de fromage. Léopold Simoneau dira de son père qu'il était «un homme de bon sens, de jugement, de culture paysanne. Il était de nature pessimiste, peu loquace, craintif, et il s'attendait toujours à des catastrophes. À cette époque, l'industrie laitière était favorable l'été. Chaque automne, il passait une période de désespoir, ayant la crainte de ne pouvoir nourrir sa famille durant l'hiver qui venait. Il était directeur de la très modeste chorale de la paroisse. Il convoquait les chanteurs à la maison. Mes sœurs aînées m'ont dit qu'il avait une très jolie voix de ténor mais que c'est surtout ma mère qui chantait à ravir. Elle était enjouée, optimiste, chaleureuse et elle rayonnait de confiance. Elle était l'âme forte de la famille. Mes frères et sœurs avaient tous de belles voix. Mon père a eu beaucoup de chagrin à la mort de ma mère et la solitude l'a miné profondément. Il s'est remarié après sept années de veuvage mais je ne suis jamais retourné vivre chez lui.»

Le jeune Léopold fut donc quelques années plus tard adopté par sa sœur aînée, Florida, récemment mariée à un Américain, et qui vivait à Lawrence, au Massachusetts. Il prit donc la route des États-Unis où il demeura une dizaine d'années avant de revenir au Canada. Il fit ses études primaires dans une école franco-américaine et ses premiers compagnons de jeux furent de jeunes Américains. Il devint ainsi parfaitement bilingue.

Puis un beau jour, ce beau-frère qui travaillait dans les fila-
tures décida de revenir au Canada et de s'établir dans les Cantons
de l'Est. Cette magnifique région du sud-est de la province de
Québec fut colonisée, près de la frontière du Vermont, par les
Américains loyalistes, fidèles au roi d'Angleterre au moment de
la guerre de l'Indépendance américaine — d'où l'élément anglophone important des villes et des villages. La famille habita
successivement Magog, Ayer's Cliff, Coaticook, et le jeune
Léopold continua ses études, tant bien que mal, dans des institutions catholiques, tantôt françaises, tantôt anglaises. Dans la
paroisse française et catholique de Coaticook, il chantait avec la
jeune chorale les cantiques extraits des *300 cantiques* de Louis
Bouhier. Déjà, on avait remarqué la qualité et la justesse de sa
jolie voix de soprano. «Une de mes institutrices religieuses,
raconte-t-il, aimait me garder après la classe pour quelques
prouesses vocales. Elle me récompensait avec une image pieuse;
ce furent mes premiers cachets.»

De ses premières années, Léopold Simoneau garde un
souvenir ému et reconnaissant envers sa sœur aînée qui a largement comblé l'absence d'une mère, et il dira:

«Elle m'a éduqué avec une bonté, une générosité et une
tendresse presque excessives, ce qui a fait de moi un enfant très
choyé. Elle était gaie, chantait toute la journée et ne s'est jamais
plainte de sa grosse besogne. Nous étions pauvres et j'ai toujours
rêvé en vain d'une bicyclette. La situation instable de la famille,
qui comptait en plus six enfants en bas âge, venus après onze
ans de mariage, n'a pas favorisé la formation de mon caractère.
Mon beau-frère Napoléon Bibeau avait un cœur d'or; c'était un
homme très généreux, mais primesautier. Il faisait trente-six
métiers. Ma sœur était très religieuse et sa foi intense, tout comme
sa grande bonté, l'a aidée à vivre des années difficiles. Elle appar-
tenait à un certain ordre de franciscaines et elle possédait la robe
de bure dans laquelle elle voulait être ensevelie. J'ai connu peu
de démonstrations affectueuses de la part de cette sœur si attentive. Elle était d'une bonté et d'une générosité sans bornes mais
elle était beaucoup trop religieuse et pudique pour exprimer un
amour fraternel. De plus, ses préoccupations culturelles étaient
fort limitées; mon enfance n'a pas été baignée dans l'art. Cependant, cette «sainte sœur», tout en faisant son petit train-train

quotidien, chantait constamment, d'une voix juste mais sans autre remarquable qualité, un vaste répertoire exclusivement composé de cantiques que je finis par apprendre très fidèlement, ce qui me mérita une place spéciale et une réputation enviable dans le chœur d'enfants à l'église de la paroisse.

«Fait beaucoup plus important, ce répertoire naïvement religieux, solennel, m'a inculqué dès mon jeune âge une humilité, un respect, une sorte de révérence pour la musique et le chant; cette expression, cet art devenait, de ce fait, sacré. Le chant était en somme une prière, une conversation sereine avec l'au-delà; c'était un entretien avec un génie compositeur, une aspiration vers le sublime ou l'éternel. Ces impressions chez l'enfant que j'étais sont demeurées vives tout au long de ma carrière; la plus belle musique de même que le chant ont toujours gardé cette sorte de caractère sacré, commandant respect, dévotion.

«Déjà ce chant d'église, toujours bien soutenu, sans brusqueries, me prédisposa à l'étude du chant lié, legato, qui est la règle d'or du bel canto.

«J'avais deux autres sœurs dans la région de Québec: Jeanne, qui habitait Québec, et Béatrice, qui vivait à Saint-Romuald. Jeanne, voyant que j'étais éduqué sans but ni formation stricte, suggéra à ma sœur aînée Florida de lui céder cette tâche. J'ai donc quitté Coaticook pour Québec, vers l'âge de 14 ans, sans bagage scolaire solide.»

À Québec, c'est à deux pas de la Procure générale de Musique d'Omer Létourneau, rue d'Aiguillon, que Léopold Simoneau habite désormais. Émile Poulin, le nouveau beau-frère, est un homme d'affaires. Le milieu familial est plus stable et le couple a une petite fille, Huguette, qui s'orientera plus tard vers l'art lyrique. Elle habitera à son tour, durant ses années d'études, chez son oncle Léopold. Un jour, le jeune garçon déclare spontanément, sans trop savoir pourquoi: «Si j'étais dans un milieu favorable, je crois que je serais appelé à la vie religieuse.»

Ayant été éduqué depuis sa petite enfance par des religieuses et des prêtres, il les admirait. Il n'en fallait pas davantage pour que ses sœurs se consultent et décident qu'elles favoriseraient des études classiques. Il dut faire une année de leçons particulières de français, tout en travaillant à des menus travaux, ici et là, pour son argent de poche. Il fut admis en éléments latins, l'automne suivant, au collège de Lévis.

Sa vie changea. Durant ces six années de formation classique, il fut pensionnaire au patronage des frères de Saint-Vincent-de-Paul de Lévis. Tous les jours, matin et soir, il devait marcher vingt minutes pour couvrir la distance séparant les deux institutions, les journées de tempête ou de bourrasques de l'hiver comme les jours ensoleillés du printemps ou colorés de l'automne. C'est là qu'il acquit la discipline qui sera l'une des causes de la réussite de sa vie professionnelle. Il ne garde que des souvenirs heureux de ces années de collège.

«Au collège de Lévis, nous avions une équipe de professeurs vraiment remarquables d'où sont sortis des hommes de grande valeur pour la vie culturelle du pays. Ces maîtres ont eu une très grande influence sur ma formation et celle de mes compagnons d'études. Deux d'entre eux ont eu sur moi une influence majeure: Monsieur l'abbé Joseph Nadeau, professeur de grec et de littérature en belles-lettres, et Monsieur le chanoine Henri Raymond, supérieur du collège et professeur de littérature française en rhétorique.

«L'enseignement de l'abbé Nadeau reflétait son attitude extérieure, toute de dignité. Son maintien et sa distinction étaient remarquables. Il portait toujours des soutanes de belle qualité, d'une propreté impeccable, ses chaussures étaient bien astiquées et ses cheveux grisonnants, coupés en brosse, lui avaient valu le surnom de ''brosse épique''. Ses cours de grec et d'histoire grecque étaient aussi intéressants que ses cours de littérature. Il se tenait debout parmi nous, toujours digne. Il s'exprimait clairement dans un excellent français et il essayait de développer chez nous l'idéal qui l'animait. Il répétait souvent: ''Tâchez donc de vouloir'' — nous expliquant que le pouvoir de la volonté était tout dans la vie et qu'avec une ferme détermination on pouvait arriver à tout. Il nous donnait souvent en exemple la vie du maréchal Foch.

«Le chanoine Raymond, professeur de littérature française, a fortement influencé mon développement artistique. C'était un véritable artiste. Nous avons travaillé avec lui deux œuvres du théâtre classique français, dont *Les Précieuses ridicules* de Molière. Il lisait le texte en interprétant les personnages avec une belle voix de baryton grave et un timbre d'une belle richesse sonore. C'était un plaisir de l'entendre réciter ces vers avec une élégance et une musicalité telles que nous avions à ses cours. J'ai passé là les plus belles heures de ma vie. J'avais 22 ans, et notre esprit découvrait un monde de culture et de beauté.

«J'ai gardé un souvenir impérissable de ces deux professeurs, l'un comme influence dans la formation du caractère et l'acquisition de la culture, et l'autre dans la formation artistique. J'étais très friand de littérature française, je lisais beaucoup et, au bachot des humanités en rhétorique, je n'ai raté que d'un quart de point la médaille du Lieutenant-Gouverneur pour les collèges classiques du Québec avec ma dissertation sur *Les Précieuses ridicules* de Molière. C'est mon camarade Laurent Noël qui a remporté cet honneur.

«C'est ainsi qu'aimant la littérature classique, grecque et française, la peinture et l'architecture, j'ai trouvé dans la musique du XVIIIe siècle une affinité avec les classiques. La réussite de ma carrière vient de ces années de formation au collège de Lévis.

«La discipline intellectuelle, l'esprit analytique, le goût de la recherche, de la clarté de la pensée, de la précision, acquis au déchiffrement des textes grecs ou latins, m'ont idéalement préparé à tirer les plus beaux secrets de la musique que j'allais interpréter dans ma carrière.»

La musique tient déjà une place importante dans la vie de Léopold Simoneau. Au patronage des frères de Saint-Vincent-de-Paul, il chante les grands-messes avec la chorale que dirige le frère Trépanier, organiste et professeur de chant grégorien. Il fait ses premiers pas sur la scène du collège de Lévis dans un spectacle préparé par l'abbé Boileau, *La Chanson de Fortunio* d'André Messager, où le rôle féminin est supprimé et remplacé par la «Poésie». Un camarade de cours, Eugène Delibes, lui donne ses premières notions de piano et de solfège. Il admire l'abbé Alphonse Tardif, professeur renommé qui a formé une génération de musiciens, tels que Jean-Marie Beaudet, Victor Bouchard, Claude Lavoie et Georges Lindsay.

Il s'éveille rapidement à la musique et au chant, et c'est durant cette année de rhétorique à Lévis qu'il se rend, les rares jours de congé, chez le réputé professeur de chant de la ville de Québec Émile Larochelle. Il a toujours une vague inclination pour la prêtrise et de sa vie d'étudiant les jeunes filles sont exclues. Seules les études et la musique occupent son temps et ses loisirs.

Après quelques cours de chant, il décide de terminer ses deux années de philosophie au Petit Séminaire de Québec, et là il découvrira le Québec musical de l'époque.

Il devient un des familiers du magasin de musique d'Omer Létourneau. Avec ses économies d'étudiant, il achète son premier album de ténor et il choisit trois airs de Mozart qui deviendront ses exercices quotidiens, dont *Il mio tesoro* de *Don Giovanni*, à l'origine de ses grands succès. Il explique:

«En étudiant de près cet air fameux de *Don Giovanni*, j'ai découvert qu'il y avait là tous les défis que l'on puisse exiger dans le bel canto — la ligne, le legato, le sostenuto, de longues phrases pour développer le souffle, les vocalises pour l'agilité, le grave et un peu d'aigu pour unifier les registres, et le style le plus recherché.

«À l'exemple de Porpora qui avait imposé à son élève Cafarelli une seule page de musique qui contenait toutes les difficultés de l'art vocal, j'ai compris qu'en maîtrisant cet air de Mozart on pouvait progresser dans l'art vocal et, pendant des années, je l'ai chanté deux ou trois fois par jour. C'est devenu mon outil de travail, ma vocalise, et j'ai développé, dès le début, un goût très vif pour ce suprême génie qu'était Wolfgang Amadeus Mozart. Son œuvre m'attirait et j'ai découvert, par la suite, ses grands chefs-d'œuvre lyriques.»

Omer Létourneau deviendra un témoin de l'ascension du jeune élève d'Émile Larochelle, et un jour que l'auteur de ces lignes furetait dans sa réserve unique de musique française, il lui dit: «Je me souviens de ses premiers cours chez Larochelle et je le revois, debout, à l'aise, décontracté, le port de tête un peu hautain. Il chantait comme il respirait, avec une facilité toute naturelle et élégante, sans effort, légèrement appuyé sur le piano. Léopold Simoneau était un chanteur-né, et déjà on pouvait croire à son avenir.»

Émile Larochelle sera un conseiller précieux pour le jeune étudiant pendant les années où il fréquentera son studio. Homme de grande culture, il connaissait le répertoire musical classique de façon étonnante et sa bibliothèque contenait plus de trois cents ouvrages lyriques et de nombreux volumes sur le chant et les chanteurs. L'un d'eux fascine le jeune Simoneau et éveille son intérêt: le livre écrit par le docteur Bonnier, médecin officiel du Conservatoire de Paris. «Ce traité fut mon évangile vocal durant de nombreuses années», dira-t-il.

La vie musicale de Québec est très active, tant à la haute ville qu'à la basse ville, et les studios des professeurs de chant rivalisent pour la qualité de leur enseignement. Le professeur Larochelle joua un rôle déterminant dans la formation des jeunes chanteurs. Il avait orienté le jeune Raoul Jobin, dix ans plus tôt, et Richard Verreau, qui eut une carrière significative, lui devra à son tour ses premières notions d'art vocal. Émile Larochelle avait séjourné de nombreuses années à Paris après avoir renoncé à une vocation religieuse. Léopold Simoneau reconnaît en lui «un maître qui développait le raffinement et l'interprétation, ne forçant jamais la voix, et d'un tempérament d'artiste sensible et bon». Le professeur Larochelle a une nombreuse famille qui l'accueille chaleureusement. Son fils Jacques deviendra un fidèle ami.

Suivant les conseils de ce professeur de la première heure, Léopold Simoneau décide de quitter Québec et de continuer ses études à Montréal où la vie musicale rayonne de mille feux. Ne vient-on pas d'y présenter pour la première fois au Canada, ce 14 juin 1940, le chef-d'œuvre de Debussy, *Pelléas et Mélisande,* avec Raoul Jobin, Marcelle Denya, Mack Harrell et Léon Rothier? Un jeune orchestre symphonique soulève l'enthousiasme des musiciens et les Festivals de Montréal deviendront un événement annuel reconnu chez les voisins du Sud qui le visiteront régulièrement durant ces années de guerre. Les Variétés lyriques sont devenues un tremplin de première importance pour les jeunes chanteurs, et les chorales francophones et anglophones y sont nombreuses. Montréal accueille les plus grands artistes européens en tournée et réfugiés dans les deux Amériques, et, annuellement, le Metropolitan Opera de New York est à l'affiche au théâtre Saint-Denis. Tout attirait à Montréal le jeune ténor de Québec qui avait à choisir entre les studios de professeurs renommés. Admirant la qualité de la voix et l'art de chanter du ténor Jules Jacob qu'il entend fréquemment à la radio, il lui demande conseil, et c'est vers le studio de Salvator Issaurel qu'il se dirige en septembre 1940.

Salvator Issaurel, Provençal d'origine, est l'une des plus nobles figures d'artistes que Montréal ait accueillies. Né à Marseille, cette terre classique des belles voix, à la fin du siècle dernier, il y grandit dans un milieu musical, auprès d'un père musicien réputé. Admis au Conservatoire de Paris, il poursuit aux côtés d'Edmond Clément de brillantes études, suivant la méthode et les directives de l'illustre baryton J. B. Faure. Il parachève sa culture artistique à l'école Jean-de-Reszké. Il chante les premiers rôles à l'Opéra-Comique et sur les grandes scènes de France. Enfin, Londres l'accueille et lui prodigue des ovations, et c'est dans cette ville qu'il commence à exercer le professorat. Il renonce à son école de Londres pour suivre au Canada, en 1911, la cantatrice Béatrice LaPalme qu'il a épousée à Paris quelques années plus tôt. Avec Rodolphe Plamondon et Céline Marier, il formera la plus belle génération de chanteurs francophones de Montréal, sinon du Québec et du Canada. Il déplorait que tous ces beaux chanteurs n'aient pas de troupe régulière où ils puissent se produire.

On dira de lui qu'il évoquait un pur idéal d'honorabilité artistique. Sa compétence était incontestée. Il incarnait le tempérament de l'artiste avec ses intuitions, sa sensibilité, sa large hospitalité intellectuelle, le parfait homme du monde aux manières accomplies, aux gestes larges et généreux, type du vrai gentilhomme. Léopold Simoneau sera, lui aussi, profondément marqué par ce maître français...

«Il faut avoir fréquenté son studio de Westmount, dira-t-il, pour comprendre le sens de sa méthode, qui se résumait aux grandes traditions de l'école française telles que les a fixées le célèbre Garcia et qui se caractérisaient par la clarté d'articulation et d'émission, par l'élégance et la mesure artistique. Par sa belle culture française, son amour du juste et du beau, son horreur du convenu, son mépris de la majorité inculte, il captivait tous ceux qui l'approchaient. Pour moi, il continuait et complétait l'enseignement du professeur Larochelle, et j'ai travaillé avec lui Almaviva, Gérald, Wilhem Meister et mes premiers rôles mozartiens.»

Les premiers mois de sa vie montréalaise, Léopold doit songer à survivre et à payer ses cours de chant et d'harmonie. Il ne peut compter que sur lui-même. Il est pauvre. Pour gagner quelques sous, il chante, sous la recommandation de Monsieur Issaurel, à l'église Saint-Patrick comme soliste, durant la semaine, pour les mariages et le casuel: «Je gagnais 20 $ par mois plus 2 $ par service, soit de 10 $ à 12 $ par semaine; ma chambre me coûtait 15 $ par mois. Je n'avais pas de piano. Je travaillais avec un diapason.» Il habite une petite chambre, rue Saint-Hubert, se contentant souvent d'un seul repas par jour. Il décide de vivre de sa voix et il auditionne pour les Variétés lyriques, qui l'acceptent dans les chœurs. Charles Goulet et Lionel Daunais ont tôt fait de remarquer ses dons et sa culture musicale. L'automne suivant, le 23 octobre 1941, il chante le rôle de Hadji dans l'opéra *Lakmé,* aux côtés de Violette Delisle et de Jacques Gérard. Léopold Simoneau devient l'un des espoirs du professeur Issaurel. Un soir d'hiver, après une leçon prolongée, il lui dit négligemment: «Ah! vous savez, la petite Alarie, notre grande starlette de la chansonnette, elle veut venir étudier la musique classique… J'aimerais bien que vous chantiez pour elle…»

Léopold n'en dormit pas de la nuit…

3.

La naissance d'un duo

Le jeune Simoneau est appuyé avec élégance sur la queue du piano tandis que la pianiste est assise sur le tabouret et attend les indications du maître Issaurel, assis dans une bergère. Il commente quelques interprétations du répertoire français.

— Mon cher Simoneau, vous êtes un élève très sérieux et votre belle voix naturelle s'affirme davantage à chacune de nos rencontres. Vous avez bien travaillé ce *Poème d'un jour* de Fauré et ces mélodies de Duparc qui vous conviennent admirablement. Votre sensibilité et votre beau style français me rappellent mon cher compatriote Edmond Clément...

— Merci, Maître.

— Je vous ai mentionné hier, n'est-ce pas, que j'attendais la visite de notre petite starlette de la chanson, la petite Alarie, qui veut étudier le répertoire classique. J'aimerais que vous chantiez pour elle. Pourquoi ne pas choisir une de ces belles mélodies de Duparc?

— Monsieur, votre confiance m'honore. Je ne sais si je serai à la hauteur... Mademoiselle Alarie est déjà une jeune vedette des Variétés lyriques. Elle ne se souviendra sans doute pas de m'avoir vu dans les chœurs et encore moins que j'étais un de ses quatre porteurs dans *Le Grand Mogol*. Elle était la princesse Benzaline. Sa voix m'a semblé bien petite. Pourquoi veut-elle étudier un autre répertoire? Les mélodies de Duparc lui sont sans doute inconnues...

— Ne vous formalisez pas, mon ami. On me dit que cette jeune personne est tout à fait charmante et qu'elle est une exquise musicienne. Je crois que vous partagerez cet avis. Auparavant, j'aimerais que vous me prépariez pour notre prochaine rencontre les airs de *Mignon* d'Ambroise Thomas.

Il se lève et prend une partition sur le piano.

— Voici ces deux beaux airs: *Adieu Mignon, courage* et *Elle ne croyait pas, dans sa candeur naïve*.

Il les chantonne légèrement tout en prenant affectueusement son jeune élève par les épaules, puis il lui dit, plus intimement:

— Des personnes bien informées m'ont dit que les Variétés lyriques voulaient monter cet ouvrage. Ce serait là un rôle qui vous irait à merveille. Nous les travaillerons et nous organiserons une audition auprès de Messieurs Daunais et Goulet. Ils vous connaissent déjà et ils ont remarqué votre sérieux et votre culture musicale. Nous devrons aussi songer à préparer le concours des Jeunes des Concerts symphoniques de mon ami Désiré Defauw. Nous avons un répertoire à construire...

— J'y songe, Maître...

Il demeure songeur tandis qu'on sonne à la porte. Une domestique introduit la jeune Pierrette, tout de rouge vêtue. Simoneau ne bouge pas et la salue timidement par un «Bonjour, mademoiselle».

— Je suis heureux de vous accueillir, Mademoiselle Alarie. Prenez place et dites-moi quel est le répertoire que vous aimeriez travailler.

— Merci de votre charmant accueil, Maître. Depuis la mort de Monsieur Roberval, que j'aimais comme un père, j'ai beaucoup réfléchi et j'aimerais renouveler mon répertoire. La chanson ne m'intéresse plus et le théâtre m'attire davantage, surtout l'opérette.

— D'ailleurs, vous êtes déjà très en demande aux Variétés lyriques.

— Oui... et aussi à la radio. Mais j'aimerais autre chose. J'aimerais m'orienter vers la musique classique, le bel canto peut-être. Je peux vous chanter quelques pièces de mon répertoire, soit L'*Air des clochettes* ou *Je suis Titania la blonde* de *Mignon*.

Simoneau prend la partition de *Mignon* sur le piano et la tend à la pianiste.

— Je crois qu'aujourd'hui nous nous limiterons à faire plus ample connaissance, lui répond Monsieur Issaurel.

Il lui parle doucement.

— J'aimerais vous faire entendre ce jeune ténor de Québec qui travaille avec moi depuis quelques mois. Son timbre est d'une rare qualité. J'aimerais qu'il puisse travailler quelques duos du répertoire. Votre voix fraîche et légère s'harmoniserait parfaitement à la sienne. Pour vous, ce serait une belle expérience. Écoutons d'abord Monsieur Simoneau, si vous voulez bien.

— Avec plaisir, Maître.

Simoneau interprète *Chanson triste* de Duparc. Alarie écoute attentivement tandis que le professeur Issaurel observe ses réactions...

«Elle était tout de rouge vêtue, *una bomba bionda* et bien roulée, raconte Léopold Simoneau. Né sous le signe du Taureau, comment vouliez-vous que je réagisse devant tout ce rouge? Devant elle, j'ai eu mon premier ''trac'' — il n'aurait pas été plus grand si j'avais eu à chanter devant un célèbre chef d'orchestre. Ce fut un éblouissement!...

«Je la connaissais de réputation. Je l'entendais fréquemment à la radio, son nom était dans les journaux et sa mère était une artiste connue de toute la province. Pierrette était une vedette dont on parlait, moi j'étais un obscur choriste. Elle ne se souvenait pas de m'avoir vu dans les chœurs des Variétés lyriques lorsqu'elle avait chanté l'année précédente, ni que j'avais été un des quatre porteurs de la princesse Benzaline dans *Le Grand Mogol* qu'elle venait de chanter.

«Je ne l'ai pas impressionnée et je dois dire que sa voix et son répertoire ne m'impressionnaient pas non plus...

«L'épreuve s'est répétée quelquefois car le professeur Issaurel faisait coïncider nos leçons. Il nous a donné des duos à travailler. Il trouvait que nos voix se complétaient et se mariaient admirablement, et il s'est vite aperçu que nous poursuivions le même idéal artistique et les mêmes ambitions. Nous étions comme ses enfants. Peut-être retrouvait-il en nous le duo qu'il avait vécu, plus jeune, avec la cantatrice canadienne Béatrice LaPalme. On

l'a soupçonné aussi d'être un peu ''marieur''. Grâce à lui, Pierrette et moi avons sympathisé rapidement. Notre répertoire prenait
de l'importance, tant et si bien que nous avons donné notre premier
récital conjoint ce 12 juin 1942. Nous avons même partagé les
frais de l'achat du duo de *Carmen, Parle-moi de ma mère,* notre
première partition commune.

«Après ce récital à la salle de la maison Lindsay, je l'ai
invitée, en bon camarade, chez Astor et, comme c'était la période
des premières fraises de l'île d'Orléans, nous nous sommes partagé
un somptueux *shortcake* aux fraises qui m'a coûté la somme de
0,75 cents, ce qui avait sérieusement déséquilibré mon mince
budget. Puis c'est avec satisfaction que je suis à nouveau retourné
pour les mois d'été chez ma sœur Anne-Marie, qui habitait à
Saint-Hyacinthe et qui était mariée à Antoine Fontaine, originaire
de Weedon dans les Cantons de l'Est. C'était le troisième beau-
frère qui m'accueillait chez lui.

«À l'automne, j'ai retrouvé ma soprano préférée chez
Monsieur Issaurel. J'étais toujours impressionné par son auréole
de vedette. Elle était timide et réservée quoique très enjouée et
attentive. Je la raccompagnais et, peu à peu, je devins plus audacieux. Elle m'a invité à travailler nos partitions chez elle; elle
habitait avec sa mère et sa sœur Marie-Thérèse.

«J'arrivais assez tôt le soir et nous déchiffrions les grandes
œuvres du répertoire classique: le duo de la *Messe en si mineur*
de Bach, les oratorios de Haendel, Scarlatti, Vivaldi, etc. Elle
lisait admirablement à première vue tandis que moi j'ai toujours
eu des difficultés avec le solfège. Sa mère m'accueillait parce
que nous étions copains. En fin de soirée, elle m'offrait un
morceau de gâteau et un verre de lait puis je repartais en tramway,
heureux. L'automne se prolongeait cette année-là, et nous sortions
de temps en temps voir les feuilles colorées du parc LaFontaine...

«Au début, je la croyais inaccessible et entourée d'admirateurs, et, comme elle évoluait toujours dans un milieu de théâtre
et de variétés, je la croyais un peu légère et gâtée par son succès.
J'étais trop motivé par ma carrière pour songer à ''tomber en
amour'', n'ayant même pas les moyens de l'inviter au cinéma
qu'elle aimait tant. Peu à peu j'ai compris qu'elle était sérieuse.
Elle était à un carrefour de sa carrière et elle m'a avoué qu'elle
voulait abandonner la musique légère pour s'orienter vers la
musique classique. Elle désirait étudier à l'étranger.»

Par sa venue chez le professeur Issaurel, Pierrette Alarie retrouvait l'ambiance du milieu musical de sa petite enfance. Le studio est alors fréquenté par plusieurs des meilleurs chanteurs montréalais de l'heure, qu'elle retrouve aux Variétés lyriques: les ténors Jules Jacob et Jacques Gérard, Édouard Woolley, Jeanne Desjardins, Anna Malenfant, Marie-José Forgues, Marthe Létourneau, Gérard Paradis et Jacqueline Plouffe. Elle dira à son tour que Salvator Issaurel était un homme très raffiné, de bon goût; qu'il ne forçait jamais les voix...

Elle poursuit encore quelque temps ses activités théâtrales et radiophoniques, et on fait appel à sa beauté blonde pour lire le texte d'ouverture du Bal des Artistes qui couronne Estelle Mauffette «Miss Radiomonde 1942». Elle est le «hérault» ce soir-là avant d'être le page Oscar du *Bal masqué* de Verdi quelques années plus tard... Jean Desprez, pseudonyme de Laurette Larocque-Auger, l'invite à jouer dans *l'Insoumise* que sa troupe, la Comédie de Montréal, présente au Palais Montcalm de Québec. Elle partage l'affiche avec Jacques Auger, Sita Riddez, Marthe Thierry, Jaque Catelain et Denise Pelletier. Elle participe égale-ment à la *Cavalcade de CKAC 1942*, à l'occasion du 20e anni-versaire du poste de radio de *La Presse*.

Toutes ces activités, qui la font citer dans les journaux, impressionnent fort Léopold Simoneau, qui fait entre-temps ses débuts en récital pour le Club musical et littéraire de Montréal, invité de Gérard Gamache, au Ritz-Carlton, le 15 décembre 1942. Il est accompagné pour la circonstance par Colombe Pelletier dans des œuvres de Bach, Gluck, Mozart, Debussy, Duparc et Fauré.

Pierrette Alarie renonce peu à peu au théâtre et à la chan-sonnette et se concentre davantage sur sa nouvelle carrière. L'opérette est le tremplin idéal pour cette jeune artiste et c'est *Mandrin* et *La Grande-Duchesse de Gérolstein* aux Variétés lyriques. Simoneau, toujours un grand camarade et collègue sympathique, devient peu à peu le confident qui la conseille sur le répertoire à travailler et sur l'orientation possible de la carrière dont elle rêve.

C'est le 6 février 1943 que tout change et que cette belle amitié se transforme en un sentiment plus tendre, comme le raconte Pierrette Alarie:

«À la suite d'un concours organisé par les Concerts symphoniques pour la découverte de jeunes solistes et que gagna Léopold, il fut invité par le maître Désiré Defauw à une matinée musicale pour la jeunesse. J'ai voulu l'entendre, le voir sur scène au Plateau. Cette fois, j'ai été très impressionnée par la qualité de sa voix, la beauté de son style et de son interprétation. Je l'entendais vraiment pour la première fois. Il a chanté des mélodies de Fauré dont le très beau cycle *Poème d'un jour* avec Marie-Thérèse Paquin au piano. Et quoique pauvre, il était propre et bien mis, son aisance sur scène était naturelle et distinguée. Il me donnait l'impression d'avoir des années de métier derrière lui alors qu'il en était à ses débuts.

«J'ai voulu le féliciter et je l'ai retrouvé à l'arrière-scène. Il m'a dit immédiatement: ''Viens, je vais te présenter à ma famille.'' Ils étaient tous venus de Québec pour l'occasion. J'étais sur le point de partir bien timidement lorsqu'il me dit: ''J'aimerais que tu viennes au restaurant avec nous. Ma famille nous invite au restaurant Chez Pierre, rue Labelle.'' Et c'est là que la romance a commencé. Nous étions sur la même banquette, nous nous tenions par la main, et nous avons senti *la forza del destino...* C'était merveilleux et irrésistible! Une grande douceur m'envahissait!

«Avant Léopold, j'ai eu beaucoup de flirts sans importance. Je n'avais pas encore rencontré l'homme qui m'intéressait. Pour moi, l'amour c'était sérieux. Avec lui, c'était autre chose. Nous parlions le même langage, le langage de la musique. Les duos que Monsieur Issaurel nous donnait à travailler favorisaient les échanges et les confidences. Le lendemain de ce concert, c'est avec beaucoup de tendresse et d'émotion partagée que nous avons lu la critique de notre ami Jean Vallerand dans *Le Canada:* "Ce ténor a raison de ne pas forcer sa voix — une voix d'une rare qualité, comme on n'en rencontre que deux ou trois par génération... Il est la révélation de l'année dans le monde musical... Léopold Simoneau ira aussi loin que Jobin...'' Pour un début, c'était inespéré.»

Peu de temps après la révélation de cet amour naissant, Pierrette et Léopold préparent, comme à l'accoutumée, une leçon chez la pianiste-répétitrice Marie-Thérèse Paquin qui croit en leur étoile. Le vieux piano droit d'Amanda Alarie est régulièrement accordé. Pierrette est assise sur le tabouret et Léopold est légèrement penché au-dessus de la partition ouverte. Elle déchiffre au piano la partie de ténor de la *Messe en si mineur* de Bach.

— Nous devons être prêts pour notre prochaine leçon, lui dit-elle. Tu y arriveras si tu saisis bien le rythme indépendamment de ma partie. Le solfège t'y aidera et l'ensemble se fera avec facilité. Recommençons. Il faut bien appuyer sur les temps forts et bien harmoniser nos timbres respectifs en les nuançant selon les indications de Bach.

— Nous avons fait un bon déchiffrage aujourd'hui pour ce Bach... Pour l'air du *Messie* que j'ai à travailler, je dois chanter les vocalises sur le souffle... Que dirais-tu d'une promenade dans le parc LaFontaine avant que ta mère revienne de son émission à la radio? Nous pourrons faire une partie de cartes à son retour avec Marie-Thérèse.

Il lui prend la main et l'entraîne vers la sortie. Ils se retrouvent dans le parc et, tout en marchant lentement, ils font des projets d'avenir. C'est le printemps...

— Demain, Mademoiselle Paquin nous dira si nous pouvons auditionner pour Sir Thomas Beecham qui dirigera le mois prochain *Les Noces de Figaro* pour le Festival de Montréal. Ce serait merveilleux de pouvoir débuter ensemble dans un opéra de Mozart.

— La distribution est impressionnante et je me sentirais une bien petite Barbarina aux côtés d'Eleanor Steber, d'Audrey Mildmay, de Frances Greer et de John Brownlee... J'adore cet air de Barbarina, *L'ho perduto la mia spilla*.

Il entoure tendrement ses épaules.

— Ce mois de mai sera très occupé si nous chantons avec Sir Thomas Beecham. Tu dois aussi préparer ton audition au Curtis Institute. En as-tu parlé à ta mère?

— Non, pas encore... J'attends que la banque me donne une réponse pour le prêt du voyage. Je la mettrai devant le fait accompli.

— Elle ne pourrait tout de même pas t'empêcher de partir! Elle n'y croit pas, à ta carrière de chanteuse classique, mais tu as 22 ans. C'est ta décision.

— Oui, je sais, dit-elle, songeuse.

— À Philadelphie, tu auras la grande Élisabeth Schumann comme professeur de chant. Si tout va bien, tu réaliseras ton rêve...

— *I want to be an opera singer*.... Oui, je sais.

— De quoi as-tu peur? Monsieur Issaurel t'encourage également à partir.

— Oui, je sais... et pourtant j'ai l'impression que personne ne croit à une carrière possible pour moi dans le répertoire classique. J'aurai toujours collée à la peau l'étiquette de chanteuse de genre.

— Je voudrais bien pouvoir t'accompagner à Philadelphie et t'encourager de mon amour. Mais nous sommes en temps de guerre et je crains des ennuis à la frontière, sans compter toutes les paperasses qu'on exige... Je crois sans l'ombre d'un doute que tout ira bien pour toi. Tu as déjà un peu de métier et une belle expérience de la scène derrière toi... Peu de jeunes arriveront aussi bien préparés que toi au Curtis Institute. N'y pensons plus... Organisons plutôt notre fin de semaine sur l'île Sainte-Thérèse chez mon beau-frère. C'est le temps des sucres et nous sommes invités...

Pierrette Alarie avouera, quelques années plus tard:

«Léopold m'a beaucoup aidée et encouragée, et c'est ensemble qu'on a rempli les formulaires d'inscription pour cette école renommée, le Curtis Institute de Philadelphie. Caro Lamoureux, des Variétés lyriques, m'a aussi beaucoup encouragée. Je lui disais: ''N'en parlez à personne!''

«Avant d'être acceptée au Curtis, il fallait auditionner. Que faire? Je ne voulais pas en parler à ma mère. Je gagnais beaucoup d'argent à la radio mais je lui donnais tout. J'habitais chez elle. Je devais tout demander, je ne pouvais rien avoir sans lui en parler: les billets de tramway, les leçons de chant, les vêtements, la musique en feuilles, etc. Je n'avais pas un sous vaillant. Je n'avais pas un cent pour aller auditionner à Philadelphie. J'ai donc emprunté 100 $ de la banque avant de la mettre craintivement devant le fait accompli. J'étais très timide, une enfant particulièrement sensible de nature. J'avais peur de parler à ma mère.

«Elle me dit sèchement: ''Qu'est-ce que tu vas faire là?'' Elle avait peur de me perdre et surtout que je m'oriente vers une carrière qui n'était pas pour moi, qui serait au-dessus de mes possibilités. Tout allait si bien pour moi au théâtre. Avant de partir pour Philadelphie, personne ne croyait en moi comme chanteuse classique à Montréal.

«Immédiatement avant mon audition, en mars 1943, j'ai chanté avec Désiré Defauw pour une matinée symphonique, *L'Invitation au voyage* de Duparc dans une orchestration de Jean Deslauriers, et pour les Concerts Sarah Fisher, qui était une femme admirable d'origine judéo-polonaise. Elle avait fait une belle carrière de cantatrice. Elle avait été une belle Pamina dans *La Flûte enchantée* de Mozart au Covent Garden, Mélisande à l'Opéra-Comique, et elle fut la protégée de la grande Albani. Avec Bruno Walter, elle chanta un cycle d'opéras de Mozart au théâtre Odéon de Paris et elle ouvrit son studio de chant au début de la Deuxième Guerre mondiale. Pour ses concerts, elle donnait la chance à tous les jeunes musiciens qui avaient du talent.

«Je suis donc partie auditionner à Philadelphie avec une lettre de recommandation de Monsieur Issaurel et tous les encouragements de Léopold qui n'avait pu m'accompagner. On était en période de guerre et les frontières étaient difficiles à traverser pour les jeunes hommes. J'ai été confrontée à cinquante candidats venus de tous les États américains et devant un jury composé de Messieurs Richard Bonelli et Giannini Gregory, et de Madame Élisabeth Schumann. J'ai chanté l'air de Micaela de *Carmen* et un air de l'oratorio *Acis et Galatée* de Haendel, et, à la demande de Madame Schumann l'air de Rosine du *Barbier de Séville*. J'ai eu la chance d'être admise avec une bourse pour l'année 1943-1944. C'était un grand défi pour moi et à mon retour les journaux en ont parlé. Léopold était heureux et fier, et maman semblait me donner raison.

«Et pour terminer ce printemps en beauté, nous avons chanté notre premier opéra ensemble dans le spectacle des Festivals de Montréal, *Les Noces de Figaro,* que dirigeait l'illustre Sir Thomas Beecham. Je chantais Barbarina, et Léopold, Don Curzio. Quelle révélation! Nous étions dans l'émerveillement! C'était notre premier contact avec le milieu lyrique hautement professionnel. Nous devions cette chance à Marie-Thérèse Paquin qui nous avait recommandés à la direction des Festivals. Monsieur Issaurel nous avait conseillé de travailler notre répertoire avec elle.»

Pierrette Alarie et Léopold Simoneau feront l'éloge de cette grande dame de la musique à Montréal:

«Marie-Thérèse Paquin, nous l'appelions — elle le savait — ''Madame Double-Croche''. Elle était sévère sur la stricte valeur des notes et du rythme. Elle était très exigeante et elle avait raison. Elle a fait l'éducation musicale de plus d'une génération de chanteurs de premier plan. À Montréal, c'est une grande figure féminine, un pilier de son époque. Elle était la pianiste attitrée des Concerts symphoniques et des Festivals de Montréal. Elle a fait travailler et a accompagné tous les grands chanteurs de passage à Montréal. Nous avons beaucoup appris avec elle et elle a aussi formé d'autres répétiteurs. Lorsque nous venions chez elle, il y avait une jeune fille sage qui écoutait attentivement, assise à côté du piano. C'était Jacqueline Richard, elle-même devenue remarquable éducatrice et répétitrice internationale.

«Tous ceux qui sont passés par le studio de Marie-Thérèse Paquin l'ont appréciée. Elle était très encourageante, jamais négative, et d'une grande bonté. Elle nous a beaucoup accompagnés dans nos premiers récitals. Elle a toujours eu beaucoup à donner, et aujourd'hui nous sommes demeurés fidèles à ses traductions d'ouvrages lyriques et à ses instructions dans notre enseignement du répertoire d'opéra. Nous lui devons d'excellents outils de travail et nous sommes heureux de son bonheur, de son mariage tardif.»

Le départ de Pierrette fut un déchirement, en ce mois d'octobre 1943. Les derniers mois d'été ont été si exaltants. Les promenades n'en finissaient plus et les amoureux se retrouvaient très souvent avec Monsieur Issaurel, faisant office de chaperon, sur une ferme de l'île Sainte-Thérèse près d'Iberville, propriété du beau-frère Antoine Fontaine. La musique n'était plus leur seule raison de vivre. Ils profitaient des bons moments. Une photo datée du 5 juillet 1943 immortalise cet amour naissant et la dédicace en témoigne toute la tendresse. La séparation devenait plus menaçante de jour en jour. Ils s'encourageaient mutuellement — ne poursuivaient-ils pas le même but? Leur rêve artistique se réaliserait-il? Le départ de la douce Pierrette était à ce seul prix.

Les promenades au parc LaFontaine se prolongent durant ce mois de septembre coloré et rien n'égale pour eux le magnifique panorama qu'ils ont de la ville de Montréal lorsqu'ils la contemplent du Chalet de la montagne où se donnent les concerts des Festivals durant l'été. Les clairs de lune les éblouissent et c'est là que Pierrette s'entend dire: *«I want to be an opera singer.»*

«Tu le deviendras, lui redit inlassablement Léopold. Je t'y aiderai et nous chanterons ensemble. Dès que la guerre sera terminée, je te rejoindrai à New York avec mes minces économies.»

Après le départ de Pierrette, Léopold Simoneau fait ses débuts dans un premier grand rôle, en novembre 1943, aux Variétés lyriques, soit le personnage de Wilhem Meister dans *Mignon,* rôle qu'il chante sept fois en onze jours et qu'il affectionne tout particulièrement parce qu'il est «très formateur pour les jeunes ténors avec les deux airs superbes de la partition», dira-t-il. L'équipe qui l'entoure se compose de Marthe Lapointe (Mignon), Caro Lamoureux (Philine), Lionel Daunais (Lothario), et Jean Goulet est à la direction d'orchestre. La critique souligne l'interprétation, la qualité du timbre de sa voix, tout en mettant l'accent sur son inexpérience de la scène: «C'est du métier, écrit l'un d'eux, cela viendra. La raideur, comme la coqueluche, se guérit avec le temps...»

Puis c'est une invitation de l'Orchestre symphonique de Québec, au Palais Montcalm, que dirige Edwin Bélanger. L'auteur de ces lignes était dans la salle à l'occasion de la matinée symphonique offerte aux écoliers. Léopold Simoneau est heureux de retrouver ses amis du Petit Séminaire, trois ans après la prise des rubans. Quelques-uns sont maintenant de jeunes professionnels et ils l'accueillent avec fierté. La carrière lyrique est longue et ardue et il reçoit les encouragements de ses admirateurs de la première heure. La famille Larochelle le reçoit comme un fils et lui suggère de tenter sa chance du côté de New York. Pourquoi ne participerait-il pas aux *Auditions of the Air* du Metropolitan Opera? Wilfrid Pelletier, chef d'orchestre canadien, en est le responsable et il a toujours aidé ses compatriotes. N'est-ce pas lui qui est à l'origine de la venue de Raoul Jobin au Metropolitan?

L'idée fait son chemin. Léopold se présente au concours *Metropolitan Opera Auditions of the Air* le 14 février 1944; la basse montréalaise David Rochette tente sa chance ce même jour...

Mais son heure n'est pas encore venue, et Léopold Simoneau admettra: «Je n'étais pas suffisamment prêt pour le Metropolitan. J'ai donc convenu avec Pierrette, qui était dans la salle, de me présenter pour la bourse du prix Archambault. J'ai obtenu le premier prix pour le chant et une bourse de 100 $. Lina Pizzolongo, qui deviendra Madame Louis Quilico et la mère de Gino Quilico, remportait le premier prix pour le piano.»

De son côté, Pierrette Alarie se présentait à Toronto au concours de CBC *Singing Stars of Tomorrow,* quelques mois seulement après sa venue au Curtis. Un mauvais choix de répertoire ne lui vaudra qu'une «mention honorable» tandis qu'une jeune soprano de Trois-Rivières, Claire Gagnier, obtiendra un premier prix. À Montréal, elle participe au 8e Emprunt de la Victoire du théâtre Saint-Denis, *L'Heure de la Victoire,* diffusé par CKAC, qui présente de grands noms: Adolphe Menjou, acteur de cinéma français, Gratien Gélinas *(Fridolin),* le ténor Jacques Labrecque, Antoinette Giroux, Ferdinand Biondi, Conrad Thibault, tandis que Léopold Simoneau participait, quelques semaines plus tôt, à *La Parade des jeunes,* une autre émission de l'Emprunt de la Victoire. Ces émissions sont très populaires et le public, qui croit dans une victoire des Alliés, y participe très généreusement.

La victoire finale est de plus en plus évidente, et le jeune ténor décide de suivre les conseils de Wilfrid Pelletier et de poursuivre ses études vocales à New York. Il désire élargir ses horizons et se préparer davantage pour une carrière à l'opéra. Il a l'impression de piétiner à Montréal. Il veut travailler avec un professeur qui a connu le défi de l'opéra. Le ténor Paul Althouse l'accueillera dans son studio, et New York lui révélera le milieu international des années 40, les artistes venus des quatre coins du monde, réfugiés de guerre pour la plupart. Là, il verra Pierrette plus fréquemment, et ensemble ils découvriront cette ville si fascinante, devenue depuis la guerre le centre du monde artistique.

4.

New York, New York...

Pierrette Alarie est éblouie et vit intensément ses premiers mois de vie américaine. À Philadelphie, la jeune francophone de Montréal doit se familiariser rapidement avec la langue de Shakespeare pour la «survie», la vie quotidienne et les cours au Curtis. Si Léopold est parfaitement bilingue, elle ne possède que des notions scolaires de cette langue seconde, ayant toujours vécu dans un milieu francophone. Elle raconte:

«Les trois premiers mois furent pénibles. Je parlais à peine l'anglais. Je redevenais une petite étudiante après avoir été une vedette locale au théâtre et à la radio. Certains soirs, je pleurais d'ennui. Je vivais dans une petite chambre très froide où j'entendais gratter les souris; j'avais peur. Les camarades de cours étaient gentils et mon mauvais anglais les amusait. C'était une aventure, un monde tellement nouveau. J'étais sur une autre planète.

«Au Curtis, nous avions comme professeurs les plus grands noms de la musique. Le directeur, Efrem Zimbalist, était un célèbre violoniste. J'ai eu comme professeur d'histoire de l'opéra Gian Carlo Menotti, lui-même ancien élève du Curtis, tellement charmant et gentil; comme professeur de mise en scène, un Autrichien, le professeur Wohlmut, qui avait un accent très prononcé... Je ne comprenais rien de ce qu'il me disait et j'étais trop timide pour le demander aux autres... Heureusement que mon anglais s'est amélioré par la suite. Il y avait aussi Samuel Barber, William Primrose, Piatigorsky, Richard Bonelli et bien d'autres. Je suivais des cours de solfège, de dictée musicale, d'italien et de français, de mise en scène et de technique vocale. Étant mieux préparée sur le plan musical et théâtral que la plupart des élèves, j'ai fait le cours de quatre ans en deux ans, et ma bourse a été renouvelée pour cette seconde année... La vie au Curtis était exaltante!

«J'ai découvert un monde insoupçonné grâce à cette grande artiste allemande de renommée mondiale, célèbre par son interprétation de Sophie du *Rosenkavalier* de Richard Strauss, mon professeur de chant Élisabeth Schumann. Ce fut une révélation pour moi lorsque j'ai saisi sa grandeur artistique et, lorsque j'ai compris ce qu'elle me demandait, j'ai progressé rapidement. Ellemême n'avait pas une grande voix mais ce qu'elle en faisait était unique. Elle m'a ouvert de larges horizons.

«Elle m'a adoptée comme sa fille — ma voix lui rappelait celle des chanteuses viennoises et allemandes. Elle disait souvent: *"Ach! Ach!... this is the voice of Lotte Schöne"*, grande voix de coloration allemande. Elle avait de grandes ambitions pour moi et elle m'a fait travailler le répertoire de coloration allemand et français. J'ai beaucoup appris à son contact, surtout l'interprétation et une projection vocale libre. Sa seule erreur était qu'elle chantait beaucoup aux leçons, ce qui est très dangereux. Il faut que l'élève cherche et trouve par lui-même et n'imite pas son professeur. Nous avions toutes tendance à l'imiter car je dois préciser qu'elle n'enseignait qu'aux femmes. Son accompagnatrice, Sally Westmoreland, était une musicienne accomplie et elle servait d'interprète de l'allemand à l'anglais. J'arrivais à la comprendre malgré son fort accent.

«Vers la fin de ma deuxième année au Curtis, Madame Schumann voulait absolument que je me présente aux auditions du Metropolitan. Elle a dit à Wilfrid Pelletier, responsable de ce concours pour chanteurs: "Cette jeune Canadienne ira loin parce qu'elle sait travailler et qu'elle est aussi déterminée que douée..." Il m'a acceptée parmi cinq cents concurrents pour son émission *The Metropolitan Opera Auditions of the Air*. J'avais 24 ans.

J'ai obtenu un troisième prix de 500 $ et un contrat en chantant l'*Air des clochettes* de *Lakmé* au concert final. Les autres gagnants étaient le baryton Robert Merrill, les ténors Thomas Hayward et le Canadien Joseph-Victor Ladéroute qui avait déjà chanté avec Toscanini pour la NBC Symphony et à Boston avec Koussevitzky.

«Aujourd'hui encore, c'est comme un rêve... L'année précédente, j'avais fait les auditions de *Singing Stars of Tomorrow* pour CBC à Toronto et je n'avais pas gagné. J'étais donc plus qu'inquiète pour le Met. C'est arrivé sans même que je le désire; c'était presque trop. J'étais trop jeune et je n'étais pas vraiment prête.

«Mes deux années au Curtis furent donc particulièrement fructueuses. Cependant, je me rendais assez souvent à New York assister à des représentations du Met ou à des concerts symphoniques. En ces occasions, je logeais chez mon amie Marcelle Martin. C'est au cours d'un de ces concerts que j'ai admiré Bruno Walter pour la première fois sans savoir qu'un jour prochain je chanterais sous sa direction.

«À la cérémonie de remise des diplômes du Curtis le 12 mai 1945, ma mère et ma sœur Marie-Thérèse étaient présentes. J'avais donc gagné la confiance de ma mère. Elle était fière de sa fille. À l'occasion de l'obtention de mon diplôme, Léopold m'avait fait parvenir un gentil Pierrot qui devint mon fétiche par la suite et qui fut le début d'une collection de poupées qui prit avec les ans une ampleur assez impressionnante. J'en avais de tous les pays et de toutes les dimensions, allant de la marquise à la paysanne, de la française à la mexicaine.»

Pendant ce temps, quelques mois avant la fin de la guerre, Léopold Simoneau avait pu se libérer de ses engagements avec l'Armée canadienne. Avant de quitter Montréal pour New York, son emploi du temps le conduisit à travers la province pour des tournées de récitals avec la pianiste-accompagnatrice Marie-Thérèse Paquin. Salvator Issaurel lui prodiguait toujours de précieux conseils et ses remarques étaient très utiles au jeune ténor prêt à s'envoler.

À New York, Léopold Simoneau retrouva sa douce Pierrette qui terminait ses études au Curtis et qui venait de remporter les auditions du Met, et son vieil ami de Québec, Jacques Larochelle, étudiant en chant, avec lequel il cohabitera plusieurs mois. Le studio de Paul Althouse répond à ses exigences de formation vocale et il y rencontre une pléiade d'artistes de grande réputation: Eleanor Steber, Astrid Varnay, Helen Jepson, Richard Tucker, Josephine Antoine, etc.

«Le juge Hector Perrier, un des fondateurs du Conservatoire de Montréal avec Wilfrid Pelletier, venait souvent à New York et nous invitait, Pierrette et moi, soit à un dîner, soit à un spectacle. C'est lui qui m'accorda une bourse de 500 $ pour aller étudier le chant avec Paul Althouse et la mise en scène avec Herbert Graf.

«J'entrais dans un milieu superprofessionnel, le tremplin qui mène au rang des grandes ligues. L'enseignement de Monsieur Althouse était rationnel, privilégiant l'aspect esthétique plutôt qu'athlétique du chant. J'ai appris qu'un chanteur est un "peintre en sons". Le chanteur est un artiste qui sait varier son canevas, créer des ombres, des couleurs vives, un arc-en-ciel, avec toute une palette sonore. Monsieur Althouse était très exigeant. Il insistait beaucoup sur mon mezza-voce et les demi-teintes que je possédais naturellement. Il me disait: "Kid, tu gagneras plus avec ces demi-teintes qu'avec des forte à la Caruso..."

«Avec lui, j'ai aussi appris l'importance de garder l'agilité. À l'époque du bel canto, l'agilité et la facilité étaient un gage de santé vocale. Par la suite, Birgit Nilsson m'a affirmé que tous les jours elle chantait les airs de Donna Anna de *Don Giovanni*. Et Windgassen, le Tristan durant vingt-cinq ans en Allemagne, a toujours chanté Tamino jusqu'à la fin de sa carrière. Il disait: "C'est parce que je chante Tamino de *La Flûte enchantée* que je peux continuer à chanter Tristan..." Jobin et Vickers ont aussi chanté des rôles légers en début de carrière. Mais la plupart des chanteurs abandonnent trop tôt ces rôles du bel canto lorsqu'ils sont entrés dans la grande carrière professionnelle.

«Paul Althouse a fait une carrière d'une vingtaine d'années au Metropolitan où il a chanté les rôles de ténor lyrique jusqu'aux rôles dramatiques. Il avait un doctorat en lettres et il était d'une grande culture. Il connaissait tout le répertoire, de Bach à Wagner. Il appréciait mes leçons parce que je lui apportais du répertoire français qu'il ne connaissait pas et que personne ne chantait. Il adorait la musique française, tout spécialement les mélodies de

Fauré et de Reynaldo Hahn. Il aimait particulièrement *Chanson d'automne* de Reynaldo Hahn: ''À deux pas de la mer qu'on entend bourdonner. Je sais un coin perdu de la terre bretonne...''

«J'ai travaillé avec Althouse, périodiquement, jusqu'à notre départ pour Paris en 1949. Il me répétait fréquemment les textes de Bernard Shaw... ''Mozart a été le seul à écrire de la musique digne de Dieu'', ''Il faut s'approcher de Dieu pour chanter Mozart'', ou ''On entend rarement de la musique de Mozart bien interprétée. Ce qu'on entend sert surtout à ruiner sa réputation...''

Le 7 mai 1945, jour de la victoire des Alliés, *Cosi fan tutte* est à l'affiche au His Majesty's de Montréal. Ce mois de mai montréalais est sous le signe de la joie et, pour Léopold Simoneau, ce sera la révélation de Mozart à l'opéra. En travaillant simultanément avec sa répétitrice Marie-Thérèse Paquin les rôles de Ferrando de *Cosi* et de Tamino de *La Flûte enchantée,* à l'affiche deux jours plus tard, le jeune ténor réalise l'aisance vocale qu'il peut mettre au service du génie de Salzbourg. La beauté et la noblesse de la musique le séduisent et il est attiré vers ce répertoire, ne se doutant pas qu'il en deviendra un des plus grands interprètes.

Les deux opéras de Mozart sont présentés par l'Opera Guild de Montréal. Jean Vallerand, compositeur et secrétaire général du nouveau Conservatoire de Musique de la Province de Québec à Montréal, en assume la responsabilité musicale. Le jeune musicien deviendra un éminent critique de la vie musicale montréalaise et les soirées mozartiennes ont largement démontré qu'il aurait pu devenir un chef d'orchestre lyrique recherché. Les spectacles lyriques étant rarissimes, peu de talents de chef d'orchestre se sont développés parmi les musiciens canadiens. La venue de la télévision favorisera quelques courtes carrières dont celles de Roland Leduc, Jean Deslauriers et Jean-Marie Beaudet, premier directeur musical de Radio-Canada et musicien exceptionnel.

Léopold Simoneau est, parmi les débutants de ces années 1940-50, celui qui sera favorisé par le destin. Pour ces deux spectacles mozartiens, les mises en scène sont confiées au réputé Lothar Wallerstein et sont fidèles à une tradition salzbourgeoise du XVIIIe siècle: toute de finesse et d'enchantement. Les dates demeurent en lettres d'or dans l'histoire de la vie musicale montréalaise et la présentation, en langue anglaise, de *La Flûte enchantée* est une première canadienne. On parlera longtemps de ce mini-festival Mozart.

L'Opera Guild de Montréal contribue largement à cette année musicale montréalaise prolifique en événements de première importance. Le critique musical du quotidien *The Gazette*, Thomas Archer, mentionne dans *Musical America* une liste de 160 événements pour la saison montréalaise 1944-45, comprenant opéras, ballets, concerts et récitals. Les grands artistes internationaux inscrivent Montréal à l'agenda de leurs tournées de concerts, le Met y vient chaque année, et les troupes prestigieuses de théâtre et de ballet la visitent. La métropole devient peu à peu cosmopolite. Les Festivals de Montréal présentent cette même saison *Carmen, La Bohème* et *Les Noces de Figaro*. Les artistes locaux côtoient les stars du Metropolitan et les débutants y font leurs premiers pas. Claire Gagnier, dont l'image populaire en fera la rivale de Pierrette Alarie avec l'avènement de la télévision, y chante un séduisant *Cherubino*.

En 1945, c'est un événement que crée l'engagement de Pierrette Alarie au Metropolitan de New York, et Montréal lui fait une ovation au Chalet de la montagne dans un concert en plein air qui attire 5 000 personnes. Jean Deslauriers est au pupitre. La foule l'acclame dans les airs favoris de son répertoire: *Les Voix du printemps* de Johann Strauss, *Chère nuit* de Bachelet, et *Ouvre ton cœur* de Bizet. Le charme et la grâce de la jeune vedette, autant que la virtuosité de sa technique vocale et la musicalité de ses interprétations, enchantent ce public d'un soir d'été. Avant le concert, elle confiait ses craintes à Léopold:

— J'ai un trac qui ne me quitte pas, pire que les fois précédentes. Je crois que je n'arriverai jamais à le dominer.

— Tu n'as rien à craindre. Tu as choisi des mélodies très populaires que le public aime entendre et ton programme est prêt: les valses de Strauss, l'*Air de Louise, Chère nuit* de Bachelet... Ta voix si cristalline va filer vers les étoiles... Les nuits sont belles ces temps-ci et demain il y aura beaucoup de monde. Penses-y, tu es la première jeune Canadienne française à débuter au Met: tu auras 24 ans. La grande Emma Albani a aussi chanté au Met mais elle était déjà très avancée dans sa carrière. Toi, tu y débuteras.

— Oui, j'ai eu beaucoup de chance... C'est Madame Schumann qui ne cessait de parler de moi à Wilfrid Pelletier. Je pense que tout ça est trop rapide... Je ne me sens pas vraiment prête. Avant de partir de New York, j'ai parlé au maître Louis Fourestier qui se disait enchanté de travailler le répertoire français avec une jeune Canadienne qui parle français. Il me disait: «Ma petite chérie, je vous ferai travailler Lakmé et vous remplacerez Lily Pons...» Et Edward Johnson, si gentleman, qui me présente toujours ainsi: «Voici ma petite Canadienne».

— Lakmé serait un rôle en or pour toi, même si la salle du Met te semble un peu grande. Raoul Jobin m'a dit que ce ne serait pas impossible que tu chantes avec lui dans la production des *Contes d'Hoffmann* que dirige le maestro Pelletier. Martial Singher y chante les trois rôles de vilain et la production est superbe. Quelle belle expérience ce serait pour toi.

— Tu as raison... J'ai aussi reçu une invitation de l'agence Columbia pour un concert pop à Toronto et peut-être une tournée de récitals. Auparavant, je ferai mes grands débuts aux Variétés lyriques à l'automne dans le rôle de Marie de *La Fille du régiment*.

— Un autre rôle que chantait Lily Pons au Met avec Raoul Jobin... Je serai ton Tonio... Je ne voudrais pas que tu t'éloignes trop de New York et de ta collection de poupées... J'aimerais tant qu'on puisse se fiancer à Noël après tes débuts au Met.

— Tu sais que ce sera mon plus grand bonheur. Maintenant que maman est fière de sa fille et qu'elle t'accepte... Tu te souviens comment elle m'a reçue lorsque je lui ai annoncé mon voyage à Philadelphie? «Qu'est-ce que tu vas faire là, m'a-t-elle dit sèchement... Tu ne feras jamais une carrière dans la musique classique. Reste donc à Montréal, tu vas très bien au théâtre.» Elle a eu tort. Tu te souviens comme elle était fière de venir à ma remise de diplôme — elle en conserve jalousement une photo.

— Avec raison... Tu as tout de même fait les quatre années d'études en deux ans. C'est un exploit.

— Il faut dire qu'à Philadelphie tout m'incitait à travailler, même les souris de la chambre que j'habitais... Je ne dirai jamais assez quel grand professeur était Élisabeth Schumann, tout ce qu'elle m'a appris. Elle me disait toujours que j'avais la voix et le style des chanteuses viennoises. C'est à elle que Richard Strauss a confié la Sophie de son *Rosenkavalier* et qu'il invita pour l'*Exultate Jubilate* de Mozart au Festival de Salzbourg en 1922.

— Je l'admire autant, et surtout depuis qu'elle nous a raconté ses souvenirs de carrière à Vienne, les premiers grands opéras de Mozart de Salzbourg. C'était une grande époque, l'avant-guerre, partout en Europe. Irons-nous un jour? Peut-être à Paris, qui sait...

Gilles Potvin, critique musical au *Devoir,* alors jeune musicien, se souvient: «Avant qu'elle ne quitte Montréal pour Philadelphie, personne ne croyait à une carrière possible pour Pierrette Alarie dans le domaine classique. Elle était connue comme comédienne et chanteuse légère. Son engagement au Met et son concert de retour nous étonnèrent tous. C'était une révélation; ses progrès étaient spectaculaires.»

Pierrette Alarie accordait une interview aux lecteurs de *L'Œil* sur sa récente audition au Met:

«C'est un charme, répondit-elle au journaliste, que de chanter dans cet immense théâtre où l'acoustique semble parfaite. J'ai été très impressionnée à ma première audition privée, qui a précédé le concours radiophonique. J'ai chanté devant quatre ou cinq juges invisibles, mais vous comprenez que je ne pouvais facilement oublier leur présence...

«Je me mettrai à l'œuvre dès cet été. Je veux être prête lorsque la direction du Metropolitan réclamera mes services...

— Et Hollywood?... N'aimeriez-vous pas devenir la vedette de célèbres productions musicales? Votre expérience de comédienne vous y serait précieuse tout comme à l'opéra, commente le journaliste.

— Je vous avoue que le cinéma m'intéresse, mais pas pour le moment. Plus tard, peut-être...»

Même s'il répond à une attente longue et laborieuse, cette gracieuse chanteuse ne veut pas que son «rêve» se réalise trop vite, mais qu'il suive une voie normale. «Je préfère, dit-elle, aller lentement, mais sûrement... *Chi va piano, va sano e lontano.*

Les grandes voix canadiennes des générations de l'entredeux guerres furent attirées davantage vers les carrières européennes — l'Amérique du Nord n'ayant pas vraiment de tradition lyrique. La venue du Canadien Edward Johnson à la direction du Metropolitan et la Deuxième Guerre mondiale bloquant les possibilités européennes, la route des États-Unis deviendra désormais celle des artistes canadiens. Aujourd'hui, les saisons lyriques américaines affichent régulièrement les chanteurs canadiens et le libre-échange se fait sans heurts entre New York, San Francisco, New Orleans, et Toronto, Montréal, Vancouver.

5.

Une vie de bohème

Jamais elle n'aurait cru réaliser un jour ce grand rêve: chanter sous la direction de Bruno Walter, grand chef viennois et mozartien reconnu. Pour ses débuts au Metropolitan Opera de New York, Edward Johnson lui fait un cadeau royal, celui de chanter sous la direction du grand chef d'orchestre en exil. La distribution de l'œuvre de Verdi *Un ballo in maschera,* à l'affiche de cette matinée du 8 décembre 1945 et radiodiffusée sur tout le continent nord-américain, est prestigieuse. Pierrette Alarie, en petit page Oscar, se sent toute petite et fragile aux côtés de Zinka Milanov, Leonard Warren, Jan Peerce et Margaret Harshaw. Elle domine pourtant sa nervosité et la critique souligne la qualité de sa voix, son aisance en scène, et commente toutefois: «Bruno Walter a diminué l'intensité de l'orchestre pour mettre sa voix en valeur, trop petite pour la grande salle et inaudible dans les ensembles.»

Dans la salle, Léopold Simoneau vit intensément ces heures tant désirées. Les amis et Canadiens de New York sont fidèles et soutiennent la jeune artiste. L'un d'entre eux, le juge Thibaudeau Rinfret, homme de culture et ami des artistes, soulignera cette date quelques années plus tard, alors que la chanteuse sera invitée sur les prestigieuses scènes européennes.

Les débuts importants et remarqués de Pierrette Alarie au Metropolitan Opera seront néanmoins sa participation à la production des *Contes d'Hoffmann* pour la matinée du 12 janvier 1946. Deux grands artistes canadiens l'entourent et la soutiennent: Raoul Jobin, célèbre Hoffmann, et Wilfrid Pelletier à la direction d'orchestre. Son timbre est de cristal dans le rôle d'Olympia et elle rejoint le niveau des grands artistes qui l'entourent: Blanche Thebom, Jarmila Novotna, Martial Singher qui interprète les trois rôles du «vilain», et Herbert Graf qui a signé la mise en scène. La «petite Canadienne» choyée d'Edward Johnson reçoit l'ovation du public new-yorkais et les auditeurs canadiens des matinées du samedi de l'opéra commentent largement l'événement, dont ils sont fiers.

Pierrette Alarie se souvient: «Lorsque j'ai fait mes débuts dans le rôle du page Oscar du *Bal masqué* de Verdi, sous la direction du grand Bruno Walter, je me suis dit: ''Qu'est-ce que je fais dans cette galère?'' C'était plus que je n'avais jamais rêvé.

«J'ai été très choyée par Edward Johnson, directeur du Met, véritable gentleman et si gentil pour les artistes. Je n'ai jamais connu de directeur de théâtre aussi sympathique et compréhensif. Avant tout, il était un artiste. Il en connaissait la sensibilité. Tous les soirs, il nous visitait dans les loges et disait: ''Bocca lupo!'' Il avait fait une belle carrière de ténor en Italie sous le nom d'Edoardo di Giovanni. Il m'appelait sa ''petite Canadienne''... À l'occasion de mes débuts au Met, Élisabeth Schumann m'a fait don d'un magnifique bracelet en or orné d'un rubis que je conserve précieusement.»

La vie est plus belle que jamais pour les deux jeunes artistes québécois et l'espoir de partager un même idéal artistique s'est concrétisé par des fiançailles le soir de Noël 1945. Léopold et Pierrette sont maintenant les idoles des Montréalais, qui les ont chaleureusement applaudis ces derniers mois dans *La Fille du régiment* de Donizetti, au Monument-National, à l'occasion du 10e anniversaire des Variétés lyriques. Ils ont le vent dans les voiles, et une photo du jeune couple, prise à cette époque et qui les montre déchiffrant une partition au piano, fera le tour du monde, affichée dans les bureaux d'impresarios et reproduite dans les programmes de concerts. Ils sont jeunes et beaux, et ils illustrent bien l'espoir de ces lendemains de guerre.

Les représentations de *La Fille du régiment* ont lieu peu de temps avant les débuts de Pierrette Alarie au Met et elle n'aurait pu débuter dans un premier grand rôle d'opéra à Montréal dans de plus heureuses conditions. La critique pressent qu'elle est appelée à devenir une chanteuse de la classe de Bidu Sayao et de Jarmila Novotna, et Léopold Simoneau, Tonio à la voix d'or et à la formation solide, partage son succès, avec Lionel Daunais et Jeanne Maubourg. Quelques années plus tôt, en 1940, Lily Pons et Raoul Jobin triomphaient au Metropolitan dans cet ouvrage qui prenait, en temps de guerre, une dimension particulière, et le *Salut à la France* avait pris une forte couleur nationaliste qui déplaisait alors à certains détracteurs de la France de Pétain.

L'Europe renaît peu à peu de ses cendres. Les militaires canadiens reviennent au pays, et, «en hommage à ses glorieux soldats et en action de grâces pour la victoire des Alliés», les Festivals de Montréal présentent en l'église Notre-Dame l'œuvre monumentale d'Hector Berlioz, le *Te Deum,* que dirige Emil Cooper avec la participation de Léopold Simoneau comme soliste et un chœur de 600 exécutants. Le *Te Deum* du 12 octobre 1945 est donné en entier, et, pour la première fois au Canada, sinon en Amérique du Nord, et tel que le voulait Berlioz, il est couronné d'un grand et imposant déploiement militaire. Les porte-drapeaux, choisis dans le district militaire de Montréal, présentent les couleurs des Nations unies au son de la *Marche triomphale,* écrite lors de la présentation des drapeaux à l'église Saint-Eustache de Paris en 1855. L'interprétation de l'œuvre colossale est boule-versante et les auditeurs, émus et recueillis, espèrent et prient pour une paix durable.

Ce même automne, les étudiants en droit de l'université Laval de Québec font une ovation, au Palais Montcalm, à la jeune et belle artiste bientôt débutante au Met de New York et à l'ex-cellent musicien Jean-Marie Beaudet au piano d'accompagne-ment. L'enthousiasme de la presse rejoint celui des étudiants conquis par la grâce, le charme et l'art de la jeune diva. La sénatrice Renaude Lapointe, alors journaliste, écrivait dans *Le Soleil* du 19 octobre 1945:

> Vision de grâce et de beauté, Pierrette Alarie nous est appa-rue comme l'incarnation de son ancêtre dans l'art, Madame Albani, qui a porté aux quatre coins du monde le nom canadien-français. La grande artiste disparue a légué à cette petite chanteuse montréalaise le sceptre d'une royauté qui

en vaut bien d'autres, celle du talent servi par le charme et la culture, et c'est désormais la jeune soprano-colorature du Metropolitan qui dira à toute l'Amérique ce que nous savons faire... quand nous le voulons.

L'enthousiasme délirant des auditeurs de la Vieille Capitale confirme, pour ce concert de débuts, ses succès montréalais. Une fois de plus, elle transporte la salle avec l'*Air des clochettes*. Un auditeur, témoin de ses débuts québécois, écrivait:

> Non! il ne faut pas tenter d'établir une comparaison entre la délicieuse petite soprano Claire Gagnier et l'éblouissante soprano-colorature que s'est révélée Pierrette Alarie. Claire Gagnier, c'est une jeune fille d'apparence délicate, au visage d'adolescente, au sourire attirant; c'est une charmeuse de cœurs, par sa toute menue personnalité féminine et sa jeunesse radieuse. Sa voix est merveilleuse.
>
> Mais Pierrette Alarie, c'est une tout autre cantatrice! Pierrette Alarie, c'est une femme dans tout l'épanouissement de la grâce féminine, mieux que cela, c'est une reine. L'expression n'est pas trop forte. Elle a ici son sens propre, car Mademoiselle Alarie a un port, une personnalité de reine. Plus jolie que ses photographies ne le laissaient croire, Pierrette Alarie est, au point de vue physique, une belle femme, et cela contribue, croyons-nous, à lui donner cette superbe assurance qu'elle a affichée, hier soir, devant le nombreux et difficile auditoire qui se pressait dans la salle de spectacle du Palais Montcalm. Car, disons-le, bien des gens avaient voulu entendre Pierrette Alarie pour la critiquer, ou, du moins, la comparer à Claire Gagnier.
>
> On avait prétendu, en certains milieux, que nos étudiants en droit risquaient gros jeu en présentant Mlle Alarie immédiatement après Nino Martini. Les disciples de Thémis ont risqué et, comme la chance sourit aux audacieux, ils ont magnifiquement démontré qu'une Canadienne française pouvait faire salle comble, même en venant après un chanteur italien, fût-il de la qualité de Martini. Ce concert a prouvé que la capitale sait apprécier les produits de la métropole, surtout lorsqu'on nous les présente sous une forme aussi attrayante!

Les comparaisons d'artistes d'interprétation, qu'ils soient chanteurs, acteurs, danseurs, pianistes ou autres, existent depuis toujours. Les amateurs d'opéra aiment comparer les ténors et les divas — les phénomènes Callas-Tebaldi, Jobin-Thill, Pavarotti-Domingo n'ont rien de nouveau. Le Québec n'y échappe pas et les comparaisons Pierrette Alarie-Claire Gagnier ont alimenté plus d'une conversation de soi-disant spécialistes et de profanes. On en faisait des rivales... «Et pourtant, diront Pierrette et Claire, nous étions bonnes amies...» Claire Gagnier témoignera:

«Pierrette et moi, nous nous connaissons depuis nos débuts à la télévision de Radio-Canada, vers 1952. Nous nous amusions de cette prétendue rivalité que nous attribuait le public.

«Nous avons étudié à Montréal et New York en même temps sans jamais nous rencontrer. Elle était chez Monsieur Issaurel et moi chez Roger Filiatrault, au Curtis de Philadelphie et moi au Juilliard de New York avec Madame Jean Dansereau. Elle a choisi la voie de la carrière internationale tandis que moi je n'y ai jamais songé.

«Je me suis mariée une année après Léopold et Pierrette, c'est-à-dire en 1947, et j'ai eu mes enfants très tôt. Avant mon mariage, j'ai chanté avec les artistes du Met en tournée au His Majesty's, puis Micaela aux Festivals de Montréal. J'ai été pressentie à cette époque par Hollywood et Spencer Tracy ne m'a pas encouragée dans cette voie: "Regarde, disait-il, ce qu'ils font des acteurs..."

«J'avais presque oublié le chant lorsque la télévision m'a offert de participer aux émissions que réalisaient Pierre Mercure et Françoys Bernier, *L'Heure du concert*. J'ai chanté avec Pierrette *Prima Donna* de Benjamin, *L'Impresario* de Mozart, *Orphée* de Gluck, *Les Fêtes d'Hébé* de Rameau, et aux Festivals de Montréal. Nous avons vécu une belle époque et aujourd'hui il y a peu d'occasions aussi exceptionnelles pour les jeunes chanteurs...»

Et Gilles Potvin écrira dans l'*Encyclopédie de la musique au Canada:*

Aujourd'hui, Claire Gagnier, «le rossignol canadien», enseigne privément à Montréal. Sa voix se distinguait par un timbre lumineux et clair, à l'aigu facile, et par une ligne soutenue de bel canto. Son charme, son sourire et sa présence qui crevait l'écran contribuèrent à faire de cette belle artiste l'une des chanteuses les plus aimées du Québec. Elle abordait avec le même bonheur le répertoire classique et populaire, la chanson et la comédie musicale. Quoique locale, sa carrière fut riche en réalisations.

Depuis qu'elle a quitté Philadelphie, Pierrette habite un coquet appartement à New York dans le même immeuble que Léopold et son ami Jacques Larochelle. Ils font le marché à trois et Pierrette se débrouille tant bien que mal en art culinaire. «Ce sont les pâtes que je réussissais le mieux», dira-t-elle... Et Léopold renchérit: «C'était souvent salade, jambon et baguette de pain et fromage. Par la suite, elle s'est améliorée et elle est devenue une excellente cuisinière.» L'argent commence à entrer de part et d'autre et leur permet de s'offrir un bon concert ou un bon cinéma. Pierrette et Léopold visitent fréquemment Élisabeth Schumann qui conserve une tendresse toute particulière pour son ancienne élève du Curtis.

L'emploi du temps de Pierrette Alarie se partage entre les cours de danse et l'étude du répertoire français au Met avec Maurice Faure, et du répertoire italien avec Pietro Cimara et Salvatore Baccaloni. Elle commente à des amis: «Ah! vous ne savez pas ce que c'est que de travailler avec Baccaloni. Il parle tout le temps, il dit n'importe quoi et je vous assure qu'il faut savoir son rôle et se tenir prêt à toutes les répliques saugrenues qu'il peut nous lancer!...», tandis que Léopold Simoneau travaille la mise en scène avec Herbert Graf et continue de travailler sa voix avec Paul Althouse. Et c'est le 14 février 1946 qu'il reçoit sa première invitation à l'étranger. Il est invité à l'Opéra de La Nouvelle-Orléans pour *L'Enlèvement au sérail,* en version anglaise, que dirige Walter Herbert. Osmin est interprété par le jeune Jerome Hines qui deviendra une basse-pilier du Metropolitan, et le chef des chœurs, Nicholas Goldschmidt, sera un des cofondateurs de la Canadian Opera Company de Toronto et un dynamique directeur des Festivals de Vancouver et de Guelph. Quarante ans plus tard, Niki Goldschmidt se souviendra du Belmonte du jeune ténor mozartien.

«C'est en 1946, à l'Opéra de La Nouvelle-Orléans, que j'ai travaillé pour la première fois avec Léopold Simoneau. C'était alors un jeune ténor à la voix ravissante, très musicien et très attentif aux répétitions. Quelques semaines plus tôt, Raoul Jobin chantait Des Grieux.

«Par la suite, j'ai retrouvé Pierrette et Léopold à Toronto et je les ai dirigés tous deux à plusieurs reprises. Le grand événement fut le Festival de Vancouver en 1958. J'étais directeur artistique de ce festival et j'ai dirigé un *Don Giovanni* avec une distribution presque entièrement canadienne, composée de George

London, Lois Marshall, Pierrette et Léopold, et Joan Sutherland dans Donna Anna, qui faisait ses débuts en territoire nord-américain. Bruno Walter, qui était venu diriger le concert d'ouverture et qui était dans la salle pour la répétition générale, m'a dit: "C'est la meilleure Donna Anna que j'ai entendue." La voix était somptueuse. Bruno Walter avait beaucoup d'estime pour Simoneau avec qui il avait fait le *Requiem* de Mozart, un enregistrement historique.

«J'étais à Vienne en 1957 pour les débuts de Simoneau à l'Opéra. Après son air *Il mio tesoro,* la salle l'a applaudi très longuement — c'était le clou de la soirée. Il devint un des chanteurs les plus populaires de Vienne; on l'identifiait à Mozart. Pour ma part, je le préférais à Anton Dermota — seul Wunderlich s'approchait de son style.

«Un jour, Karajan m'a dit, à peu près à cette époque: "Si je pouvais avoir les meilleurs chanteurs du Canada, j'aurais la meilleure distribution pour un opéra actuellement." Nous avions alors les Simoneau, Forrester, Stratas, Quilico, Vickers, Marshall, London, Verreau, etc. Aujourd'hui on ne pourrait pas en affirmer autant. On donne des diplômes aux chanteurs même s'ils n'ont pas de voix. Je dis toujours: "Si vous avez la voix, faites des études; si vous n'avez pas la voix, ne faites rien..." Les Simoneau avaient la voix et ils ont continuellement approfondi leur art. Les deux étaient grands chanteurs et musiciens — ils dépassaient les problèmes de la technique. Pierrette était une femme de théâtre, elle incarnait parfaitement les personnages en plus d'être une très sensible interprète. Leur discographie contient des joyaux d'interprétation.»

Les jeunes fiancés font régulièrement l'aller retour New York-Montréal afin de remplir leurs engagements respectifs. Pierrette est sous contrat avec Charles Goulet, impresario et codirecteur des Variétés lyriques, et c'est une tournée de récitals à travers la province. Le public de partout est désireux d'entendre cette jeune artiste à la gloire naissante, et qui est la fille de la très aimée et populaire comédienne Amanda Alarie.

La série débute par un récital, le 14 mars 1946, à la salle du Plateau. Le pianiste Jean-Marie Beaudet et le flûtiste Hervé Baillargeon partagent la consécration montréalaise de la vedette de la chanson devenue soprano-colorature du Metropolitan. À l'issue de la soirée, des centaines d'auditeurs envahissent l'estrade pour aller féliciter leur jeune compatriote, que l'on doit «protéger contre les dangers d'une poussée trop enthousiaste». Rarement récital a suscité autant d'intérêt, d'admiration et de chaude sympathie.

Pierrette Alarie terminait sa tournée en illustrant à la radio la vie de la grande Emma Albani qui était à ses yeux une figure légendaire, tandis que de son côté Léopold Simoneau était en tournée canadienne avec le célèbre compositeur et chef d'orchestre Oscar Strauss, «charmant vieux monsieur», dans des extraits d'opérettes, dont *Le Soldat de chocolat* et d'autres airs connus du grand Viennois.

Quarante ans après cette courte vie de bohème à trois, le baryton Jacques Larochelle se souvient:

«J'ai connu Léopold Simoneau dans les années 35-36 au collège de Lévis. Il est venu terminer son cours classique au Séminaire de Québec... C'est à ce moment qu'il a étudié le chant avec mon père, le professeur Émile Larochelle.

«Je l'ai retrouvé à New York en 1945. Pierrette étudiait au Curtis Institute à Philadelphie. Léopold et moi avons partagé le même appartement, puis, lorsqu'ils se sont mariés — à propos, j'ai eu le plaisir de chanter à leur mariage —, je leur ai cédé mon appartement et j'ai pris celui plus petit que Pierrette occupait la première année de son engagement au Metropolitan. J'ai eu le plaisir d'assister à ses débuts au Met dans *Le Bal masqué*.

«En 1947, je me suis marié et, grâce à la recommandation de Raoul Jobin, j'ai pu obtenir une bourse. Pierrette, Léopold, ma femme Jeannot et moi sortions assez souvent ensemble. Nous aimions aller au restaurant et l'un des mets préférés de Léopold était le foie de poulet. Après le repas, nous nous baladions sur Riverside Drive et nous allions finir la soirée calmement, soit chez Léopold ou chez nous. Nous avons même fait quelques voyages ensemble. Je ne peux malheureusement vous raconter toutes nos aventures. Ce fut extraordinaire, tous ces beaux et bons moments que nous avons vécus ensemble, et nous sommes restés très unis, Pierrette, Léopold, ma femme et moi.

«C'est étrange, mais la première et la seule fois que j'ai vu Léopold à l'Opéra, c'était en 1963 alors que j'étais à New York par affaires. J'ai eu la joie de découvrir qu'il était à l'affiche au Met et qu'il chantait le Don Ottavio du *Don Giovanni*. Inutile de vous dire que je me suis précipité. Quel plaisir, et quelle merveille d'interprétation! J'en ai pleuré d'émotion et de fierté. Après la représentation, ce furent les retrouvailles, encore une fois dans les larmes de joie.

«Léopold Simoneau est un homme sérieux, d'une grande distinction et d'une grande culture. Ce qui m'a le plus frappé, mis à part ce qui précède, c'est sa discipline, sa volonté et sa détermination. Un exemple extraordinaire pour les jeunes artistes qui suivaient son début de carrière à ce moment-là.

«Pierrette, une perle rare, est aussi très cultivée, mais un peu timide et très réservée.

«Malheureusement, nos chemins ayant pris des directions différentes, nous nous sommes perdus de vue un bon moment. Fort heureusement, nous nous sommes retrouvés et nous essayons de maintenir le contact. Malgré la distance qui nous sépare aujourd'hui, c'est toujours, pour ma femme et moi, une grande joie de revoir les Simoneau — d'ailleurs, ils nous ont fait la surprise agréable de nous rendre visite à Saint-Cyrille-de-l'Islet, en octobre dernier, c'est-à-dire quarante ans après notre vie new-yorkaise.»

Depuis ses débuts au Metropolitan, Pierrette Alarie semble être allée de succès en succès, et elle a été applaudie dans les principales villes américaines et canadiennes.

Le 19 janvier 1947, elle chantera à la Maison-Blanche devant le président Truman. La petite Pierrette Alarie, «Pierrot» comme l'appelaient ses nombreux amis, avait réalisé son rêve d'adolescente: «devenir une grande chanteuse». La saison 1947-48 sera la dernière de ses trois années passées dans la célèbre institution américaine. Elle aura eu l'occasion d'y chanter les rôles d'Oscar, d'Olympia, de Blonda ainsi que de Xenia aux côtés du Boris Godounov italien d'Ezio Pinza. Une seule ombre au tableau: elle n'a jamais eu l'occasion d'y chanter son rôle préféré, Lakmé. Ce sera l'Opéra-Comique de Paris qui lui offrira cette possibilité dans des conditions inattendues…

«Au cours des années du Met, j'étais la doublure attitrée de Lily Pons, dira-t-elle. J'ai travaillé tous ses rôles avec Louis Fourestier, chef d'orchestre français qui est arrivé au Met après la guerre, peu de temps après la venue du pianiste chef de chant Maurice Faure. Et cela grâce à Raoul Jobin qui défendait le répertoire et les artistes français au Met durant les années de guerre.

«Louis Fourestier était un homme très sensible qui se sentait un peu perdu dans ce monde nord-américain et il m'appelait son «petit bonheur» parce que nous parlions français. Quand j'arrivais dans son studio, il me disait: ''Ah! mon petit bonheur, nous allons travailler...'' J'ai bien travaillé avec lui, mais je n'ai jamais remplacé Lily Pons.

«Elle arrivait en prima donna, au dernier moment, avec ses trois chiens... Elle parlait anglais avec un accent français, et français avec un accent anglais... Elle coupait les phrases musicales, faisait des phrasés inusités. Je disais à Monsieur Fourestier: ''Maître, elle chante autre chose que ce que vous m'avez enseigné. Vous ne lui dites rien? — Ah! on m'a demandé de ne rien dire à Madame Pons...'' Les deux bras m'en sont tombés. Un jour qu'elle s'était déclarée malade, j'ai failli la remplacer à une heure d'avis. J'étais habillée, maquillée et prête à entrer en scène, lorsqu'elle fit son apparition. J'étais très déçue...

«Monsieur Fourestier me conseillait d'aller à Paris, disant que j'y aurais une chance, avec ma voix et mon répertoire, à l'Opéra-Comique. Il m'a présentée à sa femme, Madame Lilienfeld, qui était professeur de chant et d'origine allemande. Je l'ai rencontrée et je lui ai présenté Léopold, et tous deux nous ont conseillé de préparer une audition pour Paris. Monsieur Johnson me conseillait également d'aller en Europe — lui-même avait fait carrière en Italie pendant de nombreuses années. Ils nous ont convaincus.»

6.

Les voix du bonheur

Le samedi 1er juin 1946, l'église du Sacré-Cœur de Montréal est archibondée de parents, d'amis, d'artistes et de curieux, pour le mariage de Pierrette Alarie et Léopold Simoneau, béni par le chanoine J.-A. Bourassa. Ils ont respectivement 24 et 30 ans. Les deux artistes préférés des Montréalais ont attiré une foule heureuse de partager leur bonheur dans l'église illuminée et, à la sortie des nouveaux mariés sur le perron, c'est la rue Ontario entière qui les acclame. «La circulation des voitures était bloquée», diront-ils. C'est l'image d'un conte de fées qui fera dire à un témoin de ce jour que «deux voix de Dieu ont uni leurs destinées sur une même portée musicale».

Après une réception éblouissante, le jeune couple quitte Montréal vers la Gaspésie à bord d'une voiture empruntée à un fidèle ami de Lévis. «Il faisait un froid de loup dans le bas du fleuve Saint-Laurent, diront-ils. Il neigeait!...» Ils décident donc de rebrousser chemin et de rentrer à New York.

«Professionnellement, Pierrette a toujours été très sérieuse et motivée. Elle a toujours travaillé farouchement pour se maintenir au niveau qu'elle avait atteint et cela jusqu'à son dernier récital. Elle a toujours fait l'admiration des camarades et des chefs d'orchestre avec lesquels elle a travaillé. Elle a exploité ses dons et capacités au maximum et les critiques sont là pour en témoigner. Elle a une grande fermeté de caractère allant jusqu'à l'entêtement.

«Au début, nos fréquentations déplaisaient à sa mère, qui avait d'autres ambitions pour sa fille. Elle rêvait de devenir une *stage mother*, une mère qui ne quitte pas son artiste enfant d'une semelle et qui récolte en même temps les succès de cet enfant. Elle a été très dure pour nous deux. Pierrette a dû montrer une grande fermeté et partir pour Curtis en dépit du désaccord de sa mère, celle-ci ne croyant pas à une carrière classique pour sa fille. Nous avons été séparés, Pierrette et moi, deux ans avant notre mariage, nous voyant de temps à autre pour les concerts et quoique ayant habité New York au même moment.

«C'est à vivre ensemble qu'on se connaît vraiment et les années qui ont suivi notre mariage n'ont fait que me convaincre que nous étions faits l'un pour l'autre. Nous avons réuni nos ambitions et notre volonté pour une réussite professionnelle. Nous avons attendu d'un commun accord presque dix ans avant d'avoir des enfants: la carrière était trop accaparante pour nous deux. Nous avons essayé de garder un certain équilibre. Les sentiments ou l'émotivité ont toujours été dominés par la raison et cela grâce à notre grande discipline de carrière professionnelle.

«Lorsque Pierrette est entrée au Metropolitan, elle a été immédiatement pressentie par l'agence de concerts Columbia qui s'occupait de 1 100 sociétés de concerts en Amérique dont 27 dans la province de Québec, les Community Concerts. En 1947, son agent lui dit: ''Nous avons entendu parler d'un autre jeune ténor du Canada; son nom est Léopold Simoneau; est-ce que vous le connaissez?'' Elle était donc là depuis une année sans avoir parlé de moi. Ce qui montre notre attitude de ne jamais profiter d'une situation pour pistonner l'autre mais d'attendre que l'autre prouve son talent et ses capacités.

«Il est vrai que nous aimions chanter ensemble et que les séparations dues au travail étaient difficiles autant pour l'un que pour l'autre. Pierrette trouvait décevant de ne pas chanter un rôle qu'elle aurait pu faire avec moi. Avec l'avènement de la télévision, Columbia a vendu notre couple, en récital conjoint. Nous étions très en demande et nous avons dû refuser plusieurs tournées.»

Avec le recul des ans, Pierrette Alarie parle en ces termes du ténor Léopold Simoneau:

«Quand j'ai connu Léopold, je vivais déjà dans un tout autre monde, celui du théâtre et de la radio. Il était très sérieux par sa formation et ses études. Ce qui nous a rapprochés et unis, c'est la musique, le chant. Grâce à lui, j'ai pu réaliser ma première idée, mon goût d'aller vers la musique classique. Il m'a fait découvrir Mozart, l'aimer et en devenir une interprète. Il était ambitieux de réussir dans la vie qu'il s'était tracée lui-même. Il a beaucoup travaillé. Il était tenace et entêté autant que je l'étais moi-même, sinon davantage.

«À New York, au début de notre mariage, il travaillait ses aigus forte, qui lui ont toujours causé des problèmes; il a toujours eu par contre ses pianissimi naturels. Il essayait à plusieurs reprises de trouver et donner un si bémol, si naturel ou ut... Il s'entêtait dans la même journée et continuait jusqu'à la fatigue. Je lui disais: "Cesse, tu te fatigues inutilement. Ta voix naturelle n'est pas celle d'un fort ténor mais celle d'un ténor lyrique léger, tes demi-teintes sont uniques. Il ne faut rien forcer..."

«On s'est organisé une routine de travail à la maison et Léopold, à cause de son caractère tenace et de sa volonté, travaillait plus que moi. Il pouvait passer des heures à vocaliser. Moi, j'ai toujours détesté, c'était une corvée. Je travaillais surtout les phrases et je maîtrisais les difficultés en chantant la phrase entière un ton plus bas ou un ton plus haut, jusqu'à me sentir à l'aise dans la tessiture exacte. Au cours de la carrière, c'était pareil lorsqu'il avait à travailler: c'était en profondeur, avec logique. Par contre, moi, tout en étant sérieuse, j'étais plus fantaisiste: "La fantaisie dans la discipline", disait le musicologue français Norbert Dufourcq en parlant de l'interprétation de la musique française du XVIIIe siècle. Cela s'applique à certains caractères, dont le mien.

«Léopold est un homme foncièrement honnête, loyal. Il a toujours été très bon pour moi, pour les enfants. Il est très affec-tueux, très tendre et très attentif à l'égard de ses deux filles. Il m'a toujours soutenue et encouragée. Dans les déboires artis-tiques, comme nous en avons tous dans une carrière, il m'a toujours beaucoup aidée et stimulée, en me soutenant morale-ment. Malgré une approche différente, nous aimions travailler ensemble, ce qui nous permettait une critique mutuelle et bénéfique pour chacun. Après chaque concert, on se critiquait mutuellement: "Ton si bémol était moins bon ce soir", "Ce phrasé était trop lent", "Ton médium était voilé", "Le grave manquait d'appui", etc.

«Nous avons eu la chance d'avoir deux voix qui se mariaient bien et nous avons pu faire beaucoup de répertoire ensemble, surtout en récital. Nous menions nos carrières de front, pas toujours ensemble, contrairement à ce que les gens pensent. Nous vivions séparés pendant des mois. Très souvent, Léopold était engagé seul à un bout du continent, et moi au même moment à l'autre bout. Il ne s'est jamais objecté à ma carrière. Nous nous étions bien entendus à ce sujet avant notre mariage. J'étais dans la carrière depuis toujours et c'était ma vie. S'il s'y était objecté, je ne l'aurais pas épousé, il le savait. Pour moi, la vie artistique est aussi essentielle que la nourriture, c'est l'oxygène de ma vie.

«Nous n'avons jamais aimé le côté social de la carrière, les *after-concerts* si populaires en Amérique. Dès le début, nous nous sommes imposé une vie réglementée, à cause de nos voix légères qui se fatiguent vite. Rien de pire pour des voix fragiles que de parler dans les foules, hausser la voix et subir la fumée. Nous avons évité tout ça. Nous n'aurions pas pu tenir le coup autrement. Léopold devait se reposer souvent et surveiller sa santé. Il disait fréquemment: "C'est une carrière éphémère et personne ne nous fera vivre lorsque nous cesserons de chanter..." Il a administré nos deux carrières en homme d'affaires.»

Durant l'été qui suivit leur mariage, Léopold Simoneau fut invité à de jeunes festivals voisins. Entouré de chanteurs américains en début de carrière, il participe à la production *The Abduction from the Seraglio* de Mozart *(L'Enlèvement au sérail)* du Summer Music Theatre de Bar Harbor dans le Maine. Le festival de vacanciers de la côte est présenta aussi cette saison *The Maid in Distress (La Serva Padrona)* de Pergolese et *The Old Maid and the Thief* de Menotti.

Le *Seraglio* du Met fit couler beaucoup d'encre cette saison 1946-47. Et pour cause: cet ouvrage majeur de Mozart aura mis 164 ans pour être admis dans la plus grande maison d'opéra américaine. Présentée pour la première fois dans l'histoire du Metropolitan le soir du 29 novembre 1946, dans une version anglaise de Ruth et Thomas Martin, l'œuvre de Mozart est dirigée par le chef d'orchestre Emil Cooper, dans une mise en scène d'Herbert Graf. La distribution comprend Eleanor Steber (Constanza), Charles Kullman (Belmonte), Pierrette Alarie (Blonda), John Carter (Pedrillo), Hugh Thompson (Selim) et Dezso Ernster (Osmin). Le critique du *New York Times,* Olin Downes, ne ménage aucun des interprètes, et Pierrette Alarie, une fois de plus, est accueillie chaleureusement pour son jeu; «la seule à l'aise sur scène», écrit-il, tout en lui reprochant une «voix trop petite pour la grande salle du Met... Blonda n'étant pas un personnage de comédie musicale...».

Si la voix de la jeune Canadienne de 25 ans ne semble pas correspondre aux dimensions du «vieux Met», elle a la capacité de projection nécessaire pour remplir le volume du His Majesty's de Montréal dans ce même rôle de Blonda quelques mois plus tard. La cantatrice triomphe dans la première canadienne de l'ouvrage que présente l'Opera Guild les 8 et 9 mai 1947. Elle retrouve le chef d'orchestre Emil Cooper et le metteur en scène Dino Yannopoulos. Léopold Simoneau reprend le rôle de Belmonte aux côtés du Osmin de Jerome Hines qui «suscite l'admiration étonnée de toute la salle» pour ce début montréalais. Quant à Pierrette Alarie, «elle s'est fait applaudir la soirée entière par son charme piquant, sa vie intense, sa souple école vocale et les ressources d'une voix menue et juste qu'elle emploie avec un exemplaire discernement», décrit Marcel Valois...

Le succès de *L'Enlèvement au sérail* a été si marqué que l'on se lassait de compter les levers de rideau à la fin des actes. Et tout cela grâce à la ténacité et à la générosité de Pauline Donalda, fondatrice de l'Opera Guild de Montréal.

À la suite d'une brillante carrière européenne de cantatrice, Pauline Donalda décida de s'établir définitivement à Montréal et d'ouvrir un studio pour l'enseignement du chant. Née à Montréal en 1882, de parents juifs d'origine russe et polonaise, sa carrière la mena de Paris à Londres, de New York à la Russie d'avant la Révolution.

Elle chanta avec les plus grands interprètes de son époque: Emmy Destinn, Vanni-Marcoux, Melba, Calvé, Sammarco, McCormack. Elle tint le rôle principal de *Concepcion* lors de la création en Angleterre de *L'Heure espagnole* de Ravel et le rôle de Jenny pour la création, à Nice, du *Chatterton* de Leoncavallo. Elle remplaça fréquemment la grande Melba et ouvrit la saison de Covent Garden en 1910 en remplaçant au pied levé Luisa

Tetrazzini dans *La Traviata*. Elle fut une interprète recherchée pour l'oratorio et le concert. Elle enseigna durant quinze années à Paris avant de revenir définitivement au Canada.

Durant les vingt-huit saisons de l'Opera Guild, Pauline Donalda présenta vingt-neuf ouvrages en plus de dispenser son enseignement. Plusieurs de ses élèves firent des carrières internationales. Elle favorisa les débuts à l'opéra d'une génération d'excellents chanteurs canadiens: Pierrette Alarie, Léopold Simoneau, Claire Gagnier, Maureen Forrester, Clarice Carson, Joseph Rouleau, André Turp, Richard Verreau, Louis Quilico, Jean-Pierre Hurteau, Jules Jacob... Grâce à Pauline Donalda, plusieurs grands ouvrages du répertoire lyrique furent présentés pour la première fois au Canada. Sa mort, survenue en 1970, marqua la fin d'une époque, dont celle de l'Opera Guild.

Toujours au beau fixe, le jeune couple Alarie-Simoneau retrouvait le sympathique public montréalais lors d'un récital conjoint au Plateau, présenté par la Société des Amis de l'Art, le 6 octobre 1946. Ils sont à nouveau ovationnés par une salle enthousiaste et la critique compare la voix de Pierrette à celle de la «célèbre colorature espagnole du début du siècle, Adelina Patti»... Et le 30 janvier 1947, Léopold Simoneau est invité par les dames anglaises du Ladies Morning Musical Club. Ce récital marquera une date importante dans sa carrière de récitaliste. Il chantera, accompagné par l'irremplaçable Jean-Marie Beaudet, le cycle complet de *Dichterliebe (Les Amours du poète)* de Robert Schumann, Sacchini, Haendel, *Poème d'un jour* de Fauré et trois mélodies du compositeur canadien Clermont Pépin, commande du L.M.M.C. à l'occasion de ce récital. Il reprendra le même programme au Club musical des Dames de Québec la saison suivante, et ce sera un autre événement.

L'été 1947 voit les débuts à la télévision de Léopold Simoneau dans le rôle de Lionel de l'opéra *Martha,* qu'il chante quatorze fois à Central City, au Colorado, «à une altitude de 8 600 pieds», se souvient-il... Il est entouré de Mesdames Claramae Turner et Frances Greer du Metropolitan, et de la basse James Pease, du New York City Center Opera, et le troisième acte est transmis à la télévision de New York.

Les tournées de récitals se succèdent et les pianistes Marie-Thérèse Paquin et Jean-Marie Beaudet alternent leur collaboration.

Tout sourit au jeune couple qui songe déjà à élargir ses activités de concerts. Si New York les comble et satisfait leurs besoins de formation, ils rêvent de la vieille Europe, de Paris, ville de culture, d'histoire et de traditions lyriques françaises, dont ont toujours rêvé les artistes canadiens curieux, ambitieux et désireux de réaliser un idéal longtemps et patiemment préparé.

Paris est encore pour demain car auparavant ils ont à respecter des contrats avec les Variétés lyriques de Montréal, et c'est le soleil de Provence qui brille de tout son éclat dans la production de *Mireille*, le 25 septembre 1947. Préparé avec enthousiasme par Lionel Daunais et Charles Goulet, le spectacle révèle aux Montréalais une œuvre de Gounod toute de charme et de fraîcheur. Jamais Pierrette Alarie ne fut aussi jolie et gracieuse que dans ce rôle de Mireille qu'elle «chante avec la souple sûreté qui a fait sa réputation depuis le début de sa carrière. Léopold Simoneau fait admirer une voix de plus en plus chaude et timbrée, un phrasé impeccable et un jeu aussi ingénu que sympathique». C'est dans ce rôle de Vincent qu'il débutera à l'Opéra-Comique deux années plus tard. Une distribution homogène et hautement professionnelle réunissant Jeanne Maubourg, Gérald Desmarais, David Rochette et Lionel Daunais explique la qualité des onze représentations qui demeurent dans le souvenir des témoins de ces soirées. Léopold Simoneau et Pierrette Alarie rendaient un témoignage de reconnaissance et d'amitié à Charles Goulet dans son autobiographie *Sur la scène et dans la coulisse.*

> Nous appelions Charles Goulet notre «papa théâtral» à cause de son rôle primordial dans le lancement de nos carrières respectives aux Variétés lyriques. Grâce à ses directives, les modestes débutants que nous étions dans les années 1941-42 ne tardèrent pas, par la suite, à se hisser en tête d'affiche dans les ouvrages du meilleur répertoire pendant plusieurs saisons. Très enrichissante expérience que furent ces années.
>
> D'autre part, grâce encore à son agence d'impresario et aux nombreuses sociétés de concert de l'époque (dont plusieurs nées de son initiative), il nous fit connaître aux quatre coins de la province, réussissant ainsi un coup de maître, c'est-à-dire nous faire prophètes en notre pays.
>
> Mais ce qui est peut-être plus précieux encore, c'est l'héritage qu'il nous laisse (comme à tant d'autres jeunes artistes)

d'une exemplaire et totale discipline artistique et d'une éthique professionnelle qui n'ont jamais cessé de nous inspirer jusqu'à ce jour. La lecture de son autobiographie en livre une grande part du secret.

7.

«Nous irons à Paris,
tous les deux...»

L'été qui suivit les succès de *Mireille* aux Variétés lyriques voit leur baptême de l'air et leur premier voyage en Europe. Tous les espoirs leur sont permis. L'audition organisée par le maître Louis Fourestier devant Monsieur Hirsch a lieu quelques jours à peine après leur arrivée. Pierrette est malade... Le décalage horaire, le changement de nourriture, la fatigue des préparatifs et du voyage ne la mettent pas dans une situation idéale pour chanter l'*Air des clochettes* qu'accompagne Maurice Faure. Elle est soulagée lorsqu'on lui dit que cet air est suffisant pour l'audition. Léopold, plus assuré, chante cet autre air de *Lakmé*, «Fantaisie, aux divins mensonges», du rôle de Gérald qu'il avait bien travaillé avec Monsieur Issaurel, quelques années plus tôt. C'est une réussite et Monsieur Hirsch désire les engager immédiatement.

Le cœur joyeux, ils filent sur les routes de France, vivant le voyage de noces qu'ils avaient dû annuler deux années plus tôt dans la glaciale Gaspésie.

«Nous sommes partis en France avec nos petites économies pour un voyage de touristes, l'été 1948, et nous en avons profité pour auditionner devant Monsieur Hirsch à l'Opéra de Paris, diront-ils. Nous avons été acceptés immédiatement mais nous avions encore un contrat avec l'agence Columbia et nous sommes revenus remplir nos engagements pour l'année 1948-49. Nous sommes partis l'été suivant.

«Notre premier contrat avec l'Opéra et l'Opéra-Comique était la réalisation de notre grand rêve, tout comme l'était celui de nos prédécesseurs, Emma Albani, Louise Edvina, Rodolphe Plamondon, Sarah Fischer, Béatrice LaPalme, Pauline Donalda, Raoul Jobin, Jacques Gérard et Lionel Daunais... Paris, c'était la concrétisation du duo de *Manon* que nous chantions fréquemment, "Nous irons à Paris, tous les deux". Nous avons quitté notre appartement de New York après deux ans de vie commune et nous nous sommes installés temporairement à Montréal. Dès l'automne, nous entreprenions des tournées de récitals organisées par l'agence Columbia. Nous avons été avec cette agence pendant vingt ans.»

Quelques mois avant de quitter Montréal, Pierrette Alarie rejoint les artistes gagnants des *Metropolitan Auditions of the Air* qui fêtent joyeusement Wilfrid Pelletier en avril 1949. Le maestro canadien est entouré d'une pléiade de chanteurs qui lui doivent leur première chance. Ce sera bientôt la fin d'une époque pour le Met, celle d'Edward Johnson qui le quittera la saison suivante, laquelle verra également les départs de Wilfrid Pelletier, Bidu Sayao, Raoul Jobin et Martial Singher. Et aux Variétés lyriques de Montréal, *Le Barbier de Séville*, réunissant les Simoneau, Lionel Daunais et le jeune Louis Quilico, précédera d'une année la première apparition du couple dans l'œuvre de Rossini à l'Opéra-Comique de Paris, le 9 avril 1950, que dirigera André Cluytens. Les rôles du Comte et de Rosine laissent déjà pressentir les succès et les triomphes qu'ils auront dans les grands duos mozartiens.

Déjà quatre années se sont écoulées depuis la fin de la Deuxième Guerre mondiale. Montréal accueille un grand nombre d'émigrants ayant fui l'horreur nazie et en attente d'un nouveau pays, d'un nouveau départ ou d'un abri. Un fort contingent de musiciens et mélomanes juifs de tous pays vient enrichir les rangs des professionnels et des auditeurs de concerts. La culture canadienne-française ainsi que la culture canadienne-anglaise s'épanouissent au contact de nouvelles traditions artistiques. Les programmes de concerts offriront un répertoire élargi et le public deviendra plus exigeant.

Les Festivals de Montréal, fondés en 1936, souhaitent rivaliser avec le nouveau Festival d'Édimbourg. Pendant l'été 1949, l'équipe que dirige Madame Athanase David présente huit productions échelonnées sur trois semaines. L'opéra, le ballet, le théâtre, anglais et français, et le concert se partagent une programmation qui va de *L'Histoire du soldat* de Stravinsky, en première canadienne, aux spectacles de *Tosca* et *Manon* au stade Molson, à Shakespeare et Corneille au théâtre. Une pléiade de jeunes chanteurs boursiers s'envolera pour aller étudier sous d'autres cieux, notamment en Italie, en Angleterre et en France.

Après leur concert du 2 août dans le cadre des Festivals de Montréal, avec les Disciples de Massenet que dirige Charles Goulet, Pierrette Alarie et Léopold Simoneau font un court séjour chez Thérèse et Raoul Jobin, à Sainte-Pétronille de l'île d'Orléans, près de Québec. Les deux ténors québécois, que séparent dix années d'âge et de carrière, se retrouveront à Paris et alterneront, en 1952-53, dans le rôle de Damon de la production des *Indes galantes* de l'Opéra. De son côté, Thérèse partira, début septembre, se réinstaller à Paris avec les trois enfants, après dix années de vie new-yorkaise. Se souvenant du sympathique jeune couple qui attendait tout de l'Europe, elle témoignera:

«Pierrette et Léopold étaient sérieux et désireux de se tailler une place dans l'Europe d'après-guerre. Durant ces années qu'ils ont vécues à Paris, nous les rencontrions de temps à autre à l'ambassade du Canada à l'occasion de réceptions officielles. Ils sortaient peu et ils étaient déjà très en demande.

«J'ai toujours eu beaucoup d'affection pour Pierrette. J'admirais son courage et sa loyauté. Je l'ai toujours considérée comme une très belle et fine artiste. Encore aujourd'hui, c'est toujours avec bonheur que nous nous revoyons à l'occasion de ses brefs séjours à Québec.»

Et c'est une traversée de sept jours sur une mer d'huile.

Parti de New York, le somptueux transatlantique *Île-de-France* accoste au Havre le 28 août. Les Simoneau n'ont pas échappé à la traditionnelle soirée des passagers, et il y eut concert à bord. C'est leur première traversée et ils se reposent à loisir des préparatifs et des fatigues des derniers mois. À Paris, ils descendent à l'hôtel Lutetia et de là ils partent à la recherche d'un appartement — plus que rarissime dans ce Paris d'après-guerre. Avec minutie et patience, ils cherchent dans les journaux et auprès des agences. C'est par l'entremise d'un ami qu'ils dénichent le coin idéal à la porte d'Auteuil. Ils s'installent boulevard Exelmans et ils auront comme voisin Marc Pincherle, critique musical et musicologue reconnu de l'œuvre de Vivaldi, qu'ils affectionneront. Tout va bien et c'est l'achat d'une première voiture, une Renault 4 CV — le rêve, quoi!

Le contrat avec la direction de l'Opéra doit entrer en vigueur le 1er octobre, mais dès le 4 septembre, à peine arrivée et encore à l'hôtel avec armes et bagages, Pierrette Alarie remplace à quelques heures d'avis une collègue malade, dans Olympia des *Contes d'Hoffmann*, tandis que Léopold Simoneau chantera Vincent de *Mireille* quelques jours plus tard, dans les mêmes circonstances, avec Pierre Dervaux, alors jeune chef d'orchestre. Ils sont surpris et un peu déçus du manque de préparation pour des débuts tant anticipés et importants.

«Nous étions parachutés sur scène, diront-ils, sans préparation. Jusque-là, nous avions toujours chanté dans des productions bien cuisinées et préparées à l'avance. À Paris, nous avions à peine un raccord avec le pianiste chef de chant et nous ne connaissions pas les décors.»

Et Pierrette ajoute:

«Pour Olympia, je n'ai pas eu de mauvaises surprises. C'était la nouvelle et très belle production de 1948, et le rôle en soi n'est pas compliqué scéniquement. Pour confirmer le manque de préparation et l'indifférence régnant dans les grandes maisons, j'ai chanté ce rôle cinq fois sous la direction de Cluytens, avant de le rencontrer dans la coulisse. Mais je l'avais bien travaillé et chanté au Met avec Raoul Jobin. Le grand choc, je l'ai eu avec *Lakmé*... Je ne l'avais jamais chanté entièrement sur scène, étant pendant trois ans la doublure de Lily Pons au Met.

«Peu de temps après le début de notre contrat, soit le 5 octobre, on me demande encore de remplacer la soprano, et sans répétitions, seulement un raccord. Je n'avais aucune idée du décor et j'ai à peine eu le temps de voir où étaient les portes...

«J'étais nerveuse et je n'ai pas cessé d'avoir peur toute la soirée. Je croyais qu'on le remarquait de la salle. Durant l'*Air des clochettes*, la mise en scène voulait que je chante face aux choristes. Je tremblais de tous mes membres et je sentais qu'ils attendaient le contre-mi et que je me casse la figure... Mais non, tout a bien marché et j'ai été très bien soutenue par la baguette d'Albert Wolff. J'en ai été malade pendant trois jours... J'étais très loin de la préparation de mes débuts au Met ou aux Variétés lyriques. Pour *Le Bal masqué*, Bruno Walter nous a tous fait travailler quelques semaines avant la première. À l'Opéra-Comique, j'arrivais dans un théâtre de répertoire, avec des productions qui parfois dataient de l'avant-guerre. Celle des *Pêcheurs de perles*, entre autres, était minable.»

Lakmé, rôle que Pierrette Alarie attendait depuis si longtemps, lui vaut une critique de Louis Beydts dans sa chronique *Opéra*. Il fait en même temps l'éloge de Michel Roux qui obtenait les trois premiers prix de chant, d'opéra et d'opéra-comique au Conservatoire en 1948 et qui débutait dans le rôle de Nilakantha de la production de *Lakmé*... Il écrira, à la suite d'une représentation de routine le 12 avril 1949:

Mlle Pierrette Alarie, qui interprétait le personnage titulaire, se distingue, au premier chef, par son goût affiné. Sa voix de soprano garde, dans sa ténuité, un timbre charmant, particulièrement dans le médium et dans le registre aigu — sol, la, si, etc. Et si j'ajoute ''et caetera'', c'est que Mlle Alarie dispose de ce contre-mi sans lequel aucune vocaliste n'oserait maintenant aborder les planches — contre-mi (que par parenthèse, elle émet à la façon de Mme Lily Pons, en utilisant les résonances d'un registre supérieur, parfois dénommé petit registre) dont l'effet qu'elle en obtient ne lui dissimule pas les difficultés souvent contradictoires d'un rôle entre tous délicat. Mlle Alarie rend constamment sensibles les innombrables suggestions de cette partition délectable. Et il faut la complimenter pour tout ce qu'elle apporte là de fraîcheur touchante et de pudique agrément.

Et depuis, l'affiche hebdomadaire des théâtres nationaux paraît rarement sans les noms de Pierrette Alarie et Léopold Simoneau. Il arrive de les voir à l'affiche le même jour. Simoneau chante Alfredo de *La Traviata* en matinée sous la baguette de Georges Sebastian et Alarie chante *Lakmé* en soirée, ou, le même soir, Simoneau chante Tamino (en français) de *La Flûte enchantée* à l'Opéra et Alarie chante les *Contes d'Hoffmann* à l'Opéra-Comique sous la direction d'André Cluytens. Un soir, Simoneau chante le Comte du *Barbier de Séville,* et, deux jours plus tard, Alarie brille dans Rosine. Ils se retrouvent enfin ensemble dans l'œuvre de Rossini, le 9 avril 1950, sous la baguette d'André Cluytens.

Les deux jeunes Canadiens sont déjà en demande en dehors de Paris. Ils partagent avec Janine Micheau et Henri Medus la distribution de *L'Enlèvement au sérail* au Grand Théâtre de Nancy. Ils en gardent un souvenir de gastronomie locale, soit une inoubliable choucroute au Capucin-Gourmand et de succulentes friandises, les bergamotes... Puis c'est Tunis et Casablanca, suivis d'une tournée de concerts au Canada et aux États-Unis. En avril, Léopold Simoneau est invité au Grand Théâtre de Genève pour des représentations du *Barbier de Séville* et de *La Traviata*. Et c'est la première invitation dans un festival prestigieux, le XIIe Festival de Strasbourg, qui «commémore le deuxième centenaire de la mort de J. S. Bach sous la présidence d'honneur du docteur Albert Schweitzer». Le quatuor vocal composé de Suzanne Danco, Elsa Calveti, Léopold Simoneau et Pierre Mollet participe au concert d'ouverture, le 8 juin, dans la cathédrale illuminée. Le programme est consacré à «la musique spirituelle française du temps de J. S. Bach» — M. R. de Lalande, Rameau, de Grigny, Couperin, Campra. Mais c'est le ciel bleu d'Aix-en-Provence qui attend le jeune ténor...

«Nous avions rencontré Gabriel Dussurget, raconte Léopold Simoneau, à l'occasion d'un cocktail chez Fulgence Charpentier, alors attaché culturel à l'ambassade du Canada à Paris. Gabriel Dussurget était toujours à la recherche de nouvelles voix et il était désireux de connaître un nouveau ténor. Il est venu m'entendre dans Tamino à l'Opéra et il m'a immédiatement offert de participer au Festival d'Aix-en-Provence dont il était le cofondateur. C'était là plus que je n'avais jamais espéré...

«Le Festival avait déjà acquis, en peu d'années, une très grande réputation et les meilleurs chanteurs d'Europe y étaient invités. Je me suis donc mis sans tarder à l'étude du rôle d'Ottavio que j'affectionnais particulièrement. Je chantais régulièrement les airs en concert. À Aix, je le chanterais sur scène pour la première fois — et dans quelles conditions!»

Soutenus par la grande dame et mécène de Marseille, la comtesse Pastré, qui souhaitait appuyer une manifestation musicale d'envergure, Gabriel Dussurget et ses amis découvrirent, à quelques kilomètres de la Méditerranée, une ville qui deviendrait le Salzbourg français. C'était Aix-en-Provence.

Le jeune Léopold, à 4 ans (1920), dans une attitude théâtrale précoce.

La petite Pierrot à l'âge de 8 ans, déjà sur les planches (1929).

Sylva Alarie vers 1920, maître de chapelle et violoncelliste.

Léopold, jeune diplômé
de l'université Laval (1940).
À la prise du ruban,
il choisit l'art vocal.

La grande Élisabeth Schumann,
professeur de Pierrette
au Curtis Institute
de Philadelphie.

Remise des diplômes (1945). Nous
reconnaissons Pierrette
assise sur la première rangée,
la troisième à gauche.
Au centre, Samuel Barber
et Gian Carlo Menotti.

La famille Alarie, en 1945.
Entourant Pierrette, sa mère,
Amanda Alarie, et sa sœur
aînée, Marie-Thérèse.
Debout, ses deux frères,
Bernard et Roland.

Pierrette Alarie lors de ses
débuts au Met (1945). À ses
côtés, Bruno Walter et
Edward Johnson.

Les jeunes fiancés de Noël 1945
deviendront
le couple d'artistes le plus aimé
du public québécois.

Aux Festivals de Montréal
(1943), Pierrette
et Léopold chantent leur premier
opéra de Mozart,
Les Noces de Figaro,
que dirige
Sir Thomas Beecham.

Juin 1946. Deux voix
que Dieu unit sur une seule
portée musicale...

Aux Variétés Lyriques aux côtés de Lionel Daunais, dans **Le Barbier de Séville** (1949).

À l'Opéra Guild de Montréal, dont la directrice est Pauline Donalda (au centre de la photo). C'est la première canadienne de **L'Enlèvement au Sérail** (1947).

Pierrette Alarie
en très gracieuse provençale
dans le rôle de Mireille
aux Variétés Lyriques, en 1947.

Pierrette Alarie et Jean Beaudet,
pianiste et
chef d'orchestre, premier
directeur
musical de Radio-Canada.

«Nous irons à Paris
tous les deux.» Cet extrait de
Manon qu'ils
chantaient souvent en récital
devient une réalité
en septembre 1949.

DEUXIÈME PARTIE

8.

Aix-en-Provence

La ville du roy René, lieu d'art et de culture, célèbre ville d'eaux située entre la Provence romaine et la Côte d'Azur, vit depuis trois ans à l'heure internationale. Les Aixois sont fiers de leur ville, une des plus charmantes d'Europe, où il fait bon vivre. Elle a su conserver son cachet artistique et, à travers les siècles, elle a constamment abrité les écrivains, les musiciens, les poètes et les grands peintres. L'aristocratie provençale y possède des hôtels particuliers des XVIIe et XVIIIe siècles qui sont de purs joyaux. Les promenades conduisent vers la cathédrale Saint-Sauveur, son triptyque du Buisson ardent et son cloître, vers l'Hôtel de Ville et son beffroi, le cours Mirabeau et ses cafés dont le plus célèbre de tous, *Les Deux Garçons,* les fontaines, le pavillon Vendôme et ses cariatides, les musées, les châteaux et les abbayes des alentours aussi bien que les sites historiques. C'est dans cette Provence chantée par les poètes, dans cette ville au ciel bleu et aux platanes centenaires, que Gabriel Dussurget et ses amis, Henri Lambert, Roger Bigonnet et Marc Pincherle, tentèrent l'aventure d'y faire un haut lieu de la musique française, plus Mozart, comme «citoyen d'honneur», avec une œuvre lyrique mozartienne à l'affiche tous les ans. L'ancien archevêché, qui abrite le Musée des tapisseries, est choisi comme l'endroit idéal pour construire le théâtre en plein air du Festival.

Le 23 juillet 1948, le *Cosi fan tutte* de la compagnie de Marisa Morel, venue de Suisse, laissait déjà pressentir les succès des années futures. Ce premier été, les plus grands musiciens et interprètes de France se succédèrent dans des concerts et récitals qui rivalisèrent de perfection. Ils étaient tous là — les musiciens amis venus de Paris avec la critique et les inconditionnels de Mozart. L'année suivante, la production de *Don Giovanni* était déjà marquée du sceau aixois et Renato Capecchi était la révélation du deuxième Festival. Déjà, avec la qualité exceptionnelle des concerts, on cite Aix-en-Provence et Salzbourg comme festivals de musique où il faut aller, et Aix devient le premier centre musical en France. Les grands concerts et les spectacles lyriques se déroulent dans la cour de l'ancien archevêché où le prodigieux décorateur Cassandre a édifié un théâtre en plein air. La scène s'inspire des vieux opéras vénitiens ou viennois du XVIIIᵉ siècle, à décors coulissants. De magnifiques platanes (coupés depuis) abritent des oiseaux qui s'éveillent le soir de temps à autre et l'atmosphère qui y règne est celle d'une grande famille amie de la musique. Les chefs d'orchestre Hans Rosbaud et Ernest Bour en assument la responsabilité musicale.

Que sera le *Don Giovanni* de 1950? Gabriel Dussurget ne cesse de répéter à ses amis qu'une autre révélation attend les habitués du Festival. Et pourtant, la jeune élite vocale de 1949 semble avoir comblé les plus exigeants.

Le 15 juillet 1950, le troisième Festival international d'Aix-en-Provence s'ouvre sous le signe de la perfection — comme d'habitude! — avec *Cosi fan tutte* dans des décors et costumes du peintre Balthus et une mise en scène de Jean Meyer, de la Comédie-Française. Trois jours plus tard, *Don Giovanni* triomphe dans les décors et costumes de Cassandre et la mise en scène de Jean Meyer — reprise de l'année précédente. Hans Rosbaud, à la tête de l'orchestre de la Société des Concerts du Conservatoire de Paris, est le principal responsable de ces réussites.

La distribution des représentations mozartiennes est exceptionnelle et réunit des artistes qui sont aussi bons chanteurs que comédiens et qui ont l'âge et le physique de leur emploi. Renato Capecchi chante les personnages de Guglielmo et de Don Giovanni avec un égal bonheur, Suzanne Danco est aussi sensationnelle dans Fiordiligi que dans Donna Elvira, Emmy Loose est l'exquise Despina et la Zerlina, Marcello Cortis est le cynique Don Alfonso et le valet-comptable Leporello, et Léopold Simoneau, la révélation de ce festival, chante à ravir Ferrando et Don Ottavio. Seules Eugenia Zareska (Dorabella) et Carla Castellani (Donna Anna) ne sont pas affectées dans les deux distributions. Les critiques de la presse française, londonienne et américaine sont éblouissantes et ne tarissent pas d'éloges. Aix-en-Provence n'a plus rien à envier à Glyndebourne, Salzbourg, Vienne ou Munich. C'est une montée en flèche!...

Léopold Simoneau est la révélation du festival, et un ténor mozartien est né, dit-on partout. Le célèbre musicologue Marc Pincherle écrit dans *Le Progrès:*

> Léopold Simoneau a été pour beaucoup d'entre nous une révélation: c'est très probablement le plus parfait ténor mozartien de l'heure présente. Dans *Cosi,* il réalise avec ses cinq partenaires l'ensemble le plus homogène et le plus pur qui n'ait jamais été assemblé sur une même scène.

Et dans *Carrefour,* Claude Rostand, critique de réputation internationale, commente le même *Cosi:*

> Cette production nous a apporté une révélation assez sensationnelle: celle du ténor canadien Léopold Simoneau — qui a d'ailleurs été immédiatement sollicité ici par des organismes étrangers. Il possède un art et une science du chant vraiment incomparables; sa voix est richement timbrée; il a du goût, du style, de la vaillance, de la chaleur et, dans le rôle de Ferrando, il égale les meilleurs spécialistes du genre.

Rien d'étonnant à ce que la presse française découvre à son tour la qualité aristocratique et l'élégance racée du ténor canadien. Quelques mois plus tôt, Cecil Smith, rédacteur en chef de la célèbre revue *Musical America,* écrivait, le 20 juin, avant Aix et après avoir assisté à une représentation de routine, en français, de *La Flûte enchantée* à l'Opéra:

> Le rôle de Tamino est chanté par Léopold Simoneau comme je ne l'ai encore jamais entendu. Il chante sans effort et avec une générosité et une limpidité de voix secondées par une exquise intention d'accentuation et de jeux de couleurs.

À Aix, les opinions des plus éminents critiques de l'heure sont unanimes et le premier Ottavio de la carrière mozartienne de Simoneau reçoit l'éloge international.

Hélène Jourdan-Morbange écrit dans *Arts:*

> On ne découvre pas sans surprise la belle voix de Léopold Simoneau, qui devrait être roi à l'Opéra de Paris...

Bernard Gavoty, dans *Le Figaro:*

> Je citerai d'abord, au mépris des conventions, Léopold Simoneau, qui est le plus exquis, le plus roucoulant, le plus tendre des Ottavio — le style du jeune ténor canadien est exceptionnel.

Et l'éminent compositeur français Francis Poulenc, ami de la première heure du Festival, déclarait, dans une entrevue à la Radiodiffusion française:

> Léopold Simoneau me rappelle notre grand et unique Edmond Clément; je ne puis faire au jeune chanteur canadien éloge plus grand et sincère...

De Montréal, Charles Goulet commentera:

> Jamais je n'ai lu d'aussi belles critiques sur un chanteur...

Quelques années plus tard, le Festival d'Aix-en-Provence 1982 diffusera, par le biais de Radio-France, le *Don Giovanni* de 1950. Les archives conservées à l'I.N.A. possèdent des enregistrements inédits du ténor des années 50.

Pour rester dans l'ambiance latine que cherche à conserver le Festival d'Aix et qui en fait la personnalité, deux autres ouvrages lyriques sont présentés en concert au Théâtre de la Cour de l'Archevêché: *Orfeo* de Monteverdi, dans le texte intégral, et réunissant Suzanne Danco, R. Capecchi, L. Simoneau et R. Arie (une merveille et un événement), ainsi que *Il Giustino,* opéra inédit de Vivaldi donné pour la première fois en France, avec Pierrette Alarie et sous la baguette de Fernando Previtali. Fulgence Charpentier, alors attaché culturel à l'ambassade du Canada à Paris, fut un des premiers témoins de la carrière fulgurante des Simoneau. Durant de nombreuses années, il raconta le triomphe exceptionnel de Pierrette Alarie dans *Il Giustino* de Vivaldi alors que, malgré les interdictions d'applaudir, l'enthousiasme du public eut raison de sa réserve habituelle et que les applaudissements les plus chaleureux accueillirent les airs de «colorature perlés» de la jeune soprano.

Si les succès les plus spectaculaires du Festival sont dus aux spectacles lyriques, les concerts et récitals donnés dans la cour de l'archevêché aussi bien que dans les sites historiques d'Aix et des environs font aussi couler beaucoup d'encre. On souligne Wilhem Kempff et une soirée de concertos: Bach, Mozart, Beethoven; Roger Désormière dirigeant *La Turangalila-Symphonie* d'Olivier Messiaen, en première audition européenne; Francis Poulenc interprète également en première audition son *Concerto pour piano et orchestre* dans un concert de musique française que dirige Charles Munch et dont se souviendront Pierrette Alarie et Léopold Simoneau; Nadia Boulanger présente un concert de «musiques oubliées» avec la claveciniste Aimée Van de Wiele dans des œuvres de Bach, Rameau, Monteverdi, Purcell, et, «avec une exquise sûreté de style», Hans Rosbaud dirige un autre concert de musique française comprenant des œuvres de Grétry, Auric, Ravel, Roussel et Milhaud *(Le Carnaval d'Aix).*

Les merveilleux sites de la ville provençale attirent les festivaliers à des concerts plus intimes; la cathédrale Saint-Sauveur accueille le Coro Polifonico dell' Accademia Santa Cecilia de Rome; au jardin Campra, Fernando Previtali dirige un concert de bel canto avec des fragments d'opéras de Bellini, Donizetti, Rossini et Verdi, les solistes étant R. Capecchi, R. Arie, Léopold Simoneau et Pierrette Alarie; le Quintette à vent de Jean-Pierre Rampal et les pianistes Francis Poulenc et Ventsislav Yankoff jouent sur la terrasse du château de Lourmarin; à la Bastide-de-Riquier, sur le chemin de Cézanne face à la Sainte-Victoire, sous les grands arbres illuminés, Pierrette Alarie est largement acclamée dans *Le Berger sur le rocher,* de Schubert, œuvre aux harmonies pures et lumineuses.

Le quotidien *La Marseillaise* du 5 août 1950 publiait:

> La magnifique voix chaude et pure, nuancée avec une extraordinaire souplesse de Pierrette Alarie qui s'élevait avec une merveilleuse limpidité dans la calme sérénité de ce paysage nocturne, la sonorité admirable et la maîtrise du célèbre clarinettiste Ulysse Delecluse et le talent impeccable de la parfaite musicienne qu'est Irène Aitoff, ont valu aux auditeurs des moments inoubliables.

Quelle splendide, lumineuse et bouleversante interprétation ces trois artistes ont donnée de l'œuvre de Schubert, une interprétation d'une émotion profonde, poignante dans sa belle simplicité et dans laquelle ils ont mis toute leur ferveur, toute leur âme et toute leur sensibilité...

Et le correspondant du *Manchester Guardian Weekly* de Londres résume dans ces lignes les grands moments de ce premier festival international des Alarie-Simoneau:

Un jeune Canadien de l'Opéra-Comique, Léopold Simoneau, donna une excellente interprétation des rôles de Ottavio et de Ferrando, donnant à la ligne musicale de Mozart une envoûtante qualité sonore et, de la sorte, nous communiquant ce dont nos propres ténors sont incapables, que *Un' aura amorosa* et *Dalla sua pace* peuvent être éblouissants dans leur beauté. Sa voix a cette luminosité qui nous manque même à Glyndebourne.

Une jeune soprano, Pierrette Alarie, nous a révélé dans l'opéra de Vivaldi et le concert de bel canto une voix et une technique de la plus grande beauté; avec elle, Simoneau et Arie, nous avons trois chanteurs que nous devrions entendre au Covent Garden aussitôt que possible[1].

À la suite du succès sensationnel qui a marqué ses apparitions au Festival d'Aix-en-Provence, retransmises par les radios européennes, Léopold Simoneau se voit offrir des contrats substantiels par les directeurs des meilleurs théâtres lyriques européens. Il est invité à Florence et à Naples, ainsi qu'à Baden-Baden en Allemagne. Avec Pierrette Alarie, il est de nouveau sollicité par Gabriel Dussurget pour le prochain festival. De son côté, Pierrette Alarie est invitée par le maestro Previtali pour chanter trois opéras à la radio de Rome. Se souvenant, trente années plus tard, de ce premier été provençal, ils commenteront:

«Nous travaillions dans des conditions idéales. Les spectacles étaient préparés avec le plus grand soin et les répétitions étaient aussi nombreuses que nécessaires. Quand on considère la condition lamentable dans laquelle travaillaient les chanteurs européens après la guerre, à Aix c'était l'excellence. Avec Rosbaud, nous approfondissions les partitions musicales. Il n'y avait aucune rivalité chez les chanteurs mais beaucoup d'amitié et de fraternité. Nous étions une grande famille et quel plaisir c'était de se retrouver dans les cafés du cours Mirabeau. Nous y côtoyions les grands compositeurs et chefs d'orchestre, les critiques venus de partout, les comédiens et les artistes peintres les plus chevronnés. Cet été-là, Fernandel tournait un film dans la région et il faisait partie du décor... Le public nous choyait et nous reconnaissait dans la rue. C'était une époque de ferveur et d'enthousiasme, essentielle pour les grandes réalisations.

«En 1950, *Cosi* et *Don Giovanni* étaient d'une homogénéité exceptionnelle, et le succès a été du tonnerre. Chacun était dans son rôle et aucun ne cherchait à voler la vedette à l'autre. Capecchi était un Don Juan sensationnel. Un merveilleux artiste! Il avait la voix, la jeunesse, l'impétuosité, le charme... C'était un vrai séducteur, autant dans la rue que sur scène. Marcello Cortis était sans aucun doute le plus fin Leporello que j'aie entendu, surtout vu. Son jeu, son intelligence d'interprétation et sa musicalité étaient incomparables. Le Commandeur de Raphaël Arie était très imposant et sa voix était de bronze. Les rôles féminins étaient admirablement défendus. Bref, dans ce petit théâtre sans recul, c'était la perfection musicale, vocale et visuelle avec les décors de Cassandre, ses perspectives qui étaient uniques et colorées. C'était vraiment Séville. Jean Meyer était un merveilleux homme de théâtre et il n'intervenait pas contre la musique. Il nous laissait libres dans notre interprétation musicale.

«Ce qui impressionnait et influençait les artistes à Aix, c'était le cadre et l'ambiance dans lesquels on travaillait. La ville elle-même nous inspirait. Le groupe était sympathique et nous vivions dans la joie, l'inspiration. Le Festival a acquis une réputation rapide à cause de son excellence. Gabriel Dussurget, Henri Lambert et la direction du Casino en furent les pionniers et il est devenu le festival de France le plus important d'après-guerre.»

Léopold Simoneau reviendra à Aix en 1952 et 1953. Seule Pierrette Alarie a pu accepter l'offre du Festival d'Aix-en-Provence pour l'été 1951. Elle chante Carolina dans *Il matrimonio segreto (Le Mariage secret)* de Cimarosa, aux côtés de Graziella Sciutti, Eugenia Zareska, Ernst Haeffliger, Fritz Ollendorf et Gérard Souzay qui fait ses débuts à la scène. La direction musicale est confiée à Gian Andrea Gavazzeni et la mise en scène à Pierre Bertin, de la Comédie-Française. *Le Téléphone* de Gian Carlo Menotti est en première partie du programme de la soirée au Théâtre de la Cour de l'Archevêché. Les spectacles sont bien reçus par la critique et Pierrette Alarie se révèle aussi bonne comédienne qu'excellente chanteuse...

Le Monde publiait, le 26 juillet 1951:

> L'an dernier, Madame Pierrette Alarie nous avait ravis par sa pureté vocale et son style mais nous ne l'avions pas vue sur la scène. Il est impossible de chanter avec plus d'esprit et tout à la fois d'éclat et de pudeur et sa voix est devenue plus belle encore et plus savante. Elle est une Carolina incomparable.

Et Hélène Jourdan-Moshange écrivait dans *Arts,* le 10 août 1951:

> Pierrette Alarie, toute blonde et rose, vocalise avec la certitude d'une flûte. Sa voix est douce et aérienne...

Pierrette Alarie se souviendra de ces années aixoises:

«J'avais chanté l'œuvre de Cimarosa quelques mois plus tôt à l'occasion du bimillénaire de la ville de Paris. À Aix, c'était une distribution différente, et Pierre Bertin était un grand homme de théâtre avec en plus une connaissance très poussée de la musique. C'est lui qui avait mis en scène l'œuvre de Mozart présentée pour la première fois au Festival d'Aix, *L'Enlèvement au sérail.*

«Étant seule à Aix, j'ai pu assister à quelques concerts exceptionnels avec Ernest Ansermet et l'orchestre de la Suisse romande, et quelques récitals et concerts de musique de chambre défendus par Zino Francescatti, Robert Casadesus ou Samson François. Les amis et camarades me laissaient rarement seule et j'ai pu visiter quelques endroits des alentours d'Aix, tels que Les Baux-de-Provence, Avignon, Arles et la Camargue. La Fête de Nuit, donnée au château d'Ansouis par les Amis du Festival et débutant par un concert Johann Strauss avec Emmy Loose de l'Opéra de Vienne, demeure un souvenir inoubliable...»

Le Ve Festival d'Aix-en-Provence reprend, pour la troisième saison, le déjà légendaire *Don Giovanni* Cassandre-Rosbaud, et deux nouvelles productions sont au programme: *Le Nozze di Figaro* que défendent Hans Rosbaud, le peintre catalan Antoni Clavé, un jeune metteur en scène de Toulouse, Maurice Sarrazin, le Figaro de Michel Roux, le Basile d'Hugues Cuénod, et *Iphigénie en Tauride* de Gluck qui verra les premières apparitions à

Aix du jeune chef italien Carlo Maria Giulini, du peintre André Masson et du metteur en scène Jan Doat.

Toutefois, la distribution du *Don Giovanni* de 1952 apporte quelques modifications. Heinz Rehfuss reprend le rôle de Renato Capecchi, Donna Anna et Donna Elvira sont défendues par Carla Martinis et Leonie Rysanek, qui reprend le rôle de Suzanne Danco, et Pierrette Alarie remplace Emmy Loose. Seuls demeurent Léopold Simoneau, Marcello Cortis, Eraldo Coda et Raphaël Arie. L'homogénéité des huit chanteurs est discutée par la critique, qui perçoit un déséquilibre entre les voix masculines et féminines, notamment Carla Martinis et Leonie Rysanek, qui, lit-on, «défendent mieux Verdi, Strauss ou Wagner que Mozart...» Présent au Festival, Virgil Thomson, du *New York Herald Tribune,* écrit:

> Léopold Simoneau, de l'Opéra de Paris, a donné la plus excellente interprétation du rôle de Don Ottavio que j'aie entendue depuis John McCormack[2].

Quant à la Zerlina de Pierrette Alarie, *Le Monde* du 23 juillet 1952 publiait:

> On la remercie d'avoir communiqué cette limpidité et cette fraîcheur au personnage qui retrouve ainsi tout son sens. On fait souvent de Zerlina une soubrette de comédie, étourdissante et quelque peu gaillarde, alors qu'elle est l'innocence tentée, traversée elle-même par le feu. C'est ce que Madame Alarie a exprimé avec beaucoup de pudeur.

Décrivant l'atmosphère qui régnait lors de la première de *Don Giovanni* de l'été 1952, Marcel Schneider écrivait dans *Combat:*

> Dans la journée du 18 juillet, un incendie a sévi dans les environs d'Aix, de l'autre côté de la Durance. Dès l'heure de midi, le ciel était assombri, vineux, épaissi: on pouvait y voir l'annonce du châtiment exemplaire de Don Juan et rien ne pouvait nous préparer de façon plus précise et plus sinistre à la représentation du soir. Pendant que se déroulait l'éternel opéra de Mozart dans le théâtre en plein air de la cour de l'archevêché, de la cendre fine et poisseuse tombait sur nos épaules: c'était infernal à souhait. Si nous ne partagions pas le feu et les flammes du héros, du moins pouvions-nous évoquer, grâce à ces légères particules grises, les abords

désolés des Enfers... Autour d'Aix, en quelques foyers dispersés, les pins s'étaient pris aussi à flamber.

Le VIᵉ Festival d'Aix-en-Provence, en 1953, est sous le signe de Beaumarchais et affiche Mozart et Rossini; *Le Barbier, Les Noces* et *Cosi fan tutte* dans une nouvelle mise en scène de Marcello Cortis. Ce sera la dernière apparition des Simoneau dans cette capitale de la Provence et Léopold Simoneau y reprend le rôle de Ferrando dans le *Cosi* idéal décrit par Claude Rostand dans *Carrefour,* le 22 juillet 1953:

> Comme on l'a dit, *Cosi fan tutte* est une œuvre qui porte bonheur à Aix. L'ouvrage figure à ses programmes pour la troisième fois. Et cette troisième fois dépasse en perfection tout ce qui avait été réalisé précédemment. C'est, quant à moi, une des meilleures représentations auxquelles il m'ait été donné d'assister. Les artisans de cette incomparable réussite sont Hans Rosbaud, qui dirige, et Marcello Cortis, à qui l'on doit la mise en scène. On a repris les ravissants et intelligents décors de Balthus.
>
> Musicalement, cette représentation se signale par son unité et son homogénéité. Unité et homogénéité de style et de distribution. Tout est d'une perfection toute mozartienne, tempi, accents, phrasé expressif. Souplesse et rigueur, fantaisie et raison. La musique s'écoule avec une divine liberté. Ce que fait là Rosbaud est du grand art, et l'on souhaiterait qu'un disque pût nous conserver le souvenir d'une interprétation aussi exemplaire de ce chef-d'œuvre.
>
> La distribution donne d'abord l'occasion de saluer deux nouvelles venues à Aix, deux cantatrices qui ont révélé des qualités ravissantes: Teresa Stich-Randall qui est une Fiordiligi exquise, toute en délicatesse et en nuances finement ménagées, et Nan Merriman (Dorabella) dont la voix est vraiment très belle et qui possède un art du chant d'une souplesse et d'une solidité merveilleuses. Graziella Sciutti est une étincelante Despina, aussi irrésistible comme comédienne que comme chanteuse et musicienne. Léopold Simoneau est également sensationnel dans un emploi où ses incomparables qualités de style s'épanouissent d'une façon radieuse. On retrouve également Renato Capecchi et surtout Marcello Cortis chez qui, au chanteur et au comédien, s'ajoute ici un metteur en scène d'une intelligence, d'une science et d'une invention singulières.

Pierrette Alarie donne en première audition *Chanson et romance,* mélodies écrites pour elle, du compositeur bavarois Werner Egk, dans un concert de l'orchestre du Sudwesfunk de Baden-Baden que dirige Paul Sacher, de Bâle, dans la cour de l'hôtel de Maynier d'Oppède, le 19 juillet. Le programme comprend des œuvres de Stravinsky, Honegger et la première audition de *Sinfonia giocosa* de Mihalovici. Elle reprendra l'œuvre de Werner Egk, sur des textes français du XIIe siècle, à la radio de Munich le 16 octobre 1953 et à Dusseldorf en juin 1954. Un fort lien d'amitié s'établira entre le compositeur et les Simoneau. Werner Egk signera, sur la partition et en hommage à Pierrette Alarie: «La création de ma *Chanson et romance,* à Aix-en-Provence, me restera pour toujours inoubliable par cette voix merveilleuse et cette perfection artistique.»

Claude Rostand commente dans *Carrefour* les œuvres contemporaines à l'affiche du Festival 1953:

Composée sur deux textes français que Werner Egk a su remarquablement prosodier, malgré leur extrême difficulté. Ces deux pages, bien que possédant le caractère de la ballade ancienne, sont surtout prétexte à un déploiement de virtuo-sité vocale vertigineux. Mais ce terrifiant alpinisme vocal n'est pas pour effrayer une interprète telle que Pierrette Alarie, qui en a donné une exécution éblouissante de facilité, de souplesse, d'aisance, et où, même dans les régions suraiguës, sa voix reste toujours d'une pureté de cristal. Nous avons en Pierrette Alarie une des plus grandes canta-trices actuelles.

Sur les dix-huit auditions d'ouvrages contemporains que donne cette année, au cours de quatre concerts, dans la petite cour de l'hôtel de Maynier d'Oppède, le Festival d'Aix-en-Provence, près de la moitié sont des premières auditions mondiales commandées spécialement aux compositeurs pour le Festival, le reste consistant soit en premières auditions en France, soit en auditions d'œuvres rarement jouées de compositeurs tels que Stravinski, Bartok ou Schoenberg.

Et c'est au Théâtre de l'Archevêché que sont entendus *Le Roi David* d'Arthur Honegger et *Les Amours de Ronsard* de Darius Milhaud, avec l'orchestre des Cadets du Conservatoire et la chorale Élisabeth-Brasseur, sous la baguette de Pierre Dervaux — les solistes étant Pierrette Alarie, Léopold Simoneau, l'altiste

Marie-Thérèse Cahn et le récitant Maurice Sarrazin, fondateur du Grenier de Toulouse. Celui-ci sera invité fréquemment par la télévision de Radio-Canada à Montréal et signera, entre autres, la mise en scène de *La Grande-Duchesse de Gérolstein*, à *L'Heure du concert* du 9 octobre 1958, une réalisation de Pierre Mercure qui mettra en vedette Pierrette Alarie.

Trente-cinq années se sont écoulées depuis que le célèbre couple Alarie-Simoneau faisait la joie des auditeurs et de la critique du Festival d'Aix-en-Provence. Le 23 mars 1984, Gabriel Dussurget, cofondateur et directeur artistique du Festival d'Aix-en-Provence, apportait ce témoignage:

«J'ai un bon souvenir de Léopold Simoneau et de Pierrette Alarie et je les aime.

«De tous les chanteurs que j'ai découverts et fait débuter, Léopold reste pour moi, parmi tant d'autres, celui qui possédait un ensemble de qualités vocales et musicales qui faisait de lui, à mon point de vue, le chanteur le plus accompli de son époque. En effet, sa voix était d'une caressante beauté sans oublier la puissance nécessaire quelquefois. Ajoutez à cela une musicalité, un dosage, un phrasé qui donnaient spécialement à Mozart la vraie mesure de cette musique. Il s'adaptait avec sûreté à tous les styles. Il était, en plus, d'une grande habileté scénique. Durant nos années de collaboration nous n'avons eu que des rapports amicaux doublés d'une vive sympathie.

«En ce qui concerne Pierrette, c'était la digne femme de son mari. J'ignore si elle avait été son élève, mais sa musicalité, son sens du rythme égalaient ceux de Léopold. On pourrait dire qu'elle avait une ravissante voix, légère, nourrie, expressive. Sur scène, habile comédienne et jolie, elle a tenu une grande place dans les opéras dont j'étais responsable.

«Leur talent, à l'un comme à l'autre, donnait à l'auditoire une tranquillité, une certitude qui découlaient de l'aisance et du naturel qui étaient leur manière de chanter.»

«Nous devons beaucoup à Gabriel Dussurget, avoueront les chanteurs. Du jour au lendemain, il nous a propulsés sur la scène internationale. Il est vrai que nous étions bien préparés par nos études et nos premières expériences montréalaises. Nous sommes arrivés au bon moment, mais il fallait être prêts. Tout aurait pu se terminer rapidement, mais non, ce fut là un grand départ et un tremplin vers les grands festivals d'après-guerre: Glyndebourne, Édimbourg, Munich, Vienne et Salzbourg.»

Le premier souci de Gabriel Dussurget, «le magicien d'Aix», était d'attirer à Aix des chanteurs jeunes, disponibles, ouverts et désireux de travailler. Pour comprendre le phénomène aixois, il faut se pencher sur la situation musicale en France à la fin de la guerre et surtout sur la déchéance du monde lyrique français. Les œuvres de Mozart y étaient rarement présentées ou dans des traductions qui les desservaient. Aix a relevé d'un coup le défi de présenter Mozart dans sa langue originale, avec des distributions pouvant rivaliser avec celles des grandes maisons européennes et dans des décors signés par les plus grands peintres contemporains.

Jacques Lachaud considère que «la véritable raison de la valeur et de la réussite du Festival d'Aix était une fusion entre l'art lyrique et la peinture, les premières années. On est arrivé à ce que ''peinture et musique'' se fondent pour arriver à un résultat donné et capital... Balthus dessine les costumes et les décors de *Cosi fan tutte;* Maclès ceux de *La Flûte enchantée;* Clavé ceux des *Noces de Figaro;* Derain ceux de *L'Enlèvement au sérail;* Masson, qui connaissait le théâtre depuis longtemps car il avait travaillé pour Barrault, signe les décors d'*Iphigénie en Tauride.* La grande aventure d'Aix était ainsi commencée.»

Dans sa recherche de nouvelles voix, Gabriel Dussurget s'attache des personnalités qui allaient marquer le Festival, et les promesses du chant français côtoient celles du chant traditionnel. Sous le ciel étoilé d'Aix, on remarque Teresa Stich-Randall, arrivée en 1953, qui y chante tous les rôles mozartiens jusqu'en 1972; Teresa Berganza (l'autre Thérèse) est Dorabella en 1957, Cherubino et Didon, Ottavia, Alcina; Fritz Wunderlich est Tamino en 1958; Gundula Janowitz est Pamina; Gabriel Bacquier y chante son premier Don Giovanni; Michel Sénéchal crée Platée; Régine Crespin chante sa première Ariane; puis Rolando Panerai, Luigi Alva, Nicolai Gedda, Graziella Sciutti, Janine Micheau, Jane Rhodes et Jane Berbié, Eric Tappy, Tatiana Troyanos, Christine Eda-Pierre, Irmgard Seefried, Mady Mesplé, Jean-Christophe Benoit, Anna Reynolds... Une telle liste signifie un choix irréfutable et un goût très sûr. «Mais, dit Gabriel Dussurget, à partir de 1968, l'équipe n'était plus la même, l'entente parfois problématique, et, quand il n'y a plus d'amour, on ne peut plus réaliser, vivre, créer...»

Le Festival d'Aix-en-Provence fêtait, à l'été 1988, son 40ᵉ anniversaire. Il a, depuis les années épiques et glorieuses des débuts, connu les vicissitudes et les bouleversements de l'art lyrique à travers le monde: l'avènement du star-system, du commerce discographique. Le meilleur et le pire s'y sont affrontés, comme ailleurs. Les exigences du public, moins élitiste, et les critères changent. La voie est ouverte à une autre génération de chanteurs qui auraient tout intérêt à redécouvrir les styles et les traditions des grandes écoles de chant.

«Je crois que nous, de la première décennie, déclarent les Simoneau, avons participé à un miracle sans trop le savoir. Nous avions l'enthousiasme et le feu sacré qui nous faisaient oublier les conditions quelque peu précaires des lieux. La foi intense qui nous animait tous, chanteurs, peintres, musiciens, metteurs en scène, fut responsable des grandes réussites dans ces lieux devenus légendaires. Nous tenons à rendre hommage à tous les artisans de ce haut lieu de la musique.»

Quelques années plus tard, Pierre Mollet, baryton et camarade d'Aix-en-Provence, dira, en se souvenant «des Simoneau»:

«C'est ainsi qu'on les nommait. Sans irrévérence mais, au contraire, avec une vraie tendresse.

«Je les ai découverts à Paris, voici trop d'années pour en faire le compte. Léopold, tout d'abord, à l'Opéra, puis avec Pierrette, au Festival d'Aix-en-Provence où nous étions engagés tous les trois. Je les ai aimés du premier coup. Leur jeunesse, leur santé et leur charme opéraient vite. Et puis il y avait en eux une qualité pour moi indéfinissable à l'époque, leur origine québécoise... Ce pays auquel je devais lier ma vie plus tard et définitivement.

«Les Simoneau témoignaient de dons rares: voix exceptionnelle, envergure artistique, personnalité marquante. Léopold, conscient de sa valeur, la protégeait parfois par un brin de solennité et le prestige du ténor... Pierrette, toute féminité et charme, semblait d'un abord plus simple. Mais je les ai toujours considérés ''deux et indivisibles'' et aimés ensemble.

«Ils laissent dans le sillage de leur carrière des exemples et des souvenirs impérissables!»

---

1. «A young Canadian from the Opéra-Comique, Léopold Simoneau, made an excellent Ottavio and Ferrando, filling the curves of Mozart's line with thrilling tone and realising, as our own tenors never do, that Un'aura

amorosa *and* Dalla sua pace *can be stunning in their beauty. His voice has the bloom on it which even at Glyndebourne we miss [...] A young soprano, Pierrette Alarie, showed in a Vivaldi opera and the bel canto concert a voice and technique of the greatest beauty; in her, Simoneau and Arie we have three singers who should be heard at Covent Garden as soon as possible.»*

2. «*Léopold Simoneau, from the Paris Opera, sang the finest Don Ottavio I have heard since John McCormack.*»

9.

Glyndebourne

Le vieux manoir georgien de Glyndebourne, propriété de la famille Christie depuis quelques générations, devint rapidement le lieu de rendez-vous des mélomanes anglais les plus raffinés et les plus exigeants pour la qualité musicale et l'authenticité des œuvres. John Christie, richissime mélomane et mécène, y avait construit un petit théâtre au début des années 30. Habitué du Festival de Bayreuth et des festivals les plus importants du continent, il rêvait d'y produire quelques opéras de Wagner. L'idée trop ambitieuse fit place aux conseils de son épouse, la cantatrice canadienne Audrey Mildmay, d'en faire un Festival Mozart. Et en 1934 *Les Noces de Figaro* et *Cosi fan tutte* étaient chantés en langue italienne, fait exceptionnel à cette époque en Angleterre. Fritz Busch et Carl Ebert, déjà reconnus comme le tandem de l'excellence, firent appel au ténor Heddle Nash, au baryton Roy Henderson, à la soprano Ina Souez, et à la basse bouffe italienne Italo Tajo. Le rôle de Suzanna était confié à Audrey Mildmay, de formation viennoise, qui obtint un triomphe le soir de la première et impressionna la critique. Elle devint une artiste reconnue, en plus d'être une hôtesse des plus gracieuses et la conseillère du plus génial philantrope britannique.

Glyndebourne et ses 10 000 acres de prés verdoyants, le parc et ses fleurs, domaine ancestral situé dans un site merveilleusement séduisant de la campagne du Sussex, à cent kilomètres de Londres, connut ses premières heures de gloire avant la guerre, alors que Rudolf Bing — Rudi — en était le manager. C'était un événement que de se rendre à Glyndebourne. Un restaurant construit par John Christie y servait d'excellents repas et le vin allemand côtoyait le champagne français. Le grand chic était le pique-nique sur l'herbe. Une tradition était née... À la tombée du rideau, le 15 juillet 1939, le silence se fit dans le petit théâtre et le château fut transformé en nursery durant les années de guerre. Il abrita les jeunes victimes des bombardements londoniens.

Puis, le 12 juillet 1946, une première mondiale marquait la réouverture de Glyndebourne, *The Rape of Lucretia,* opéra de Benjamin Britten, sous la baguette d'Ernest Ansermet et avec une distribution entièrement anglaise. L'année suivante, Rudolf Bing mettait sur pied le Festival d'Édimbourg qui regroupera les arts — théâtre, musique, opéra —, le site du château forteresse et les diverses salles de la ville lui suggérant un autre Salzbourg. Les plus grands artistes le visiteront et le mécénat privé se transformera en mécénat d'État avec le British Arts Council. Les spectacles lyriques de Glyndebourne, présentés en juin, seront repris en août et septembre à Édimbourg. Pour cette première saison, 1947, Glyndebourne offrait deux opéras de Benjamin Britten avec l'English Opera Group, *Albert Herring* et *The Rape of Lucretia,* et *Orfeo* de Gluck avec Kathleen Ferrier, qu'illustrera un disque Decca. C'est à Édimbourg que Bruno Walter rencontra Kathleen Ferrier pour la première fois et l'engagea pour chanter *Das Lied von der Erde.*

En 1948, Sir Thomas Beecham et le Royal Philharmonic Orchestra sont invités à Glyndebourne. Moran Caplat succède à Rudolf Bing qui prend la route de New York et deviendra manager du Met. Pour les artistes lyriques d'après-guerre, il sera désormais aussi prestigieux de chanter à Glyndebourne et Édimbourg qu'à la Scala de Milan ou au Metropolitan de New York, et sûrement plus qu'au Covent Garden d'après-guerre.

Léopold Simoneau ne soupçonnait pas la grande aventure musicale qu'il vivrait en cet été 1951 lorsqu'il accepta l'invitation de Fritz Busch de participer au Festival de Glyndebourne, quelques mois après ses *Ottavio* d'Aix-en-Provence, alors qu'il avait repris les spectacles de l'Opéra et de l'Opéra-Comique de Paris. En janvier, son agent de New York lui confirmait un engagement de quatorze représentations de *Don Giovanni* à Édimbourg, entre le 20 juin et le 8 septembre. La presse montréalaise s'empare de la nouvelle et souligne que «Léopold Simoneau est le premier Canadien français à être engagé au célèbre festival d'Angleterre».

«Glyndebourne 51» présente quatre œuvres de Mozart: *Les Noces de Figaro, Idomeneo,* pour la première fois en Angleterre, *Cosi fan tutte* et *Don Giovanni.* Les distributions sont éclatantes et regroupent des artistes venus des quatre coins d'Europe et d'Amérique, le tout sous la haute direction de Fritz Busch et Carl Ebert. À Édimbourg, *La Forza del destino* sera produit par le festival.

Idomeneo, opera seria de Mozart, est une révélation pour le monde musical — non seulement musicalement mais visuellement et vocalement. Il est d'une perfection rarement atteinte. Le spectacle de Glyndebourne est encore un objet de référence dans le monde international de l'art lyrique. Les critiques d'aujourd'hui et les chanteurs se réfèrent à l'interprétation et au style mozartien de l'enregistrement qu'ont laissé Léopold Simoneau et l'équipe de «Glyndebourne 51». Au cours d'une rencontre à San Francisco, le ténor Luciano Pavarotti, venu pour des *master's classes* au Conservatoire où enseignait Léopold Simoneau, lui dit spontanément: *«Il mio professore.»* En effet, le ténor italien avait assumé le rôle de notre compatriote dans *Idomeneo* à Glyndebourne quelques années plus tard et il avait maîtrisé le style de cet ouvrage grâce à l'enregistrement que Léopold Simoneau avait réalisé chez His Master's Voice.

La distribution de cette production devenue légendaire est d'une homogénéité vocale exceptionnelle et comprend les noms de Sena Jurinac (Ilia), jeune Yougoslave de 29 ans, soprano de l'Opéra de Vienne, «la plus adorable et talentueuse chanteuse que Glyndebourne ait importée», Birgit Nilsson (Electra), qui chante pour la première fois hors de son pays natal, la Suède, Richard Lewis (Idomeneo), Alfred Poell (Arbace), Léopold Simoneau (Idamante), Alexander Young et Bruce Dargavel. Fritz Busch est au pupitre du Royal Philharmonic Orchestra, la mise en scène est confiée à Carl Ebert, les costumes et les décors à Oliver Messel. En présentant la production d'*Idomeneo,* le Festival honore la mémoire du célèbre critique du *New Statesman*

W. J. Turner, qui, avant la guerre, avait désiré voir le chef-d'œuvre de Mozart présenté à l'Angleterre.

Une année après ses succès d'Aix-en-Provence, Léopold Simoneau se confirme à nouveau un ténor mozartien exceptionnel et il éblouit la critique londonienne. «Léopold Simoneau révèle un ténor princier», lit-on dans le *London Daily Herald* du 21 juin 1951, et Harold Rosenthal écrit dans le numéro de juillet de *Opera:*

> Léopold Simoneau chante Mozart comme je ne l'ai entendu
> que sur les disques de John McCormack et par Richard
> Taubert.

La production d'*Idomeneo* demeurera l'exclusivité de Glyndebourne. Seule la production de *Don Giovanni* prendra la route d'Édimbourg pour le Festival qui s'échelonnera du 19 août au 8 septembre.

À Édimbourg, la programmation éblouissante de cette cinquième année couvre le concert, le récital, la musique de chambre, le chant choral, l'opéra, le ballet, le théâtre, le cinéma, la peinture avec une rétrospective des peintres espagnols de Le Greco à Goya, et le célèbre *Military Tattoo* écossais. Les lieux les plus divers, tels que le Usher Hall, le King's Theatre, le Royal Lyceum Theatre, l'Empire Theatre, le Freemasons' Hall et l'Assembly Hall, se partagent une série d'événements qui affichent des noms prestigieux: Bruno Walter et Dimitri Mitropoulos au pupitre du Philharmonic Symphony Orchestra of New York, en exclusivité européenne, le Hallé Orchestra avec Sir John Barbirolli et Kathleen Ferrier, Sir Adrian Boult et le London Philharmonic Orchestra, Walter Susskind et le National Youth Orchestra of Great Britain, les récitals de lieder Kathleen Ferrier-Bruno Walter, Pierre Bernac-Francis Poulenc, Irmgard Seefried, Suzanne Danco, Mack Harrell et Gerald Moore au piano d'accompagnement, les pianistes Rudolf Serkin et Solomon, Ida Haendel, Zino Francescatti et Robert Casadesus, les grands acteurs shakespeariens, les danseurs étoiles du Sadler's Wells. Les plus grands noms internationaux sont sollicités et quelques concerts feront date dans l'histoire du festival écossais.

Se souvenant de ces mois d'été 1951, Léopold Simoneau raconte avec enthousiasme:

«Alors que, au début des années 50, la tradition des troupes permanentes disparaissait dans les principales maisons d'opéra d'Europe, faisant place à la politique de l'embauchage de l'artiste à la *stagione* ou à la saison ou même encore à la production, on goûtait pendant quelques mois à Glyndebourne aux bienfaits de cette précieuse et regrettée tradition.

«Là se formait à chaque saison une famille d'artistes venus des quatre coins du monde; on partageait du matin au soir de longues heures d'études, de répétitions, de montage des spectacles et aussi de loisirs; on finissait par se connaître si bien, chanteurs, répétiteurs, chefs d'orchestre, metteurs en scène, etc., que nos interprétations aboutissaient à une cohérence dramatique quasi parfaite.

«Le temps qu'on mettait à préparer un opéra n'était pas mesuré; je n'ai jamais entendu parler d'un syndicat au cours de mes diverses saisons dans ce cénacle lyrique; la formation qu'on y recevait nous faisait oublier les longues heures au studio ou sur le plateau; on était sous le joug stimulant d'un chef d'orchestre tel que Fritz Busch, un des fondateurs de Glyndebourne, d'un metteur en scène tel que Carl Ebert, autre fondateur, et d'un éminent répétiteur tel que Jani Strasser, associé à ce festival dès ses débuts en 1934.

«Là est l'explication qui veut que ceux qui ont su profiter de cette unique formation d'alors — dans les rangs desquels j'ai l'honneur de compter — ont prolongé dans leur carrière le souci de recherche du "toujours meilleur".

«À Glyndebourne, nous avons travaillé plusieurs semaines sur la partition d'*Idoménée* avec John Pritchard d'abord, et Fritz Busch qui était déjà malade mais qui demeurait une sommité de l'œuvre de Mozart. Le travail scénique de Carl Ebert était d'une grande précision et émanait d'une culture classique enrichie de ses productions à travers le monde. Travailler avec ces maîtres qui connaissaient les grandes traditions pour avoir fréquenté les musiciens et hommes de théâtre du début du siècle était pour nous tous un enrichissement inespéré.

«De toute ma carrière, la production d'*Idoménée* de Glyndebourne est demeurée la production idéale, avec *La Flûte enchantée* de Salzbourg en 1959. Ces deux productions rejoignent la perfection. Fritz Busch et Carl Ebert avaient quitté l'Allemagne avec la montée du nazisme. Ils s'étaient réfugiés en Amérique du Sud et le Teatro Colon de Buenos Aires leur a ouvert ses portes. Ils y ont fait des productions dont on parle encore.

«Pierrette est venue me rejoindre après ses engagements au Festival d'Aix-en-Provence, et *Idomeneo* l'a éblouie. Elle dit encore que c'est le plus beau spectacle auquel elle ait jamais assisté... De là, nous sommes partis pour Édimbourg où *Don Giovanni* était au programme du Festival. Fritz Busch était très malade et épuisé. Je me souviens que dans *Don Giovanni* ses tempi changeaient constamment. Ils étaient trop lents et nous étions dans une situation périlleuse — les phrases importantes comme l'air *Il mio tesoro* s'étiraient. Au dernier spectacle, le 8 septembre, nous avons dû le traîner pour venir saluer sur la scène... Il décédait une semaine plus tard. Il n'avait que 62 ans. C'était une grande perte pour le monde musical... Un géant de la grande tradition disparaissait.»

Et Pierrette Alarie raconte son expérience dans la vieille Angleterre:

«Après les spectacles de Cimarosa d'Aix, je suis venue rejoindre Léopold à Glyndebourne. Ce fut un grand contraste. Après l'ambiance méditerranéenne d'Aix-en-Provence, l'exubérance et l'amitié chaleureuse entre les artistes, la critique et les grands maîtres de la musique française, Glyndebourne m'a d'abord un peu glacée... puis m'a fascinée par le calme, l'harmonie et le civisme qui s'en dégageaient. J'ai aussi retrouvé un peu le rythme de vie à la canadienne.

«Le public était extraordinaire — le plus connaisseur à date. Ces dames et messieurs arrivaient de Londres ou des environs, en robe du soir et en habit, qui étaient de rigueur, avec un panier à pique-nique sous le bras, qu'ils ouvraient sur les pelouses aux entractes. On n'aurait rien imaginé de tel en France!... Ils étaient d'une grande politesse durant les concerts et les spectacles, écoutant attentivement et silencieusement, mais surtout n'applaudissant qu'à la dernière note de la tombée du rideau. On sentait un grand respect envers la musique et les artistes. Le cérémonial des entractes était le même, le pique-nique, les jours de soleil ou de pluie — jamais la panique...

«À Édimbourg, j'ai vécu une expérience inoubliable en remplaçant à quelques heures d'avis Genevieve Warner dans le rôle de Zerlina. J'avais assisté à la générale et tout allait bien. Le Don Juan de Mario Petri était très beau, Léopold était en pleine forme, Dorothy MacNeil et Hilde Zadek étaient admirables dans les rôles de Donna Elvira et Donna Anna... En rentrant à son hôtel, Genevieve Warner fut attaquée dans la rue — on l'a battue, étranglée et presque défigurée. Elle a été hospitalisée d'urgence, et le lendemain je recevais un téléphone du théâtre me demandant de la remplacer...

«Je n'avais jamais chanté le rôle; j'en connaissais les airs, mais les récitatifs italiens, c'était autre chose!... Je les ai travaillés avec John Pritchard et, le soir de la première, je n'ai fait aucune erreur tellement j'étais sous tension. J'ai eu plus de difficultés pour les spectacles suivants alors que je me rendais mieux compte de la situation. La critique m'a été favorable mais Genevieve Warner n'a jamais repris la carrière. Il faut dire que l'équipe a tout fait pour me rendre à l'aise, et Geraint Evans, qui chantait Masetto, était d'une gentillesse et d'un calme très britanniques. Il m'a beaucoup aidée dans les scènes Zerlina-Masetto... Aussi, j'ai pu apprécier le travail de précision de Carl Ebert qui m'a indiqué les points importants de sa mise en scène. Quelle expérience!... Puis nous sommes rentrés à Paris, où nous étions sous contrat avec l'Opéra et l'Opéra-comique, pour reprendre les spectacles de la saison. Et c'est en décembre de cette même année que Léopold chantait à New York, pour la première fois, *L'Enfance du Christ* de Berlioz, qu'il a repris chaque année jusqu'en 1967...»

Et c'est un deuxième été à Glyndebourne qui se poursuivra à Édimbourg, après Aix-en-Provence. Le 15 juin, c'est à la mémoire de Fritz Busch que le Festival inaugure ses activités avec *Idomeneo* et John Pritchard au pupitre; la Polonaise Maria Kinasiewicz remplace Birgit Nilsson dans le rôle d'Electra. Une brève cérémonie dévoilera un buste de bronze de Fritz Busch, sculpture de Frederick Mancini. Carl Ebert assume seul la direction artistique, assisté, pour les mises en scène, de son fils Peter Ebert. En plus de la reprise d'*Idomeneo*, Glyndebourne affiche le *Cosi fan tutte* de 1950, production Carl Ebert-Rolf Gérard, Vittorio Gui remplaçant Fritz Busch, et deux nouvelles productions, *La Cenerentola* et *Macbeth*. Et à Édimbourg, où il est devenu de tradition de monter plusieurs grandes œuvres chorales, Léopold Simoneau (le récitant), André Vessières (Hérode) et Bruce Boyce (Joseph) sont les solistes de *L'Enfance du Christ* que dirige Sir Thomas Beecham à la tête du Royal Philharmonic Orchestra. «Léopold Simoneau, soliste de grande classe, a chanté d'une façon exquise le récit du *Repos de la Sainte Famille*», relate le correspondant de *La Tribune de Genève*. Ce sera sa dernière participation au festival écossais, où des œuvres de premier plan ont été créées ces dernières années et en ont fait l'un des grands centres musicaux européens.

Léopold Simoneau retournera à Glyndebourne en 1954 pour neuf représentations de *Don Giovanni;* ce sera la dernière saison du ténor canadien. Le 29 juillet, une représentation supplémentaire sera télévisée par la B.B.C., et la production Carl Ebert-John Piper de 1951 sera applaudie par un large auditoire. Les mélomanes moins fortunés pourront à leur tour être charmés par le chant mozartien des chanteurs que dirige Georg Solti au pupitre du Royal Philharmonic Orchestra et au clavecin pour les récitatifs: James Pease (Don Giovanni), Sena Jurinac et Margaret Harshaw, respectivement Donna Elvira et Donna Anna, Thomas Hemsley (Masetto) et Anny Schlemm (Zerlina), Benno Kusche, Hervey Alan et Léopold Simoneau.

Plusieurs Canadiens ont pu être témoins de la carrière européenne de Léopold Simoneau qui, encore aujourd'hui, demeure une référence mozartienne pour les rôles qu'il a interprétés. Les diplomates de carrière ou les mélomanes circulant à travers l'Europe ont pu en vérifier l'authenticité. Les réussites à l'étranger des artistes lyriques canadiens ne font pas la manchette des journaux locaux et les Simoneau, Jobin, Vickers, Forrester, Stratas ou London l'ont souvent déploré. Aussi la lettre que faisait parvenir à Raoul Jobin le juge en chef de la Cour supérieure du Canada, de passage à Londres pour l'audition des appels au Conseil privé est-elle un témoignage pour ses compatriotes. Le 19 juillet 1952, le juge Thibaudeau Rinfret écrivait à Raoul Jobin, qui participait aux festivals de Vichy et des Chorégies d'Orange dans *La Damnation de Faust:*

> Samedi dernier, nous avons pu aller à Glyndebourne entendre notre compatriote Léopold Simoneau dans *Idomeneo* de Mozart. Il y a remporté vraiment un grand succès. À l'entracte, il nous a été permis d'aller le féliciter dans sa loge. Son épouse, Pierrette Alarie, était là, et nous avons parcouru en sa compagnie le parc et les jardins. Ils partaient le lendemain pour Aix-en-Provence, où je crois qu'ils doivent figurer tous deux dans *Don Juan,* et Léopold Simoneau dans *Iphigénie en Tauride…*

Depuis l'époque des années d'après-guerre, Glyndebourne a élargi son répertoire et sa durée s'étend sur une période de deux mois. Toujours considéré comme «le plus snob des festivals européens», il maintient une tradition de qualité.

Invité au Concours national de chant dans le cadre du Festival de Guelph au printemps 1977, où il était membre du jury aux côtés de Léopold Simoneau, de Rose Bampton et de John Newmark, Earl of Harewood, fondateur de la revue britannique *Opera*, déclarait spontanément:

«Léopold Simoneau est la plus belle voix de ténor que j'aie entendue de toute ma vie. Dès 1951, au Festival de Glyndebourne, la qualité unique de son timbre et ses interprétations des rôles d'Idamante et de Don Ottavio m'ont séduit. Je suis toujours demeuré un de ses fidèles admirateurs et je suivais avec intérêt l'évolution de sa carrière.

«Lorsque j'ai appris qu'il avait la direction artistique de l'Opéra du Québec, j'ai pensé que les Canadiens avaient beaucoup de chance d'avoir un artiste comme lui. Ce choix m'apparaissait le meilleur qui soit. Je conserve jalousement plusieurs de ses enregistrements. Il est dans la lignée des grands interprètes et quelques-unes de ses interprétations sont encore inégalées. De plus, il était d'une grande probité et intégrité professionnelles.»

Les Simoneau sont toujours partagés entre les deux continents et, quelques mois avant son premier été à Glyndebourne, Léopold Simoneau chantait, avec Louise Roy, Joan Hall et Denis Harbour, le seul *Requiem* de Verdi de sa carrière, à Montréal, où l'on se souvenait de l'impression qu'avait laissée, six ans plus tôt, la direction de Fritz Busch. Les 3 et 4 avril 1951, Désiré Defauw était au pupitre des Concerts symphoniques à l'auditorium du Plateau; les chœurs, *Les Disciples de Massenet*, étaient préparés par Charles Goulet. Le «moment capital» de la soirée, relevé par le journaliste Jean Hamelin, fut «le solo *Ingemisco Tanquam* que chante le ténor et qui a prouvé que le bel canto peut fort bien s'allier à une interprétation mesurée et sensible...» Ce même mois, Pierrette Alarie, quant à elle, chantait la seule *Traviata* de sa carrière au Monument-National, aux côtés de Léopold Simoneau, qui reprendra le rôle d'Alfredo quelques années plus tard, à l'Opéra de Chicago, avec la grande Maria Callas. Ce sera la dernière apparition des Simoneau aux Variétés lyriques, qui fermeront leurs portes après la saison 1954-1955. Les Simoneau racontent:

«Nous avons chanté dix-sept représentations de *La Traviata* entre le 12 avril et le 4 mai... Nous étions jeunes pour faire un tel exploit... L'équipe était entièrement montréalaise. Yolande Dulude, Louis Quilico et Joseph Rouleau en étaient à leurs débuts, Jacqueline Plouffe et Lionel Daunais étaient déjà dans la troupe depuis quelques années, et Charles Goulet, l'homme-orchestre, s'occupait de la mise en scène...»

Pierrette Alarie n'a jamais repris le rôle, qu'elle jugeait trop fort pour sa voix, Verdi ayant écrit pour un grand lyrique colorature.

À Paris, deux événements majeurs sont à signaler pour la saison 1951-1952: la production Lehmann des *Indes galantes* de l'Opéra, et un festival intitulé «L'Œuvre du XXᵉ Siècle», qui regroupe des manifestations s'étendant à des domaines divers — musique, théâtre lyrique, ballet, littérature — et qui veut démontrer que la culture de l'Occident n'a rien perdu de sa force créatrice, de sa diversité et de sa vitalité, que Paris est toujours à la pointe de la créativité.

Ce «Festival du XXᵉ siècle», d'une ampleur sans précédent, est sous les auspices du Congrès pour la Liberté de la Culture — association qui a été constituée en 1950 par des intellectuels, artistes et savants de différents pays, «unis dans leur désir de défendre la liberté de la culture contre toute tentative d'asservissement». Les manifestations des chefs-d'œuvre les plus significatifs produits depuis un demi-siècle sont présentées au Théâtre des Champs-Élysées, à l'Opéra, à l'Opéra-Comique et au Palais de Chaillot. Plus d'une soixantaine de compositeurs de diverses nationalités et genres musicaux y sont représentés et verront leurs œuvres exécutées par une vingtaine de chefs d'orchestre qui se partagent neuf grands orchestres et une pléiade d'artistes prestigieux. L'Opéra-Comique souligne le 50ᵉ anniversaire de la première représentation de *Pelléas et Mélisande* et affiche un festival Ravel. À l'Opéra, c'est un festival Honegger, *Salomé* de Richard Strauss, et le New York City Ballet de George Balanchine pour la première fois à Paris. La salle du Conservatoire présente deux concerts de musique concrète et des œuvres d'Olivier Messiaen, André Jolivet, Yves Baudrier, Pierre Henry et

Pierre Schaeffer, par le Club d'Essai de la Radiodiffusion française, tandis que la petite salle de la Comédie des Champs-Élysées offre les concerts de musique de chambre et de chant choral de Pizzetti et Webern à Schoenberg, Satie, Charles Ives, Varèse, Samuel Barber, Debussy, Koechlin, Dutilleux, etc.

C'est toutefois dans la grande salle du Théâtre des Champs-Élysées que se déroulent les événements majeurs de ce mois de mai 1952, où alternent opéras, concerts et ballets.

Igor Stravinsky est la figure dominante de ces manifestations et neuf de ses ouvrages sont présentés en concert et avec les ballets de New York. Une soirée lui est entièrement consacrée au Théâtre des Champs-Élysées où il est au pupitre de l'Orchestre national et des chœurs d'Yvonne Gouverné de la Radiodiffusion française pour l'exécution de son opéra-oratorio *Œdipus Rex*. Les solistes sont: Léopold Simoneau (Œdipe), Eugenia Zareska (Jocaste) qui remplace Patricia Neway, et Jean Cocteau, le récitant, auteur des textes français inspirés de Sophocle et traduits précédemment en latin par Jean Danielou. Pour cette exécution, Jean Cocteau présente une succession de tableaux vivants illustrant, avec trois danseurs apparaissant derrière les chœurs, quelques éléments forts de l'action de son texte. Léopold Simoneau raconte:

«Ce festival qui réunissait les grands noms de la musique moderne était très couru et les billets se vendaient rapidement pour tous les concerts. C'est une autre belle expérience que d'avoir travaillé avec Stravinsky — une grande satisfaction. Il avait une oreille très précise et rien ne lui échappait chez les musiciens de l'orchestre. Jobin avait aussi travaillé avec lui avant la guerre, et au tout début, à Boston. Le public a hué les danseurs, qui avaient des costumes très voyants et qui gesticulaient des bras et de la tête, ce qui dérangeait l'attention et l'audition de cette musique déjà difficile et austère...»

Léopold Simoneau se souviendra de ce premier concert Stravinsky lorsque New York rendra un hommage au grand maître du XXe siècle.

10.

La Scala

«Léopold Simoneau vient d'être engagé par la Scala de Milan pour six représentations du *Don Juan* de Mozart.»

Telle est la nouvelle que publie *La Patrie* du 15 octobre 1952 à la veille du récital que donne au Plateau le célèbre et populaire couple, en tournée américaine. À leur arrivée au pays, après un dernier long séjour européen où ils ont participé aux festivals d'Aix-en-Provence, de Glyndebourne, d'Édimbourg, et à la reprise de la saison parisienne, ils sont invités à rencontrer, à Québec, le Premier ministre de la province, Maurice Duplessis, et Onésime Gagnon, ministre des Finances, reconnus tous deux comme de fervents et généreux admirateurs des artistes lyriques. Maurice Duplessis ne vient-il pas d'octroyer une aide financière personnelle au jeune ténor québécois Richard Verreau, qui poursuit, grâce à lui, des études à Paris sous l'œil vigilant de Raoul Jobin?... La ville de Québec pourra s'enorgueillir d'avoir donné au monde musical canadien trois de ses plus beaux ténors.

Commentant le dernier récital des Simoneau, Roy Royal écrit dans *Le Petit Journal* du 19 octobre 1952:

Leur récital conjoint a été la confirmation de tout ce que l'on avait dit d'eux ces derniers mois. Il est remarquable de constater combien de chemin ils ont parcouru en quelques années. Leur venue en Europe date d'il y a à peine trois ans et déjà ils se sont classés parmi les artistes lyriques les plus acclamés et les plus recherchés des festivals d'été de France et de Grande-Bretagne. Quand on sait que ces manifestations s'efforcent de grouper les meilleurs chanteurs, il est facile de mesurer l'ampleur et la qualité du talent de Pierrette Alarie et de celui de Léopold Simoneau.

Les bons ténors sont constamment recherchés par les grands théâtres d'opéra, les radios, les sociétés de concerts, les festivals et les compagnies de disques. C'est après avoir entendu Léopold Simoneau dans les retransmissions radiophoniques des festivals des trois dernières années que la Scala de Milan l'invitait pour une nouvelle production du *Don Giovanni,* le 28 janvier 1953. Pour le ténor canadien, cette date demeure un point culminant de sa carrière. Herbert von Karajan assume la direction scénique et musicale du spectacle et la distribution est éblouissante: Mario Petri (Don Giovanni), Carla Martinis (Donna Anna) et Élisabeth Schwarzkopf (Donna Elvira), Sesto Bruscantini (Leporello) et Marco Stefanoni (le Commandeur), Alda Noni (Zerlina) et Rolando Panerai (Masetto). Les décors et les costumes de Nicola Benois sont inspirés de Vélasquez.

Pour ses débuts à la Scala, Léopold Simoneau fait l'unanimité de la critique italienne venue à Milan depuis Naples, Palerme, Rome, Florence, Venise et Turin. L'événement est de taille et, avec Edward Johnson qui créait le rôle de Parsifal, en italien, dans la vénérable institution, sous le nom d'Edoardo di Giovanni, et Jon Vickers, il est un des seuls chanteurs canadiens à y être applaudis. Dans la salle, de jeunes boursiers québécois, étudiant chez les maîtres de chant milanais, sont témoins des débuts éclatants de leur compatriote à la Scala — André Turp, Robert Savoie, Joseph Rouleau et Gaston Gagnon. Ils sont quelques étudiants dans les studios de Milan et de Rome et seulement quelques-uns d'entre eux relèveront le défi d'une carrière internationale. Durant le séjour prolongé de son mari à Milan, Pierrette Alarie enregistre à Rome pour la radio italienne. La critique italienne ne tarit pas d'éloges devant l'art de chanter du ténor canadien et, de Milan, *La Notte* publie:

Il faudrait dire aussi tant de belles choses du ténor Léopold Simoneau, qui possède une voix lyrique si mélodieuse et qui nous rappelle notre Tito Schipa dans ses meilleures années...

Et *L'Italia* commente avec le même enthousiasme:

Léopold Simoneau possède une voix splendide, une parfaite école l'a doté d'une rare facilité et d'une habileté dans les pianissimi tout en disposant d'une puissance de grande portée. Il a donné à son personnage de Don Ottavio une remarquable noblesse...

Léopold Simoneau dira, en se souvenant de cette production qui a fait date dans l'histoire de la Scala:

«C'était la première fois depuis la fin de la guerre que la Scala montait *Don Giovanni*. Le théâtre avait été entièrement refait à la suite des bombardements et tel qu'il était avant la guerre. C'était l'ultime honneur pour moi d'être invité à chanter dans ce que je considère comme la plus grande maison d'opéra au monde et le Vatican de l'art lyrique. Un théâtre merveilleux, aux couleurs or et rouge, pour une musique divine, celle de Mozart...

«La Scala n'est pas un théâtre de répertoire mais de *stagione*. Les spectacles changent d'une année à l'autre, même si on fait des reprises. On peut donner six ou dix spectacles d'une même production et une autre suit. Elles sont donc préparées avec le même soin que les productions de festival. Avec Karajan qui s'occupait de la mise en scène et de la direction musicale, nous avons fait un travail en profondeur. C'était une approche différente de l'œuvre et une autre grande expérience après le travail fait auparavant avec Hans Rosbaud à Aix-en-Provence et Fritz Busch à Glyndebourne, que je considère comme l'une des plus grandes autorités de la musique de Mozart.

«À cette époque, Karajan était déjà considéré comme un grand chef d'orchestre. Il avait appris son métier à Aachen [Aix-la-Chapelle]. C'était un personnage fascinant. Il y avait une force qui se dégageait de sa personne, un charisme. S'il dirigeait avec une fermeté tout allemande, il savait caresser un phrasé et donner un son d'une grande douceur avec un grand orchestre. Il tirait de ses solistes des forces insoupçonnées d'eux. Il était calme et rassurant. J'ai enregistré un *Cosi* avec lui. Je garde de ces rencontres une immense admiration. C'est un grand maître qui a apporté une énorme contribution à la musique.

«Les soirs de premières sont grandioses à la Scala. Des coulisses on pouvait voir la salle — les loges fleuries, les dames couvertes de bijoux et d'hermine —, une élégance racée qu'on ne trouve nulle part ailleurs. La richesse et l'aristocratie se donnent rendez-vous les soirs de premières. Les Italiens ont le respect des artistes lyriques et les ovations chaleureuses viennent de connaisseurs. On y sent le pouls mondial du théâtre d'opéra... Il faut dire que la distribution de ce *Don Giovanni* était éclatante. Je chantais avec Élisabeth Schwarzkopf pour la première fois et nous nous sommes retrouvés fréquemment par la suite. Je me suis absenté deux mois de Paris car j'avais pu obtenir un congé de l'Opéra.

«La critique italienne a comparé ma voix à celle de Tito Schipa. Pour eux, c'était l'ultime compliment... Cette production de la Scala est un des points culminants de ma carrière. Le spectacle intégral, chanteurs, décors, costumes, mise en scène, a été invité au Festival de Munich, le 21 août suivant, ce qui m'a ouvert les portes de l'Allemagne et de l'Opéra de Vienne...»

Bien avant Léopold Simoneau, Stendhal subit l'envoûtement des réactions du public italien lors de représentations d'opéras à l'occasion de ses voyages en Italie: «Aucun observateur étranger vraiment honnête, s'aventurant en Italie, n'oserait nier un instant qu'il est désespérément absurde de tenter de former des chanteurs ou de composer de la musique ailleurs qu'à l'ombre du Vésuve», écrivait-il.

Vingt ans après, en Italie, les mélomanes et fervents du beau chant se souviennent de la seule apparition à la Scala du célèbre ténor canadien. La réédition des *Pêcheurs de perles,* parue chez Philips (1953), fait revivre pour les jeunes générations l'art incomparable des Simoneau. Un jeune admirateur et collectionneur de grandes voix rejoignait deux de ses idoles à Victoria, en Colombie britannique, et écrivait, le 28 juin 1980, une lettre de Treviso les informant de la critique de Carlo Marinelli sur la réédition de l'œuvre de Bizet[1].

À Paris, après des mois d'attente et de remises, *Le Libertin (The Rake's Progress)* d'Igor Stravinsky, déjà monté par une quinzaine de théâtres dans le monde et créé en France quelques mois plus tôt par le Théâtre municipal de Strasbourg, est affiché pour la première fois à l'Opéra-Comique, en version française, le 18 juin 1953. La première mise en scène fut montée à Venise par la Scala au théâtre La Fenice. Le 11 septembre 1951, Igor Stravinsky dirigeait son œuvre et les interprètes Élisabeth Schwarzkopf, Robert Rousseuille, O. Kraus, Raphael Arie, Jennie Tourel, Hugues Cuénod, au cours du XIVe Festival international de Musique contemporaine dans le cadre de la Biennale. L'idée originale de l'opéra vint à Stravinsky à la lecture de la fable de W. H. Auden écrite en collaboration avec Chester Kallman, ouvrage inspiré des gravures de Hogart, peintre anglais du XVIIIe siècle, représentant les mésaventures d'un libertin.

Louis Beydts, alors directeur par intérim de l'Opéra-Comique, confie la direction musicale à André Cluytens, la mise en scène à Louis Musy, les décors et costumes à Wakhévitch et la traduction française à André de Badet. Les principaux rôles sont confiés à Léopold Simoneau (Tom Rakewell, le libertin), Xavier Depraz (Nick Shadow, personnification du diable sous les traits d'un valet), Pierre Froumenty (Trulove), Janine Micheau (Anne) et Simone Couderc (Baba la Turque, la femme à barbe); Marthe Luccioni, créatrice du rôle d'Anne à Strasbourg, partagera celui-ci avec Janine Micheau. C'est donc devant le Tout-Paris musical et mondain qu'a lieu la première du *Libertin*. Les avis sont partagés, et beaucoup de bêtises sont dites sur l'œuvre: que ce n'est qu'un pastiche de Cimarosa, de Mozart, de Donizetti, de Tchaïkovski, de Verdi, etc. Le critique de l'heure, Claude Rostand écrit dans *Carrefour* du 24 juin 1953:

> Louis Beydts a remarquablement monté *Le Libertin* de Stravinsky — chacun est ici à sa place, et l'on reconnaît bien là la science profonde que M. Louis Beydts possède de l'art du chant...

> L'ensemble est dominé par Léopold Simoneau à qui a été confié le rôle du héros, Tom Rakewell. Ce remarquable ténor qui nous a été révélé par les festivals d'Aix-en-Provence, et qui reste le meilleur que nous possédions dans sa catégorie, donne certainement de ce rôle la plus parfaite des interprétations qu'il ait jamais connues. Et ceci sur le plan vocal comme sur le plan scénique. Est-ce intelligence, est-ce instinct? Je ne sais. Mais sa conception est celle de quelqu'un qui a le sens de l'œuvre, de son esprit, et de la façon dont Stravinsky a ici utilisé et exploité les caractères

de l'opéra traditionnel dans le cadre de son génie. Il semble précisément tenir compte de ce qu'il y a de purement stravinskien derrière cette façade d'opéra traditionnel. Par ailleurs, sa voix est merveilleusement belle, facile, moelleuse, dans un texte qui, du point de vue technique, est souvent assez ingrat... Les décors et les costumes de Wakhévitch sont sensationnels...

La création parisienne de l'opéra de Stravinsky demeure une date importante dans la mémoire de Léopold Simoneau:

«Le rôle était lourd vocalement, musicalement et scéniquement. J'étais constamment sur le plateau; l'action tournait autour de mon personnage qui évoluait psychologiquement avec chaque scène. La partition musicale était très difficile d'autant plus que la traduction française n'était jamais définitive. Il y avait de continuels changements dans le texte, ce qui provoquait chez moi une grande inquiétude. Je n'ai jamais aimé l'improvisation; au contraire, j'aime prendre le temps d'approfondir une œuvre, réfléchir et l'interpréter par la suite... Mais avec André Cluytens, musicien remarquable et homme charmant, j'ai pu en surmonter les difficultés musicales. Le rôle était écrasant; la lente transformation du personnage, partant d'un idéal de pureté et évoluant vers les débauches, et finalement l'asile, devait s'entendre vocalement et dans l'interprétation musicale et scénique.

«Visuellement, le spectacle était superbe: la mise en scène de Louis Musy, avec qui nous avions fréquemment travaillé, Pierrette et moi, à l'Opéra-Comique, s'adaptait merveilleusement aux décors géniaux et presque surréalistes de Wakhévitch. Nous n'avons jamais vu Stravinsky; peut-être n'était-il pas d'accord avec la version française?... Mais Nadia Boulanger est venue à toutes les répétitions. Elle arrivait, s'installait à l'écart dans la salle du petit théâtre, et repartait sans mot dire... Nous n'avons jamais su ce qu'elle pensait ou ce qu'elle disait à l'auteur. Nous avons fait une douzaine de spectacles, quelques-uns avant les vacances et les derniers à la rentrée, après les festivals d'été.»

Pierrette Alarie se souvient des derniers événements de leur vie parisienne:

«À cette époque, nous participions aux spectacles des *Indes galantes* à l'Opéra, Léopold alternant avec Raoul Jobin dans le rôle de Damon et moi avec Janine Micheau dans celui de Fatime, au Tableau des Fleurs, visuellement grandiose. Les ballets étaient superbes et dans la salle flottaient des odeurs de roses qui provenaient des bouches d'aération... Maurice Lehmann, ancien directeur du Châtelet et à ce moment directeur de l'Opéra, avait fait de cette œuvre un spectacle qui faisait courir le Tout-Paris mais qui était très discuté chez les musiciens. Même aujourd'hui, c'est très difficile de monter ces opéras-ballets dans un style qui soit jugé authentique. Nous retrouvions Louis Fourestier qui dirigeait.

«L'année précédente, j'avais participé à la production des *Fêtes d'Hébé* de Rameau au Petit Trianon de Versailles aux côtés de Marthe Luccioni et de Roger Désormière à la direction musicale. Cette œuvre devait être plus tard une de mes plus belles expériences à la télévision de Radio-Canada, avec *Orphée* de Gluck — deux grandes œuvres classiques.

«Notre contrat avec l'Opéra de Paris devait se terminer avec les dernières représentations des *Indes,* à l'automne 1953. Nous désirions avoir plus de liberté, étant constamment sollicités à l'étranger par notre agent de Columbia. Nous avons quitté un superbe appartement, porte d'Auteuil, le premier immeuble signé Le Corbusier, qui y habitait lui-même. Nous aimions beaucoup habiter Paris mais les exigences du métier nous ont entraînés ailleurs... Nous avions de bons amis parmi les collègues français et les Canadiens en poste à l'ambassade, et aussi parmi la colonie artistique et étudiante canadienne qui suivait l'évolution de nos carrières...

«Nous avons pris un pied-à-terre à New York et de là nous rayonnions à travers l'Amérique. Nous ne comptions plus les voyages entre les deux continents...»

Les Simoneau ont peu chanté en province française. C'est donc un événement lorsqu'ils acceptent l'invitation de Louis Izar, directeur du Capitole de Toulouse, qui les affiche dans *Don Giovanni* et *Le Barbier de Séville* en avril 1954. Ils retrouvent avec bonheur quelques camarades et amis du Festival d'Aix-en-Provence — le Don Juan de Renato Capecchi, témoin du premier Ottavio de Léopold Simoneau, la Donna Elvira de Suzanne Danco, Marcello Cortis qui chante Leporello et signe la mise en scène du spectacle «sur laquelle plane le prix inestimable de la plus profonde unité, la perfection même, la plus totale, la plus sereine, la plus absolue et qui donne à ce *Don Juan* son vrai visage de *dramma giocoso*», puis Anna-Maria Rovere (Donna Anna), Renato Guerra (Masetto) et le maestro Molinari-Pradelli, à qui est confiée la direction musicale. La critique ne tarit pas d'éloges et le public toulousain, réputé comme étant «un des plus exigeants et connaisseurs de France», est sous l'enchantement de ce *Don Juan*.

Ce sera leur dernière apparition en France. Toutefois, les Simoneau ont toujours défendu le répertoire français, et lors d'un entretien à Victoria, à l'été 1986, les propos suivants furent échangés:

«Puisque vous êtes tous les deux d'origine francophone, pouvez-vous m'expliquer pourquoi le répertoire français est si mal défendu? La langue française est-elle plus difficile à chanter que l'anglais ou l'espagnol?

— Je donnerai d'abord une réponse assez laconique à la première partie de votre question, déclare Pierrette Alarie. La principale raison est que, dans notre contexte nord-américain, il n'y a personne pour enseigner l'opéra; bien plus, si, par aventure, on s'avise d'enseigner le répertoire français à quelque niveau que ce soit de la formation du chanteur, on le fait toujours avec une prudente réserve, une inquiétude à peine dissimulée; on vous dira que l'italien ou même l'allemand est plus vocal, qu'il y a si peu d'illustres chanteurs français que leur langue doit être un handicap, etc.

«Ce malentendu traditionnel et qui tient toujours bon est justement dû à la pénurie d'authentiques professeurs et répétiteurs d'origine et de formation françaises et dont l'oreille a été disciplinée à la bonne école du chant. C'est en vain que vous chercherez à dénicher cet oiseau rare dans les plus grandes maisons d'opéra d'Amérique du Nord et, tout aussi vraisemblablement, d'Angleterre ou d'Allemagne.

— Le résultat est que des rudiments de la langue française sont enseignés aux chanteurs par des étrangers, eux-mêmes, pour la plupart, initiés à cette langue grâce aux méthodes de phonétique internationale résultant en un baragouinage trop connu, ajoute Léopold Simoneau. La phonétique internationale peut aider à parler une langue étrangère, mais parler n'est pas chanter, c'est-à-dire qu'on ne chante pas une langue exactement comme on la parle. Le son chanté doit être coloré, enjolivé, soutenu, amplifié, susceptible d'inflexions variées, etc.; teinté de la moindre fausse nuance ou couleur, ce son chanté peut devenir insupportable.

«Par exemple, on associe souvent (et faussement) une inévitable teinte nasillarde au chant français; mais le français correctement parlé n'est pas nasillard, pourquoi le serait-il en chantant?

«Les meilleurs chanteurs français que nous avons connus ne souffraient pas de cette déformation du timbre. Pierrette et moi-même n'avons jamais été accusés de la moindre nasalité dans notre chant et nos multiples enregistrements d'œuvres françaises.

— Chanter les prétendues nasales de la langue française n'altère en rien le vocalisme pur de cette langue, commente Pierrette Alarie. En réalité, aucune langue ne doit affecter le timbre naturel d'un chanteur; celui-ci doit pouvoir assimiler l'éventail des sons d'une nouvelle langue dans son propre concert sonore ou sa méthode de chant.

«Les supposées sonorités allemandes, italiennes, françaises ou anglaises sont beaucoup plus la résultante d'écoles de production vocale et de goût musical que des caractéristiques linguistiques elles-mêmes. Pour vous en convaincre, assistez à un récital du soprano Elly Ameling; vous y entendrez sans doute des interprétations dans les quatre langues citées avec une étonnante maestria des nuances «étrangères» strictement fondues dans le «timbre original Ameling», au point que vous vous demanderez quelle peut bien être sa langue maternelle.

«En y regardant de près, le français possède autant de voyelles que l'italien, plus que l'allemand, et plus pures que l'anglais, et une voyelle demeure toujours une voyelle, que l'on chante Mozart, Verdi, Gounod ou Britten.

«Ajoutez que le chant français, grâce aux fréquentes liaisons et enchaînements de ses mots, favorise idéalement le legato, pierre angulaire de tout beau chant.

— Non, le vocalisme même de la langue française n'est pas la principale cause du lamentable traitement qu'elle subit sur les scènes lyriques; elle se trouve le plus souvent dans son interprétation, qui doit être faite de précision, de clarté d'expression, de goût, d'équilibre, sans bavures faciles, sans effets mélo; sa déclamation s'appuie sur de multiples subtilités; sur ce point, l'étranger doit multiplier quelques efforts...» termine Léopold Simoneau.

1. *«Purtroppo la mia relativamente giovane età non mi ha permesso di ascoltare e vedere quel mitico* Don Giovanni *del 1953 alla Scala diretto da Karajan, dove appunto Léopold Simoneau interpretava* Don Ottavio. *Credo che questa sia stata l'unico passaggio italiano Vostro e credo che sia stato un autentico peccato per i teatri italiani.*

«Fortunamente i dischi hanno ampiamente divulgato la lezione stilistica del Vostro canto così che esso si possa apprezzare in tutta la sua limpida chiarezza.

«Proprio quest'anno in Italia vi é stato un ritorno di fiamma per i Pescatori di perle *e molti appassionati hanno cercato la Vosra edizione della Philips, piuttosto rara da trovarsi in Italia, che, a detta anche degli esperti, é la piu bella apparsa in commercio. Anzi, Vi voglio trascrivere quello che ha scritto Carlo Marinelli, il nostro maggior critico discografico, sul programma di sala del Teatro di Treviso.*

L'edizione Philips ha i suoi punti di forza nella Leila di Pierrette Alarie e nel Nadir di Léopold Simoneau. Il soprano canadese ha une bella voce ferma e al tempo stesso agilissima, duttilissima, uno strumento perfetto che ne fa uno straordinario usignolo umano. Il suo canto é un ricamo di tenue, miracolosa leggerezza, un velo di finissima trapunta vocale. Ma questa voce straordinaria si accompagna non soltanto a un incanto dolcissimo, a un'ingenuita quasi infantile, a una luminosita limpida e ariosa, si accompagna anche a una fierezza viva, a una tenerezza trepida e commossa, a un'intensità drammatica di tratteggio del personaggio.

Non inferiore alla compatriota é il tenore canadese Léopold Simoneau, notissimo e giustamente celebrato interprete mozartiano. La voce é ferma e nitida, ha un bel velluto morbido e delicato, con acuti quasi sopranili (un bellissimo falsetto), une mezzavoce dolcissima e tenue, dalle straordinarie velature. Il canto é assai ben articolato, intenso e pieno, molto lineare, molto pulito, assai chiaro nell'involo e nel disegno. L'interpretazione ha varietà di notazioni, descrittive, evocative, incantate, accorate, con una semplicità di tratteggio che ha slancio, tenerezza, trepidazione, e soprattutto una sorta di meravigliata stupefazione.

«Davvero splendide parole per una registrazione del resto memorabile! Colgo questa occasione anche per porgeri un fervido saluto ed i sensi più vivi della mia stima.»

Giuseppe Pacciarotti.

11.

Maria Callas

L'annonce des débuts prochains de Maria Callas à Chicago fait les manchettes de tous les journaux bien avant l'arrivée de la célèbre diva, fin octobre. Au zénith de sa carrière et venant de perdre ses kilos superflus, elle est la «reine» incontestée de la Scala, et la légende s'empare déjà de l'artiste qui connaît des succès inégalés dans toute l'histoire de l'opéra. Elle n'allait toutefois pas tarder à entrer dans sa phase descendante, et cela après une *Norma* à l'Opéra de Rome qui suscitera la colère des journalistes italiens. À Chicago, elle reçoit un accueil triomphal et ses débuts dans *Norma* électrisent la salle. Le lendemain, *La Traviata* est à l'affiche et c'est un autre triomphe. Mais sa Lucia fait écrire à Claudia Cassidy dans le *Chicago Daily Tribune:*

> Question: qui est fou, la Lucia de la Callas ou son public en délire?... C'est presque une émeute qui éclata. Il y eut une avalanche d'applaudissements, un roulement d'acclamations qui ne cessait de s'amplifier; toute la salle se dressa et les allées se remplirent d'hommes qui se bousculaient vers la scène. Je suis sûre qu'ils auraient aimé avoir des bouquets à lui lancer, un char pour la porter en triomphe dans les

rues... Il y eut vingt-deux rappels à la fin de la dernière représentation de Lucia et le public en délire ne voulait toujours pas la laisser partir...

Elle aura 31 ans en décembre!

La Traviata de Maria Callas et ses diverses interprétations ont fait couler beaucoup d'encre. Ses biographes en relatent deux qui ont fait date: celle de Mexico en 1952, vocalement sans égale, et celle de la Scala en 1955, la plus humaine et, grâce à la collaboration Maria Callas-Luchino Visconti, une des plus belles productions d'opéra italien de notre époque. Les décors et costumes fin de siècle sont signés Lila de Nobili, Carlo-Maria Giulini est au pupitre et Giuseppe di Stefano chante Alfredo. Un enregistrement sur étiquette Cetra conserve le souvenir de cette soirée.

Le 8 novembre 1954, 3 500 spectateurs acclament, au Civic Opera House de Chicago, «la reine de la Scala» dans une de ses émouvantes interprétations de la courtisane Violetta, avec l'Alfredo de Léopold Simoneau, le Germont de Tito Gobbi et Nicola Rescigno à la direction d'orchestre. Léopold Simoneau sera fasciné par la personnalité et l'art de Maria Callas, et il témoignera:

«Elle était *la prima donna assoluta*, le monstre sacré. Elle est arrivée précédée d'une réputation que les *paparazzi* gonflaient à chaque déplacement; sa vie était devenue un mélange de potins et de déclarations insensées. Avec nous tous, elle a été très chic. Aimable, professionnelle, elle était un bourreau de travail. Elle était très ponctuelle et son art ne supportait pas la médiocrité. Son interprétation de Violetta était nuancée — depuis la jeune fille frivole, amoureuse et vivant une passion destructrice, jusqu'à la mort solitaire. L'évolution de son personnage tenait à une expression vocale et musicale longuement travaillée et qui était bouleversante. Je garde un souvenir écrasant du deuxième acte de cette représentation...

«La mise en scène voulait que je tourne le dos au public et que je la voie de face... Après la scène avec Tito Gobbi, magistral dans le rôle du père, elle chante des adieux déchirants à l'homme qu'elle aime et dont elle consent à se séparer... Je la regardais venir du fond de la scène, s'avancer d'un pas très lent, en chantant pianissimo... Puis sa voix prenait peu à peu un accent dramatique et s'amplifiait. Ses longs cheveux noirs, ses bras qu'elle levait lentement et surtout l'expression de ses grands yeux noirs accentuaient une voix qui, ayant le tranchant d'un couteau, criait cette phrase: ''Amami Alfredo.'' J'ai vécu des minutes d'outre-monde face à elle, et là j'ai compris le phénomène Callas. Le génie de cette tragédienne qui a révolutionné l'aspect théâtral de l'opéra, qui a fait revivre tout un répertoire oublié, dépoussiéré de grandes œuvres sans les trahir. C'était le délire dans l'assistance. Je garde de ces représentations le souvenir ému de moments intenses et une grande admiration.»

Claudia Cassidy déclarait: «Callas est venue, elle a chanté, elle a vaincu! Elle laisse ici un public qui l'adore et qui reste encore sous le choc d'une telle révélation!» Quelques années plus tard, en 1958 à Dallas, Jon Vickers, autre grand ténor canadien, sera lui aussi fasciné par la personnalité de Maria Callas dans son grand rôle dramatique, Medea.

De retour à Montréal, Léopold Simoneau commentait avec Pierrette cette expérience unique dans sa carrière d'interprète:

— Avant de vivre ces moments d'intensité dramatique surhumaine aux côtés de Maria Callas, je ne savais vraiment pas ce qu'était une diva et tout ce que ce seul mot pouvait signifier pour une interprète de grande classe. Cette expression est presque d'une autre époque, d'une époque romantique. De nos jours, tout ce qu'il évoque, les caprices de tous ordres, les amants célèbres, la femme inaccessible et coûteuse, les excentricités dans les déplacements, l'adulation, voire l'adoration du public, toute la dimension extravagante de cette image de diva est dépassée. Avec Maria Callas, il y avait plus, il y avait le «monstre sacré», l'artiste qui vit pour son art et dont l'ambition est d'être la première, la seule, et qui le perfectionne sans limites. C'est à mon avis la dernière diva.

— Oui, réplique Pierrette. Autrefois, les divas comme les grandes actrices avaient une cour assidue et on les traitait comme des reines... Lily Pons et Grace Moore au Met étaient de cette race. Aussi, chez les ténors, Georges Thill était une idole en Amérique du Sud. Et lorsqu'il chantait au Teatro Colon de Buenos Aires, les femmes lui lançaient leurs pierres précieuses sur la scène, des fleurs, et le portaient en triomphe! Quoi qu'il en soit, c'est la venue de Maria Callas qui a fait connaître l'Opéra de Chicago dans le monde entier.

— C'est vrai. Mais il ne faut pas oublier que l'Opéra de Chicago avait connu des heures de gloire au siècle précédent.

Les archives situent le premier *Don Giovanni* en 1859. Les grands noms de l'âge d'or y ont été affichés et on parle encore du Don Giovanni de Titta Ruffo en 1913, de celui d'Ezio Pinza, et des grandes productions d'œuvres françaises avec Mary Garden, la créatrice du rôle de Mélisande à l'Opéra-Comique. Hélas, le Chicago Opera Company devait fermer ses portes quelques années...

En 1951, Carol Fox, jeune musicienne ayant étudié le chant en Italie, Lawrence V. Kelly, jeune businessman de Chicago, et Nicola Rescigno, jeune chef d'orchestre, réunissent leurs goûts et leurs efforts pour relancer l'opéra — le théâtre lyrique. Entourés d'une équipe formée des grands noms de la musique — Giovanni Martinelli, Rosa Raisa Rimini, Edith Mason Ragland, Gaetano Merola et Giorgio Polacco —, ils rêvent de réaliser à Chicago les succès du San Francisco Opera Company de Gaetano Merola. 1954 sera l'année du grand départ et «The Lyric Theatre» de Chicago sera propulsé en orbite internationale avec les grands débuts nord-américains de Maria Callas dans *Norma, La Traviata* et *Lucia*.

La réouverture officielle de l'Opéra de Chicago est fixée au 5 février 1954. *Don Giovanni* est à l'affiche et réunit les noms de Nicola Rossi-Lemini (Don Giovanni), qui est à l'origine du premier engagement de Maria Callas aux Arènes de Vérone en 1947 dans *La Gioconda* que dirigeait Tullio Serafin, Léopold Simoneau et Eleanor Steber (Donna Anna), John Brownlee, magnifique Leporello, Irene Jordan (Donna Elvira) et Bidu Sayao, la gentille Zerlina, dont ce seront les adieux, Lorenzo Alvary (Masetto), Luigi Sgarro, avec, au pupitre, Nicola Rescigno, et William Wymetal qui signe la plupart des mises en scène du répertoire traditionnel. La critique américaine sera favorable à la relance de l'opéra et la première production est accueillie avec enthousiasme. Léopold Simoneau sera fréquemment invité par la suite et son dernier spectacle à l'Opéra de Chicago sera un autre *Don Giovanni* en 1961.

La première saison lyrique de Chicago met en vedette Léopold Simoneau dans *Le Barbier de Séville* aux côtés de Giulietta Simionato (Rosine), Tito Gobbi (Figaro), Nicola Rossi-Lemini (Don Basilio) et Carlo Badioli (Don Bartolo) — «*"Ecco ridente"*, *then warming to the shining timbre of one of the finest lyric tenors of our time*», commente Claudia Cassidy qui écrira l'année suivante, à l'occasion de l'angélique interprétation d'*Una furtiva lagrima* du Nemorino de la production de *L'Elisir d'Amore* que dirige Tullio Serafin: «Simoneau, dans le rôle de l'aimable rustre Nemorino, exhibe une limpidité de son de ténor lyrique extraordinairement riche dans son legato, raffiné et expressif dans ses ornementations, ferme dans ses élans[1].»

L'historique de l'Opéra de Chicago, qui célébrait son 30e anniversaire en 1984, raconte que l'interprétation que donna Léopold Simoneau du fameux air *Una furtiva lagrima* fut suivie de la plus longue ovation accordée à un artiste dans l'histoire de ces dernières années. Aucune performance n'a encore remplacé ce succès public, et les minutes qui suivirent l'angélique aria de Donizetti, qui exige les qualités vocales d'un ténor *lyrico leggero,* demeurent historiques.

Léopold Simoneau racontera les faits:

«Ce soir-là, j'étais sérieusement grippé et vocalement handicapé, obligé de me défendre surtout par l'expression et le sens des paroles. Ce succès d'applaudissements fut spectaculaire, j'en conviens, et devait se reproduire à Salzbourg pour mon premier Don Ottavio.»

En 1958, Tullio Serafin dirigera à nouveau Léopold Simoneau qui reviendra à Chicago pour trois *Traviata* aux côtés d'Eleanor Steber, Ettore Bastianini, et, plus tard, pour des Mozart demeurés célèbres.

Les festivals d'été accueillent à nouveau les Simoneau. En juin, Pierrette Alarie est invitée à chanter des airs de concert de Mozart dans le Palais des Archevêques de Würzburg: «C'est une des plus belles salles que j'aie vues, dira-t-elle, du pur style baroque. Elle était illuminée par de grands candélabres de cristal aux mille bougies, ce qui créait une ambiance féerique. Le plafond et les murs étaient ornés·de fresques originales du Tiepolo et les planchers de marbre d'Italie. Durant les entractes, le public se promenait dans les jardins et les allées du grand parc éclairé aux flambeaux, et savourait de délicieux vins blancs du Rhin. Tout était grâce et finesse, luxe et calme. Par la suite, nous y sommes retournés ensemble...» Après Aix-en-Provence et Glyndebourne, Léopold Simoneau était invité au Festival de Munich qui se déroule du 12 août au 9 septembre 1954, pour reprendre le rôle d'Ottavio qu'il interprétait l'année précédente dans la production de la Scala en visite. Le grand festival bavarois met à l'affiche des œuvres de Mozart, Wagner, Hans Pfitzner et Richard Strauss. Les distributions, presque entièrement d'origine allemande et autrichienne sont sous la direction musicale des chefs d'orchestre Robert Heger, Eugen Jochum, Joseph Keilberth, Rudolf Kempe et Hans Knappertsbusch.

Léopold Simoneau termine ce mois de septembre à Londres où l'Opéra de Vienne est invité pour un Festival Mozart au Royal Festival Hall et présente *Le Nozze di Figaro, Don Giovanni* et *Cosi fan tutte* avec les grands chanteurs mozartiens de l'heure, Karl Böhm et l'Orchestre philharmonique de Vienne. Ce seront ses débuts avec la troupe de l'Opéra de Vienne et il racontera:

«J'ai été invité pour remplacer Anton Dermota qui avait accepté de chanter au Colon de Buenos Aires. Cet été-là, je chantais Ottavio à Glyndebourne et je devais me rendre à Vienne, entre les spectacles, pour les répétitions de *Don Giovanni* et *Cosi fan tutte*. Je n'ai pas cessé de voyager de l'été. J'ai retrouvé quelques-uns des interprètes que j'avais côtoyés précédemment: Sena Jurinac (Donna Elvira), Erich Kunz (Leporello et Guglielmo), Irmgard Seefried (Fiordiligi), et d'autres avec qui je travaillais pour la première fois, mon compatriote George London (Don Giovanni), puis Élisabeth Grümmer (Donna Anna), Paul Schöffler (Don Alfonso), Dagmar Hermann (Dorabella), Walter Berry et Harold Pröglhöf (Masetto).

«Je retrouvais à l'Opéra de Vienne un théâtre de répertoire avec ses exigences et ses imprévus. Pour eux, c'était le répertoire courant et traditionnel, donc pas toujours aussi soigné que les productions de festivals auxquelles j'avais participé depuis quatre ans — quoique les spectacles présentés à Londres eussent déjà été applaudis au Festival de Salzbourg. Je devais vraiment apprécier la grande valeur de cette maison quelques années plus tard, dans d'autres circonstances.»

Ce même été 1954, Pierrette Alarie et Léopold Simoneau retrouvaient leur ami le compositeur Werner Egk pour l'interprétation en concert à Munich de son œuvre *Columbus* qui illustre l'histoire de Christophe Colomb et la découverte de l'Amérique. Werner Egk avait écrit les paroles et la musique de *Columbus* et il dirigeait son œuvre.

---

1. *Of Simoneau's amiable bumpkin as just the man to own that limpid lyric tenor, so lustrous of line, so exquisite of melting ornamentation, so scure in its creating tone...*

12.

Isabelle

L'œuvre *Columbus* de Werner Egk est reprise la saison suivante à Vienne pour le 7ᵉ Festival international qui débute le 5 juin 1955. Très connu en Allemagne, Werner Egk est l'auteur de quelques opéras — *Peer Gynt, Zaubergeige, Circe, Irische Legende* — et de plusieurs œuvres de musique de chambre. En 1953, Pierrette Alarie créait au Festival d'Aix-en-Provence deux airs de concert, écrits pour elle, qu'elle reprit fréquemment par la suite à des festivals et émissions de radio en Allemagne. *Columbus* est une œuvre assez impressionnante, exigeant plusieurs solistes et un chœur de 150 voix. Pour ce festival viennois, Werner Egk dirige son œuvre au pupitre de l'Orchestre symphonique de Vienne. Pierrette Alarie a l'estime de ce compositeur qui apprécie son intelligence musicale et sa fine sensibilité d'interprète. Elle racontera les circonstances qui ont entouré ces concerts viennois:

«Nous chantions les deux premiers rôles. Je savais depuis peu de temps que j'étais enceinte et nous partagions avec lui cette grande joie. Je chantais le rôle d'Isabelle, reine d'Espagne, et un jour il me dit: ''Pourquoi ne choisiriez-vous pas le nom d'Isabelle si c'est une fille? Ce serait un souvenir vivant de notre amitié et de ce concert mémorable.''

«Nous avons chanté *Columbus* le 6 juin dans la grande salle de concert, pleine à craquer, et le 2 juin, durant les répétitions, nous apprenions la mort du père de Léopold. Nous n'avions pas de remplaçants et nous avons dû renoncer à venir à Québec pour les funérailles. C'est la loi de la vie, disions-nous; pendant qu'une vie s'éteignait, une autre était en route... Nous étions ensemble à Vienne pour la première fois. Je profitais de ce séjour pour travailler le répertoire de lieder avec Erik Werba.»

Le 30 janvier 1956 naît sous le signe du Verseau une petite Montréalaise à qui sera donné le doux nom d'Isabelle, en souvenir d'une belle amitié et en hommage à une grande œuvre. Pierrette Alarie et Léopold Simoneau célébreront quelques mois plus tard leur dixième anniversaire de mariage.

«Jusque-là nous n'avions vécu que pour notre carrière, avoue Pierrette Alarie. Il fallait désormais partager notre vie. Nous sommes donc revenus vers Montréal et c'est de là que devaient rayonner nos activités.»

Pour Pierrette Alarie, la venue de la petite Isabelle, après dix ans de mariage et presque quinze ans de carrière, est l'épanouissement de sa vie de femme. Pour elle, avoir un premier enfant à 34 ans est un acte réfléchi, désiré et accepté avec une plénitude de joie et de tendresse. Déjà à Paris quelques années plus tôt, elle avait connu l'épreuve d'une fausse couche. Mais comment concilier alors les exigences de la carrière et les heures de soins et d'attentions que réclame un bébé? Léopold est père à 40 ans. La carrière le réclame maintenant à Vienne, Salzbourg, New York, Chicago, et comme soliste des grands orchestres américains. En septembre 1957, une seconde fille, Chantal, complète le tableau familial. Pierrette a donc un mari, «ténor de surcroît», deux fillettes, une carrière, un équilibre psychologique à conserver, et une maisonnée à faire fonctionner. Comment vivre avec toutes ces responsabilités, ne rien laisser au hasard? Et, avec le souci de la perfection qui lui est propre, quels ont été les choix de Pierrette Alarie?

«Pour moi, dira-t-elle, la grande difficulté a été de me partager entre le mari, la carrière et les enfants. Jusqu'à la naissance d'Isabelle, je ne vivais que pour Léopold et la réussite de nos carrières. Désormais, il fallait partager. Ce fut difficile pour nous deux. Il a fallu repenser nos priorités et renoncer même à certains engagements qui nous auraient trop éloignés des enfants. Je tenais à m'occuper moi-même des bébés mais avec l'aide nécessaire et en toute quiétude. Il me fallait un emploi du temps bien structuré. Il n'était absolument pas question de cesser de chanter, mais plutôt de diminuer les engagements. Je ne m'absentais jamais plus de trois semaines et c'était un déchirement à chaque fois, une source d'inquiétudes. Léopold pouvait s'absenter plus long-temps, mais moi, étant la mère, je raccourcissais les tournées.

«Que de fois je me suis demandé: ''Qu'est-ce que je fais? J'abandonne ou je continue?'' C'était ma décision. Léopold m'a toujours laissée libre et il me disait: ''Tu serais peut-être plus heureuse de laisser tomber les voyages et de demeurer à la maison avec les enfants.'' Je me disais que non. Je l'aurais sans doute fait quelques mois ou quelques années, mais je me serais vite retrouvée seule avec un mari toujours en tournées de concerts. J'aurais perdu alors et le mari et la carrière, en plus de me sentir diminuée. Je ne voulais pas en arriver là et j'ai surmonté bien des difficultés. Je crois que Léopold a dû souffrir de voir que j'avais à me partager de cette façon mais je lui épargnais les ''plaintes'', je crânais et je m'efforçais de toujours sembler être au-dessus des problèmes de la vie courante.

«Notre couple a traversé des périodes difficiles, ce serait faux de le nier. C'est la vie, et l'essentiel est d'en sortir plus grands et plus unis. Pour nous comme pour beaucoup de couples de notre génération, le plus difficile est de pouvoir dialoguer, d'en avoir le courage et d'en prendre le temps. Notre éducation exigeait d'avoir toujours un self-control, de toujours se dominer, de faire *buona figura*. Dans une vie à deux, on se heurte toujours aux détails quotidiens. Léopold est un homme secret, solitaire et fermé, un homme de logique et de réflexion. Il a toujours été patient pour lui-même, acharné dans son travail, mais les détails de la vie quotidienne l'ennuient. Je lui disais toujours: ''La vie est remplie de détails, il faut bien s'y arrêter.'' Il est impatient mais pas coléreux, et très souvent j'aurais préféré qu'il éclate un peu au lieu de toujours se contrôler, de dominer la situation. Une petite colère fait du bien de temps en temps, ça crève l'abcès et aide à voir clair. Il ne s'enthousiasme pas facilement, il voit d'abord l'aspect négatif. Cela vient de sa formation, de son sens critique, de sa logique, de son analyse des choses et des événe-ments. Face aux nouveaux projets, il voit d'abord les problèmes et les difficultés. Je dois toujours faire face à cette attitude et ne pas perdre confiance. Et comme je n'aime pas les discussions, je laisse tomber très souvent... Cela m'a frustrée à plusieurs reprises, mais c'était le prix à payer pour "vivre en harmonie". Comme la plupart des hommes, il accepte pour autant que ça ne le dérange pas trop! Nous n'aimions pas les disputes ni l'un ni l'autre, et nous nous sommes toujours appliqués à garder un bon équilibre. Il m'a toujours encouragée, soutenue et guidée avec justesse dans la carrière, le choix du répertoire autant que les cachets à discuter. Aujourd'hui, il encourage toujours ses élèves. Il est sûr de lui-même, de son enseignement, de ce qu'il avance, il ne dit jamais rien à la légère.

«Les deux premiers mois qui suivirent la naissance d'Isabelle, je n'ai rien accepté qui m'aurait éloignée d'elle. C'est à l'été que j'ai vraiment repris la carrière avec *Les Noces de Figaro* que présentaient les Festivals de Montréal à l'occasion de leur vingtième saison. Nous avons donné onze représentations entre le 8 et le 31 août au théâtre Saint-Denis et nous avons travaillé tout le mois de juillet. Je chantais Suzanne pour la première fois — le rôle le plus long du répertoire mozartien. L'équipe de production était entièrement montréalaise; plusieurs d'entre eux en étaient à leurs débuts et, grâce à la télévision, étaient déjà connus du public. Cette période de la vie musicale était sous le signe de l'espoir et plusieurs carrières de chanteurs ont été favorisées grâce à l'enthousiasme de la télévision des premières années. Roland Leduc et Jacqueline Richard assumaient la préparation musicale, Michel Ambrogi avait dessiné les décors et les costumes inspirés du XVIIIe siècle viennois. Ils étaient colorés à l'italienne, très commedia dell'arte. Léopold n'a pas vu ce spectacle; il était au Festival de Salzbourg qui célébrait avec beaucoup de faste le 200e anniversaire de naissance de Mozart. À Montréal, la critique a accueilli avec enthousiasme le spectacle des *Noces de Figaro*.»
Jean Vallerand écrivait dans *Le Devoir* du 9 août 1956:

> Chez les interprètes, c'est Pierrette Alarie qui domine tous les autres. Cette chanteuse est vraiment une vedette internationale, on le sent, non seulement à sa façon de chanter, mais à sa façon de vivre ce qu'elle chante et de vivre ce qu'elle joue. Car elle ne cesse pas une seconde de jouer, même quand elle n'a rien à chanter. Pierrette Alarie est une très grande chanteuse d'opéra et une comédienne de grande classe.

Son interprétation de *Deh! vieni non tardar,* au dernier acte, constitue l'un des plus grandioses souvenirs que je conserve de tous les opéras que j'ai vus à Montréal... Elle atteint sur le plan de l'expression une intensité qui ne se dément pas une seconde. Il faut la voir à la scène de la chambre, dans le trio entre Suzanne, la Comtesse et le Comte: elle vit chaque seconde de la partition. Elle n'est pas «un type de femme», elle est une femme bien particulière et voilà qui comblerait Mozart d'aise...

Depuis qu'ils ont quitté New York en 1949, les Simoneau ont vécu des années de vie intense partagée entre Paris, les grandes villes européennes, les festivals d'après-guerre et l'Amérique du Nord. Ils sont sollicités par André Mertens, leur agent de Columbia, pour remettre sur pied un trio vocal, le précédent ayant été formé de Francees Yeend, Mario Lanza et George London. Le nouveau Columbia Bel Canto Trio est aussitôt en demande pour une tournée transcontinentale qui couvre les États-Unis d'est en ouest, soit une cinquantaine de Community Concerts à remplir dans un délai de deux mois. Les Simoneau font alors l'acquisition d'une voiture spacieuse et de luxe, et Pierrette Alarie, Léopold Simoneau, le baryton américain Theodor Uppman et le pianiste Allan Rogers sillonnent les routes américaines. La bonne humeur règne et, quoique étant la seule femme du groupe, Pierrette Alarie partage les fatigues et les difficultés techniques de toutes les tournées d'artistes. Le répertoire est varié, et s'étend du lied et de la mélodie à l'oratorio, des airs d'opéra à succès à l'opérette et à la comédie musicale. Le programme d'une soirée peut offrir à l'auditoire des trios de Haydn, Purcell, Verdi ou Brahms, des duos de Mozart, Massenet, Rossini ou Offenbach, aussi bien que des airs de Mozart, Delibes, Donizetti ou Verdi — tous les publics sont atteints. L'accueil est chaleureux et le Bel Canto Trio est parmi les artistes de Columbia les plus en demande. Il sera actif quelques années et, à l'automne 1955, Gloria Lind remplacera pendant quelques mois Pierrette Alarie, enceinte d'Isabelle.

Pour les Simoneau, ces tournées américaines sont des occasions de chanter ensemble et de vivre leur vie de couple. Chacun est de plus en plus sollicité individuellement. Et, avant de se retrouver pour les premières répétitions du Festival de Vienne, Léopold Simoneau participe, le 17 mai 1955, à un concert public pour la radio de Cologne que dirige Otto Klemperer et qui gravé sur disque, sera un témoignage sonore d'une interprétation mozartienne exceptionnelle.

«Pour ce *Don Giovanni,* racontera-t-il, Otto Klemperer était en convalescence à la suite d'une grave crise cardiaque. Sa santé était compromise. Il a fait toutes les répétitions en chaise roulante. Les collègues étaient attentifs et nous étions tous impressionnés devant tant de courage et de conscience professionnelle. Je retrouvais le Don Juan de George London et Ludwig Weber dans le Commandeur, une des plus belles voix de basse que j'aie entendues, une voix colossale et très impressionnante, le plus terrifiant Commandeur que j'aie entendu au cours de mes nombreuses interprétations de *Don Giovanni.*

«Le soir du concert, nous avons tous eu la surprise et l'étonnement de voir Otto Klemperer se lever de son fauteuil roulant et, sous l'effet de l'enthousiasme, terminer la soirée en dirigeant debout... C'était une interprétation remarquable et digne d'un grand chef. La radio de Cologne en a fait un disque, que je n'ai jamais entendu.

«Peu de temps après, j'enregistrais *Don Giovanni* avec l'orchestre de Vienne et Rudolf Moralt, pour la firme Philips. Les solistes étaient de l'Opéra de Vienne. Je n'ai jamais oublié les circonstances qui entourent cet enregistrement...

«Ce jour-là, il faisait une chaleur étouffante. C'était la période de la fête du vin nouveau — *neuer wein* —, un vin très jeune qui n'est pas entièrement fermenté et qui est l'occasion de réjouissances populaires. J'ignorais cette tradition. Nous avions déjà enregistré les ensembles et je devais chanter mes deux airs à la fin de la séance d'enregistrement, c'est-à-dire dans l'après-midi.

«Je suis donc retourné à mon hôtel pour le repas du midi et prendre quelques minutes de repos. Le maître d'hôtel m'a offert ce vin nouveau pour me désaltérer. Il était si frais que je me suis laissé tenter par un deuxième carafon... Ce vin léger était rafraîchissant et, avec cette chaleur écrasante, il me plaisait... Je suis donc retourné à ma chambre pour une courte sieste avant de retourner terminer l'enregistrement.

«Sous l'influence du vin, je me suis endormi profondément, et à mon réveil j'étais grisé et dans un état euphorique. Ce vin en apparence innocent avait un pouvoir insoupçonné... J'ai essayé de me dégriser avec de l'eau froide. J'ai marché jusqu'à la salle d'enregistrement. J'ai chanté mes deux airs, *Dalla sua pace* et

Il mio tesoro, entre deux vins, dans un état presque second, et je n'ai pas eu à les reprendre. Le vin a ses bons côtés! Habituellement, les séances d'enregistrement sont mortellement ennuyeuses.

«La même année, j'enregistrais l'intégrale de *La Flûte enchantée* avec Karl Böhm et le Philharmonique de Vienne. Nous avions un ingénieur du son qui aimait les chanteurs et qui cherchait à saisir le timbre particulier de chacun. Pour ma part, je considère cet enregistrement comme étant celui qui reproduit le mieux le timbre de ma voix.»

Ces enregistrements préparent l'année du bicentenaire de Mozart qui consacrera définitivement Léopold Simoneau comme grand interprète du génie de Salzbourg.

TROISIÈME PARTIE

13.

Salzbourg

À Salzbourg, pour l'année du bicentenaire, le Festival 1956 revêt un cachet particulièrement grandiose. La programmation entière est consacrée aux œuvres de Mozart et met à l'affiche les plus grands chanteurs et instrumentistes de l'heure. Tous les genres y sont représentés: opéra, musique de chambre, musique religieuse, symphonie, concerto, récital, etc. L'Orchestre philharmonique de Vienne ainsi que le chœur et les solistes de l'Opéra de Vienne défendent les couleurs de ce festival international, et les chefs d'orchestre les plus prestigieux se succèdent au pupitre: Bruno Walter, Dimitri Mitropoulos, Bernhard Paumgartner, Karl Böhm, Rafael Kubelik, Fritz Reiner, Georg Solti et George Szell. Le répertoire lyrique est entièrement consacré à six chefs-d'œuvre de l'enfant de Salzbourg: *Cosi fan tutte, Don Giovanni, L'Enlèvement au sérail, Le Nozze di Figaro, Idomeneo, Zauberflöte,* et les chanteurs mozartiens reconnus — Anton Dermota, Irmgard Seefried, Erika Köth, Lisa Otto, Paul Schöffler, Erich Kunz, Christa Ludwig, Élisabeth Schwarzkopf, Léopold Simoneau, Kurt Böhme, Dietrich Fischer-Dieskau, etc. — ainsi que les metteurs en scène Herbert Graf et Oscar Fritz Schuh se partagent les spectacles.

Le Festival de Salzbourg débute avec la production de *Le Nozze di Figaro,* suivie le lendemain du légendaire et traditionnel *Jederman* d'Hugo Von Hofmannsthal, dans la mise en scène de Max Reinhardt, sur le parvis de la cathédrale, et de deux concerts Mozart dans la salle du Mozarteum. Le 24 juillet, *Don Giovanni* est présenté au Felsenreitschule (manège à ciel ouvert entouré de 96 arcades creusées dans le roc), lieu des grandes manifestations du Festival. La distribution est éclatante et réunit autour de Léopold Simoneau Cesare Siepi dans le rôle titre, Élisabeth Grümmer et Lisa Della Casa dans les rôles de Donna Anna et Donna Elvira, Fernando Corena et Rita Streich, Walter Berry et Gottlob Frick. Herbert Graf assure la mise en scène du spectacle, Rolf Gérard et Clemens Holzmeister, les costumes et les décors, et la direction musicale est confiée à Dimitri Mitropoulos. Les débuts du chanteur canadien sont salués avec enthousiasme par la presse de Salzbourg et de Vienne ainsi que par les correspondants étrangers venus de tous les coins du monde. Les superlatifs abondent.

Erik Werba écrit dans le *Salzburger Volkszeitung:*

> Une précieuse acquisition pour Salzbourg que le ténor Léopold Simoneau, dont la voix lyrique est impeccable; *c'est un mozartien qui nous vient des dieux,* un artiste d'un rare raffinement qui sait exactement ce qu'il veut.

Le *Wiener Zeitung,* l'un des principaux quotidiens de Vienne, mentionne:

> Léopold Simoneau est un ténor qui, dans les récitatifs italiens, a une résonnance puissamment dramatique et puis, dans les arias, s'abandonne dans un suave lyrisme qui se déploie dans des sons d'une rare beauté, aériens et veloutés, dans des fioritures pures et nettes, dans un phrasé unique et dans un souffle inépuisable.

Le *Demokratisches Voksblatt* de Salzbourg publiait:

> Il n'y a aucun doute, les débuts les plus remarqués depuis plusieurs années furent ceux du ténor Léopold Simoneau. Son style est d'un maître du bel canto, du souffle, du phrasé, de la cantilène et de l'interprétation.

Les critiques musicaux qui entendent le beau chant de Léopold Simoneau pour la première fois sont peu nombreux et ils confirment l'excellence du jeune ténor d'Aix-en-Provence de

1950 que connut Glyndebourne l'année suivante. Quelques musiciens canadiens sont inscrits aux cours de l'Académie du Mozarteum, et parmi eux la pianiste répétitrice montréalaise Colombe Pelletier et le violoniste d'Ottawa Eugene Kash, qui épousera une autre grande voix du Canada, Maureen Forrester.

Et Eric McLean, alors jeune critique musical au *Montreal Star,* commente les événements de ce festival dont il est un précieux témoin:

> Les héros de cet événement furent, pour des raisons différentes, Mitropoulos et Léopold Simoneau de Montréal. Le chef d'orchestre avait dirigé une superbe performance du *Requiem* de Berlioz quelques jours plus tôt alors que Simoneau en était soliste et l'enthousiasme qu'il provoqua à cette occasion étant sans doute encore présent à l'esprit des spectateurs à l'Opéra. Simoneau fut incontestablement le héros de ce *Don Giovanni* pour la simple raison qu'il apporta une participation plus remarquable que ses collègues. Je ne crois pas qu'il existe aujourd'hui un artiste capable de mieux chanter le rôle de Don Ottavio que lui et ce soir-là il était particulièrement en excellente condition[1].

Durant cet été 1956, l'U.N.E.S.C.O. réunissait à Salzbourg une élite musicale internationale afin de discuter de l'avenir des productions musicales télévisées, et des musiciens tels que Gian Carlo Menotti et Rolf Liebermann participaient aux nombreux colloques. Parmi ces animateurs venus d'Europe et d'Amérique, deux Canadiens y représentaient la télévision de Radio-Canada: Françoys Bernier, de Montréal, et Franz Kraemer, de Toronto. Ils seront éblouis par cette mémorable production de *Don Giovanni* et par la distribution «qui se lit comme un conte de fées des meilleurs chanteurs mozartiens». Ils se souviennent «des applaudissements sans fin qui suivirent l'air *Il mio tesoro* et de Mitropoulos qui dut se retourner vers ce public, habituellement réservé, et calmer cet enthousiasme afin de pouvoir continuer le spectacle...».

La radio autrichienne, l'O.R.F., conserve dans ses archives l'enregistrement de ce *Don Giovanni* de 1956 ainsi que du *Requiem* de Berlioz que dirigeait Dimitri Mitropoulos, concert en la mémoire de W. Furtwängler, décédé peu de temps auparavant.

Treize ans plus tard, se souvenant des grands moments de son premier séjour dans la ville où naquit Mozart le 27 janvier 1756, Léopold Simoneau, premier Canadien français à y être invité, déclarera à Marc Samson dans une interview pour *Le Soleil* de Québec du 31 mai 1969:

«Le Festival de Salzbourg, l'une des plus anciennes manifestations musicales du genre, est certainement celui qui correspond de plus près à la définition de festival... Je décrirais un festival comme un événement au cours duquel on essaie, dans les arts d'interprétation, de présenter les chefs-d'œuvre de l'esprit humain dans les conditions les plus favorables, c'est-à-dire avec des interprètes de première classe et une préparation adéquate, afin de donner à ces ouvrages toute leur signification... Avant de parler des festivals, il me semble important au départ de redonner une définition du terme "festival", qui a été tellement galvaudé. Si bien que nous avons le festival de la chanson, le festival du disque, le festival de ceci, de cela — le jour n'est pas loin où il y aura le festival du sirop d'érable...

«J'ai participé à plusieurs productions, tant à Salzbourg qu'à Glyndebourne et à Aix-en-Provence, et normalement on vous demande d'être disponible à peu près un mois avant la première s'il s'agit d'une nouvelle mise en scène. La plupart du temps, on fait appel à des titulaires. Par exemple, pendant les années où j'allais à Salzbourg, si on avait besoin d'une Fiordiligi pour *Cosi fan tutte,* on engageait Élisabeth Schwarzkopf ou Lisa Della Casa ou Elizabeth Grümmer qui, au cours de l'année, chantaient ce rôle à Vienne, Munich, Hambourg, Stuttgart ou Francfort. Donc, des interprètes chevronnées; néanmoins, elles devaient être là dès la première répétition.

«Après quelques jours de préparation musicale avec le chef invité pour l'occasion, viennent les répétitions de scène, qui durent, elles, deux semaines, ou même un peu plus. La dernière semaine est toujours réservée aux répétitions avec orchestre. Là encore, il s'agit de musiciens connaissant bien ce répertoire puisqu'on retrouve à Salzbourg le Philharmonique de Vienne (donc l'orchestre de l'Opéra) et à Glyndebourne le Philharmonique de Londres.

«Il y régnait un esprit de collaboration absolument extraordinaire. Au cours des saisons régulières, on ne trouve pas toujours — je devrais dire: on trouve rarement — des conditions idéales pour s'exprimer au théâtre. La routine des théâtres ne permet pas — que ce soit à Hambourg, Munich ou même Vienne — de fignoler, de tout mettre parfaitement au point, lorsqu'il faut monter six ouvrages différents dans une même semaine... Je me souviens de spectacles où le chef a été remplacé à la dernière minute, où un chanteur s'avançait sur le plateau sans avoir répété ni musicalement ni scéniquement. Alors, quand un artiste se retrouve dans un milieu comme celui du Festival de Salzbourg, où il a l'occasion de participer à un travail en profondeur et d'atteindre ainsi la vraie mesure d'un ouvrage, il est heureux d'apporter toute sa collaboration.

«Huit ou dix jours avant la première s'intercale quelquefois une répétition à l'italienne, rarement toutefois parce que musicalement tout est déjà en place. À la couturière, c'est-à-dire au moment où nous mettons les costumes pour la première fois, il s'agit déjà d'une répétition avec orchestre; on s'arrête très souvent mais tout se déroule dans le calme; d'ailleurs, l'orchestre peut être disponible six heures ce jour-là. Après quoi une première générale, une seconde générale, et enfin la première.

«Après avoir connu de telles conditions de travail, on devient un peu gâté. Quand vous avez participé à des productions aussi soigneusement préparées et que vous retournez par la suite dans un théâtre à saison régulière, vous en voyez les carences et n'éprouvez pas toujours une très grande satisfaction artistique.»

Et Léopold Simoneau ajoutera, en se souvenant de cet été 1956:

«J'étais seul à Salzbourg pour ce *Don Giovanni;* Pierrette chantait Susanna pour les Festivals de Montréal. Avant de quitter l'Europe, j'ai participé au Festival de Munich. Puis je suis parti immédiatement vers l'Amérique du Sud. J'ai fait trente-quatre heures de voyage avant d'arriver à Buenos Aires et Pierrette est venue me rejoindre pour la première du *Don Giovanni* que présentait le Teatro Colon le 21 septembre, pour souligner cet anniversaire Mozart. Je n'ai chanté que Mozart cette année-là et j'ai dû refuser toute autre invitation.

«Au Teatro Colon, le Bicentenaire Mozart était l'événement de la saison et deux grandes œuvres étaient à l'affiche, *Don Giovanni* et *Les Noces de Figaro.* C'était une époque postrévolutionnaire et les années précédentes avaient été pauvres en réalisations de qualité. Un fort vent de nationalisme avait tenus éloignés les artistes étrangers. Pour ces représentations mozartiennes, la direction fit appel au chef d'orchestre Ferdinand Leitner, qui réunit les meilleurs interprètes de l'époque, presque tous de l'Opéra de Vienne: George London (Don Giovanni), Lisa Della Casa (Donna Elvira) et Emmy Loose (Zerlina), Benno Kusche (Leporello), Birgit Nilsson (Donna Anna), et deux Argentins, Ricardo Catena et Victor De Narke. La critique accueillit les spectacles avec enthousiasme et les compara aux meilleures interprétations de Salzbourg.»

Pour Léopold Simoneau, l'année 1956 sera l'année Mozart. Son calendrier est entièrement consacré aux événements mozartiens et, dès janvier, il est soliste dans la *Messe en do mineur* avec l'Orchestre de Chicago que dirigeait Fritz Reiner. Au printemps, New York et Montréal le sollicitent pour des auditions du *Requiem*. Ce seront d'abord trois soirées à Carnegie Hall avec l'Orchestre philharmonique de New York, que dirige Bruno Walter, les trois autres solistes étant Irmgard Seefried, Jennie Tourel et William Warfield. À Montréal, le *Requiem* est dirigé par Josef Krips, à la tête de l'Orchestre symphonique de Montréal, les 17 et 18 avril, et Léopold Simoneau est entouré de Lois Marshall, Maureen Forrester, Denis Harbour et le chœur des Disciples de Massenet préparé par Charles Goulet.

À New York, l'audition du *Requiem* couronne un festival de deux semaines présenté à Carnegie Hall par l'Orchestre philharmonique, qui est sous la haute direction musicale de Bruno Walter. La critique new-yorkaise ne tarit pas d'éloges pour le grand maître et ses solistes. Le *New York Times* publie une critique de H. Taubman:

> Bruno Walter a donné à cette performance une très profonde signification musicale. Il a dirigé l'œuvre en lui apportant une majestueuse ligne mélodique sans la départir de son caractère essentiellement humain. Il avait à sa disposition les larges forces chorales du Westminster Choir dont il a fait ressortir toute la puissance dans la double fugue du Kyrie, mais il sut également contrôler cet immense ensemble pour en obtenir les sonorités éthérées de la fin du Confutatis. Le chef ne connut aucun fléchissement. Les musiciens du Philharmonique jouèrent avec une lumineuse sonorité et les solistes s'intégrèrent remarquablement à ce riche ensemble sonore; chacun est excellent soliste mais dans ce *Requiem* ils servirent d'abord Mozart. Cette soirée fut un sommet musical incomparable. En marquant ce deuxième centenaire de la naissance de Mozart, ce concert contribua à nous enrichir tous. Mozart en aurait été ravi[2].

Les Simoneau ont tous deux chanté sous la direction de Bruno Walter. Chacun a vécu une expérience musicale enrichie d'un contact humain qui ennoblit tout artiste. Pierrette Alarie, qui débutait au Met sous la direction du maître viennois, parle du calme et de la bonté qui irradiaient de sa personne, de la grande tristesse et de la profondeur insondable de ses yeux qui la rassuraient quand il lui disait: «Mon petit, il faudrait faire ceci... et cela...» Sa douceur la fascinait. Léopold Simoneau, qui chantait pour la première fois avec Bruno Walter, commente son expérience...

«Pour moi, Bruno Walter incarnait, contrastant avec l'aigle qu'était Karajan dans sa magnificence, la couleur, la douceur et la chaleur humaine que reflétait l'interprétation des œuvres qu'il dirigeait. Il était un des derniers musiciens de la grande tradition viennoise, celle de Malher et de Strauss. Et de Mozart, bien sûr. Il a vécu dans l'ombre de Toscanini et, tout comme lui, il pouvait contrôler des forces orchestrales et chorales énormes. Sa bonté et sa gentillesse envers les musiciens étaient proverbiales... Avoir travaillé avec Bruno Walter demeure un des souvenirs les plus enrichissants de ma carrière. Et pour moi, la fréquentation de maîtres tels que Karajan, Bruno Walter et Josef Krips est plus importante que le succès. Ils nous font découvrir les grands chefs-d'œuvre et, à travers eux, c'est l'acquisition du savoir.

«Avant de quitter New York, nous avons enregistré le *Requiem* pour Columbia. De tous mes enregistrements, c'est celui qui s'est le mieux vendu. Ce fut un best-seller et le *Record-of-the-Month-Club* en a vendu des milliers d'exemplaires. Le hasard a voulu que mon contrat ne soit pas forfaitaire comme d'habitude, mais exige des royautés... Cette année du bicentenaire de Mozart en a fait un disque très en demande et il est toujours sur le marché. La mort de Bruno Walter, quelques années plus tard, en a fait un enregistrement convoité par les collectionneurs...»

Trois ans plus tard, et après ses débuts à l'Opéra de Vienne, Léopold Simoneau sera de nouveau invité au Festival de Salzbourg, où il partagera la programmation avec Pierrette Alarie. Cet été 1959 couronnera la carrière européenne des Simoneau.

Le tableau familial est maintenant complété, avec la naissance de la petite Chantal, à Montréal, le 10 septembre 1957. Elle connaît son premier long voyage quelques mois avant son deuxième anniversaire. Isabelle a maintenant 3 ans. Ce printemps

1959, Léopold Simoneau et Pierrette Alarie quittent, pour une période de trois mois, une première maison achetée à Cartierville à l'occasion de la naissance de ce deuxième bébé. C'est vers l'Europe des festivals que la jeune famille s'envole, fin mai, et la première étape est Vienne.

Pour ce grand printemps musical viennois, Léopold Simoneau est invité pour des représentations de *Cosi fan tutte* à la Redoutensaal der Hofburg et de *Don Giovanni* à l'Opéra. Installés à l'hôtel Impérial, au cœur de Vienne, les deux grands artistes sont accompagnés de la répétitrice montréalaise Jacqueline Richard, qui a pour mission de s'occuper des deux petites filles entre les périodes de travail musical et les séances d'enregistrement de disques du couple Simoneau. Les grands parcs fleuris deviennent rapidement les endroits convoités pour les promenades quotidiennes et les jeux des deux fillettes. Pierrette Alarie est fière de ses bambines et leur garde-robe enfantine émerveille les promeneurs grands et petits.

Puis ce sera Salzbourg et un des étés les plus radieux de la brillante carrière des Simoneau. La famille s'installe, pour les deux mois d'été, dans une coquette maison de la campagne avoisinante. Un monsieur âgé en est le propriétaire et il devient bientôt un grand-père affectueux qui partage les promenades des petites, qui semblent des jumelles aux yeux de tous. Les camarades chanteurs les prennent en affection et elles deviendront le centre d'attraction de ce monde musical.

L'horaire chargé de Pierrette Alarie lui laisse peu de temps pour veiller au bien-être des siens. Elle travaille six heures par jour et durant six semaines pour préparer, avec le grand metteur en scène Günther Rennert et le chef Karl Böhm, *Die schweigsame Frau (La Femme silencieuse)* de Richard Strauss, présentée pour la première fois au Festival de Salzbourg.

«L'intégration totale d'un artiste à un spectacle d'opéra n'est possible que lorsqu'il fait partie d'une nouvelle production d'un ouvrage, dira-t-elle, et, par conséquent, participe à toutes les phases musicales et scéniques de son montage. Même les costumes sont alors conçus selon sa personnalité. Et c'est dans les festivals surtout que nous retrouvons ces conditions idéales.

«De toutes les nouvelles productions auxquelles j'eus le privilège de participer dans ma carrière, celle qui m'a laissé un souvenir vraiment impérissable est *Schweigsame Frau (La Femme silencieuse)* de Richard Strauss, donnée à Salzbourg au cours du Festival 1959. La direction musicale était sous la responsabilité de Karl Böhm, qui avait dirigé la première à Dresden, le 24 juin 1935. La direction scénique était assurée par l'incomparable Günther Rennert. Le très grand rôle principal masculin était interprété par Hans Hotter, entouré de Hilde Güden, Hermann Prey, Fritz Wunderlich et moi-même. Ma connaissance de l'allemand à cette époque était des plus limitées et le difficile livret de Stefan Zweig, rempli d'ironies de la plus fine comédie dans le style de Beaumarchais, m'apparaissait comme un casse-tête chinois.

«J'ai éprouvé là la plus grande admiration pour cet exceptionnel metteur en scène qu'est Rennert, pour son souci du plus menu détail d'une partition subtile et son angélique patience à décortiquer les nuances d'un texte dont le style s'avérait problématique même pour les initiés. Hans Hotter, par ailleurs, dans le rôle écrasant de Morosus, est demeuré pour moi l'image de l'artiste le plus consciencieux, le plus vrai, en même temps que le camarade le plus simple, le plus affable que l'on puisse souhaiter. Bref, cette production dans les splendides décors de Teo Otto fut pour moi le mariage rêvé de la musique et du théâtre, et, partant, la réussite lyrique par excellence.

«L'interprétation dramatique des personnages est un travail qui exige beaucoup de patience. Pour régler la mise en scène, il faut compter six heures de répétition par jour, à raison de deux séances de trois heures. Et quelquefois, lorsque le metteur en scène ne se montre pas satisfait, ça peut aller jusqu'à trois séances de trois heures par jour.

«Un homme comme Günther Rennert peut changer sensiblement la conception d'un personnage selon son interprète, ce qui rend le travail avec lui d'un extrême intérêt. Il ne conçoit pas sa mise en scène de façon stéréotypée, annotée à l'avance dans sa partition, mais exploite les possibilités de l'interprète. Je me souviens des longues discussions qu'il avait avec Hans Hotter pour la compréhension et le développement de son personnage. Ils discutaient du moindre détail. Hans Hotter était un bourreau de travail, un perfectionniste. Il interprétait le rôle de Sir Morosus et Fritz Wunderlich celui de Henry Morosus. Fritz Wunderlich avait un talent prometteur, beaucoup de facilité et une grande musicalité. Il est mort si jeune, à 36 ans d'un tragique accident. Les décors de Teo Otto et les costumes de Erni Kniepert étaient colorés et très raffinés. C'était une très belle production et j'ai vécu là une expérience artistique et humaine très enrichissante.»

Dans *Musical America* de septembre, Robert Sabin commenta ainsi le spectacle:

> Cette production pétillait d'un bel esprit: Günther Rennert n'a pas tenté d'alléger l'humour un peu lourd du livret mais lui a donné un tempo. De son côté, le chef Böhm, à la tête du Philharmonique de Vienne, a cavalé tout le long de cette partition comme un jeune poulain fringant en un beau jour de printemps. Quant à Pierrette Alarie, elle y révélait une voix encore plus séduisante et une présence scénique encore plus rayonnante que ce dont j'avais été témoin il y a quelques années: elle fut irrésistiblement drôle dans le rôle de Isotta[3]...

«Pour ce qui est de *Zauberflöte,* enchaîne Léopold Simoneau, les circonstances furent du même ordre. Pour cette *Flûte* donc, à Salzbourg, on avait réussi, semble-t-il, à réunir les artisans spécifiquement faits sur mesure pour ce *Singspiel* génial de Mozart, qui constitue, comme vous le savez, le plus somptueux pilier du répertoire de l'Opéra de Vienne. George Szell était à la direction musicale et il m'avait stupéfié à la première répétition au piano en jouant lui-même l'accompagnement pendant près de trois heures sans ouvrir sa partition — et, figurez-vous, toutes les notes y étaient. À la mise en scène, encore cet incomparable Rennert qui n'a pas d'égal dans le répertoire de Mozart. Ita Maximovna avait conçu les décors et costumes féeriques dans lesquels évoluaient Lisa Della Casa en Pamina, Erika Köth en Reine de la Nuit, Walter Berry dans le rôle de Papageno, Graziella Sciutti dans celui de Papagena, Böhme dans celui de Sarastro et Hotter dans celui de l'Orateur. Enfin, je fis de mon mieux dans le rôle de Tamino, que je possédais à fond pour l'avoir interprété au moins cinquante fois avant ce festival. Cet ensemble avait su conjuguer ses efforts en donnant le meilleur de lui-même pour faire ressortir la délicieuse fantaisie de cet opéra en même temps que ses pages musicales les plus sublimes et atteindre un sommet de perfection humaine rarement dépassée. Une telle production était un plaisir non seulement pour l'oreille mais aussi pour l'œil, car chaque interprète, en plus de répondre aux exigences vocales du rôle, incarnait physiquement le personnage de façon exemplaire.

«En comparant les ouvrages qu'on a donnés dans ces festivals et auxquels j'ai participé, je dirai que les deux productions qui m'ont le plus impressionné et m'ont laissé les souvenirs les plus chers, les plus profonds, sont *l'Idomeneo* de Glyndebourne en 1951 et le *Zauberflöte* de Salzbourg en 1959. Ce sont les deux spectacles qui, je crois, se rapprochaient le plus de l'idéal humain d'une représentation d'opéra, de la perfection...

«George Szell était de la formation des *Kapellmeister* et il connaissait la tradition mozartienne. Nous avons travaillé sur la production pendant quatre semaines. Elle était visuellement féerique: des tons pastels et des ombres chinoises. C'était un mélange de styles: rococo, baroque et théâtre chinois. Les musiciens du Philharmonique de Vienne ont joué comme des anges... Inoubliable...»

La programmation du Festival 1959 offre aux habitués saisonniers et aux touristes de passage un choix quotidien de spectacles d'opéra, concerts symphoniques, musique de chambre, récitals vocaux ou instrumentaux, du théâtre et le ballet de Jerome Robbins Dance Company de New York. On y trouve, entre autres, quatre récitals vocaux au programme; Dietrich Fischer-Dieskau et Gerald Moore, Irmgard Seefried, Nicolai Gedda et Léopold Simoneau, qu'accompagne au piano Erik Werba. Le pianiste canadien de Toronto, Glenn Gould, est invité par Rudolf Kempe et l'Orchestre national de la R.T.F. de Paris à interpréter le *Concerto K.491* de Mozart et, en récital, des œuvres de J. P. Sweelinck, Schönberg, Mozart, et les *Variations Goldberg* de J. S. Bach, qui sont à l'origine de sa réputation de pianiste génial. Le récital que donne au Mozarteum Léopold Simoneau, le 14 août 1959, est un sommet dans sa carrière d'interprète. Les critiques musicaux les plus chevronnés de Vienne et de Salzbourg ne tarissent toujours pas d'éloges. «*A miracle of a tenor*»... lit-on dans le *Kurier* de Vienne du 17 août 1959:

> Cette année, nous avons entendu un récital tout à fait exceptionnel par son choix de répertoire. Léopold Simoneau, ce miraculeux ténor dont on admire le contrôle respiratoire aussi bien que son intelligence d'interprète, avait choisi des lieder de Haydn, des arias de Haendel, une cantate de Rameau et des mélodies de Duparc et Fauré. Grâce à son exceptionnelle sensibilité, il sut créer une heureuse atmosphère d'unité à

travers cette variété de styles. Un troubadour d'une époque
plus subtile se révélait à nos yeux. Son interprétation, riche
en beaux sentiments, sans jamais être sentimentale, ressem-
blait à une conversation romantique, à un tableau exquis de
la nature. Il chanta *L'Impatience* de Rameau avec beaucoup
de charme mais toujours fidèle à la stricte écriture de cette
forme de composition; il sut donner à Duparc une belle note
d'atmosphère impressionniste et à Fauré toute la force
psychologique d'une rigoureuse articulation.

Simoneau possède une incroyable palette de nuances sonores
pouvant évoquer à souhait une multiple variété de sentiments. Comme rappels, il a interprété avec une chaude et
infinie délicatesse quelques mélodies de Schubert[4].

Et le *Salzburger Volksblatt* publie à la même date:

Le récital de Léopold Simoneau causa une surprise dans le
milieu des amis de l'art du lied; personne n'ignorait la beauté
de sa voix, mais son interprétation, élégante et cultivée, était
inconnue à Salzbourg. L'auditoire du Mozarteum a pu admirer non seulement sa fabuleuse technique vocale mais aussi
son chant en douceur, ses «forte» héroïques, son étonnante
facilité du registre aigu, sa diction claire et, plus encore,
son exceptionnelle et extraordinaire musicalité que l'on
pouvait déjà deviner dans le judicieux choix de son
programme: l'auditoire fut des plus enthousiastes[5].

Les matinées du Mozarteum accueillent d'abord Pierrette
Alarie dans deux airs de concert de Mozart. *Ma che vi feche, o
stelle*, KV.368, et *Mia speranza adorata*, KV.416. Le 30 août,
Bernhard Paumgartner dirige l'orchestre du Mozarteum et le
couple Simoneau qui interprète des duos extraits de *La Clemenza
di Tito*, *Idomeneo* et *La Finta giardiniera*. De ce Festival 1959,
la maison de disques Melodram a reproduit *Die Zauberflöte* et
Die Schweigsame Frau. Pierrette Alarie se souviendra de cet été.

«J'étais la seule étrangère à chanter dans cette production.
Les Viennoises d'alors ne voyaient pas d'un bon œil la venue de
solistes étrangères. Elles se protégeaient et il fallait que je sois
toujours au niveau qu'elles attendaient de moi pour que je sois
acceptée d'elles. Les intrigues féminines pour les premiers rôles
étaient monnaie courante, et je pouvais, heureusement, être en
dehors de tout ça. Néanmoins, l'expérience vécue était unique

et nous étions si heureux d'avoir les petites avec nous. Nous pouvions apprécier ce privilège de nous retrouver tous ensemble entre les répétitions, les concerts et récitals, et les spectacles.»

Et Léopold Simoneau ajoutera:

«Aujourd'hui la tradition se perd, et ce, pour toutes les écoles. Les grands classiques sont galvaudés et le metteur en scène domine les productions. Certains sont le pire fléau de toute l'histoire de l'opéra. Tout est devenu gratuit, sans respect de l'œuvre et de son époque, sans connaissances musicales et sans imagination créatrice. Ils s'expriment à la mode du jour, vulgairement et pour plaire. Le théâtre lyrique est entre les mains d'énergumènes qui sont un danger pour la survie de cet art. Rares sont les metteurs en scène qui peuvent travailler en profondeur, analyser et chercher dans les personnages mêmes l'essence de leur dramaturgie et l'époque historique. La grande lacune est qu'ils ignorent la musique de Gluck, Rameau, Mozart et Wagner. Tout est dans une partition musicale, dans l'écriture de l'auteur. Dans *Cosi fan tutte,* le chef-d'œuvre entre tous, il suffit de faire ressortir la beauté de l'ouvrage et de savoir élaborer visuellement sans déranger le spectateur et l'auditoire. À l'époque du bel canto, c'était le chanteur qui avait tous les droits.

«Je pense que Salzbourg demeure encore un pôle d'attraction. Si peu de festivals peuvent se comparer à ceux de Salzbourg, de Glyndebourne, d'Aix-en-Provence et de Spoleto; il n'en reste pas moins que les activités musicales d'été se multiplient partout. En Europe, le nombre de ces manifestations augmente sans cesse et le moindre petit patelin a son festival.

«Aussi ai-je l'impression qu'il y a une surenchère entre les festivals. Peut-être est-ce la raison pour laquelle on retrouve moins de grands noms à Salzbourg qu'on avait l'habitude d'en rencontrer. Il y a d'autres organismes du genre qui mettent le prix pour s'approprier les artistes, si l'on considère le cachet que le chanteur reçoit pour les quatre ou six représentations auxquelles il participe et à quoi il a consacré deux mois de son temps.

«Néanmoins, ce sont les derniers remparts pour la défense intégrale du grand répertoire lyrique: en premier lieu parce qu'on a encore les moyens de les financer, ensuite parce qu'on se donne vraiment la peine de présenter les ouvrages dans leur contexte et leur authenticité, et surtout parce qu'on y met le temps.»

Jacqueline Richard, pianiste-répétitrice et assistante chef d'orchestre, se souviendra de quelques grands moments de la carrière du couple.

«Mes souvenirs remontent très loin. Pierrette Alarie et Léopold Simoneau travaillaient alors avec Marie-Thérèse Paquin qui était mon professeur de piano. C'est avec elle que j'ai appris mon métier. J'ai pu ainsi assister à quelques-unes de leurs leçons et j'ai eu l'occasion de remplacer Mademoiselle Paquin à quelques occasions pour de petites choses. À cette époque, Pierrette Alarie était au début de sa carrière. Elle venait tout juste d'abandonner la chanson pour s'orienter vers le répertoire classique. Elle était une jeune star. Puis elle partit pour New York, d'abord au Curtis Institute de Philadelphie pour étudier avec Madame Schumann, et elle fut engagée au Metropolitan. Léopold gagna le prix Archambault et pour l'occasion on élimina l'épreuve de solfège. Il a toujours admis que c'était là son talon d'Achille... Au début, Pierrette était plus populaire et tout le milieu artistique la connaissait. Elle était la fille d'Amanda Alarie que toute la province aimait... La première fois que je l'ai accompagnée dans un récital remonte à 1947 alors que j'étais monitrice au camp Bruchési. Elle était mariée depuis une année et déjà son assurance, sa technique et son répertoire prenaient une autre dimension.

«C'est à l'occasion de mon premier voyage en Europe, en 1953, que j'ai réentendu Léopold Simoneau, à l'Opéra-Comique dans *Le Barbier de Séville,* en français... Je dois dire que le souvenir que j'en garde est peut-être le plus beau de tout ce que j'ai entendu à l'opéra jusqu'ici; c'était le duo de la fin du premier acte qu'il chantait avec Michel Dens. J'ai entendu ce soir-là une perfection musicale et vocale exceptionnelle, un équilibre parfait, chacun étant entier dans le personnage qu'il incarnait. À l'Opéra de Paris, deux ténors canadiens tenaient les premiers rôles dans des répertoires différents: Raoul Jobin et Léopold Simoneau.

«J'ai retrouvé Pierrette et Léopold lorsqu'ils ont quitté Paris. Puis un jour ils m'ont demandé si je serais intéressée à les accompagner en Autriche pour quelques mois. C'était l'été 1959 et tous deux étaient invités au Festival de Salzbourg. Auparavant nous devions séjourner à Vienne car Léopold devait chanter des Mozart à l'Opéra et Pierrette se joindre à lui pour des enregistrements. Mon contrat avec eux était de les faire travailler et de m'occuper des deux fillettes, presque des bébés... J'ai donc eu l'occasion de les connaître dans leur intimité. À Salzbourg, Léopold chantait Tamino et il devait préparer un récital et une matinée au Mozarteum. Pierrette chantait Isotta dans *La Femme silencieuse* de Richard Strauss et préparait également une matinée Mozart.

«La réussite n'arrive jamais gratuitement et jamais je n'ai connu de chanteur aussi discipliné et travailleur que Léopold Simoneau. Chez lui, tout était sous contrôle — les repas et la cigarette qui suivait, le temps alloué à la préparation des ouvrages, l'étude et les recherches dont il entourait chaque œuvre —, une volonté mise à l'épreuve quotidiennement. Nous travaillions tous les jours. Les jours de spectacle, il vocalisait le matin et chantait les deux airs et la scène 8, la scène du Temple de *La Flûte enchantée;* les jours entre les spectacles, il chantait tout le rôle. Pierrette devait être plus souple dans son emploi du temps à cause des fillettes qui la réclamaient. Elle travaillait intensément et avec plus de facilité. L'œuvre de Strauss a exigé plusieurs heures de préparation, tant musicalement que scéniquement, et la production était assez exceptionnelle. À Salzbourg, j'ai vécu une expérience très enrichissante à bien des points de vue et j'ai aussi partagé, tout en étant en dehors du milieu, une ambiance musicale qui est sans doute à l'origine de quelques-unes de mes décisions futures et de mon premier séjour à Vienne.

«Léopold était le maître à la maison et il s'occupait du côté affaires de leurs carrières. Il avait été à la dure école de la vie, et son enfance aussi bien que les premières années de sa vie d'homme avaient été difficiles. C'est un homme secret, pratique, distant, peu facile à convaincre, éloigné de la fantaisie et de l'improvisation, et ne supportant absolument pas l'amateurisme et le bluff. Il était conscient de sa valeur et de l'image qu'il projetait. Pierrette lui manifestait une confiance et une admiration sans borne. Elle était d'une nature gaie et aimait la société, mais elle était aussi volontaire et perfectionniste que lui. Sa santé était plutôt délicate et elle avait tendance à faire un peu d'anémie. Le soir, elle prenait toujours un chocolat, ''pour l'énergie'', disait-elle... Leurs carrières, quoi qu'en pensent la plupart des gens, ont été différentes. Léopold l'a toujours laissée libre d'accepter ou de refuser les offres; elle devait en assumer la responsabilité. Elle a souvent eu des choix difficiles à faire.

«Plus tard, lorsque Léopold Simoneau a été nommé à la direction artistique de l'Opéra du Québec, il était l'homme de la situation. Il avait un sens et une expérience personnelle de l'administration et ses buts étaient d'abord de faire travailler les artistes canadiens: chanteurs, metteurs en scène, décorateurs et chefs d'orchestre. Il s'est toutefois heurté à de vieilles habitudes bien établies lorsqu'il a voulu faire auditionner les choristes et faire les répétitions de jour; la plupart des choristes d'alors étaient des amateurs qui avaient un gagne-pain. Il voulait un chœur professionnel formé de belles voix qui avaient été travaillées. L'avenir lui donna raison... À Paris, Rolf Liebermann eut les mêmes exigences et le chœur de l'Opéra de Paris devint un des meilleurs d'Europe... À Montréal, Jean-Paul Jeannotte a adopté la même politique et le chœur s'est rajeuni.

«Léopold Simoneau avait ses exigences et elles correspondaient à ce que l'on était en droit d'attendre d'un directeur artistique qui était loin d'être une marionnette... On m'a souvent posé la question à savoir pourquoi les artistes n'ont pas fait front commun pour s'opposer aux raisons qui ont motivé son départ... D'abord, la solidarité n'existe pas chez les artistes, que ce soit en Europe ou en Amérique, puis il y en a toujours qui veulent la tête des autres... C'est un monde cruel et individualiste!... Quoi qu'il en soit, Pierrette Alarie et Léopold Simoneau ont été deux très grands artistes dont nous avons toutes les raisons d'être fiers.»

En 1986, le Festival de Salzbourg, toujours le plus grand des festivals européens, est encore fidèle à la pensée mozartienne, et ce, en dépit des dernières modes qui alimentent les milieux paramusicaux. Si Bayreuth a le privilège de l'ancienneté, Salzbourg — né en 1920 avec le génial metteur en scène Max Reinhardt et le *Jederman* d'Hugo Von Hofmannsthal — s'orienta, dès l'année suivante, vers les œuvres mozartiennes et Bernhard Paumgartner en fut le premier chef d'orchestre. Son nom demeure indissociable de l'histoire du Festival, et les Simoneau sont parmi les heureux interprètes qui ont chanté sous sa direction.

Les archives du Festival sont conservées jalousement et avec le plus grand soin par le professeur Hans Jaklitsch, qui collabore avec les chercheurs, historiens et musicologues avec l'élégante courtoisie qui est à la base du grand civisme des Salzbourgeois. Aussi peut-on savoir que Richard Strauss y dirigeait, dès 1922, les premiers *Don Giovanni* et *Cosi fan tutte;* que, la même saison, Franz Schalk y dirigeait *Les Noces de Figaro* et *L'Enlèvement au sérail;* que Richard Tauber fut le premier Ottavio et le premier Belmonte; Fritz Krauss, le premier Ferrando; Alfred Jerger, les premiers Don Juan et Figaro; Lotte Schöne, les premières Zerlina et Cherubino; Élisabeth Schumann, les premières Susanna, Despina et Blondine. C'est l'art de cette exceptionnelle interprète que Pierrette Alarie eut le privilège d'acquérir durant ses années d'études au Curtis Institute de Philadelphie.

Et en 1959, trente ans après les premières années glorieuses du Festival de Salzbourg, Pierrette Alarie et Léopold Simoneau côtoyaient les héritiers de la tradition mozartienne des années d'avant-guerre. Ils en feront la cheville principale de leur travail éducatif au Canada Opera Piccola de Victoria jusqu'à leur dernière production, le *Cosi fan tutte* de l'été 1988.

---

1. «*The heroes of this production were Mitropoulos and Montreal's Simoneau, for quite different reasons. Mitropoulos had conducted a superb performance of the Berlioz* Requiem *a few days earlier with Simoneau as the tenor soloist and some of the audience's enthusiasm for the* Requiem *probably spilled over to the opera. Simoneau was a hero in this Don Giovanni simply because he gave the best performance of the lot. I don't think there's anyone alive who can sing Don Ottavio better than he, and on this evening he was in particularly good form.*»

2. «*Bruno Walter brought to this performance a deep awareness of this music. He conducted it with a grand line that never lost sight of its essential humanity. He had a big chorus at his command, the Westminster Choir, and he let it pour its full power in places like the double fugue of the Kyrie, but he knew also how to keep the ensemble tone ethereal in the closing section of the Confutatis... His command never wavered. The men of the Philharmonic played with luminous tone. The soloists were blended into a homogeneous and musical ensemble. Each is a fine singer in his own right; in the* Requiem *they were serving Mozart... This was an evening of uncommon musicmaking. By honoring Mozart in the bicentennial of his birth, this concert was enriching the living. Mozart would have liked that.*»

3. «*Everything about the production was spirited. Gunther Rennert did not try to lighten the heavy-handed humor of the libretto, but he never let it sag. Mr. Böhm romped through the score with the Vienna Philharmonic like a young colt in the spring. Pierrette Alarie, who had developed a pace both in vocal resources and stage command since I last heard her several years ago, was an hilarious Isotta...*»

4. «*This year we heard a recital which was in a class by itself through the exceptional choice of the program. Léopold Simoneau, a miracle of a tenor, whose breath control stuns as much as his intelligence, had chosen lieder by Haydn, arias by Handel, a cantata by Rameau, and songs by*

Duparc and Fauré. Through the medium of his sensitive personality he knew how to create a happy unity through the variety of styles and moods. A troubadour of a more sensitive period revealed himself. Everything was feeling, never sentimental, a romantic conversation with the soul, a transfigured copy of nature. His singing of Rameau's Impatience *was charming but embodied in strict form, the Duparc songs were full of impressionistic sound magic, and the musical part of the pieces by Fauré impregnated by the word and its psychological interpretation.*

Simoneau had all the fine shades of difference of moods and contrast to one's heart's delight, and as encores we heard an infinitely delicate and soul warming rendering of Schubert songs.»

5. *«Tenor Simoneau's recital came as a surprise for all those friends of the art of the lied present. Nobody doubted the beautiful voice of the singer, but the distinguished culture of his interpretation was unknown to date in Salzburg. The audience at the Mozarteum not only admired his fabulous singing technique but all the lyric piano, the heroic forte, the easy and assured high register and clear diction, but still more the exceptional and extraordinary musicality of this singer, which was also manifested in his choice of program... the audience was much enthusiastic.»*

14.

Vienne

Le 25 mai 1969, l'Opéra de Vienne célébrait son centième anniversaire. Anniversaire du temple situé sur le Ring, au cœur même de cette séduisante ville de Vienne, le théâtre lyrique ayant, sous une forme ou une autre, une histoire beaucoup plus que centenaire dans cette capitale de l'Autriche.

Sans vouloir faire l'historique de l'Opéra de Vienne, il est bon de rappeler quelques éléments qui ont jalonné les siècles passés — histoire intimement liée à la cour impériale, à la politique, aux guerres, aux personnalités les plus divergentes, bref, au destin même de cet empire autrichien dont pas moins de quatre empereurs furent des compositeurs de mérite.

Au cours du long règne de Léopold Ier (1640-1705), qui lui-même fut l'auteur de plus d'une centaine de mélodies, on a pu affirmer que 400 opéras furent produits à Vienne et, en 1683, un premier grand drame lyrique y était présenté, *Egisto* de Cavalli. La première maison d'opéra fut construite en cette ville sous le règne de ce monarque en 1697 et, pour plusieurs décennies, Vienne fut la capitale de la magnificence pompeuse du style baroque.

La première et plus prestigieuse période de l'opéra tel que nous le connaissons aujourd'hui fut marquée en Autriche par l'arrivée de Marie-Thérèse en 1740. Son règne vit les spectaculaires créations de ce génial réformateur de l'opéra que fut Gluck, dont l'*Orfeo* eut sa première représentation le 5 octobre 1762 au Theater bei der Hofburg. Aujourd'hui encore, plus de deux cents ans après sa création, l'ouvrage, qui a fait l'admiration de générations successives, continue à jouir d'une vénération justifiée. Au moment de la création de l'*Orfeo*, Mozart avait 6 ans et Haydn, qui, en plus de ses symphonies, composa dix-huit opéras, avait 30 ans...

Au XIXe siècle, le sort de l'art lyrique allait être confié à une autre prestigieuse élite de créateurs et interprètes, non seulement autrichiens mais allemands et italiens — Vienne ayant subi, au cours des siècles, des influences musicales enrichissantes et ayant été une sorte de catalyseur de la mélodie italienne, de la polyphonie allemande et du lyrisme slave. Qu'il suffise de mentionner deux importantes visites de Verdi à Vienne: la première en 1843, alors qu'il vint y diriger son *Nabucco* et, en 1875, alors qu'il présenta aux Viennois son opéra *Aïda* et son *Requiem*. Coïncidence peu banale: presque aux mêmes dates que les représentations de Verdi, Richard Wagner dirigeait trois concerts symphoniques et, quelques années auparavant, la première de *Tristan* faillit être affichée à l'Opéra.

Le XXe siècle ne le cède en rien aux siècles précédents, et Vienne a applaudi les Mahler, Richard Strauss, Webern, Berg et Schönberg. Et, quoique fortement attaché à ses traditions, le public viennois demeure attentif aux musiques de notre époque.

Si une ville du monde occidental peut s'attribuer le titre de capitale mondiale de la musique, Vienne a indiscutablement toutes les raisons de revendiquer cet honneur. Et quelles que soient les faiblesses musicales de certaines époques, les statistiques nous prouveront qu'aucune ville au monde n'a vu naître ou hébergé un aussi grand nombre d'illustres compositeurs. L'imagination la plus fertile a peine à visualiser une soirée d'opéra à Vienne en 1787, alors qu'on affiche *Les Noces de Figaro* sous la direction de Mozart lui-même et que dans l'auditoire attentif se trouve peut-être un certain Monsieur Beethoven. Il ne fait aucun doute qu'il y a dans l'air de Vienne un parfum des plus favorables à la musique.

Le 12 mars 1945, quelques semaines avant la fin de la guerre, l'Opéra de Vienne fut directement atteint par de puissantes bombes explosives et incendiaires et brûla comme une torche lugubre pendant un jour et une nuit. Les Viennois étaient consternés. Mais Vienne allait relever un véritable défi. Moins de sept semaines après la destruction de son Opéra, y compris des milliers de costumes et de décors, Vienne voyait revivre son activité lyrique le 1er mai avec une représentation des *Noces de Figaro* au Volksoper, demeuré intact. Le 1er septembre de la même année, l'Opéra de Vienne emménageait au Theater an der Wien, construit jadis par Schikaneder grâce à la fortune réalisée par les 233 représentations du *Zauberflöte* de son ami Mozart, et où eut lieu, en 1805, la première de *Fidelio*. L'Opéra de Vienne devait demeurer dans ce théâtre historique pendant dix ans avant de réintégrer, en 1955, son prestigieux temple du Ring, entièrement reconstruit. C'est dans ce théâtre prestigieux que Léopold Simoneau débutait officiellement avec une troupe unique, dont les membres étaient tous porteurs du flambeau que leur avaient transmis les grands chanteurs de la tradition d'avant-guerre: Lehmann, Schumann, Jeritza, les Konetzni, Slezak, Schorr, Thorborg, Kipnis, pour n'en nommer que quelques-uns.

«C'est pour cette raison, affirme Léopold Simoneau, que l'artiste lyrique, à Vienne, jouit d'un statut particulier qui le situe au rang de l'homme politique ou du professeur éminent. Le meilleur interprète de Mozart à Vienne a autant d'admirateurs que le meilleur hockeyeur au Québec. Le chauffeur de taxi connaît ''Herr Kammersanger'', et la coiffeuse, ''Frau Kammersangerin''; le portier de l'hôtel et la fleuriste sont au courant des potins musicaux. Dans la société viennoise, on cause musique autant sinon plus que de politique nationale ou internationale. Un scandale à l'Opéra peut prendre l'ampleur d'un coup d'État...

«Vienne demeure donc pour moi la capitale musicale par excellence; rien n'est comparable à l'ambiance historico-musicale et à la prédominance du musicien et de la musique dans l'activité quotidienne de cette ville.

«Il est quasi impossible de déambuler dans une quelconque de ses rues sans que votre attention ne soit attirée par une plaque voisine d'une adresse, qui vous dit qu'ici a vécu Schubert, là Beethoven, ailleurs Brahms ou encore Mahler; plus loin, dans un autre quartier, c'est Mozart ou Strauss. Et je ne mentionne même pas les multiples monuments élevés à la mémoire de ces dieux. En 1959, nous avons habité l'hôtel Imperial à proximité de l'Opéra pendant quelques semaines. Là aussi, une plaque à l'entrée nous informait que Wagner y avait composé un acte d'un de ses opéras.

«Et c'est avec des chefs héritiers de cette riche tradition viennoise, comme Karajan, Böhm, Krips, Walter, Szell, Reiner, que j'ai eu le privilège de polir mon langage musical. Il reste que c'est probablement Krips qui nous a le mieux révélé les secrets de la meilleure interprétation des œuvres de Mozart; l'élégance et la pure ligne vocale unies à l'intensité dramatique de même que la clarté et la noblesse de la déclamation dans les récitatifs.

«Je dois ajouter que c'est lui, Krips, qui, au lendemain d'un bombardement aérien en mars 1945 qui avait démoli les trois quarts de la salle de l'Opéra, continua à donner des spectacles sur des tréteaux improvisés sur la scène même du théâtre, demeurée intacte. Vienne sans opéra? Pas question.

«Il a fallu attendre dix ans avant que ce temple historique du chant ne soit reconstruit; c'est là que, en 1957, j'avais l'indicible honneur d'interpréter le chef-d'œuvre d'un des plus illustres Viennois du XVIIIe siècle, *Don Giovanni* de Wolfgang Amadeus Mozart...

«On a souvent décrié le rôle de Don Ottavio dans *Don Giovanni* au point de vue du personnage dramatique, et je crois en effet que la plupart des ténors qui interprètent ce rôle se contentent, justement, de prendre cette conception passive. Au contraire, Ottavio est un noble qui veut défendre Donna Anna; s'il n'a pas une plus forte personnalité, c'est que les circonstances ne le mettent jamais en face du vrai problème. Il y a un point que l'on oublie et que je me permets de rappeler: dans un livret de *Don Giovanni* par Bertati, inspiré de la longue légende de Don Giovanni dont Da Ponte s'est inspiré pour le texte qu'il a fourni à Mozart, on trouve certains détails, dont un en particulier qui nous apprend que Don Ottavio était un ami de Don Giovanni et qu'il aurait déjà sauvé la vie au séducteur, ce qui fait qu'Ottavio, plus peut-être qu'Anna ou Elvira, hésite à croire ou à penser que Don Juan puisse être le meurtrier du Commandeur.»

Pour ses débuts officiels à l'Opéra de Vienne, Léopold Simoneau retrouve le *Don Giovanni* de Mario Petri et Karl Böhm qui dirige le Philharmonique de Vienne. Le ténor canadien reçoit une longue ovation et son succès est incontesté.

Le grand critique viennois Max Graf, père du metteur en scène bien connu Herbert Graf avec lequel Léopold Simoneau avait étudié à l'université Columbia de New York dix ans plus tôt, écrivait dans le *Welt Presse* de Vienne, le 21 mai 1957:

> Le héros de la soirée était ce «chevalier du chant» [*«singer cavalier»*], Léopold Simoneau; son personnage avait de la forme, de la personnalité, de la distinction et de l'élégance; l'artiste a quelque chose d'aristrocratique et d'imposant. Il conduit sa belle voix de ténor avec maîtrise, dans un phrasé délicat et une musicalité très soignée.

Léopold Simoneau a conquis les amis de l'Opéra de Vienne, ce 20 mai, et tous ceux qui ne l'avaient pas entendu à Salzbourg lors de son premier séjour, à l'été 1956.

Léopold Simoneau est dans les meilleures années de sa carrière et sa voix est réellement splendide, douce, harmonieuse et claire, enrichie d'une culture raffinée, d'une chaleur de sentiments et d'une grande noblesse.

C'est toutefois en 1954 que Léopold Simoneau chantait pour la première fois avec la troupe de l'Opéra de Vienne, alors qu'il remplaçait Anton Dermota pour des représentations de *Cosi fan tutte* et de *Don Giovanni* au Royal Festival Hall de Londres. Cette date devait marquer le début d'une association pour une période de près de dix ans avec l'Opéra de Vienne, non seulement dans la participation à des spectacles mémorables sur la scène du théâtre de l'Opernring mais aussi dans une collaboration avec la troupe du Festival de Salzbourg à de nombreux enregistrements d'opéras, particulièrement de Mozart, ainsi qu'à des concerts lyrico-symphoniques, oratorios, etc.

«Et en dépit d'une cour assidue, sincère de part et d'autre et énormément enrichissante pour Pierrette et moi, explique Léopold Simoneau, il n'y eut jamais de mariage entre l'Opéra de Vienne et nous. Maintes fois, on nous a invités à accepter un engagement permanent, à nous joindre à la troupe sur une base définitive, à faire partie des cadres quasi immuables du personnel, en définitive, à devenir des employés de l'État. Plusieurs raisons motivèrent notre attitude poliment négative à ces offres pourtant alléchantes. La première était que nous venions de vivre une première et similaire expérience à l'Opéra de Paris, où nous étions entrés en 1949.

«Ce long noviciat nous avait permis de faire quelques réflexions, d'en arriver aussi à des conclusions, et de prendre des décisions sur l'orientation de nos carrières. En faisant partie d'une troupe ou d'un théâtre lyrique sur une base permanente, vous devenez facilement un numéro, un décor, un accessoire de ce théâtre. Vous êtes sempiternellement affiché dans les mêmes rôles. Si vous êtes titulaire de Lucia, Rigoletto, Almaviva, Carmen, etc., dès qu'on affiche cet ouvrage votre nom sort automatiquement et vous voilà pour la nième fois dans le même costume, le même décor, avec les mêmes interprètes, le même chef, et souvent une bonne partie du même auditoire, parmi lequel se trouve le même fidèle admirateur qui vous dira, à la sortie des artistes où il vous attend religieusement même une heure après la tombée du rideau, les mêmes boniments...

«Pour l'artiste, cet état d'esprit est mortel. Dès que son art est empreint de routine, de lassitude, d'automatisme fonctionnarisé, son inspiration se tarit, il se sclérose, périclite et il n'a plus qu'à attendre la retraite... Par contre, le jeune artiste a besoin de s'attacher à un théâtre pour un certain temps, parce qu'il a tout à y gagner. L'artiste lyrique de talent aspire à la conquête des scènes mondiales, ce qui constitue pour lui une intarissable source d'enrichissement artistique et contribue à son prestige.

«Une autre raison primordiale de notre hésitation était que, en 1954-57, la merveilleuse troupe que Josef Krips avait réussi à former à l'Opéra de Vienne au lendemain de la guerre commençait à s'effriter dangereusement. Déjà Schwarzkopf avait élu domicile à Londres et volait allègrement de ses propres ailes à travers le monde. Ljuba Welitsch, Irmgard Seefried et Paul Schöffler lorgnaient du côté de New York et devaient y consacrer plusieurs saisons. Un peu plus tard, Christa Ludwig et Walter Berry devaient suivre le même chemin et continuer à participer régulièrement à une bonne partie de la saison du Met. Krips luimême, qui avait été responsable du miracle viennois des années 1945-50, avait, en 1954, déjà accepté, ou était sur le point de le faire, un poste en Amérique, plus précisément au Philharmonique de Buffalo. Et Böhm, après un stage à la direction de l'Opéra de Vienne, allait lui aussi se prêter à de longues saisons dans la métropole américaine. À l'exemple de tant de camarades, nous avons emboîté le pas et c'est ainsi que les quinze dernières années de nos carrières ont été un mouvement perpétuel qui nous a menés du Danemark à Rome et de Londres à Vienne, de même que du Teatro Colon de Buenos Aires à Los Angeles et San Francisco en passant par Dallas, Chicago et, plus souvent qu'autrement, New York.

«Je voudrais rappeler à votre mémoire les artistes qui ont vécu l'époque héroïque de l'après-guerre et avec lesquels nous avons eu l'honneur de partager, au cours de quelques années, non seulement les responsabilités de la scène mais celles d'enregistrements discographiques de concerts et d'oratorios. La fréquentation de ces grands chanteurs nous a beaucoup apporté sur l'art du chant, le style et la tradition viennoise. Une aussi remarquable pléiade d'artistes, dont la principale activité se déployait sur la scène de l'Opéra de Vienne, où ils étaient secondés par des metteurs en scène éminents et accompagnés par le plus admirable ensemble à prendre place dans une fosse d'orchestre — la Wiener Philharmoniker —, constituait, et constitue encore, le plus formidable défi à toute autre Maison d'opéra.

«Et je dois dire que j'en garde, après toutes ces années, les souvenirs les plus chers de ma carrière. Il me revient en mémoire les interprétations uniques de cette grande dame de l'opéra et artiste incomparable qu'était Lisa Della Casa. Elle incarnait à mes yeux l'artiste la plus complète, tant par sa voix, son art du chant, sa beauté, que par sa gentillesse et la noblesse de son caractère, qui la tenait au-dessus de toutes les petites intrigues. Un jour, elle nous fit ses adieux et se retira en Suisse où elle opta pour le silence et l'effacement. Je tiens à rendre hommage à cette grande interprète de Mozart dont je garde un souvenir empreint de respect et d'admiration.

«Une petite anecdote vécue à Vienne vers 1957 illustre éloquemment la place primordiale de la musique dans le cœur de tout Autrichien, qu'il soit aristocrate, bourgeois ou de classe moyenne.

«Un jour, je m'amène à l'Opéra sur le coup de midi pour une répétition. Je rencontre, chez le portier, un camarade ténor du nom de Murray Dickie dans ses plus beaux atours de gala de matinée. Je lui exprime alors mon étonnement de le voir ainsi affublé à cette heure du jour, ce à quoi il répondit qu'il venait tout juste de participer à une exécution de la *Neuvième Symphonie* de Beethoven avec le Philharmonique, à la demande des ramoneurs autrichiens qui se trouvaient en congrès à Vienne... J'en fus littéralement stupéfait!...

«Même aujourd'hui, à une époque où le fossé entre la musique dite sérieuse et la musique populaire est si profond, cette disparité est encore à peine visible à Vienne, toujours sous le charme de l'opérette traditionnelle et de la *schrammelmusik* des tavernes. Une sorte de conservatisme opiniâtre et d'indolente philosophie, appelée *gemütlichkeit,* a su laisser aux Viennois leur clairvoyante passion pour les arts et particulièrement pour la musique. Ceux-ci, comme tout le monde le sait, ont dansé au rythme de la musique de la célèbre famille des Strauss, mais aussi bien de celle de Mozart, Beethoven et Schubert. Ces compositeurs, en plus d'écrire des opéras, symphonies et concertos, ont aussi composé des danses à l'occasion de fêtes, de manifestations publiques, sans compter leurs innombrables lieder, prolongements de l'héritage folklorique autrichien. C'est pourquoi Vienne et Salzbourg demeurent pour moi l'apogée de ma carrière d'interprète.»

En chantant sur la scène de ce prestigieux théâtre viennois, Léopold Simoneau devient ainsi l'un des grands ambassadeurs de la culture de son pays. Quelques années plus tôt, en 1949, la basse chantante George London faisait ses débuts européens à Vienne dans le rôle d'Amonasro d'*Aïda.* Son succès fut immédiat et lui valut aussitôt des engagements dans les festivals prestigieux d'Édimbourg, de Bayreuth 1951, de Salzbourg 1952 et à la Scala de Milan. Il précéda de peu Léopold Simoneau, avec lequel il chanta quelques célèbres *Don Giovanni* dont celui du premier Festival international de Vancouver en 1958.

George London fut le premier chanteur nord-américain à être invité au célèbre théâtre Bolshoï de Moscou. Il reprit le rôle du grand Chaliapine, *Boris Godounov.* George London participa à la réouverture du Festival de Bayreuth en 1951 et il y chanta plusieurs années les rôles d'Amfortas de *Parsifal* et le *Höllander.* Puis ce furent dix-sept saisons consécutives au Met de New York où il interpréta les rôles de Boris, Don Giovanni, Scarpia, Golaud, Eugène Onéguine et Méphistophélès. Après ces belles années de carrière, il ne revint jamais vivre au Canada. Il s'installa comme metteur en scène et directeur de théâtre au National Opera Institute à Washington et directeur général du University of Southern

California's Opera Theatre. Les fervents d'art lyrique apprirent son décès, le 24 mars 1985, à Armonk, N. Y. Léopold Simoneau se souvient de George London comme d'«un très bel artiste qui donnait foi en ses personnages dramatiques avec cette belle voix qui avait la chaleur caressante de ses origines slaves».

Quelques mois avant ses débuts à l'Opéra de Vienne, Léopold Simoneau participait, avec Pierrette Alarie, à la huitième saison du Festival d'opéra de Toronto qui était sous la direction artistique d'Herman Geiger-Torel, responsable des mises en scène des trois ouvrages au programme: *L'Enlèvement au sérail* (version anglaise), *La Tosca* (en italien) et *Hansel and Gretel* (version anglaise). Le festival débute le 25 février 1957 au Royal Alexandra Theatre avec la première des six représentations de l'œuvre de Mozart que dirige Nicholas Goldschmidt. Les Simoneau sont entourés de: Edita Symonek (Constanze), Jan Rubes, Ernest Adams et Barry Morse. Pierrette Alarie reprend le rôle de Blonde qu'elle interprétait dix ans plus tôt au Metropolitan de New York. Elle est alors enceinte de Chantal et, avant de prendre les mois de repos nécessaires pour mener à bonne fin cette seconde grossesse, elle est invitée au Town Hall de New York pour le dernier concert de la saison du Little Orchestra Society, qui affiche l'*Orfeo* de Gluck, avec Elena Nikolaidi qui reprend le rôle d'Orfeo que chantait Kathleen Ferrier en 1949, et Teresa Stich-Randall (Euridice), camarade d'Aix-en-Provence. Pierrette Alarie (l'Amour) *«was the singer who was most consistently musical»*, commente Ross Parmentier dans le *New York Times*.

Après la naissance de Chantal et surtout après le Festival de Salzbourg de 1959, Pierrette Alarie fait le choix de n'accepter que les engagements qui ne l'éloigneront pas trop de ses deux petites filles. Elle a une gouvernante qui s'occupe des fillettes, l'aide nécessaire à l'entretien de la maison de Cartierville, et une nièce de Léopold, Huguette Poulin, alors étudiante dans les classes de chant du Conservatoire, partagera la vie familiale pendant quelques années. De plus, une grand-mère attentive et discrète adore les bambines. Amanda Alarie porte toute son affection sur Isabelle et Chantal.

Pierrette Alarie concentre désormais ses activités sur le continent nord-américain et Léopold prend souvent seul la route des grands centres musicaux. Pierrette n'est pas sans savoir que les beaux, jeunes et excellents ténors ont des admiratrices partout où ils chantent, et que les sopranos rêvent de chanter avec les plus grands. Tout comme Thérèse Jobin qui disait: «Une femme de ténor doit avoir un bandeau sur les yeux et une fermeture éclair sur la bouche», elle ne pose jamais de questions.

Néanmoins, le couple Alarie-Simoneau demeure un choix parfait pour les organisateurs de concerts et les tournées sont soigneusement triées sur le volet. Chaque retour des parents est joyeusement accueilli et les valises contiennent mille surprises. Les longues séparations deviendront de plus en plus difficiles pour Pierrette Alarie.

15.

America

Les grands orchestres nord-américains invitèrent régulièrement le ténor Léopold Simoneau durant une période de vingt
ans aux côtés des solistes et chefs d'orchestre européens d'après-
guerre. L'année du bicentenaire de Mozart fut déterminante et
les orchestres de New York, Boston, Chicago, Cincinnati,
Rochester, Cleveland, San Francisco et Los Angeles l'affichèrent
dans Mozart et les grandes œuvres de Bach, Haendel, Haydn,
Berlioz et Stravinsky. Avec l'Orchestre philharmonique de New
York, ce fut d'abord le *Requiem* de Mozart que dirigeait Bruno
Walter et dont l'enregistrement chez Columbia demeure toujours
le plus recherché par les mélomanes. Le grand orchestre new-
yorkais l'invitait de nouveau durant la saison 1958-59 pour une
Neuvième Symphonie de Beethoven que dirigeait Herbert von
Karajan. Suivirent le *Roméo et Juliette* de Berlioz que dirigeait
Wallenstein en 1961; deux exécutions du *Perséphone* de Stravinsky, l'une dirigée par Thomas Scherman en 1962 et l'autre
par Ernest Ansermet en 1966; Josef Krips dirige un *Requiem* de
Mozart en 1964 et, l'année suivante, une *Messe* de Bruckner; en
1969, Seigi Ozawa dirige un *Requiem* de Berlioz. Simoneau
compte plus de vingt apparitions au Carnegie Hall de New York.

Il est le soliste en demande pour la seule partie solo du *Requiem* de Berlioz. Après ses exécutions européennes, c'est Charles Munch et l'Orchestre symphonique de Boston qui le réclament en 1958, et pour une reprise l'année suivante. Le 23 août 1970, Seigi Ozawa dirigera le Boston Symphony au Festival de Tanglewood, et Léopold Simoneau, en fin de carrière, enthousiasmera une foule d'auditeurs attentifs et émus. Précédemment, Seigi Ozawa l'invitait pour un *Requiem* avec le San Francisco Symphony en 1967, tandis que George Szell le dirigeait avec l'Orchestre de Cleveland en 1959; dix ans plus tard, il sera soliste à Toronto avec le Mendelssohn Choir que dirigeait Elmer Iseler en 1969.

Le 13 octobre 1952, Léopold Simoneau chantait au Town Hall de New York *La Clemenza di Tito, opera seria* de Mozart, dans la série de concerts du Little Orchestra Society, Inc., présentés aux New Yorkais, et dont Thomas Scherman est le chef d'orchestre attitré. C'était une première new-yorkaise. Il dira de cette œuvre de Mozart, qu'il ne reprendra ni au concert ni à l'opéra:

«*La Clemenza di Tito* n'a jamais eu la popularité de *La Flûte enchantée*, écrite à la même époque. C'est une œuvre sévère qui contient de belles pages musicales. Les airs de Titus sont très beaux pour le ténor, mais le livret est faible. C'est une œuvre inégale. Ce fut un événement musical et la critique nous a été favorable. Thomas Scherman était un excellent musicien, très professionnel, et j'ai toujours aimé travailler avec lui. Nous avons eu une belle collaboration et cela pendant plus de dix ans. Nous avons enregistré chez Columbia *L'Enfance du Christ* en 1953, œuvre que j'ai chantée sous la direction de chefs tels que Jean-Marie Beaudet, Sir Thomas Beecham et Paul Paray. En 1961, je la chantais avec l'Orchestre symphonique de Québec, enregistrement fait pour la télévision à la basilique de Québec, et que dirigeait Françoys Bernier.»

Toujours à New York, le couple Alarie-Simoneau est invité, en 1958, par Thomas Scherman pour l'opéra en concert de Mozart, *L'Enlèvement au sérail*, où ils reprennent les rôles de Blonde et de Belmonte. Et l'ironie du sort veut que Léopold Simoneau soit le partenaire de Lily Pons pour ses adieux vers la fin de la saison dans l'opéra *Lakmé*, cheval de bataille de sa carrière, au San Antonio Opera au Texas.

«À cette époque, Madame Pons avait déjà considérablement réduit son activité au théâtre, raconte Léopold Simoneau; cette performance de *Lakmé* était sûrement une grande faveur qu'elle accordait à un vieil ami, le chef d'orchestre Alessandro, directeur de l'Opéra de San Antonio. Comme elle était, de plus, de santé un peu frêle et qu'elle avait chanté ce rôle de Lakmé toute sa vie, elle participa peu aux répétitions. Elle passait de longues journées dans sa chambre pour ménager ses forces, de sorte qu'au spectacle le jeu scénique fut improvisé dans quelques scènes. Mais, dans l'ensemble, cette grande dame du théâtre lyrique sut à cette occasion encore tirer son épingle du jeu et soulever l'enthousiasme de l'auditoire.

«Le décor et la mise en scène étaient spectaculaires, et, étant au Texas, nous avons eu droit à une énorme vache sacrée dans la scène du marché.

«J'ai toujours aimé le rôle du ténor Gérald dans cet ouvrage, même depuis mes tout modestes débuts dans le rôle de Hadji, protecteur de Lakmé, près de vingt ans plus tôt aux Variétés lyriques. Le rôle est parsemé d'embûches dans une tessiture implacable, mais quel lyrisme on peut lui donner! J'étais donc particulièrement heureux d'interpréter ce rôle aux côtés de la plus célèbre Lakmé.

«Je dois ajouter cependant que, au cours des répétitions, l'absence de Madame Pons causait des inquiétudes et on se demandait si vraiment elle allait chanter au spectacle; je songeais alors que, finalement, Pierrette aurait peut-être là l'occasion de la remplacer car elle avait été sa patiente doublure durant ses trois années au Metropolitan Opera; mais encore une fois, Madame Pons refusa de fléchir...

«Je devais reprendre le rôle de Gérald à l'Opéra de Philadelphie sous la direction de Bamboschek, qui en était le directeur artistique. C'est aussi au Philadelphia Grand Opera, dans cette magnifique salle de l'Academy of Music, que nous avons chanté, Martial Singher, Pierrette et moi, *Les Pêcheurs de perles* en français, une œuvre que nous chérissions tous les trois et que nous avons interprétée ardemment à cette occasion avec toute la fierté de rendre un bel hommage en Amérique au plus pur génie français.»

Les théâtres d'opéra des villes américaines n'ont jamais connu le système européen des troupes permanentes; c'est, depuis toujours, le star-system. Le pays étant jeune, les traditions lyriques y sont encore quasi inexistantes. Mis à part la saison du Metropolitan de New York, les saisons sont de courte durée et se réduisent, pour plusieurs, à quelques semaines. Pour les artistes lyriques inscrits dans les agences new-yorkaises, c'est la tournée annuelle des grandes villes. C'est sur la scène du Lyric Opera de Chicago que Léopold Simoneau connut ses plus beaux succès américains, et, à l'automne 1959, il interprétait de mémorables *Cosi fan tutte* sous la direction de Josef Krips.

Cinq ans après sa réouverture, le Lyric Opera de Chicago affiche dix productions qui s'étendent du 12 octobre au 28 novembre: *Carmen, La Cenerentola, Cosi fan tutte, Der Hollander, La Gioconda, Jenufa, Un Ballo in maschera, Simon Boccanegra, Turandot, Thaïs*. Trois stations de radio MF de Chicago se partagent les ondes, et les auditeurs des régions éloignées, tant aux États-Unis qu'au Canada, sont à l'écoute des grandes voix qui sont à l'affiche de la saison lyrique. Invité pour le Ferrando de Cosi, Léopold Simoneau est l'interprète de Nicias aux côtés de Leontyne Price et de Michel Roux dans *Thaïs*, de Massenet, œuvre absente du répertoire depuis 1930, alors que l'Américaine Helen Jepson interprétait le rôle.

C'est Mary Garden, créatrice de Mélisande à l'Opéra-Comique de Paris, qui fit connaître *Thaïs* en Amérique, alors qu'elle était membre de la Hammerstein Opera Company à New York. Par la suite, elle chanta *Thaïs* à Chicago et, dès le début de son long règne, elle n'hésita pas à faire connaître le répertoire français. Les œuvres de Massenet y eurent une large part et Chicago en fit une tradition. Les auditeurs d'alors se familiarisèrent rapidement avec les ouvrages venus tout droit de France: *Thaïs, Cendrillon, Cléopâtre, Hérodiade, Le Jongleur de Notre-Dame, La Navarraise, Don Quichotte, Sapho, Manon, Werther* et *Griselidis*. Mary Garden interpréta plusieurs rôles entourée des grands artistes lyriques de son temps: Maurice Renaud, Charles Dalmores, Charles Gilibert, Lina Cavalieri, Hector Dufranne, Eleanora de Cisneros, Amadeo Bassi, Mario Sammarco, Gustave Huberdeau et, à la fin, Nellie Melba. La reprise de *Thaïs*, en 1959, souleva l'enthousiasme du public et de la critique, et Leontyne Price en fit une «performance royale», avec le mélange de passion, de sensualité spirituelle et de mysticisme religieux qui a inspiré Anatole France et la musique radieuse de Jules Massenet.

La saison 1961 verra les dernières apparitions de Léopold Simoneau au Lyric Opera de Chicago. Il est de nouveau le Ferrando de *Cosi fan tutte* et le Don Ottavio de *Don Giovanni,* spectacles dirigés par Peter Maag. C'est avec un *Don Giovanni* que Léopold Simoneau débutait en 1954 à Chicago, et c'est dans le même ouvrage qu'il y chantera pour la dernière fois. Entretemps, la saison 1956 aura vu le *Don Giovanni* que dirigeait Georg Solti. Les deux chefs-d'œuvre de Mozart sont défendus par les meilleurs chanteurs mozartiens de l'heure: Élisabeth Schwarzkopf, Christa Ludwig, Teresa Stich-Randall, Irmgard Seefried, Eberhard Waechter, Walter Berry, Renato Cesari et William Wildermann. La huitième saison débutait avec la Lucia de Joan Sutherland, et les deux mois d'automne affichèrent Jon Vickers dans *Fidelio* et *Andrea Chenier,* Boris Christoff dans *Mefistofele, Le Barbier de Séville* et *La Forza del Destino,* et Eileen Farrell, Fernando Corena, Tito Gobbi, Hans Hotter, Birgit Nilsson, Giulietta Simionato et Richard Tucker se partagèrent les grands rôles.

En 1979, Léopold Simoneau était parmi les artistes invités au gala du jubilé d'argent du Lyric Opera de Chicago et, ce 14 octobre, il applaudissait quatre des grands ténors actuels: Jon Vickers, Luciano Pavarotti, Carlo Cossutta et Alfredo Kraus. C'était, en effet, vingt-cinq ans plus tôt, au printemps 1954, que Carol Fox, Lawrence Kelly et Nicola Rescigno avaient inauguré la compagnie avec deux mémorables *Don Giovanni* et que la saison suivante, soit l'automne 1954, Maria Callas y avait fait ses débuts en Amérique du Nord dans *Norma* et que Léopold Simoneau avait interprété *Alfredo* à ses côtés dans *La Traviata.* À Chicago, ce 25e anniversaire fut souligné avec faste et la princesse Margaret d'Angleterre l'honora de sa présence. Venu de New York, Harold C. Schönberg souligna l'événement dans le *New York Times:*

> On célébrait à cette occasion le 25e anniversaire de la fondation du Lyric Opera of Chicago. La salle de l'opéra était toute fleurie et la présence des grands chanteurs du passé rendit cette journée particulièrement nostalgique.
>
> L'acteur Sam Wanamaker qui fit la mise en scène de quelques opéras à ladite compagnie partagea le rôle de maître de cérémonie avec le célèbre baryton Tito Gobbi, un des artistes pionniers du Lyric Opera. Monsieur Wanamaker fit un court

historique du Lyric Opera alors que Monsieur Gobbi présenta les chanteurs vétérans, sortant à tour de rôle de l'arrière-scène.

Le premier fut Nicola Rossi-Lemini, qui rendit hommage à Carol Fox, fondatrice de la compagnie d'opéra, puis rappela quelques souvenirs des deux premières représentations d'un *Don Giovanni* dont il faisait partie en 1954.

On ne saurait signaler de points saillants chez les interprètes électrisants à cet anniversaire; chacun y contribua de noble façon. Pour l'auditoire, il y eut cette excitante satisfaction de voir et d'entendre de si célèbres interprètes du passé, tels que Hans Hotter, Bidu Sayao, Giulietta Simionato, Léopold Simoneau, Eleanor Steber et Élisabeth Schwarzkopf. Chacun avait un petit compliment à dire; Madame Simionato exprima le sien dans un italien si simple que l'auditoire, semble-t-il, en comprit le sens.

Quelques chefs d'orchestre associés au Lyric Opera, dont Ricardo Chailly, Georges Prêtre, Bruno Bartoletti et John Pritchard, se succédèrent au podium en cette occasion. Monsieur Penderecki dirigea une performance de son *Paradise Lost;* quant à Nicola Rescigno, qui dirigeait les spectacles inauguraux de *Don Giovanni* en 1954, il en répéta l'ouverture à cette manifestation. Et le tout se termina sur la scène où artistes, membres de l'orchestre, admirateurs et une bonne partie de l'auditoire rendirent un vibrant hommage à Madame Fox.

«Ils y étaient tous, dira Léopold Simoneau, sauf José Carreras (malade) et Katia Ricciarelli. Pour moi, c'était très émouvant de retrouver les camarades qui ont partagé nos plus belles années de carrière et que je n'avais plus revus pour la plupart. Que de souvenirs émouvants nous avons évoqués! Les Festivals, l'Opéra de Vienne, New York, et Chicago, bien sûr. Je connaissais moins la jeune génération, mais quel bonheur de revoir Élisabeth Schwarzkopf, Bidu Sayao, Eleanor Steber, Sir Geraint Evans, Leontyne Price, Nicola Rescigno, et Georges Prêtre qui avait dirigé *Thaïs*... Nous étions deux Canadiens: Jon Vickers et moi-même.»

Le 18 octobre 1963, Léopold Simoneau chante pour la première fois au Metropolitan de New York. Il reprend le rôle de Don Ottavio et Joseph Rosenstock est à la direction d'orchestre. C'est un autre mémorable *Don Giovanni*. La distribution est complétée par le Don de Cesare Siepi — le Don Giovanni de Salzbourg 1956 —, le Leporello de Fernando Corena, la Donna Elvira de Teresa Stich-Randall et la Donna Anna de Lucine Amara, le Masetto de Theodor Uppman et la Zerlina de la Brésilienne Neyde Thomas, dont ce sont également les débuts au Met. L'homogénéité ainsi que la qualité vocale et musicale des chanteurs réunis pour cette production font encore une fois l'unanimité de la critique new-yorkaise. Soulignant les débuts de Léopold Simoneau sur la première scène américaine, le critique musical du *New York Times*, Theodore Strongin, écrit:

> C'est non seulement au grand air *Dalla sua pace* que Monsieur Simoneau attribua intelligence et beauté sonore, mais aussi bien, et d'une façon toute particulière, au récitatif. Son articulation est emphatique — chaque consonne est bien projetée —, la ligne mélodique bien arquée, les niveaux d'intensité bien contrôlés, le tout sous le signe de la beauté, ce qui donne à son personnage une marque de distinction[1].

Et Louis Biancolli commente à son tour dans le *N. Y. World Telegram and Sun* du 19 octobre 1963:

> Léopold Simoneau, de Montréal, est un ténor dont la carrière et la grande renommée ne le cèdent en rien à qui que ce soit du monde lyrique de l'heure présente. Maintes fois dans le passé, j'ai exprimé dans mes écrits l'espoir qu'il viendrait au Metropolitan Opera. Hier soir, il y était, faisant ses débuts dans le rôle d'Ottavio. L'auditoire le reconnut immédiatement pour tout ce qu'il est, c'est-à-dire un artiste doué d'une voix phénoménalement séduisante et d'un sens artistique équivalent.
>
> Avec quelle rapidité un auditoire ne saisit-il pas cette qualité qu'est la grandeur! On l'éprouvait dans le flot sonore et aisé de sa voix, dans la maîtrise du style, dans son phrasé radieux. Il me fit penser à Bonci, McCormack, Schipa, à ces maîtres du chant gracieux. Simoneau était donc enfin là où on l'espérait depuis longtemps et où il eut toujours sa place[2].

Comment expliquer que Léopold Simoneau, déjà applaudi en Europe et en Amérique du Sud, connu des mélomanes et des circuits de concerts à travers les États-Unis, invité fréquemment par le Philharmonique de New York, enregistré par les meilleures firmes de disques, et ayant participé aux grandes soirées Mozart de l'Opéra de Chicago, comment donc expliquer qu'il ait chanté au Met en fin de carrière?...

«Le Metropolitan m'avait invité précédemment à plusieurs reprises, et, durant l'année du bicentenaire de Mozart en 1956, Bruno Walter et Rudolf Bing voulaient que je chante Tamino dans la production de *La Flûte enchantée,* mais j'avais des contrats en Europe jusqu'en 1959. Finalement, mon agent de Columbia, Nelly Walter, accepta l'offre pour le *Don Giovanni* en 1963. Je ne voulais pas terminer ma carrière sans avoir chanté au Met et je considérais que ce serait ma dernière conquête. Pour un chanteur, c'est un couronnement... Il est impossible de compléter une grande carrière sans avoir chanté sur la première scène américaine.

«La production de *Don Giovanni* n'était pas récente — elle était déjà vieillotte et remontait à 1952 —, mais, vocalement et musicalement, elle était d'un niveau de très grande classe. Les critiques ont été excellentes et très enthousiastes. À la suite des représentations de ce *Don Giovanni,* le Met m'a fait une offre permanente, et ce, juste au moment où nous décidions de nous fixer définitivement au Canada. L'offre était pourtant très alléchante, mais nous aurions dû nous fixer à New York, encore en sous-location... La salle du vieux Met se prêtait admirablement aux sonorités de la musique de Mozart. L'ironie du sort a voulu que Pierrette y chante dans les premières années de sa carrière tandis que moi j'y chantais durant les dernières années, et mes derniers Don Ottavio.»

À New York, la musique française a toujours eu un large public de connaisseurs, que ce soit à l'opéra ou au concert. Plusieurs musicologues, sortis des universités américaines et ayant fait des séjours d'études en France, deviennent des spécialistes recherchés et souvent leur travail est à l'origine de publications de référence. En juillet 1965, sous les auspices du Philharmonique de New York, un French-American Festival présente trois semaines de concerts consacrées à la musique française, défendue par les artistes des deux côtés de l'Atlantique. Et ce qui put paraître extravagant à plus d'un organisateur de concerts fut de voir au programme une soirée en hommage à Rameau élaborée par le claveciniste Ralph Kirkpatrick. L'œuvre de Jean-Philippe

Rameau, contemporain de Bach, Haendel et Scarlatti, est encore loin d'avoir la reconnaissance qui lui est due, et le tricentenaire de 1983 n'a pas provoqué de lendemains glorieux. La témérité des organisateurs du French-American Festival de New York est donc à souligner. Le public du Philharmonic Hall est heureux de découvrir deux des cantates pour voix seules du grand maître français — *Le Berger fidèle,* interprétée par la mezzo-soprano Jennie Tourel accompagnée de deux violons, une viole de gambe et un clavecin, et *L'Impatience,* cantate pour ténor, clavecin et viole de gambe, avec Léopold Simoneau — et deux *Pièces de clavecin en concert* — la première et la cinquième — avec Ralph Kirkpatrick.

L'année suivante, Léopold Simoneau est de nouveau invité par le Philharmonique de New York qui présente un deuxième grand festival au Philharmonic Hall et rend hommage à Igor Stravinsky. L'hommage à Stravinsky est l'occasion de présenter à chaque concert les œuvres du grand maître d'origine russe. Le concert d'ouverture que dirige Leonard Bernstein présente «*Stravinsky and American Music*» — Barber, Copland, Reveltas — et se termine avec *Le Sacre du printemps.* Le second programme présente «*Stravinsky and the 18th Century*» et se compose d'arias de *Cosi fan tutte,* de deux œuvres de Stravinsky, *Pulcinella* (d'après Pergolesi) et un extrait de son opéra *The Rake's Progress,* les solistes du concert étant Élisabeth Schwarzkopf, Léopold Simoneau, la basse Raymond Michalski et les Camerata Singers d'Abraham Kaplan. Les 9 et 12 juillet, Ernest Ansermet, à la tête du New York Philharmonic, présente «*Stravinsky and French Music*», et des œuvres de Guillaume de Machaut (Hoquetus), le *Concerto pour orgue* de Francis Poulenc avec l'organiste français Pierre Cochereau, et des œuvres de Stravinsky dont *Perséphone* avec Léopold Simoneau et la narratrice d'origine française Yvette Mimieux.

«Le Festival Stravinsky de New York, raconte Léopold Simoneau, était le troisième grand événement consacré à ce compositeur auquel je participais. Déjà à Paris en mai 1952, j'avais été invité à chanter *Œdipus Rex* sous la direction de l'auteur à l'occasion du Festival du XXe siècle.

«Cet opéra-oratorio, comme le désigne Stravinsky lui-même, fut présenté cette fois en version presque totalement concert et fut mémorable pour des raisons très diverses; sur le plan musical, ce fut un triomphe. Interpréter un ouvrage majeur sous la direction de son créateur, surtout de la stature de Stravinsky, est un événement capital dans la vie d'un artiste. De plus, à cette occasion, le récitant n'était nul autre que Jean Cocteau, auteur du texte tiré de Sophocle et mis en musique par Stravinsky; le tout était accompagné par le majestueux Orchestre national de Paris. Nous étions donc, solistes et chœur, participants à un banquet musical et artistique unique.

«La direction de Stravinsky fut tout simplement extraordinaire, non pas qu'il eût une baguette très élégante ni claire, mais la communication de son langage musical par ses gestes de la main, du poignet, du coude, des épaules, de la tête et même du torse pour souligner les divers rythmes aux diverses sections de l'orchestre était en soi un spectacle fascinant; de plus, il avait une oreille que je dirais magique. Alors que la masse orchestrale pouvait se déchaîner pour un passage dramatique, il pouvait tout stopper et dire: "Attention, le basson, c'est un ré dièse que vous devez jouer et non un ré naturel; la flûte, vous êtes entrée un temps trop tôt...", etc. Pas question de camouflage ici, même quand une armée de camarades y va de tout son enthousiasme.

«Mémorable aussi cette performance pour une autre raison: à la scène dite de "la Peste à Thèbes", Cocteau, se servant d'un praticable assez élevé derrière l'orchestre, fit apparaître trois danseurs en collants aux couleurs vives, vert, jaune, rouge, qui devaient par leurs mouvements hystériques décrire les affres de la Thèbes mourante. La réaction du public ne se fit pas attendre: on commença par rigoler par-ci par-là et l'auditoire finit par huer copieusement cette participation jugée gênante au cours d'une exécution musicale si mémorable.

«Toujours au répertoire de Stravinsky, je fus souvent soliste dans *Perséphone:* au Philharmonique de New York sous la direction de Thomas Scherman, puis au Philharmonique de Los Angeles sous la direction de Zubin Metha, et une autre fois encore à New York sous la direction d'Ernest Ansermet, dont je garde un précieux souvenir: quelle noblesse au podium et quelle inspiration il était pour tous les participants; il savait tirer de l'orchestre des sonorités très claires, transparentes même, et qui servaient admirablement bien cette œuvre de Stravinsky. Ce qui ne gâtait rien également, c'est que nous étions tous inspirés et ravis par la grâce et la beauté de la narratrice française Yvette Mimieux...»

Le nombre de récitals, conjoints ou individuels, ne se compte pas dans la carrière des Simoneau. Les sociétés musicales les plus anciennes d'Amérique du Nord rivalisent entre elles pour afficher en exclusivité le célèbre couple. Après les succès de Montréal et Québec des premières années, une des sociétés de musique de chambre les plus anciennes au Canada, le Winnipeg Women's Musical Club (1894), invitait Léopold Simoneau en 1951. Boston fut la ville américaine qui l'invita le plus fréquemment, et il fit, au New England Conservatory of Music, des *master's classes* d'interprétation de lied et de mélodie. Invité dès 1948 avec Jean-Marie Beaudet au Club musical des Dames à Québec, Léopold Simoneau y retournait dix ans plus tard pour un récital conjoint avec Pierrette Alarie et le pianiste Allan Rogers, le 13 février 1958.

Le 2 mars 1959, Pierrette Alarie et Léopold Simoneau étaient à nouveau applaudis à l'Université de Montréal, et Germaine Bernier écrivait dans *Le Devoir* du 7 mars 1959:

> Un concert inoubliable. Un des moments de l'histoire musicale de la métropole à consigner au livre d'or. Tout le programme était à applaudir mais comment ne pas mettre à part les quatre mélodies inédites de Debussy chantées par Pierrette Alarie? Quelle musicalité fluide, cristalline, étonnante dans son écriture bien particulière. Quand les entendrons-nous de nouveau, ces perles égrenées sur un rayon de lune, un nocturne plein d'étoiles, un jet d'eau mélancolique qui pleure dans le silence de minuit? Peut-être jamais plus. Mais si, d'aventure, ils repassent dans quelque soir musical, ce sera toujours la voix de Pierrette Alarie, qui les a créées ici, qui reviendra en mémoire d'abord.
>
> Avec Pierrette Alarie et Léopold Simoneau, et les beaux compositeurs qu'ils nous ont présentés, l'âme de la musique nous a visités vraiment dans une perfection pas souvent rencontrée. Cette perfection du chant qui peut parfois rendre le don des larmes à qui l'avait perdu et qui peut aussi, inversement, apporter consolation à celui qui s'y trouve noyé.

Et le 2 juillet 1960, à l'occasion de l'année de l'inauguration de la salle de concert du camp Orford pour les Jeunesses musicales du Canada (J.M.C.), le couple Alarie-Simoneau chante devant un public composé de jeunes musiciens, de professeurs et de mélomanes venus des quatre coins de la province. Avant la construction de la salle qui portera le nom du fondateur du mouvement Jeunesses musicales du Canada, Gilles Lefebvre, les concerts avaient lieu dans un des bâtiments du camp ouvert dans le parc national du Mont-Orford, le 20 août 1951. Au début, une vingtaine de jeunes campeurs musiciens étaient inscrits aux cours donnés par les maîtres du Conservatoire de Montréal. Puis les maîtres français furent invités et une génération de musiciens québécois eut le privilège de travailler avec Christian Lardé et Marie-Claire Jamet, Ida Presti et Alexandre Lagoya, René Benedetti, Pierre Sancan, Paul Tortelier et Vlado Perlemuter. Les concerts pouvaient accueillir deux cents personnes bien serrées sur des chaises inconfortables dans la salle du pavillon central, qui servait à la fois de dortoir pour les filles, de salle de répétition et de hall d'exposition.

Le 31 juillet 1958, deux ans avant la construction de la nouvelle salle, les Simoneau attirèrent tellement de monde pour leur récital qu'il fallut ouvrir les fenêtres du bâtiment et asseoir le public sur les pelouses environnantes. La nouvelle salle Gilles-Lefebvre sera inaugurée officiellement le 20 août 1960 avec la création d'une œuvre de Clermont Pépin, *Hymne au vent du nord,* sur un poème d'Alfred Desrochers *(À l'ombre de l'Orford),* par Raoul Jobin, et l'orchestre sous la direction de Sir Ernest Mac Millan. La soirée se fera en présence du Premier ministre de la province de Québec, Jean Lesage, et sera retransmise par la télévision au cours d'une émission réalisée par Françoys Bernier. Cet été 1960 verra se succéder les grands noms de la musique de chambre et du récital. Pour leur concert du début de l'été, les Simoneau étaient accompagnés au piano par Allan Rogers, qui témoignera, vingt-cinq ans plus tard:

«C'est avec joie que je me souviens de ma collaboration artistique avec Pierrette Alarie et Léopold Simoneau, deux artistes, deux collègues, deux amis pour lesquels j'ai toujours eu le plus grand respect. Ils furent les premiers grands chanteurs professionnels que j'ai accompagnés. J'étais alors jeune pianiste et je n'avais travaillé qu'avec des artistes de mon niveau.

«Leur dévotion à la musique qu'ils interprétaient était très grande. Ils possédaient une solide formation musicale et aspiraient à la performance idéale; le moindre détail écrit par le compositeur était scrupuleusement respecté. Léopold, déjà reconnu comme le plus grand ténor mozartien du moment, avait mérité ce titre grâce à ses inlassables recherches pour la compréhension et la maîtrise de ses rôles. C'est ce qui explique sa popularité auprès des chefs d'orchestre et des maisons d'opéra.

«Il est tout à fait superflu de commenter leur inébranlable discipline d'étude et de travail. Ils étaient sincèrement modestes tout en étant conscients de leur valeur. Avec les années, nous étions devenus intimes au point qu'ils n'hésitaient plus à discuter en toute franchise de leurs problèmes vocaux avec moi et des solutions pour les corriger.

«Au cours des premières années de notre collaboration, nous étions souvent en tournées de récitals; leur constant respect et leur amitié furent pour moi, si timide à l'époque, indiciblement précieux... En plus de cimenter notre amitié, les dix-sept années de notre collaboration l'ont considérablement augmentée. J'éprouvais un profond sentiment d'admiration envers Pierrette pour son entier dévouement à l'endroit de Léopold; épouse, et plus tard mère, je sais qu'elle dut faire maints sacrifices sur le plan de sa carrière.

«Nos dernières années de collaboration virent une croissance d'activité consacrée à l'enseignement, surtout de la part de Léopold. Encore là, c'est avec le plus grand souci d'adéquate préparation qu'il assuma cette tâche, en consultant les traités des plus grands maîtres du passé. Je pourrais m'étendre longuement sur une année en particulier où il donna des cours de maîtrise au New England Conservatory of Music de Boston pour lesquels je fus son assistant. Ce fut pour moi une nouvelle orientation et le début de ma propre carrière dans l'enseignement comme répétiteur, une fonction que j'exerce maintenant depuis vingt ans et dont je dois à Léopold l'immense satisfaction que j'en retire à chaque jour.»

Allan Rogers était un accompagnateur très recherché par les plus grands récitalistes et, en plus des Simoneau, il a fait de nombreux concerts et récitals avec Jennie Tourel et Jan Peerce. Il est le pianiste accompagnateur des disques de Debussy, Ravel et Duparc de Pierrette Alarie et Léopold Simoneau. Aujourd'hui, Allan Rogers est professeur agrégé à l'université de Boston.

Le 5 août 1962, le Festival de Stratford du Canada invite Léopold Simoneau à participer à un concert consacré à Mendelssohn aux côtés des grands solistes: Glenn Gould, piano, Oscar Shumsky, violon, Leonard Rose, violoncelle, et les membres du

National Festival Orchestra. Léopold Simoneau et Glenn Gould présentent, au Festival Theatre, un groupe de sept lieder dont l'un, *Italien*, est attribué à Fanny Mendelssohn. Le Festival de Musique de Stratford 1962 s'étend du 18 juin au 29 septembre et, durant ces mois d'été, la musique et le théâtre shakespearien se côtoient. La programmation musicale est coordonnée par Victor Di Bello et les artistes canadiens y ont une large part, les noms de Lois Marshall, Léopold Simoneau, Glenn Gould voisinant avec ceux de la soprano Ilona Kombrink, du jeune pianiste Marek Jablonski, et de plusieurs autres. Le Festival de Stratford connut ses heures de gloire et sa qualité hautement professionnelle ne s'est jamais démentie. Il fut un haut lieu de la musique et du théâtre en Amérique du Nord et quelques excellents acteurs shakespeariens furent invités au Festival Shakespeare à Stratford-on-Avon en Angleterre, tel Christopher Plummer.

L'homme de théâtre montréalais Jean Gascon, fondateur du T.N.M. (Théâtre du Nouveau-Monde) et metteur en scène lyrique, assuma la direction artistique, section théâtre, du Festival durant de nombreuses années. Il travailla fréquemment avec le couple Alarie-Simoneau pour des productions montréalaises, et il témoigne:

«J'ai connu Pierrette et Léopold dès les débuts de leurs carrières. D'abord en Europe lorsqu'ils étaient à Paris et qu'ils chantaient au Festival d'Aix-en-Provence. Puis par la suite à Montréal où nous avons travaillé fréquemment ensemble au théâtre ou à la télévision. Je les aimais et je les respectais beaucoup. Je me souviens de l'*Œdipus Rex* que j'ai fait avec Léopold. On l'avait affublé d'une perruque bleue affreuse; la télévision étant en noir et blanc, les dégâts furent donc limités... Pierrette était très douée et avait un sens inné du théâtre. Je dirais qu'elle était plus à l'aise que Léopold, toujours un peu raide.

«Avec elle, j'ai fait une de mes plus pétillantes mises en scène de télévision pour les émissions de *L'Heure du concert* avec *La Vie parisienne* d'Offenbach. Elle était entourée de jeunes comédiens qui sont devenus par la suite les premières vedettes du théâtre montréalais. Tout ce beau monde dansait le french-cancan et chantait fort bien. De plus, le public était invité à assister à l'enregistrement, ce qui ne s'était encore jamais vu... Cette émission est vraiment un document d'archives, et je dirais un classique de notre télévision.

«Peu après, j'ai été invité comme directeur artistique du Festival de Stratford, le plus grand festival shakespearien de cette époque. J'étais le premier directeur canadien à y être invité, et canadien-français de surcroît, dans ce fief anglophone par excellence. J'y ai introduit le répertoire français et nous avons fait un festival Molière. Gabriel Charpentier est venu quelque temps après. En plus du théâtre, il y avait une programmation de concerts et d'opéras. Plusieurs artistes canadiens y ont acquis la renommée. Jon Vickers y a fait ses débuts dans la première en Amérique du Nord de l'œuvre de Britten *The Rape of Lucretia,* en 1956. J'ai également fait plusieurs mises en scène d'opéras. Je n'étais pas encore arrivé à Stratford lorsque Léopold est venu pour la première fois mais je me souviens de sa dernière interprétation en concert de Belmonte; c'était aussi beau qu'au premier jour... Pierrette et Léopold étaient des interprètes de grande classe et ils ont laissé un excellent souvenir partout où ils sont passés.»

Et Léopold Simoneau, en se souvenant de sa collaboration avec Glenn Gould, raconte:

«J'étais grippé et plutôt mal en point ce jour-là. Alors Glenn, qui avait un sens du théâtre, a simulé à son tour un mal de gorge en se couvrant d'un foulard de laine et en demandant d'une voix demi-éteinte à l'auditoire de nous excuser tous les deux, ce qui a créé une détente dans la salle et du coup m'a décontracté... C'était un musicien merveilleux et ses possibilités n'avaient pas de limites. J'aimerais bien qu'on puisse retrouver un enregistrement de ce concert, peut-être dans les archives de Radio-Canada à Toronto. Les participants étaient tous de grands solistes qui se retrouvaient avec bonheur à Stratford. Notre compatriote Jean Gascon y a fait également un travail très apprécié et peu connu du milieu québécois. Devra-t-on toujours parler de nos deux solitudes?...»

En 1958, la ville de Vancouver, située géographiquement sur la côte ouest du Canada et séparée des autres provinces par la barrière naturelle des Rocheuses, rêvait d'un festival international. L'idée enchanta plus d'un mélomane mais ce n'est que vingt-huit ans plus tard que, grâce à l'Expo 86, cette ville du Pacifique acquerra une résonance universelle. «C'était trop tôt», diront les témoins de ce premier essai. Néanmoins, la programmation est prestigieuse et peut susciter l'envie des festivals américains, encore peu nombreux à cette époque. Ainsi, en 1958, pour l'inauguration du Festival, qui s'étend du 19 juillet au 16 août, le directeur artistique, Nicholas Goldschmidt, fait appel au grand chef d'orchestre Bruno Walter, qui dirige l'orchestre du Festival et Maureen Forrester dans la *Rhapsodie pour alto* de Brahms à l'Orpheum Theatre. C'est le succès assuré et le public enthousiaste sera fidèle aux spectacles et concerts qui offrent danse, jazz, musique de chambre, mime (Marcel Marceau), récitals, et trois représentations de *Don Giovanni* avec une distribution presque entièrement canadienne et Joan Sutherland (Donna Anna) qui fait ses débuts américains après Covent Garden et Glyndebourne. Et ce sont également les débuts en Amérique du Nord du célèbre metteur en scène Gunther Rennert et d'Ita Maximovna, responsable des décors et des costumes.

Cet été-là, à Vancouver, quelques jeunes artistes canadiens invités en sont à leur début de carrière. Ils feront par la suite la gloire de leur pays et leurs discographies respectives demeureront un témoignage de leur art pour les générations futures. Le pianiste Glenn Gould — déjà considéré comme *«one of the most written-about and lauded young artists of our time»* —, qui interprète les *Variations Goldberg,* est soliste à un concert Bach que dirige John Avison avec la collaboration de Lois Marshall, et joue le *Concerto No. 2* de Beethoven sous la direction d'Irwin Hoffman. Le ténor Jon Vickers, qui vient d'être acclamé dans *Don Carlo* à Covent Garden, participe à l'audition du *Requiem* de Verdi que dirige William Steinberg. Les récitals affichent Lois Marshall et le pianiste Weldon Kilburn, Maureen Forrester et John Newmark, Pierrette Alarie et Léopold Simoneau qu'accompagne John Newmark dans des œuvres de Mozart, Schubert, Debussy, Pierre Vellones, Schumann. Et, avec le concours de Radio-Canada, dix-huit événements musicaux sont retransmis sur les ondes à travers le Canada et sont peut-être conservés dans les archives sonores de Radio-Canada à Toronto. Le Festival international de Vancouver de 1958 fut incontestablement un succès public inégalé mais connut cependant des lendemains financiers douloureux.

«Nous découvrions ce paradis du Pacifique, une ville en pleine effervescence, diront les Simoneau. Nicholas Goldschmidt avait réussi le coup de maître de faire venir Bruno Walter. Déjà, en 1946, lorsqu'il était répétiteur à l'Opéra de La Nouvelle-Orléans, Nicholas Goldschmidt avait mentionné son désir de venir vivre au Canada, où il voyait beaucoup de possibilités pour le développement culturel et musical, tant au concert qu'à l'opéra. À Toronto, où il s'est fixé, il devint le premier directeur musical de la CBC Opera Company et de l'Opera Festival Association. Il nous a invités à plusieurs reprises.

«Niki, comme nous l'appelions tous, est un organisateur et un promoteur d'artistes unique au Canada. Il possède le flair indispensable pour le choix du répertoire et des artistes. Comme professeur d'interprétation du lied allemand et répétiteur d'opéra, il a été à l'origine des carrières de plusieurs chanteurs, particulièrement celles de Teresa Stratas et de Jon Vickers. Il est, depuis 1967, directeur artistique de l'Edward Johnson Music Foundation. Il est encore très actif et, en plus des festivals de Guelph et du Sault Sainte-Marie, il est un des responsables de la Fondation et du Prix Glenn-Gould.

«À Vancouver, en plus des événements musicaux exceptionnels, le Festival voulait souligner le centenaire de la Colombie britannique et Lister Sinclair avait écrit le texte et la musique de *The World of the Wonderful Dark* qui connut un grand succès. Il y avait également un festival de films, des expositions de tableaux, de livres, des colloques à l'auditorium de l'université, dont un qui suscita un vif intérêt: *"The Responsibilities of a Critic"*...»

Vingt ans plus tard, les Simoneau retrouveront l'ouest du Canada et s'y fixeront. Auparavant, ils auront à gravir les dernières marches de la renommée. Leurs voix, qui ont fait le bonheur et les grandes joies des mélomanes pendant trente ans, sont gravées pour les générations futures et une discographie prestigieuse est toujours disponible. Les archives sonores des radios, rendues publiques avec de nouveaux moyens techniques, font à nouveau le ravissement des connaisseurs.

---

1. *«Mr. Simoneau invested not only his big aria,* Dalla sua pace, *with intelligence as well as beauty of sound, but also the recitatives, notably so. His emphatic enunciation — every consonant is present — the arch of melodic phrase, the carefully controlled changes in intensity, in quality. All these made Mr. Simoneau's Don Ottavio a distinguished one...»*

2. *«Léopold Simoneau, of Montreal, a tenor whose scope and range are second to none on today's operatic circuit. I had hoped time and again in print he would be at the Met. Last night he was there for the first time as Don Ottavio. The house immediately recognized him for what he was,*

a man gifted with a phenomenally appealing voice and the artistry to match.

«How quickly an audience senses the quality of greatness! It was in Simoneau's effortless flow of tone, command of style, radiance of phrase. He made me think of Bonci, McCormack, Schipa, of the masters of soft. Simoneau had at last come where he had long been wanted and always belonged.»

La création française du
Libertin de Stravinsky
à l'Opéra-Comique, en 1953.
Avec Janine Micheau.

Dans le rôle de Lakmé.

Dans le rôle de Leila
des **Pêcheurs de perles,** à
l'Opéra-Comique.

Saison 1949-1950:
La Flûte enchantée. Premier Tamino
de Léopold Simoneau
à l'Opéra de Paris, rôle qui
lui ouvrira les portes du
Festival d'Aix-en-Provence.

TEATRO ALLA SCALA

ENTE AUTONOMO
STAGIONE LIRICA 1952-53

MERCOLEDI 28 GENNAIO 1953 · alle ore 21 precise

PRIMA RAPPRESENTAZIONE

di

DON GIOVANNI

Dramma giocoso in due atti di L. DA PONTE

Musica di

WOLFGANG A. MOZART

PERSONAGGI E INTERPRETI

Don Giovanni, giovane Cavaliere, estremamente licenzioso . MARIO PETRI
Donna Anna, promessa sposa al Duca Ottavio . . . . CARLA MARTINIS
Il Commendatore, padre di Donna Anna . . . . . MARCO STEFANONI
Il Duca Ottavio . . . . LEOPOLD SIMONEAU
Donna Elvira, dama di Burgos, abbandonata da Don Giovanni . ELISABETH SCHWARZKOPF
Zerlina, contadina, promessa sposa a Masetto . . . . ALDA NONI
Leporello, servo di Don Giovanni . . . . . . SESTO BRUSCANTINI
Masetto, contadino . . . . ROLANDO PANERAI

Contadini e contadine - Servi e suonatori

L'azione si svolge a Siviglia - Epoca: metà del secolo XVII

Maestro concertatore e direttore

HERBERT v. KARAJAN

Regia di HERBERT v. KARAJAN

Maestro del coro VITTORE VENEZIANI   —   Direttore dell'allestimento scenico NICOLA BENOIS

Bozzetti e figurini di WILHELM REINKING

Scene realizzate da VINCENZO PIGNATARO

Capo del servizio macchinismi di scena: AURELIO CHIODI - Capo del servizio elettrico e luci: GIULIO LUPETTI - Capo del servizio sartoria: ARTURO BRAMBILLA
Attrezzi: Ditta E. RANCATI & C. di SORMANI e PIAZZA SORMANI - Calzoleria: Ditta PEDRAZZOLI - Parrucche: Ditta FELICE SARTORIO

PREZZI

PLATEA

Poltrona . . . . L. **8000** { compreso
Poltroncina . . . . . . → **5000** \ l'ingresso

PALCHI esauriti in abbonamento

Ingresso . . . . L. **2500**

Poltroncina centrale di I° fila di Prima Galleria . . L. **1500** compreso l'ingresso
Prima Galleria: Posto numerato compreso l'ingresso L. **900** — Ingresso L. **300**
Seconda Galleria: Posto numerato compreso l'ingresso L. **600** — Ingresso L. **200**

A tutti i prezzi suesposti va applicato il diritto erariale 15 % e l'I.G.E. 3 %

IN PLATEA NON VI SONO POSTI IN PIEDI

È prescritto l'abito da sera per la Platea e per i Palchi

Durante l'esecuzione delle Spettacolo è vietato accedere alla Platea e alle Gallerie. È pure vietato muoversi dal proprio posto prima della fine di ogni atto
Gli indumenti e gli altri oggetti depositati alle guardarobe non possono essere ritirati che negli intervalli tra gli atti o alla fine dello Spettacolo.
Il pubblico è pregato di uniformarsi alle disposizioni che vietano i "bis,,
Per disposizione prefettizia è assolutamente vietato agli spettatori di accedere a qualsiasi posto della Sala, (Platea o Gallerie), con cappelli, soprabiti, pellicce, bastoni, ombrelli e simili
Per disposizione del regolamento sulla vigilanza dei Teatri il pubblico può lasciare la sala, alla fine dello spettacolo, da tutte indistintamente le porte d'uscita

Il Teatro si apre alle ore 20,15 · Le Gallerie si aprono alle ore 20

Un des sommets de la brillante carrière du ténor Léopold Simoneau (Milan 1953).

Lily Pons, légendaire Lakmé, et Léopold Simoneau (Gérald) réunient en 1958.

L'année 1956,
année du Bicentenaire Mozart,
marqua les débuts
de Léopold Simoneau au Festival
de Salzbourg.
Ici avec Élisabeth Grümmer.

Un **Don Giovanni**
historique à la Scala de Milan,
avec Herbert von Karajan (1953).

La Traviata en 1954, l'année
des débuts
de Maria Callas en Amérique
du Nord, à Chicago.

Avec Élisabeth Schwarzkopf
dans **Cosi fan tutte**, au
Lyric Opera de Chicago
en 1959.

Dans l'ordre: Françoys Bernier,
Gilles Potvin, Otto
Joachim, Léopold Simoneau,
Henri Bergeron.
Karl Engel est au piano.

Les pionniers de la télévision
de Radio-Canada
dans L'Heure Espagnole (1955).
De gauche à droite:
Jean-Paul Jeannotte, Gabriel
Charpentier, Pierre Mercure,
André Rousseau, Pierrette
Alarie, Gilles Lamontagne,
Jean Beaudet, Jean-Pierre
Hurteau, Jan Doat
et Marie-Thérèse Paquin.

Festival de Salzbourg (1959).
Pierrette Alarie (au centre)
chante dans **la Femme silencieuse**
de Richard Strauss,
avec Hilde Guden, Fritz
Wunderlich et Herman Prey.

Radio-Canada (1956).
Cosi fan tutte
avec Robert Savoie, Yoland
Guérard, Colette Merola,
Marguerite Lavergne et
Léopold Simoneau.

Début au Met, en 1963.
C'est une des dernières fois où
Léopold Simoneau
interprétera Don Ottavio.

À L'Heure du Concert,
le 9 mars 1961, **Orphée**
de Gluck. Léopold tient le rôle
d'Orphée et Pierrette
celui d'Eurydice.

Idomeneo de Mozart
(Idamante).
Festival de Glyndebourne, en 1951.

Un grand moment
de la télévision
(1959): **La voix
humaine** de
Cocteau-Poulenc.

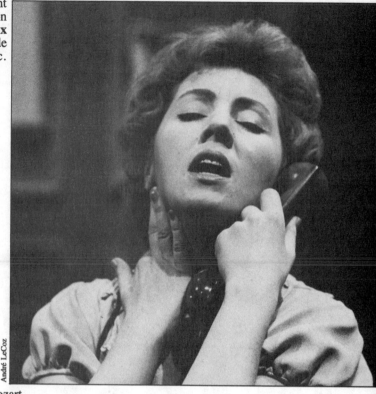

André LeCoz

L'Impresario de Mozart
avec Claire
Gagnier, Jean-Paul Jeannotte
et Pierrette Alarie.

André LeCoz

Le dernier enregistrement
du couple,
avec le chef d'orchestre
Mario Bernardi (1970).

Les Simoneau
dans leur chère maison
de Saint-Bruno,
en 1967.

Le recteur de l'université Laval,
M. Larkin Kerwin,
remet un doctorat honoris causa
à Léopold Simoneau (1973).

Diplôme d'honneur décerné
par la Conférence
Canadienne des Arts et remis
par le Gouverneur
général Edward Schreyer (1983).

Grand-maman Alarie avec
sa fille, son gendre
et ses deux petites-filles,
Isabelle et Chantal (1957).

Vingt-six ans plus tard,
la famille
Simoneau à Victoria,
en Colombie-Britannique,
dans leur nouveau ''home''.

Avec leur pianiste Allan Rogers
tels que notre
mémoire les conserve,
eux que l'on
surnommait affectueusement,
Monsieur et Madame Mozart.

QUATRIÈME PARTIE

16.

«L'Heure du concert»

a la ri si mo no si mo no a la ri

Cela sonne bien. Comme des cloches.
Il ou elle se mélange. Ils s'ajustent. Ils chantent.
Entre deux voyages, trois avions, quatre hôtels,
ils chantent.
Entre masques et tréteaux, ciments de studio,
projecteurs éclatants, maquillages lourds, costumes
extravagants, caméras indiscrètes, microphones,
magnétophones, camarades, ils chantent.
De risques en risques, de jours en années,
de partitions en partitions, de pays en pays,
Monteverdi, Bach, Haendel, Couperin, Rameau, Gluck,
Haydn, Mozart, Mozart, Mozart, Beethoven,
Berlioz, Schubert, Schumann, Brahms, Gounod,
Offenbach, Delibes, Bizet, Massenet, Fauré, Debussy,
Ravel, Poulenc, Stravinski, toute la musique, ou presque.
Des risques, des pays. Et l'extrême politesse
de rendre normales des choses aussi difficiles.
Ils ont été notre voix, nos larmes, nos rires, notre goût.
Perpétuellement, ils ont exigé d'eux-mêmes de

190

se dépasser. Et ils continuent différemment.
Ils se fixent dans leurs neiges, leurs fleurs d'été,
leurs feuilles rouges, leurs filles, leur Saint-Bruno
en Québec. Enfin, ils pourront aller au concert,
tranquillement. Ils sont ce qu'ils ont voulu être.
Je me souviens... oh cette Voix humaine...
je vous ai dans mes bras, vous veniez de mourir...
*je me souviens... d'*Aix-en-Provence, et c'était Orphée,
un 22 août... je me souviens... cette folle Gabrielle
de La Vie parisienne... *je me souviens... Ottavio,*
Belmonte, Ferrando... je me souviens... Constanze...
je me souviens... un disque, un autre disque...
je me souviens... je me souviens...
Mon Dieu! serais-je mué en devise, et pourquoi
parlerais-je ainsi du passé quand ils sont notre présent?

Gabriel Charpentier — Place des Arts, Montréal.

Rarement témoignage à deux artistes canadiens a-t-il été fait avec autant de chaleur et d'amitié. Gabriel Charpentier, esthète, musicien, compositeur, poète, organisateur de programmes et conseiller artistique pour les émissions musicales télévisées de Radio-Canada de 1953 à 1979, a été témoin de l'évolution des carrières de toute une génération de chanteurs canadiens. Pionnier des premières heures de la télévision montréalaise, il fut le conseiller d'une équipe de réalisateurs qui étaient, la jeunesse aidant, des novateurs dans le domaine des communications. Pour la plupart, ils apprirent leur métier sur le tas et, pendant les dix premières années de son existence, la télévision de Radio-Canada, avec ses émissions culturelles, fut à l'avant-garde et l'une des plus créatrices au monde. Elle devint le gagne-pain des artistes d'après-guerre, qu'ils fussent musiciens, artistes lyriques, comédiens, peintres, cinéastes, écrivains ou artistes de variétés. L'enthousiasme de la jeunesse suscita la création de chefs-d'œuvre de la musique, du théâtre, de la danse, et toute la communauté artistique s'enrichit au contact des uns et des autres. Les musiciens et les peintres apprirent à se connaître, quelques écrivains et poètes devinrent des hommes de théâtre et, à travers les images des émissions culturelles, le public s'élargit et la culture cessa peu à peu d'être élitiste.

Radio-Canada devint le tremplin des jeunes artistes et remplaça, pour les chanteurs, une maison d'opéra toujours inexistante. Jusque-là, seules les Variétés lyriques, avec un répertoire d'opérettes et d'opéras comiques, avaient favorisé l'épanouissement des talents locaux. Le sort voudra que ce soient elles qui perdent leur public devant l'évolution de la télévision et les possibilités financières dont elle disposait à cette époque. Le public délaissa temporairement les salles de concert, de théâtre et de cinéma. Il voulait voir ses «vedettes» à la télévision.

La programmation musicale s'élabora sur plusieurs séries, dont *L'Heure du concert,* la plus luxueuse et la plus audacieuse dans le choix des œuvres. Elle donna lieu à de nombreuses premières auditions nord-américaines. Dès les débuts, la jeunesse fut favorisée par une série qui lui était consacrée, *Concerts pour la jeunesse,* puis suivirent les séries *Musiques folles des années sages, Les Beaux Dimanches* et *Récital.* En 1953, Gabriel Charpentier, Pierre Mercure et Noël Gauvin formèrent l'équipe de la première heure, à laquelle se joignit, l'année suivante, Françoys Bernier. C'est le 14 janvier 1954 que fut signée la première émission. La dernière sera datée du 31 mars 1966, peu de temps après la mort accidentelle de Pierre Mercure près d'Avallon, sur les routes de Bourgogne. Il avait signé quarante et une émissions de *L'Heure du concert,* intégrée par la suite à la série *Les Beaux Dimanches.*

Pierre Mercure fut un météore de génie dans la vie musicale canadienne et du Québec en particulier. Disparu trop tôt — il aurait eu 40 ans le 21 février 1966 —, sa véritable dimension musicale se révèle de plus en plus avec le recul des ans. Très tôt, son esprit moderne et novateur se concrétisa avec les artistes qui gravitaient autour du peintre Paul-Émile Borduas et que l'on surnomma les automatistes. Il participa alors à la création de ballets modernes avec de jeunes poètes, musiciens, peintres et danseurs tels que la chorégraphe Françoise Sullivan, le poète Claude Gauvreau et le peintre Jean-Paul Mousseau, qui signera les décors du *Château de Barbe-Bleue* de Bartók pour *L'Heure du concert* en 1962. Avant-gardiste avant l'heure au Québec, il avait aussi une très grande dimension lyrique et qui sait si, un jour, il n'aurait pas signé une grande œuvre lyrique; la *Cantate pour une joie,* sur des paroles de son ami et collaborateur Gabriel Charpentier, en laisse deviner les riches possibilités.

Il révolutionna les habitudes conservatrices du public montréalais en créant un festival de musique d'avant-garde, en août 1961, à la Comédie-Canadienne, la Semaine internationale de Musique actuelle, où les musiques de John Cage, Mauricio Kagel, Serge Garant, Yannis Xenakis, Karlheinz Stockhausen et Christian Wolff, entendues à Montréal pour la première fois, provoquèrent de larges remous dans la presse et les auditoires clairsemés, mais qui sera à l'origine de la S.M.C.Q. (Société de Musique contemporaine du Québec). Sa démarche artistique aux émissions de *L'Heure du concert* qu'il réalisa alliait théâtre, danse, peinture, sculpture, poésie et la voix humaine. Il augmenta son équipe avec les réalisateurs Jean-Yves Landry, Pierre Morin et Guy Parent. Il fera une large part aux artistes et aux compositeurs canadiens, ce qui ne l'empêcha aucunement d'inviter les plus grands de toutes les disciplines artistiques. La mort brutale de Pierre Mercure mit fin peu à peu à la plus grande époque créatrice de notre télévision d'État.

France Malouin-Gélinas, dans l'*Encyclopédie de la musique du Canada,* écrit:

> Et toutes les réalisations se signalaient par une haute tenue artistique et visaient à la communion la plus parfaite entre le son et l'image. Elle fut un terrain propice à la création sonore et visuelle sous toutes ses formes... De 1954 à 1966, la Société Radio-Canada présenta 207 émissions dans le cadre de cette série pour lesquelles furent conclus au total 13 957 engagements, dont 533 d'artistes étrangers et 13 424 d'artistes canadiens. Durant 13 saisons, 133 opéras complets ou extraits d'opéras et 133 ballets furent présentés. Le rythme des productions variait d'une saison à l'autre. De 1954 à 1957, l'émission fut offerte une fois par semaine; les saisons 1957-58, 1963-64 et 1964-65 proposèrent une émission toutes les deux semaines, incluant un opéra presque toujours complet par mois; de 1958 à 1963, une grande production, opéra ou ballet, était à l'horaire chaque mois; la saison 1965-66 vit la reprise du rythme d'une émission par semaine. Opéras ou extraits d'opéras, ballets nouveaux ou classiques, œuvres concertantes et récitals, musique pour orchestre, la plupart des productions, en noir et blanc, étaient réalisées en direct. Ce n'est que vers la fin de la série que l'enregistrement sur bande magnétoscopique fut adopté.

> Dès 1960, Pierre Mercure invita des chorégraphes qui allaient s'imposer par la suite, comme Alwin Nikolais et Merce Cunningham. En 1956, George Balanchine et le New York

City Ballet participèrent à l'émission, et allaient revenir à plusieurs reprises par la suite. Dès 1954, il avait engagé deux jeunes musiciens récemment sortis du RCMT (Conservatoire royal de musique de Toronto), Glenn Gould et Jon Vickers... Quelques productions affichèrent des distributions entièrement canadiennes, dont *L'Enfant et les sortilèges* de Ravel (réalisation Françoys Bernier, le 27 décembre 1956), émission présentée à Salzbourg à un congrès du Conseil international de la Musique sur «L'opéra à la télévision» (son et image)... En 1963, Pierre Boulez fit ses débuts au Canada, dirigeant *Le Sacre du printemps* de Stravinski et sa propre *Deuxième improvisation sur Mallarmé: Une dentelle s'abolit...*

Et, ultime réalisation de Pierre Mercure avant sa mort accidentelle, l'opéra *Toi (Loving),* texte anglais et musique de R. Murray Schafer avec paroles françaises de Gabriel Charpentier. Présenté à titre posthume le 3 février 1966, ce poème audiovisuel, conçu spécifiquement pour la télévision, avec chorégraphie de Françoise Riopelle, sous la direction de Serge Garant, constitue une date marquante dans l'histoire de la télévision canadienne et sera, pour ainsi dire, l'apogée de cette remarquable série de *L'Heure du concert.*

Pierrette Alarie fut invitée par Pierre Mercure dès janvier 1954 dans des extraits de *La Traviata*. Elle devint rapidement une des artistes les plus populaires du petit écran. Pour cette première émission, Pierrette Alarie reprend le rôle de Violetta qu'elle interprétait quelques années plus tôt pour les Variétés lyriques aux côtés de Léopold Simoneau, qui chantera Alfredo à l'Opéra de Chicago quelques mois plus tard, cette fois aux côtés de Maria Callas. Au cours de cette première saison, Pierre Mercure accueillit nos deux artistes pour une brillante émission d'extraits de *Manon* et, dès la seconde saison, il signera une des plus belles interprétations de Pierrette Alarie dans le rôle de Concepcion de *L'Heure espagnole* de Ravel, en dépit du fait que l'éminent metteur en scène Jan Doat s'était exclamé en voyant la toute blonde Pierrette pour la première fois: «Ça alors, ce n'est pas du tout la bonne femme qu'il me faut pour ce rôle!» Ce à quoi avait répondu Pierrette, stupéfiée: «On verra bien! Donnez-moi une chance, des répétitions, un bon maquillage et une perruque, et je deviendrai l'Espagnole que vous souhaitez.» Et c'est toujours au cours de cette seconde saison de télévision montréalaise qu'eut lieu cette mémorable intégrale de *Cosi fan tutte* avec une brochette d'artistes montréalais dont faisait partie Léopold Simoneau, et, exceptionnellement, en deux soirées.

«Pierre Mercure était énigmatique, nous dit Pierrette; il parlait peu, et ce peu se réduisait encore à quelques mots seulement. En dépit de notre longue collaboration, rares furent les occasions où nous avons fraternisé autour d'une table, devant un verre. Il nous semblait timide, peu sociable ou même tourmenté... Il mijotait sans doute une nouvelle création. Il ignorait le monde autour de lui et vivait dans son univers.

«C'est au moyen de la lentille de la caméra de télévision que Pierre dévoilait toute son éloquence, et, bien entendu, dans ses œuvres musicales. En dépit d'un art encore dans sa toute tendre enfance, les réalisations télévisées de Pierre Mercure atteignirent des niveaux d'excellence jamais dépassés. C'était la belle époque, où on prenait le temps nécessaire pour préparer une œuvre majeure et la présenter dans toute sa dimension.

«Pierre avait une patience d'ange et la détermination farouche d'obtenir le maximum de ses interprètes. Travailler sous sa direction n'était surtout pas une sinécure, mais chacun se soumettait volontiers à ses rigoureuses exigences, convaincu qu'il était d'en sortir grandi. Pour ma part, j'avais une immense admiration pour Pierre Mercure.»

Le réalisateur Noël Gauvin signera de grandes productions avec Pierrette Alarie, dont *L'Impresario* de Mozart, avec Claire Gagnier, que reprendra Pierre Mercure dix ans plus tard, des extraits des *Contes d'Hoffmann* aux côtés du ténor André Turp dans le rôle titre, et, avec Léopold Simoneau, des extraits de *L'Enlèvement au sérail,* avec Jean Deslauriers à la direction d'orchestre. L'œuvre sera reprise intégralement en 1967 dans une mise en scène d'Albert Millaire avec les jeunes chanteurs Louise Lebrun et Jean-Louis Pellerin, et le chef d'orchestre Otto Werner-Müller. Enfin, en février 1967, Noël Gauvin réalisera pour la série *Les Beaux Dimanches* un reportage filmé dans la résidence exclusive du couple. Pour cet événement, l'équipe entière de techniciens s'est retrouvée dans la montagne enneigée de Saint-Bruno, et le vaste salon se révélait un décor parfait pour ce concert intime offert aux téléspectateurs francophones.

«Nous avions préparé pour cette occasion, dit Pierrette, un programme varié et dans un style de musique de chambre: mélodies de Debussy et Poulenc, quelques lieder et un duo de Schubert, puis le quintette *La Truite* interprété par un groupe de musiciens montréalais. La toute sensible pianiste Janine Lachance y apporta sa précieuse collaboration. Les deux auditrices présentes et particulièrement remarquées à ce concert n'étaient nulles autres que nos sages fillettes, médusées par ce branle-bas de techniciens et musiciens. Enfin, cette émission télévisée fut complétée, en studio à Radio-Canada, par la longue scène du duo de la Rencontre du premier acte de *Manon,* avec un orchestre sous la direction de Jean-Marie Beaudet.

«Durant les premières années de la télévision, nous formions une grande équipe, presque une famille. Nous nous retrouvions aux émissions musicales et nous n'avions pas plus d'expérience les uns que les autres en ce nouveau moyen de communication. Nous étions jeunes et audacieux mais nous possédions déjà un métier sûr de la scène, ce qui a favorisé bien des miracles!...

«Les émissions étaient en direct, et quelquefois nous étions dans des décors en studio, rue Dorchester, et l'orchestre se trouvait à des kilomètres dans un autre immeuble. Nous travaillions des semaines sur les spectacles et tout était en place le soir de l'émission. Les costumes et les décors étaient fabriqués dans les ateliers de Radio-Canada et étaient très souvent de meilleure qualité que ce que nous avions vu dans les théâtres. Les années 50 ont été les plus actives de notre carrière et nous étions de plus en plus en demande à Montréal, tant à la radio qu'à la télévision, pour les grands spectacles télévisés ou les concerts et récitals. Nous avons travaillé avec les grands noms du théâtre à Montréal, les fondateurs du Théâtre du Nouveau-Monde (T.N.M.), Jean Gascon, Jean-Louis Roux, Guy Hoffman et Georges Groulx, puis Irving Guttman, Albert Millaire et Jan Doat qui enseignait l'art dramatique au Conservatoire à cette époque, sans oublier Maurice Sarrazin, du Grenier de Toulouse, que nous avions connu au Festival d'Aix-en-Provence.

«J'ajouterai que c'est sous son admirable direction d'acteur que j'ai fait *La Grande-Duchesse de Gérolstein,* au début de la saison 1958-59, avec deux mois de retard à l'horaire prévu. Françoys Bernier était le réalisateur de cette émission qui a connu un très grand succès populaire. Il en avait confié les décors à Jean-Claude Rinfret et la direction musicale à Wilfrid Pelletier. La musique d'Offenbach, vive, scintillante, spirituelle et jamais vulgaire, est remplie de trouvailles, comme l'air "Ah, que j'aime les militaires" que chante la grande-duchesse, ou l'air du Prince Paul, "Voilà ce que l'on dit de moi", la marche "Voici le sabre de mon père", transformée en duo puis reprise par le chœur, qui est la page la plus cocasse de toute l'œuvre... Le véritable style d'Offenbach n'est pas facile à trouver. Il faut être drôle sans trivialité, ironique sans surcharge, tout faire entendre sans pourtant ralentir le rythme. Nous avons eu tout cela avec Maurice Sarrazin...»

Le succès de *La Grande-Duchesse* connut des échos dans la presse locale et Jean Hamelin écrivait dans le quotidien montréalais *Le Devoir:*

> Deux artistes se sont surtout dégagés de la représentation, Pierrette Alarie et André Turp. Madame Alarie est une grande artiste, ce que nous savions déjà, en ce sens qu'elle apporte à chanter Offenbach la même ardeur, le même style et la même finesse d'interprétation que s'il s'agissait de Mozart ou de Vivaldi. Nous avons eu donc de sa part une exécution vocale sans reproche, un entrain de bon aloi et un raffinement d'expression peu commun.

> André Turp, à ses côtés, a été la révélation de la soirée. De ténor romantique, le voici transmué en ténor bouffe. Il a parfaitement compris son rôle et l'a rendu comme tel. Il a été un Fritz bonasse, peu intelligent, fat, bluffeur et assez sot comme doit l'être le personnage. Il a chanté excellemment et a joué la comédie de surprenante façon, donnant exactement la mesure de tous les sous-entendus que comporte son personnage. Ne serait-ce pas la meilleure chose qu'il ait faite jusqu'ici? Je serais porté à le croire.

Radio-Canada a été la meilleure école de formation de chanteurs qui ont fait, par la suite, carrière à l'étranger. Le ténor André Turp est de ceux-là, et c'est quelques années plus tard qu'il reprendra, ému, les bottes de son illustre compatriote Raoul Jobin dans le rôle de Werther à l'Opéra-Comique. Il chantera le rôle de Fritz à New York avec l'American Opera Society et le rôle de Jason aux côtés d'Eileen Farrell dans *Medea* de Cherubini à l'O.S.M. Au Covent Garden, il fut l'Edgardo de la Lucia de Joan Sutherland et il fut le partenaire de cantatrices comme Régine Crespin et Rita Gorr, Victoria de Los Angeles et Montserrat Caballé. Il chantera Werther près de cinq cents fois au cours de sa carrière mais laissa peu de disques qui pourraient témoigner qu'il fut un chanteur à la voix «noble, ardente, au timbre glorieux, d'un équilibre égal dans tous ses registres». Il résida en Angleterre pendant une vingtaine d'années et il rayonna dans divers pays d'Europe, d'Amérique du Nord et du Sud, avant de revenir à Montréal où il enseigne au Conservatoire l'art vocal et l'interprétation des chefs-d'œuvre du répertoire lyrique.

Pierrette Alarie et Claire Gagnier se partagèrent les premiers rôles. «Claire était plus souvent demandée par Françoys Bernier et moi par Pierre Mercure, dira Pierrette. Toutefois, nous avons souvent travaillé ensemble et je me souviens surtout de l'œuvre d'Arthur Benjamin, *Prima Donna,* où nous nous disputions la vedette, attitude évidemment contrastante avec la réalité. Mais nous avions si bien défendu nos rôles respectifs au petit écran que le public avait vu là la preuve d'une rivalité réelle...»

Un des points culminants de la carrière de Pierrette Alarie demeure l'interprétation bouleversante qu'elle fit de l'œuvre de Francis Poulenc *La Voix humaine,* sur un texte de Jean Cocteau, dans une réalisation de Pierre Mercure qui en avait confié la direction musicale à Jean-Marie Beaudet et la mise en scène à Jan Doat. Ce sera un sommet des émissions télévisées. Le 3 décembre 1959, *L'Heure du concert* présentait l'ouvrage en première nord-américaine. Cette émission exceptionnelle ne s'est pas réalisée sans entraves: de nombreux appels téléphoniques ont dû être échangés entre Paris et Montréal avant qu'on puisse obtenir les droits d'auteur, Francis Poulenc estimant que le rôle ne convenait pas à la voix et au caractère de Pierrette Alarie...

«Francis Poulenc, se souvient Pierrette Alarie, me connaissait depuis mes débuts au Festival d'Aix-en-Provence. Il voyait en moi une magnifique interprète de la sœur Constance des *Dialogues des carmélites,* mais tout à fait l'antipode du rôle de la pièce en un acte de Cocteau, qui est beaucoup plus intérieur et dramatique. Il voulait imposer aux responsables de l'émission la soprano française Denise Duval qui avait créé l'œuvre à Paris. Après maints pourparlers téléphoniques, il céda. Nous avons travaillé des jours et des jours, Jean-Marie Beaudet, Jan Doat, Pierre Mercure, Gabriel Charpentier et moi, pour bien assimiler l'esprit du texte et la finesse constante de la musique de Poulenc, afin de pouvoir tenir les auditeurs en haleine durant quarante-cinq minutes, car j'étais seule à défendre cet insigne ouvrage.

Nous avons fait un travail d'équipe très intense et les résultats ont été ce que nous espérions. Quelques semaines plus tard, je recevais une carte de Francis Poulenc qui m'écrivait de sa résidence de Noisay en Indre-et-Loire...

> *Madame,*
>
> *On me dit que vous avez accompli la prouesse de faire triompher* La Voix humaine *bien que cela ne soit guère dans votre tessiture — mais voilà ce que c'est que d'avoir du talent! Cela je le sais depuis longtemps et j'espère que vous serez bientôt la Constance des* Dialogues.
>
> *Encore merci, bravo! Avec tous mes vœux et mes sentiments les meilleurs.*
>
>

Francis Poulenc, 7/1/60.

«Comme quoi, ajoute Pierrette Alarie, les œuvres ont une vie tout à fait indépendante de leur auteur! *La Voix humaine,* c'est simplement l'histoire d'un téléphone. Une femme parle pour la dernière fois à celui qui a été son amant bien-aimé. C'est tout... Et pourtant rien n'est plus bouleversant que ces paroles banales qu'elle prononce, suspendue à son appareil...»

À la suite de ce triomphe, Pierrette recevait un trophée du Congrès du Spectacle en 1960 et un oscar de l'Union des Artistes en 1959 pour la meilleure chanteuse classique, les deux distinctions étant spécifiquement motivées par sa miraculeuse interprétation de *La Voix humaine* qui connut un grand succès public et souleva l'enthousiasme de la presse. On déplore la perte du document et que seul un extrait musical ait été conservé, «la scène du manteau», d'une durée de deux minutes et demie. Pour témoigner de ce grand moment musical de la télévision montréalaise, Marcel Valois, critique musical du quotidien *La Presse,* écrivait le 4 décembre 1959:

> Création digne de ce nom, *La Voix humaine* de Poulenc sur le texte dramatique de Jean Cocteau était un opéra destiné, semble-t-il, à être mis en valeur par la télévision. Madame Pierrette Alarie y a remporté, hier soir, un triomphe qui, au théâtre, aurait entraîné une bonne douzaine de levers de rideau. La parfaite musicienne qu'elle est s'est révélée là une artiste dramatique à l'autorité dépouillée donnant sans défaillance l'illusion de la réalité vécue. La partition est d'une richesse cachée, remplie de détails, revêtant le texte

d'un commentaire si souple qu'elle peut faire entendre de brèves mélodies comme épouser le ton de la conversation. L'interprète, seule et toujours en scène, a chanté et joué pendant quarante-cinq minutes sans que le téléspectateur ait eu une minute l'impression que ce rôle devait être écrasant. Un décor luxueux et parlant de tendresse encore toute chaude donnait un poids véritable à cette intime tragédie d'une femme délaissée. Sous la direction de Jean Beaudet, l'orchestre a été d'une finesse constante avec des crescendo puis des points d'orgue qui étaient impressionnants sans jamais tomber dans l'éloquence théâtrale, qui aurait été là un défaut. Au point de vue de l'enregistrement sonore, ce fut un miracle de netteté. On se demande où étaient placés tous ces micros qui permettaient d'entendre avec la même netteté Madame Pierrette Alarie qui avait à chanter couchée, appuyée à une table, la tête renversée sur un coussin, en marchant, tournant le dos, selon les exigences d'une mise en scène intelligemment réglée par Jan Doat.

On a peine à croire que *La Voix humaine* ne soit plus qu'un souvenir. Il faut que l'opéra de Poulenc-Cocteau soit repris comme on le fit pour *L'Enfant et les sortilèges*. En attendant, cette interprétation va rejoindre dans notre souvenir celle, si différente, de la même artiste dans *L'Heure espagnole*.

Deux chefs-d'œuvre du répertoire classique ont été mis à l'horaire par Pierre Mercure dans des décors et costumes d'un luxe inouï, des spectacles inoubliables confiés aux directions musicales de Jean-Marie Beaudet et Otto Werner Müller: *Orphée* de Gluck, le 9 mars 1961, dans une mise en scène réglée par Ludmila Chiriaeff, directrice-fondatrice des Grands Ballets canadiens, et *Les Fêtes d'Hébé* de Jean-Philippe Rameau, le 20 septembre 1964, dans une mise en scène de Jean Babilée. On en parle encore, mais que reste-t-il de tout cela, comme dit la chanson?... Quelques excellentes photos qui sont la propriété des artistes concernés. Et que reste-t-il des *CBC Wednesday Night;* d'*Hippolyte et Aricie* que Jean-Marie Beaudet dirigeait à deux années d'intervalle avec deux distributions entièrement canadiennes dont l'une comprenait Léopold Simoneau et l'autre André Turp dans le rôle d'Hippolyte; de l'*Alceste* de Gluck avec Simoneau; des *Caprices de Marianne* d'Henri Sauguet avec Pierrette Alarie, Claude Létourneau et Bernard Diamant?... Rien! Toutes ces belles heures sont éteintes à jamais. Curieusement, deux grandes opérettes avec Pierrette Alarie en vedette présentées à *L'Heure du concert* ont été sauvées du naufrage: *La Veuve joyeuse* de Franz Lehar, mise en scène par Georges Groulx dans une réalisation de Jacques Blouin, et *La Vie parisienne* d'Offenbach, mise en scène par Jean Gascon et réalisée par Pierre Mercure le 6 janvier 1963, et réunissant, autour de la «folle Gabrielle» de Pierrette Alarie, un groupe de comédiens «sachant chanter et jouer», et Françoys Bernier remplaçant en catastrophe Jean-Marie Beaudet, atteint d'une crise cardiaque, à la direction d'orchestre.

«Tout au long des répétitions, se souvient Pierrette Alarie, un pépin survenait à l'un ou à l'autre... Jean-Marie Beaudet avait eu une attaque au cœur et Françoys Bernier, qui était à cette époque directeur artistique de l'Orchestre symphonique de Québec, l'avait remplacé. Il avait eu un accident de ski peu de temps auparavant et il dirigeait avec une jambe dans le plâtre... Paul Berval avait été malade et moi je devais chanter avec les oreillons... Jean Gascon, alors directeur du T.N.M., avait réussi une mise en scène époustouflante et très drôle. Il avait fait appel à une pléiade d'excellents comédiens. On m'a dit dernièrement qu'un kiné double bande existait en assez bon état, quoique en noir et blanc, et que des fervents de l'art lyrique demandaient de temps à autre à le visionner. C'est aussi Jean Gascon qui a fait la mise en scène d'*Œdipus Rex* de Stravinsky avec Léopold, Elena Nikolaidi, Yoland Guérard, Jan Rubes, Jean-Paul Jeannotte et Robert Savoie pour la centième émission de *L'Heure du concert*, le 21 novembre 1956, que dirigeait Roland Leduc. Jean Gascon était un grand homme de théâtre et nous avons beaucoup de respect et d'amitié pour cet artiste un peu trop mis de côté au Québec.

«Jean Gascon et Jean-Louis Roux ont mis sur pied une troupe de théâtre de haute qualité professionnelle à une époque où les préjugés et les tabous entouraient le milieu des artistes et où c'était mal vu, aux yeux des bien-pensants, de monter sur les planches... Après des études de médecine, Jean Gascon avait renoncé à une belle carrière scientifique pour se consacrer entièrement au théâtre. Il a fait de grandes réalisations théâtrales au T.N.M. et à la télévision, et, pendant une quinzaine d'années, il fut directeur artistique au Festival de Stratford en Ontario. C'était une première dans la vie artistique canadienne de nommer un Canadien français dans un fief anglophone. C'est sans doute ce que nos compatriotes n'ont pas accepté. Allez savoir...

«C'est dans une mise en scène de Jean-Louis Roux que j'ai fait *Le Pauvre Matelot* de Darius Milhaud, musique que dirigeait merveilleusement Jean-Marie Beaudet. Et, sous la direction de Pierre Hétu, j'ai fait avec Gabriel Bacquier le premier acte des *Noces de Figaro* de Mozart dans une mise en scène et une réalisation de Peter Symcox. J'ai eu plusieurs occasions de chanter Mozart à la télévision, seule ou avec Léopold, en récital ou en concert, et je me souviens surtout de deux concerts réalisés par Jean-Yves Landry et Josef Krips à la direction d'orchestre. Pour l'un d'eux, je chantais l'*Exultate Jubilate*.»

Ce sera dans une réalisation de Pierre Morin que Pierrette Alarie fera sa dernière apparition à la télévision montréalaise dans un concert dirigé par le compositeur Serge Garant, le 8 novembre 1970, et ce sera dans une œuvre de Mozart, *L'Enlèvement au sérail,* que le couple Alarie-Simoneau offrira aux téléspectateurs montréalais une dernière fois le grand professionnalisme de leur art, Alarie chantant Constanze et Simoneau, Belmonte, le dimanche 24 septembre 1967.

Et le 2 avril 1971, dans un hommage à Jean-Marie Beaudet, décédé peu de temps auparavant, et que réalisait pour la radio Pierre Rainville, Pierrette Alarie témoignait, aux côtés des musiciens et collaborateurs des premières heures des émissions musicales de Radio-Canada, toute sa gratitude et son admiration envers cette grande figure, injustement négligée, de la musique au Canada.

Des années plus tard, les Simoneau se souviendront:

«Jean-Marie Beaudet, diront-ils, est une figure de proue dans la vie musicale montréalaise. Nous lui devons beaucoup. Premier directeur musical de Radio-Canada, il a été un pionnier de la musique à la radio et plus tard à la télévision. Il a consacré sa vie à défendre la cause de la musique au Canada, et s'il avait vécu en France comme il l'espérait en 1929 lorsqu'il était boursier, prix d'Europe pour le piano et l'orgue, il aurait sûrement fait une belle carrière internationale. Il était de la trempe des grands musiciens, et nous en avons côtoyé plus d'un...

«À Paris, il avait étudié avec Yves Nat, Marcel Dupré et Louis Aubert. Il possédait une sensibilité sans égale pour la musique française et il a été un des premiers pianistes, avec Léo Pol Morin, à jouer Debussy et Ravel au Canada. À *L'Heure du concert,* il a dirigé de grandes œuvres françaises aussi bien que des opérettes d'Offenbach. Il disait: ''N'oubliez pas que dans

Offenbach il y a Bach!...'' Il encourageait les compositeurs canadiens et il fit reconnaître la musique canadienne en Europe. Lors de tournées de récitals en Amérique du Nord, il accompagna Raoul Jobin, Georges Thill, Ezio Pinza, Marjorie Lawrence, Ninon Vallin, et nous deux...

«Il a été un des premiers témoins de notre carrière et il nous a dirigés fréquemment durant toutes nos années d'activités. Nous savions que Wilfrid Pelletier l'avait sollicité à plusieurs reprises pour aller défendre à ses côtés le répertoire français au Metropolitan de New York. L'inconnu l'angoissait et il préférait défendre la musique française chez lui, dans son pays, et aider les jeunes musiciens.

«Sa disparition a coïncidé avec une diminution des grands concerts et ouvrages lyriques présentés par Radio-Canada. Il serait juste qu'une salle de concert porte son nom à Montréal et qu'une discographie exhaustive lui soit consacrée. Jean-Marie Beaudet demeurera pour toute une génération de chanteurs, musiciens et compositeurs le musicien par excellence, et non pas un marchand de la musique. Il croyait en son art, il en vivait, et nous partagions cet amour. Nous ne le dirons jamais assez: il dirigeait avec amour et modestie...»

17.

Montréal

Princesse héritière de nos gloires internationales,
elle marche sur les traces de la grande Albani,
notre Pierrette Alarie.
Elle va tout droit vers les ciels flamboyants des affiches
lumineuses.
Elle marche la tête haute, mais humble de cœur.
Le regard clair, avec dans l'œil une modestie de marguerite bleue.
Avec dans l'âme une noblesse de sentiment,
et dans le cœur des élans de reconnaissance vers Celui
à qui toute créature doit la grâce des prédestinées.
Elle est belle,
et sa beauté blonde se prête à l'auréole du succès
qu'elle porte avec dignité.
Elle est bonne, et sa bonté de petite femme de vingt ans
la fait respecter de tous ceux qui l'entourent.
Elle est sage, et, parce que sage,
elle mérita du bonheur en plus de la gloire.
Et parce que bonne, belle et sage,
parce qu'à sa voix d'or s'ajoutent un cœur et un cerveau,
Pierrette Alarie
porte fièrement la couronne des Albani

et va
tout droit vers les ciels flamboyants,
méritant notre estime et notre admiration.

Jean Desprez,
Sur nos ondes,
Radio-Canada (1946).

Jean Desprez, figure de proue et pionnière de la radio de Radio-Canada, se trompait rarement dans son instinct de femme de lettres. Très rapidement elle avait perçu la pureté, la tendresse et la loyauté de la blonde artiste de 25 ans, rayon de soleil dans le monde du spectacle montréalais. Elle est déjà loin, la petite Pierrot qui débutait à 9 ans sur les planches du Gesù alors qu'Hector Charland la tenait par la main; elle est déjà loin, la petite Alarie chanteuse de genre qui chantait les romances à la radio de CKAC dans une émission bien identifiée qu'on intitulait *Rythmes et mélodies,* puis *Métairie Rancourt* ou *L'Heure provinciale;* elle est déjà loin, la jeune comédienne qui interprétait au théâtre Arcade de petits rôles aux côtés des sœurs Giroux; elle est déjà loin de ses débuts aux Variétés lyriques, alors qu'à 16 ans elle chantait Sylvabelle, pilotée par les Jeanne Maubourg, Liliane Dorsenn et Albert Roberval. Mais c'est encore hier qu'elle se présentait timidement au studio du professeur Salvator Issaurel, puis au Curtis Institute de Philadelphie où Élisabeth Schumann lui transmit la tradition viennoise et la fit auditionner pour Wilfrid Pelletier au Metropolitan. Aujourd'hui, elle vient de terminer une série radiophonique consacrée à la carrière de la plus grande des cantatrices canadiennes, Emma Albani. Et demain elle se marie.

Depuis, Pierrette Alarie et Léopold Simoneau ne font qu'un dans l'esprit et le cœur d'un public qui leur est de plus en plus fidèle. Ils sont uniques dans l'histoire de la musique au Canada, et la montée de leurs carrières respectives devient aux yeux de tous un symbole de réussite et la réalisation d'un grand amour, aussi peu palpable qu'un conte de fées. Pendant dix ans, ils lutteront pour gravir un à un les paliers de la gloire. Puis vinrent Isabelle et Chantal.

«Les années qui ont suivi la naissance de nos deux filles ont été les plus importantes de nos carrières, admettra Pierrette. Mes engagements me tenaient peu éloignée d'elles, et c'est ainsi que j'ai participé à de grandes émissions télévisées de Radio-Canada et que, par le fait même, j'ai toujours été près du public de mes 20 ans, du public québécois. Pour le grand public, j'ai toujours été la fille d'Amanda Alarie, "maman Plouffe". Léopold était très souvent pris à l'étranger et ses engagements montréalais furent donc moins nombreux que les miens. C'est après la construction de notre maison à Saint-Bruno que nous nous sommes de nouveau retrouvés sur les mêmes affiches. Notre vie semblait plus régulière, plus stable.»

La petite salle du parc LaFontaine abritait les Concerts symphoniques de Montréal, qui avaient déjà accueilli les plus grands chefs d'orchestre d'après-guerre, tels que Désiré Defauw, Pierre Monteux, Charles Munch, Victor de Sabata, Igor Markevitch, Otto Klemperer, Josef Krips et Bruno Walter. C'est en 1954 que le nom actuel — Orchestre symphonique de Montréal (O.S.M.) — remplaça celui de Concerts symphoniques de Montréal. Et c'est avec Josef Krips que Léopold Simoneau chantait pour la première fois avec l'orchestre montréalais, à l'occasion de l'année du bicentenaire de Mozart, en 1956, un *Requiem* avec les solistes canadiens Lois Marshall, Maureen Forrester, Denis Harbour et le chœur des Disciples de Massenet. Cette première collaboration professionnelle avec Josef Krips s'étendra sur une période de dix ans, et Pierrette Alarie sera une des solistes choyées par le grand maître viennois. À Montréal, *Le Messie,* qu'il dirigeait le 10 décembre 1958, marquait les débuts des nombreux concerts des Simoneau avec l'orchestre montréalais.

Pour la «Soirée à Salzbourg» du 23 février 1960, Josef Krips invite pour la première fois Pierrette Alarie à chanter des airs et duos de Mozart aux côtés de Léopold Simoneau. Ce premier concert Mozart offre un éventail de leur répertoire: des extraits de *La Finta Giardiniera,* de *Don Giovanni,* de *L'Enlèvement au sérail,* de *Zauberflöte* et de *Le Nozze di Figaro.* Devant l'ampleur du succès public de ce concert, une autre «Soirée à Salzbourg» sera au programme de l'Orchestre symphonique de Montréal les 7 et 8 décembre de la même année, et le couple déjà connu, M. et Mme Mozart, offre des airs de concert et des extraits de: *Idomeneo, Cosi fan tutte, La Clemenza di Tito, Il re pastore* et l'*Exultate Jubilate.* Qui aurait pu prévoir que la jeune professionnelle et auditrice de ces soirées serait la biographe de ces deux artistes alors au sommet de leur carrière? Le souvenir de ces interprétations magistrales est sans aucun doute à l'origine du désir de faire revivre l'ampleur de leur art à travers livre et discographie.

Autre témoin de ces «Soirées à Salzbourg», le critique musical montréalais Eric McLean écrivait dans le *Montreal Star*, le 24 février 1960:

> Une soirée à Salzbourg: ce fut l'un de ces concerts où non seulement le chef d'orchestre, l'orchestre et les solistes sont en parfait accord, mais où l'auditoire également se met au diapason et réagit avec un énorme enthousiasme.
>
> Simoneau est un des rares artistes à l'opéra de nos jours qui savent reconnaître le caractère quasi instrumental des rôles de ténor chez Mozart. Il semble tout naturellement intégrer sa voix dans la texture orchestrale sans pour cela sacrifier la réalité dramatique du rôle alors que son exemplaire legato et gracieux phrasé illuminent chaque mesure de la musique.
>
> La surprise de la soirée fut Madame Simoneau, ou Pierrette Alarie comme on la connaît professionnellement. Montréal eut souvent l'occasion d'applaudir ses exquises interprétations de mélodies françaises ou duos de Mozart avec son mari, tel cet extrait de *La Finta Giardiniera* qui figurait au programme d'hier soir; mais rien de tout cela ne pouvait nous faire deviner à quel point le rôle de Constanza dans *L'Enlèvement au sérail* lui convient.
>
> Son interprétation de l'air *Ach, ich liebte* fut un des moments les plus mémorables de ce concert et probablement l'exécution la plus parfaite de cette aria atrocement difficile qu'il m'ait été donné d'entendre.
>
> Une autre interprétation par les Simoneau dont je me souviendrai longtemps fut celle du duo *Welch ein Geschiek*, toujours de *L'Enlèvement au sérail;* mais dans ce cas, il est bien difficile de partager le mérite entre les solistes et le très émouvant accompagnement orchestral de Josef Krips.
>
> Dans l'ensemble, on assista hier à l'un des plus remarquables concerts de la saison et les étudiants de la région de Montréal feraient bien de profiter de cette unique occasion qui leur est offerte en assistant à la répétition du même programme à la salle du Plateau ce soir même[1].

Les Simoneau raconteront, vingt-cinq ans plus tard:
«Nous avions déjà chanté dans les festivals européens et avec la plupart des grands orchestres américains avant d'être invités à chanter ensemble avec l'Orchestre symphonique de

Montréal. Depuis nos débuts d'étudiants avec les concours que dirigeait Désiré Defauw, nous n'avions jamais été invités. C'est le maître Josef Krips qui nous y a introduits avec les Soirées Mozart. Elles ont obtenu un succès public inespéré et par la suite nous avons été invités fréquemment, individuellement et ensemble. Nous avons donc participé à plusieurs soirées marquant l'année du jubilé d'argent, le vingt-cinquième anniversaire de l'orchestre célébré au cours de la saison 1959-60.

«Et, ajoute Pierrette Alarie, le maestro Krips m'invitait la même saison pour *Les Saisons* de Haydn au Festival de Cincinnati tandis que Léopold était invité par Georg Solti pour un concert Mozart avec le Philharmonique de Los Angeles. Josef Krips m'a invitée à plusieurs reprises comme soliste dans la *Quatrième Symphonie* de Mahler, d'abord avec le Philharmonique de Buffalo, puis à Montréal la saison suivante. Il voulait une voix très pure, presque une voix d'enfant, qui reproduirait, selon lui, la légende poétique racontée dans le dernier mouvement, le dialogue de l'Ange et de saint Pierre. Je trouvais la tessiture vocale trop grave pour la masse orchestrale. Je me souviens qu'avec le Philharmonique de New York au Lincoln Center il avait raconté l'histoire aux musiciens en leur disant: ''Vous devez entendre et comprendre l'histoire que la soliste raconte...'' Ils ont compris ce que le maestro voulait et ils ont joué piano, avec la sonorité qu'il désirait obtenir. Je me souviens aussi d'une observation qu'il répétait fréquemment aux musiciens, d'une façon misérieuse, mi-badine: ''Messieurs, si on vous entend, vous jouez déjà trop fort.''

«J'ai beaucoup appris en travaillant avec lui. Il aimait tellement les chanteurs. Il comprenait tous les problèmes et nous faisait confiance. Il était un bourreau de travail, et rien n'était jamais assez parfait. En plus, il était excellent pianiste et superbe accompagnateur — c'était de la dentelle. Il était aussi expressif à la direction d'orchestre. La Zerlina que je chantais avec lui était chaque fois l'objet de comparaison avec la Zerlina d'Élisabeth Schumann. J'étais très fière de me l'entendre dire...

«Il était viennois d'origine et il commença sa carrière comme violoniste dans l'orchestre du Volksoper à Vienne. Peu de temps après, il était nommé chef d'orchestre à l'Opéra de Vienne, poste qu'il occupa jusqu'à la guerre. Josef Krips est de la lignée des grands chefs d'orchestre et il est reconnu pour avoir redonné à l'Opéra de Vienne son éclat particulier d'avant-guerre. Dans le but de faire de Vienne un centre international de théâtre lyrique, il établit la coutume de chanter les œuvres dans la langue originale. À cette époque, l'Opéra de Vienne voyageait dans toutes les grandes villes d'Europe, et c'est lors d'une de ces tournées que Léopold fit ses débuts à Londres avec la troupe, en remplaçant Anton Dermota.

«Et Josef Krips connaissait non seulement un vaste répertoire d'opéra mais aussi un imposant répertoire d'oratorios, continue Léopold Simoneau. J'ai chanté fréquemment aux États-Unis sous sa direction, et je me souviens de la *Passion selon saint Mathieu* avec Maureen Forrester, Donald Gramm et le Philharmonique de Buffalo, où je chantais le récitant pour la première fois, ou plutôt l'évangéliste. J'ai participé à un *Don Giovanni* avec l'Orchestre de Rochester pour l'année du bicentenaire de Mozart, avec Pierrette, Suzanne Danco, Teresa Stich-Randall et Fernando Corena. Nous avons chanté un *Requiem* de Mozart, Pierrette et moi, Tatiana Troyanos et Donald Gramm, pour la San Francisco Symphony, et aussi une *Neuvième Symphonie* de Beethoven pour cet excellent orchestre, toujours sous sa direction.

«Nous avions développé des rapports très amicaux et je me souviens qu'il n'avait pas aimé le *Zauberflöte* du Met et les décors de Chagall. Il disait: *"Everyone looks like Papageno..."* C'était un enchantement de chanter Mozart avec Krips et nous avons collaboré avec lui jusqu'à la fin de nos carrières.

«Nous avons aussi travaillé souvent avec Zubin Mehta, poursuit Léopold, et je crois que le concert Molson que j'ai fait avec lui et Lois Marshall au Forum de Montréal, le 25 octobre 1965, doit être un de ses premiers concerts avec l'O.S.M. Ce soir-là, il a conquis le grand public, tant par sa jeunesse et sa beauté que par son immense talent. On se serait cru à la finale d'une partie de hockey... tellement le public était enthousiaste et délirant. Il n'avait alors que 24 ans et Josef Krips en parlait avec de grands éloges. L'année suivante, Pierrette et moi-même chantions un *Messie* sous sa direction.»

Les Montréalais ont pu applaudir Léopold Simoneau à deux reprises dans son rôle de Don Ottavio. Le Grand Opéra de Montréal, dans sa brève existence, a toutefois à son crédit d'avoir présenté, conjointement avec les Festivals de Montréal, un spectacle de grande classe qui a fait l'unanimité de la critique française et anglaise de la métropole canadienne.

«Dix représentations de cet ouvrage à Montréal en plein été, dira Léopold Simoneau, c'était donc la belle époque! La mise en scène avait été confiée à un homme de théâtre, Jean Meyer, de la Comédie-Française, assisté d'Irving Guttmann, qui deviendra un des metteurs en scène lyriques les plus recherchés au Canada et ailleurs. Les décors et les costumes de Michel Ambrogi étaient sobres, sombres et d'un très grand luxe. Leur coût avait provoqué un scandale mais les spectateurs en avaient eu pour leur argent... La direction d'orchestre était confiée à Roland Leduc et la distribution était entièrement canadienne. Françoys Bernier, qui était directeur musical des Festivals de Montréal en plus d'être un des réalisateurs des émissions télévisées de *L'Heure du concert,* connaissait tous les chanteurs montréalais. Le rôle de Don Juan avait été confié à Yoland Guérard, très en voix, et Robert Savoie campait un Leporello comparable aux collègues européens que j'avais côtoyés; il a repris le rôle pour le *Don Giovanni* de l'Opera Guild sept ans plus tard. Claire Gagnier et Louis Quilico chantaient Zerlina et Masetto, Micheline Tessier était une très belle Donna Elvira, et Gaston Gagnon, en Commandatore, possédait une voix de basse remarquable.»

Pour souligner le 25e anniversaire de la Société des Festivals de Montréal — le festival le plus ancien du Canada —, la saison 1960 affiche, du 3 août au 1er septembre, une série d'événements culturels diversifiés, dont les plus prestigieux ont lieu au théâtre de la Comédie-Canadienne. Pierre Juneau, président du premier Festival international du film de Montréal, présentera au cinéma Loews environ quatorze longs métrages et trente courts métrages provenant de onze pays différents. C'est ainsi que le public montréalais put se familiariser avec les œuvres de Luchino Visconti et de Roberto Rossellini, de Jean Renoir et d'Alain Resnais, de Luis Buñuel et d'Andrzej Wajda, de l'Indien Satyajit Ray et du Canadien Norman McLaren. Le Théâtre du Nouveau-Monde présente deux productions dans des mises en scène de Jean Gascon: *Le Dindon* de Feydeau avec une distribution hilarante composée de Jean Dalmain, Guy Hoffmann, Roger Garceau, Jean-Louis Roux, Jacques Auger, Monique Lepage, Janine Sutto, Monique Leyrac, etc., et *Les Femmes savantes* de Molière que défendaient Charlotte Boisjoli, Denyse St-Pierre, Olivette

Thibeault, Gabriel Gascon, Lise Lasalle, Nicole Filion, etc. Les concerts, récitals, ballets et expositions se succèdent, et les huit soirées de *L'Enlèvement au sérail,* qui est l'événement de la saison, font salle comble à la Comédie-Canadienne. Pierrette Alarie et Léopold Simoneau se partagent les rôles de Constanze et Belmonte, et Marguerite Gignac, Jean-Louis Pellerin et Jan Rubes complètent la distribution. La mise en scène est confiée à Jacques Létourneau, les décors et costumes à Robert Prévost et la direction musicale à Roland Leduc. L'œuvre est chantée en langue allemande avec des dialogues parlés en anglais... Claude Gingras, alors jeune critique, écrivait dans *La Presse* du 17 août 1960:

> Mozart semble être le compositeur d'opéra favori des orga-nisateurs du Festival de Montréal. Pour leur 25e Festival, ces messieurs ont en effet choisi de nous présenter *L'En-lèvement au sérail,* et ce, après nous avoir donné, il n'y a pas si longtemps, *Les Noces de Figaro* et *Don Giovanni*... Le spectacle a été organisé sous la double enseigne de la musique et du théâtre à la fois, de façon à ce que les deux formes d'expression soient toujours entièrement servies et que l'une ne nuise jamais à l'autre...
>
> Léopold Simoneau chante Belmonte, un rôle qui lui est cher et qui lui a valu les plus grands éloges en Europe. Éloges hautement mérités d'ailleurs si l'on en juge par l'interpré-tation que M. Simoneau a offerte hier soir à ses concitoyens. Le jeune ténor canadien possède le style, la voix, l'expres-sion qui sont comme la définition même de l'art lyrique mozartien. Le compositeur n'a pas été tendre pour la voix de Constanze. Il lui a imposé des vocalises épuisantes et des fioritures à des hauteurs vertigineuses. Mais Mme Alarie, en grande artiste qu'elle est, s'y est montrée sublime, et ce, non seulement du point de vue technique mais aussi comme interprète évidemment touchante du rôle de la pauvre jeune fille jetée dans les bras de ce pacha qu'elle n'aime pas... Décor de toute beauté, représentant un sérail joli comme un écrin, au milieu d'un petit parc magnifique. Très beaux costumes, riches tissus, couleurs somptueuses...

«Robert Prévost était un des meilleurs décorateurs de théâtre avec qui nous avons travaillé à Montréal, dira Pierrette Alarie. En plus d'être un homme de goût et un fin mélomane, il était un professionnel très consciencieux et de grande culture. Il a signé des décors somptueux au T.N.M. et à *L'Heure du concert* de Radio-Canada. Il nous disait souvent qu'il aurait aimé faire de la mise en scène d'opéra... Les costumes qu'il signait étaient d'un goût exquis et souvent très luxueux, surtout si l'on songe qu'à cette époque la télévision était en noir et blanc et que c'était assez difficile pour le téléspectateur de remarquer que les escarpins de l'héroïne étaient de la couleur de sa robe ou du ruban de ses manchettes... Il était moderne dans son approche du théâtre tout en utilisant la tradition et en se référant à l'authenticité des époques.

«En 1960, je m'attaquais pour la première fois au rôle de Constance. J'avais alors atteint une maturité suffisante pour défendre avec une assez juste interprétation ce rôle écrasant. La grande scène et l'air *Martern aller Arten* du troisième acte, par exemple, sont comme un véritable mouvement tragique d'une symphonie dans lequel Constance se livre à une proclamation véhémente où il faut joindre l'agilité, l'étendue de la voix et l'accent dramatique.

«C'est un défi que j'avais relevé parce que l'opéra était donné dans un petit théâtre [la Comédie-Canadienne], comme il se doit, c'est-à-dire un cadre un peu semblable au Burgtheater de Vienne où Mozart avait créé son ouvrage.

«L'été 1960 fut consacré à la préparation de *L'Enlèvement au sérail* pour les Festivals de Montréal, enchaîne Léopold Simoneau. Au début de l'été, en juin, j'étais invité pour la première fois au Festival Casals à San Juan de Puerto Rico. Le grand violoncelliste, déjà très âgé, dirigeait un concert Mozart auquel je participais. L'été suivant, nous étions tous à Aspen, au Colorado, où j'étais invité pour diverses participations aux concerts de musique de chambre du Festival et pour des cours de maître aux jeunes chanteurs. J'ai donné un récital avec la collaboration du pianiste Grant Johannesen, et il y avait au programme le cycle de Poulenc *Tel jour, telle nuit* et des lieder de Strauss. Nous avons vécu à Aspen un été très mouvementé et qui a frôlé le désastre. Aspen est juché à quelque deux mille cinq cents mètres d'altitude, ce qui peut provoquer de violentes réactions chez certaines personnes et c'est ce qui est arrivé à Pierrette. Elle a été victime de ce qu'on appelle là-bas la fièvre des Rocheuses, qui amène avec elle un sérieux bouleversement dans tout l'organisme. Pierrette fut hospitalisée pendant plus d'une semaine et demeura convalescente pendant un mois. Je devais alors m'occuper de nos fillettes, qui n'étaient encore que des bambines ne parlant pas l'anglais et dont personne de langue française à Aspen ne pouvait s'occuper, tout en préparant mes récitals et mes cours "aux folâtres lueurs nocturnes qui contredisent le sommeil", comme dit justement le poème d'Éluard dans le cycle *Tel jour, telle nuit*.

«C'est vers cette époque que nous avons fait plus ample connaissance avec vous, notre biographe, lors d'une sympathique réception dans votre home de la rue Rockland, à l'issue d'un récital d'œuvres entièrement canadiennes, pour la Ligue canadienne de compositeurs, à la Comédie-Canadienne. Ce récital avait exigé une très longue préparation car nous nous étions fait un point d'honneur de chanter tout le programme de mémoire, sauf une très longue scène pour deux voix d'Alexander Brott. Mais la tâche nous avait valu une inoubliable satisfaction et une vive appréciation de nos compositeurs dont l'œuvre lyrique était et demeure négligée.

«Montréal prenait de plus en plus d'importance et, depuis plusieurs années déjà, il était question de loger l'orchestre dans une salle plus grande et plus prestigieuse que celle du Plateau. Une corporation s'était créée et, en quelques années, la Place des Arts s'éleva au cœur de Montréal pour en devenir le grand centre d'attraction. Zubin Mehta avait prévu de l'inaugurer avec la *Neuvième Symphonie* de Beethoven et il nous avait pressentis comme solistes. Un conflit syndical devait changer ses projets, et l'inauguration se fit sans nous, le 21 septembre 1963.»

Le *Don Giovanni* de l'Opera Guild de Montréal présenté en avril 1964 dans la salle Wilfrid-Pelletier de la Place des Arts sera le dernier Don Ottavio de Léopold Simoneau, et Pierrette Alarie chantera Zerlina à ses côtés. Richard Cross sera Don Juan, Thomas Paul, le Commandeur, Claude Létourneau, Masetto, les deux grands rôles féminins seront défendus par Beverly Bower (Donna Anna) et Mary Simmons (Donna Elvira), et la direction d'orchestre sera confiée à Julius Rudel. Léopold Simoneau interprète magistralement son 185e et dernier Don Ottavio, et le critique montréalais Eric Mc Lean, témoin de Salzbourg 1956, en confirme l'excellence après ses collègues d'Aix-en-Provence, de Glyndebourne, de Salzbourg, de Vienne, de Buenos Aires et de New York, dans le *Montreal Star* du 10 avril 1964.

À notre époque, personne n'a été plus étroitement identifié au rôle d'Ottavio que Léopold Simoneau. Voilà un rôle pour lequel le raffinement vocal et la ligne musicale sont plus importants que le jeu scénique; en réalité, le personnage d'Ottavio demeure effacé en dépit de tous les efforts pour le rendre significatif. Mais deux des plus beaux airs jamais composés pour ténor lui appartiennent et Simoneau hier soir excella dans le *Il mio tesoro*. Il fut applaudi avec enthousiasme[2].

Et de dire Pierrette Alarie et Léopold Simoneau:

«Notre participation dans le *Don Giovanni* de 1964 fut, sans que nous l'ayons ainsi planifié, notre dernier opéra ensemble sur la scène. Sans l'avouer, chacun de son côté, nous commencions à perdre le feu sacré pour le théâtre lyrique, surtout dans le contexte nord-américain. Nous avions été trop gâtés par les productions des festivals européens réalisés dans des structures administratives et artistiques de longue tradition et éminemment professionnelles.»

La venue de Zubin Mehta à Montréal marquera le début de grandes productions d'opéras à la Place des Arts. Le défi est de taille. Il est relevé avec élégance par ce jeune chef enthousiaste et lui ouvre les portes du Metropolitan Opera de New York. Depuis, sa carrière lyrique suit à rythme égal sa carrière de symphoniste. Montréal applaudira d'abord une production de *La Tosca* que défendront Ella Lee, Richard Verreau et George London; *Carmen* avec Shirley Verrett, Pierrette Alarie, Richard Verreau et Victor Braun; *La Traviata* avec Virginia Zeani, Richard Verreau et Chester Ludgin; *Aïda* avec Virginia Zeani, Jon Vickers et Lili Chookasian; une reprise de *La Tosca* avec Marie Collier, Renato Cioni et Gabriel Bacquier; et, au Festival mondial d'Expo 67, Zubin Mehta dirigera une mémorable production d'*Otello* avec Teresa Stratas, Jon Vickers et Louis Quilico. Le public montréalais, qui a toujours aimé les voix, réclame de plus en plus de spectacles lyriques, et l'Opéra du Québec fait déjà son petit bonhomme de chemin sur les bureaux des ministères. Succédant aux ténors québécois Raoul Jobin et Léopold Simoneau, Richard Verreau est maintenant le ténor favori des Montréalais. Sa voix ensoleillée et italianisante fait la joie de tous les publics. Il est le ténor vedette de la télévision et la star de l'heure. C'est à ses côtés que Pierrette Alarie chante, pour la première et dernière fois sur scène, le rôle de Micaela dans la production de *Carmen*...

«Je n'avais jamais chanté le rôle sur scène, dira-t-elle. Je l'avais enregistré sur disque avec Léopold quelques années auparavant. Zubin Mehta était d'une très grande gentillesse et il était très conscient des difficultés que ce rôle représentait pour moi. Il me demandait: "Est-ce que tu te sens à l'aise? Est-ce que le tempo est bon?..." Il aimait les chanteurs, les comprenait et facilitait notre travail. Nous avons fait un bon spectacle et, des années plus tard, Jean Lallemand me répétait à chacune de nos rencontres: "Pierrette, j'ai tellement été impressionné par votre interprétation de Micaela... Je me souviens encore de ce si bémol pianissimo qui est encore accroché au plafond de la Place des Arts, pur comme une étoile..."» «Et, dixit Léopold, son interprétation était toute de charme, toute de grâce et de simplicité...»

Faisant écho à ces deux témoignages, Jacob Siskind écrivait dans le *Montreal Star* du 13 octobre 1964:

La Micaela de Pierrette Alarie fut une merveilleuse surprise. Mademoiselle Alarie a toujours été reconnue comme une excellente musicienne mais je ne l'ai jamais entendue chanter avec autant de simplicité et d'émotion qu'à cette occasion. Son air du troisième acte reçut des applaudissements enthousiastes et bien mérités. Ici se retrouvait le parfait équilibre de la sensibilité et de la musicalité si rarement évident sur la scène lyrique[3].

Malgré cet accueil favorable et du public et de la presse, et le personnage sympathique de Micaela, Pierrette n'a jamais été particulièrement heureuse vocalement dans ce rôle qui, selon elle, «exige un soprano lyrique plutôt que léger à cause de la riche et généreuse orchestration, de la tessiture assez grave et de certains accents dramatiques qui doivent planer au-dessus de l'accompagnement».

Quelques années après son interprétation de *La Voix humaine* à *L'Heure du concert*, Pierrette était la soliste invitée pour le concert de musique française de l'O.S.M. à la grande salle de la Place des Arts. Charles Munch, le chef d'orchestre d'origine alsacienne, avait inscrit au programme´ deux *Nocturnes* de Debussy, *Nuages* et *Fêtes* ainsi que la *Quatrième Symphonie* d'Albert Roussel et le *Gloria* de Francis Poulenc. L'œuvre de Poulenc, dont Charles Munch avait dirigé la première à Boston en janvier 1961, deux ans avant la mort du compositeur, était une première montréalaise. Le *Gloria,* œuvre pour soprano, chœur mixte et orchestre, contient des pages inspirées de ferveur religieuse, dont le premier *Domine Deus* chanté par le soprano solo. L'aspiration suppliante y est admirable, y compris dans le *Qui sedes* du chœur, marqué du sceau de la méditation. C'était un grand soir dans la vie musicale montréalaise, qui en connut plusieurs avec les Simoneau à l'affiche de l'O.S.M. Léopold Simoneau raconte:

«Je me souviens d'un concert exceptionnel auquel nous avons participé, Pierrette et moi, aux côtés de Maureen Forrester, John Boyden et Donald Gramm, dans la grande salle de la Place des Arts. Avec Charles Munch, nous étions tous inspirés pour chanter une des plus belles œuvres jamais écrites, la *Passion selon saint Mathieu* de J. S. Bach, dans le texte allemand original. Je reprenais le rôle de l'Évangéliste et, ce soir-là, Maureen Forrester a admirablement interprété une fois de plus le grand air de contralto *Ach, nun ist mein Jesus.* Charles Munch était un grand spécialiste de Bach et de la tradition de Leipzig transmise par son père, Ernest Munch, alors organiste et maître de chapelle à Strasbourg et pionnier avec Wanda Landowska de l'œuvre de ce grand génie de la musique, à une époque où son œuvre n'était pas entièrement éditée et rarement jouée. Peu de temps après, nous reprenions ce chef-d'œuvre à l'université de Stanford à Palo Alto, en Californie, sous la direction de Josef Krips. L'occasion marquait les débuts américains de Janet Baker. Nous avons été invités par Georges Little et la Société Bach de Montréal pour cette dernière œuvre et, grâce au travail de haute qualité de la chorale Bach qu'il dirigeait, la musique de Bach devint de plus en plus accessible au grand public montréalais.»

Le 6 août 1964, le maire de Montréal, M. Jean Drapeau, réunissait à l'île Sainte-Hélène tous les artistes lyriques canadiens disponibles et plusieurs d'entre eux firent le voyage Londres-Montréal pour cette journée. Quelques jours auparavant, Léopold Simoneau, Raoul Jobin et Roland Leduc s'étaient réunis au bureau du maire Jean Drapeau et tous trois s'étaient mis d'accord pour œuvrer en triumvirat si le projet était mis sur pied. Le maire Jean Drapeau travaillait, depuis quelques années déjà, à la réalisation d'un grand rêve qui se concrétisera magistralement avec l'Exposition universelle de 1967. Il voulait faire de Montréal un grand centre culturel. Passionné d'art lyrique, il avait visité les maisons d'opéra des grandes capitales européennes avant de mettre son projet sur papier. La réalisation paraît de trop grande envergure et trop audacieuse pour le moment et sera reléguée aux oubliettes. Le «grand projet», qui a fait rêver plus d'un chanteur, car nous y étions tous, sera cause de beaucoup d'amertume et de mesquineries. Une fois de plus, dans l'histoire de la vie musicale québécoise, l'idée de saison permanente est relancée et un projet de plus avortera... Yves Margraff écrivait dans *Le Devoir* du 7 août 1964:

> Le ministre des Affaires culturelles, M. Georges-Émile Lapalme, et le maire Jean Drapeau ont ouvertement engagé leur responsabilité dans le projet d'une maison permanente d'opéra pour Montréal. Le maire Jean Drapeau, père du projet, exposa brièvement comment il l'entrevoyait: «Il s'agit d'une maison permanente au plein sens du mot... La maison comprendra tous les services essentiels, ateliers, corps et école de ballet, école d'art lyrique. Quant au local, il s'agira évidemment de la Place des Arts. La compagnie donnera cent cinquante représentations par an, réparties probablement en trois saisons: une ''régulière'' (automne-hiver) consacrée au répertoire français ou traduit; une ''internationale'' faite d'œuvres étrangères jouées dans la langue originale; une ''d'été'' qui pourrait éventuellement s'inscrire dans le cadre des Festivals de Montréal.» L'engagement des artistes tiendra compte de leur avenir puisqu'il comprendra l'établissement d'une caisse de retraite. Quant au public, les organisateurs pensent évidemment et surtout à lui puisqu'ils entendent que les prix soient très raisonnables pour permettre au plus grand nombre de prendre régulièrement le chemin de l'Opéra. Le budget sera fourni, croit-on savoir, par Montréal, bien sûr, le Québec et le Conseil des Arts du Canada. Il semble qu'à l'heure actuelle il ne reste plus qu'au cabinet québécois à donner son accord définitif, qu'attendent non seulement les artistes mais aussi un public qui ne veut plus attendre.

Les artistes lyriques présents ne verront jamais se concrétiser un vieux rêve, celui dont parlaient les pionniers Raoul Jobin, Lionel Daunais, Rodolphe Plamondon et tant d'autres... et les chefs d'orchestre Wilfrid Pelletier, Rosario Bourdon et Jean-Marie Beaudet. Pourtant, jamais un projet culturel n'avait été étudié avec autant de sérieux, mais il faut savoir qu'il manquait de réalisme; le maire Drapeau, encore là, voyait très grand. Cent cinquante représentations par année, c'était plus que n'en présentaient à l'époque bon nombre de maisons d'opéra de longue tradition...

Le 31 août 1965, Léopold Simoneau chantait dans l'oratorio *Les Saisons* de Haydn, avec le maestro Pelletier. C'était le dernier concert de la Société des Festivals de Montréal, qui décidait de mettre fin à ses activités, inaugurées par Wilfrid Pelletier en 1936 avec la *Passion selon saint Mathieu* de Bach et la *Neuvième Symphonie* de Beethoven. Les manifestations culturelles s'orientaient désormais dans d'autres secteurs et les coûts de production devenaient de plus en plus élevés. De plus, le Festival mondial qui se préparait pour Expo 67 ne laissait aucune possibilité de survie à d'autres manifestations de prestige à Montréal. Les Festivals fermèrent leurs portes et, jusqu'ici, rien d'aussi prestigieux n'a encore été repris durant la saison estivale montréalaise.

---

1. *«An evening in Salzbourg: It was one of those performances in which not only the conductor, orchestra, and soloists find themselves in close agreement, but the audience, too, is fully aware of what is happening and responds with enormous enthusiasm.*

«Simoneau is one of the few people in opera today who recognizes the quasi instrumental character of Mozart's tenor parts. He fits his voice into the orchestral texture in the most natural way, without compromising the dramatic reality of the role, and his smooth legato and graceful phrasing illuminate every measure of the music.

«The surprise of the evening was Mme Simoneau, or Pierrette Alarie as she is known professionnally. Montreal audiences have already had the chance to applaud her exquisite interpretations of French Art songs, and they have even heard her before in Mozart duets with her husband — including the delightful excerpt from Mozart's youthful opera, La Finta Giardiniera, *which was on last night's program. But none of this could have led us to suspect how well-suited she was for the role of Constanza in* The Abduction from the Seraglio.

«Her singing of Ach ich liebte *was one of the most memorable features of this concert, and possibly the finest performance of this excrutiatingly difficult aria I have heard. Another passage I will not be able to forget for some time was the duet by the two Simoneaus,* Welch ein Geschiek, *again from the Seraglio, but in this case it is difficult to divide credit between the soloists and the particularly moving orchestral accompaniment directed by Josef Krips.*

«Taken altogether, it was one of the finest concerts we have had this season, and the students of the Montreal area would do well to take advantage of the special repetition of the program which is being offered them at Plateau Hall this evening.»

2. *«Few people have been more closely identified with the role of Ottavio in our time than Léopold Simoneau. This is a part in which vocal polish and musical line are more important than acting — in fact the character of Ottavio remains rather fatuous in spite of all efforts to make something out of it. He is assigned two of the most beautiful arias ever composed for the tenor voice, and in one of these,* Il mio tesoro, *Simoneau excelled last night. This was the showstopper.»*

3. *«Pierrette Alarie's Micaela was a wonderful surprise. Miss Alarie has always been a fine musician, but I cannot remember her singing so simply, so movingly, ever before. Her third act aria was a showstopper, and rightly so. Here was the proper blend of emotion and musicianship so rarely encountered on the operatic stage.»*

18.

Saint-Bruno

En fermant les yeux, je vois là-bas
une humble retraite,
une maisonnette toute blanche au fond des bois.
Sous ces tranquilles ombrages,
les clairs et joyeux ruisseaux,
où se mirent les feuillages,
chantent avec les oiseaux.
C'est le paradis!...
Là sera notre vie, si tu le veux, oh! Manon...

Ce rêve de Des Grieux se concrétise enfin!... Ils ont enfin leur *home, sweet home!* Un cours d'eau, une cascade contournent la maison à l'arrière. C'est au bruit de l'eau que s'éveillent les deux grands interprètes mozartiens. La maison — «notre château», dira Léopold — est de style normand canadien et la brique blanche extérieure est finie porcelaine. Sise au 497, rue des Bouleaux, à deux pas du mont Saint-Bruno, sur la rive sud du Saint-Laurent, la magnifique demeure, dont ils ont dessiné les plans, est l'endroit rêvé et pensé pour la musique. Nous sommes en 1965, et, avec déjà plus de vingt-cinq ans de carrière à leur crédit, les Simoneau abandonnent leur carrière par paliers successifs, ne chantant plus qu'au Canada et aux États-Unis, et seulement en concert, sous forme d'oratorio et de récital.

«Ne l'avions-nous pas mérité après plus de quinze ans de voyages incessants à travers le monde, d'une ville à l'autre, au beau milieu des malles et des valises? diront-ils. Nous avions acheté le terrain quelques années plus tôt et nous avons élaboré plus d'une esquisse avant de commencer les travaux, que nous avons suivis de très près. C'est pourquoi nous avions réduit toutes nos activités de concerts durant l'année de la construction en 1963. La maison avait neuf pièces réparties sur deux étages et comprenait cinq chambres, un immense salon à toit cathédrale d'une hauteur de huit mètres et demi, dont un mur à tablettes était couvert de quelque 260 partitions d'opéra et au milieu duquel trônait un joli Steinway — le «sanctum» dirait mon ami Doris Lussier... Pour nous qui faisions du chant, c'était le cubage, la hauteur et les surfaces réverbérantes qui étaient primordiales pour la pièce qui nous servait de studio et de living. Nous avions eu la bonne fortune d'acheter d'authentiques meubles Louis XVI, quatre fauteuils, une causeuse et deux bergères, d'une vieille famille française qui avait subi des revers de fortune et qui nous les avait cédés en sachant que nous en prendrions le plus grand soin. Et tout au long de notre carrière, nous avions acheté ici et là des œuvres d'art: un bahut mexicain, une tapisserie d'Aubusson, un taureau du sculpteur américain Schinder, une collection de tableaux de peintres canadiens, des porcelaines françaises et des antiquités canadiennes dont un meuble en bois de rose, etc. Nous l'avions meublée selon nos goûts et avec amour. Nous vivions à la campagne tout en étant à quelques minutes du centre-ville de Montréal. Les petites ont été pensionnaires pour un court temps au couvent Picpus de Saint-Bruno pour ensuite poursuivre leurs études au collège français pour filles de Montréal, le collège Marie-de-France.

«Et, enchaîne Pierrette Alarie, l'éducation des petites me passionnait et je rêvais pour elles d'études supérieures. J'ai toujours eu le complexe du cours classique, n'ayant pas eu la possibilité de faire des études prolongées après la mort de mon père. J'ai songé, une fois installée à Saint-Bruno, et croyant y demeurer pour toujours, à compléter mes études et à m'inscrire aux cours de l'éducation des adultes, mais nous sommes partis avant que je puisse le faire. Je l'aurais fait à San Francisco s'il y avait eu une université française. C'est pourquoi j'ai toujours été très attentive aux études des petites et ouverte à leurs goûts, à leurs problèmes d'adolescentes et à l'orientation de leur vie. Léopold m'a toujours secondée en ce sens; il adore ses filles, qui le lui rendent bien d'ailleurs. La vie intime du foyer le rend heureux, les enfants qui vont et viennent, sa maison et ses livres, ses pantoufles et le golf. Il a un côté un peu ascète. Il sent moins que moi le besoin d'avoir des amis, de partager et d'échanger. J'aime avoir des amis à la maison mais je n'aime pas la vie mondaine. J'ai toujours l'impression d'être contrainte à jouer un rôle.»

Devenues de radieuses jeunes femmes, Isabelle et Chantal sont l'orgueil, la joie et le rayon de soleil du couple Alarie-Simoneau. Très différentes de caractère, elles se complètent admirablement. Si l'aînée, Isabelle, a toujours été attirée vers la danse classique, le théâtre et le milieu artistique, Chantal est une fleur de la nature, d'une grande simplicité, et d'une limpidité touchante et désarmante. C'est de bonne grâce qu'elles ont répondu à quelques questions jetées en vrac.

Vous souvenez-vous de vos moments de tristesse lorsque vos parents partaient et des joies de leurs retours? Qui s'occupait de vous en leur absence et quels souvenirs en gardez-vous? À part Salzbourg, en 1959, avez-vous souvent voyagé avec eux?

Chantal: «Naturellement, nous avions le cœur gros quand nos parents s'absentaient; on comptait les jours de leur absence mais on ne s'ennuyait pas.»

Isabelle: «C'était difficile à comprendre mais il fallait bien s'y faire; je n'ai jamais accepté les séparations d'avec ceux que j'aime et pourtant j'ai choisi un métier où les gens vont et viennent constamment.»

Chantal: «Nous avions une sympathique gouvernante du nom de Berthe qui s'occupait de nous et qui faisait plus ou moins partie de la famille.»

Isabelle: «Oui, elle aimait vraiment les enfants et nous enseignait toutes sortes de jeux. Au grand désespoir de maman, c'est elle qui nous a appris à siffler. Chantal et moi sifflons très bien; mais aussi elle était très maternelle et attentive à nos devoirs scolaires de sorte que jamais nous ne nous sentions abandonnées; selon les instructions de nos parents, la discipline était maintenue

— d'ailleurs elle l'est toujours — car c'était une haute priorité dans notre éducation et aujourd'hui nous en sommes reconnaissantes. Contrairement à ce que l'on pensait dans notre milieu, nous étions des enfants choyées mais non gâtées.»

Chantal: «Cependant, à leur retour, nos parents s'occupaient eux-mêmes de nous; maman nous donnait toute son attention et papa-gâteau sortait de ses valises des cadeaux de l'étranger.»

Isabelle et Chantal: «Ce moment était vivement attendu...»

Isabelle: «Quant aux voyages avec nos parents, nous n'en avons fait que deux d'importance à cause de leur durée: Salzbourg et Vienne en 1959, puis Aspen au Colorado en 1961; mais nous n'en gardons que de très vagues souvenirs car nous étions trop jeunes.»

Deviez-vous être très sages et silencieuses lorsque vos parents préparaient des concerts ou récitals à la maison? Quelles ont été les grandes joies de votre adolescence? Les grandes tristesses ou déceptions?

Chantal: «L'architecture et les divisions de la maison de Saint-Bruno étaient telles qu'on pouvait aller partout sans devoir passer par le studio-salon, qui nous était défendu. Trop beau pour y laisser jouer les enfants. Maman nous interdisait de crier ou de parler trop fort, surtout au moment des répétitions, même de nos quartiers d'amusement au sous-sol; il n'était pas question de faire tourner des disques de Led Zeppelin ou des Rolling Stones à tue-tête.»

Isabelle: «Car Mozart et compagnie n'étaient pas nécessairement de notre choix; quand on a 12 ou 13 ans, l'opéra ça peut être rasant. Mais l'été, sous les fenêtres ouvertes, les copines se laissaient facilement distraire alors que pour nous c'était de la vieille rengaine... L'éducation artistique était plus compliquée à nous faire avaler. Comme tous les enfants à l'époque, nous avons pris des cours de piano, ce qui nous barbait; aujourd'hui, je regrette de ne pas avoir continué, mais à ce moment-là je préférais de beaucoup mes cours de danse.»

Chantal: «Et moi, mon cheval. C'était là ma plus grande joie; une autre était celle de ne pas souffrir d'acné..., d'avoir un bon groupe d'amis et d'être acceptée dans le milieu scolaire. Ma plus vive appréhension était de ne pas réussir au collège. J'étais très indépendante — je le suis toujours; j'avais constamment raison et je disais que les parents ne savaient pas de quoi ils parlaient... Eux n'argumentaient pas, sachant que cette mentalité d'adolescente passerait.»

Comment étiez-vous considérées par vos camarades d'école? Comme des petites filles ordinaires ou comme des «enfants d'artistes»? Parliez-vous de vos parents? Les connaissaient-ils?

Isabelle: «Je ne me souviens pas d'avoir été vue d'un œil différent par nos camarades; ils savaient évidemment que nous avions des parents un peu en dehors de l'ordinaire, mais les enfants n'ont pas de préjugés. Par contre, c'est de la part des adultes, qui, eux, connaissaient la renommée de nos parents, qu'on sentait une attitude différente. Autrement, nous avions alors les mêmes problèmes que tous les adolescents et, pour nous, nos parents étaient au même niveau que les autres parents.»

Les jeunes adultes que vous êtes devenues mesurent-elles les renoncements et les sacrifices d'une vie d'artiste? L'ingratitude et l'oubli des publics?

Chantal: «Je reconnais toutes les responsabilités et les sacrifices que mes parents devaient accepter, mais ils avaient un tel talent et tant à donner au public que les efforts en valaient la peine.»

Isabelle: «Je ne connais pas un artiste, un technicien ou un directeur de théâtre qui n'ait pas choisi d'être dans cette profession; ils sont tous là pour l'amour de l'art et personne ne les force à y rester; les sacrifices y sont énormes mais les récompenses de cette vie d'artiste en sont, à mon avis, plus nombreuses et excitantes que lesdits sacrifices. De toute façon, artiste ou non, tout se paye dans la vie.»

Chantal: «Et tout s'oublie, un artiste, une chanson, une formule de chimie; cependant, ceux qui se souviennent de papa et de maman en gardent un beau souvenir.»

Auriez-vous choisi une carrière artistique et fait le même cheminement que votre mère? Pour une femme, carrière et famille, est-ce conciliable? Quel en est le prix?

Isabelle: «Si j'avais eu les talents de maman, j'aurais sûrement pris le même chemin.»

Chantal: «Et moi j'y aurais mis tout mon cœur, mais je ne peux même pas chanter *Happy Birthday* sous la douche. Mon grand intérêt a toujours été l'agriculture et la médecine vétérinaire.»

Isabelle: «Maman est la preuve qu'on peut avoir une famille et une carrière internationale; il faut calculer un peu plus, se donner un peu plus et avoir un sens de l'humour... un peu plus.»

Chantal: «Mais si la carrière est le seul et unique but dans la vie, il vaut mieux renoncer à la famille car les enfants en souffriraient trop; cependant, maman a su établir un juste équilibre afin de maintenir la vie de famille en bonne santé.»

Et de conclure Isabelle: «Quand on veut, on peut...»

La ville de Québec eut, à plusieurs reprises par le passé, ses expériences de tentatives de compagnie d'opéra. Le Théâtre lyrique de Nouvelle-France, fondé à Québec en 1961 par la basse Roger Gosselin et la soprano d'origine française Nelly Mathot, en est une. La compagnie québécoise donna sa chance à plus d'un chanteur québécois et quelques-uns y firent leurs débuts professionnels. Colette Boky y chanta sa première *Lakmé* en avril 1962. Le répertoire était celui de l'Opéra-Comique et les ouvrages étaient présentés dans leur traduction française, puis peu à peu dans le texte original. La jeune compagnie fit quelques tournées au Québec et fut invitée à deux reprises à la Place des Arts de Montréal avec *La Veuve joyeuse* et *Manon*. Ces deux expériences montréalaises inspirèrent à Jean-Noël Tremblay, ministre des Affaires culturelles, l'idée de l'Opéra du Québec et de son rayonnement dans les circuits culturels existants — Montréal, Québec, Ottawa. Et précisément cette politique s'avéra un remarquable succès avec un *Requiem* de Mozart réunissant les Simoneau, Réjane Cardinal et Gaston Germain, avec l'Orchestre symphonique de Québec sous la direction de Sergiu Celibidache présenté à Montréal. La production de *La Veuve joyeuse* du Théâtre lyrique de Nouvelle-France, chantée en français, reçoit l'éloge de la critique montréalaise, qui souligne la mise en scène intelligente et professionnelle de Jacques Létourneau, la direction d'orchestre de Jean Deslauriers et la participation exceptionnelle de Pierrette Alarie dans le rôle de Missia. Jacob Siskind écrit dans *The Gazette*, le 11 mars 1966:

> Madame Alarie, comme toujours, se présente ici comme une grande artiste; elle ne s'attaque jamais à un répertoire qui ne soit totalement à sa mesure. Hier soir, elle interpréta son rôle avec la même sensibilité et intelligence musicale qu'elle aurait apportées à une partition de Mozart et cela

mérite un éternel crédit. Jamais ne se permit-elle de donner moins que le meilleur de son art[1].

Pierrette Alarie participa à quelques reprises à la production des Grands Ballets canadiens de Montréal *Carmina Burana,* musique de Carl Orff, dans une chorégraphie de Fernand Nault, devenue avec les années un classique de la troupe montréalaise. L'œuvre avait été révélée durant la saison 1964-1965 aux Montréalais par l'Orchestre symphonique de Montréal et les jeunes interprètes Colette Boky et Pierre Duval y firent sensation. Le 12 novembre 1966, Pierre Duval reprenait la partie de ténor et ses suraigus, aux côtés de John Boyden et de Pierrette Alarie, qui commentera:

«La chorégraphie de Fernand Nault était très impressionnante et la production d'un niveau professionnel comparable à celui des meilleures troupes européennes. Tout était réglé avec justesse et dans un rythme parfait. C'était visuellement superbe! L'œuvre exerce toujours la même fascination sur le public et je l'ai chantée aussi à Québec sous la direction de Françoys Bernier. Pierre Duval avait une voix de ténor très aiguë et il venait tout juste d'enregistrer *I Puritani* aux côtés de Joan Sutherland. Dans *Carmina Burana,* il avait toujours un très beau succès — ses notes aiguës sonnaient comme des cloches...»

Le 24 juin 1964, à l'occasion des fêtes de la Saint-Jean-Baptiste, Léopold Simoneau, entouré de Robert Savoie, Gloria Richard, Fernande Chioccio, Huguette Tourangeau, Gaston Germain et Renée Maheu, participe à l'interprétation d'une œuvre écrite au début du siècle par Guillaume Couture, grande figure de la musique au Canada, l'oratorio pour solistes, chœur et orchestre *Jean le Précurseur,* que dirige Wilfrid Pelletier dans la grande salle de la Place des Arts. L'œuvre, retransmise sur les ondes de Radio-Canada et conservée dans les archives, démontre une écriture largement influencée par l'école française et les maîtres qu'a côtoyés le compositeur, notamment César Franck et Jules Massenet. La ligne vocale sert admirablement les interprètes solistes et la masse chorale. Guillaume Couture (1851-1915) aimait et connaissait les voix; il fit connaître aux Montréalais les grandes œuvres des maîtres classiques et romantiques, et il vénérait Wagner. Il participa à quelques concerts d'Emma Albani et commenta plusieurs de ses concerts et tournées canadiennes comme critique musical à *La Minerve*. L'oratorio en trois parties *Jean le Précurseur,* inspiré de la vie de Jean le Baptiste et écrit entre 1907 et 1909, est son œuvre majeure.

C'est durant l'un des deux entractes du concert que Léopold Simoneau parla de ses nouvelles fonctions de professeur de chant au Conservatoire de Montréal, et que trois médailles *Bene merenti de patria,* de la Société Saint-Jean-Baptiste, furent remises à Sœur Marie-Stéphane, fondatrice de l'école Vincent-d'Indy, au ténor Raoul Jobin et à Wilfrid Pelletier, pour avoir contribué au développement de la culture musicale au Canada.

«Je pense, déclarait Léopold Simoneau sur les ondes de Radio-Canada, qu'il est bon de bifurquer lentement vers l'enseignement, même au moment où sa carrière bat son plein. Je pourrais citer nombre d'exemples à l'appui de cette pratique: la grande Élisabeth Schumann, entre autres, professeur de Pierrette; Martial Singher, Élisabeth Schwartzkopf, etc. Aussi, nous avons au Canada un réservoir de très jolies voix, une excellente matière première qui nous attire à l'enseignement; et puis enseigner la beauté du répertoire de Bach, Haendel, Mozart nous fait encore mieux comprendre ces créateurs...

«En réalité, ma formation de chanteur ne s'est pas terminée avec Monsieur Althouse à New York et Madame Lilienfield à Paris, elle-même élève de la célèbre Lily Lehman, mais dans mon observation des grands chanteurs de notre époque. Dès que j'ai débuté à Paris, j'ai fréquenté les grands professionnels du chant français, les collègues des Marcel Journet, Georges Thill, Edmond Clément, André Pernet, etc. En Autriche et en Allemagne, j'analysais l'art de mes collègues et j'en suis arrivé à découvrir certains secrets sur le style en chantant.

«Mes grands camarades ont été des exemples définitifs, les chefs d'orchestre une intarissable inspiration. Je me suis toujours posé des questions sur l'art vocal, la technique, le phénomène de production du son dans l'être humain, l'enseignement du chant, et j'en discutais fréquemment avec les grands chanteurs que je côtoyais. J'en étais venu à donner occasionnellement des cours, des conseils et quelques cours de maître. L'enseignement demande beaucoup de disponibilité et c'est presque physiquement impossible durant les années de carrière. Ce qui nous a prédisposés, Pierrette et moi, à l'enseignement, c'est probablement la communication constante que nous avions sur notre art commun. Nous

nous sommes toujours critiqués l'un l'autre d'une façon positive, constructive et suivie. Ayant eu chacun l'enseignement de grands maîtres, notre pensée se rejoignait. On s'apportait une aide réciproque.

«Parler de science vocale d'une façon objective, générale, est un peu comme porter de l'eau à la mer. Tout a été dit, tout a été écrit sur ce sujet fuyant. Il ne se passe pas un mois, encore aujourd'hui, sans qu'un nouveau traité sur la formation vocale n'apparaisse aux États-Unis seulement. Fasciné par cette science vocale dès le début de mes études, j'ai, à partir de ce moment, accumulé au fil des ans vingt-trois traités sur cette discipline et je n'ai jamais cessé jusqu'à ce jour d'étendre mes connaissances dans cet art qui demeure pour tous vaguement mystérieux, comme l'être humain lui-même.

«Au cours d'une exposition de ses œuvres à Paris, une admiratrice demandait au sculpteur Rodin comment il pouvait bien extraire de marbre informe de si élégantes sculptures. ''Mais c'est très simple, de répondre Rodin, les sculptures sont déjà à l'intérieur de ces marbres, il suffit d'enlever le superflu...''

«Transposé à l'échelle sonore et vocale, enlever le superflu serait de rectifier une émission à tendance gutturale, nasillarde, rigide, serrée, forcée, pincée, que sais-je, visant ainsi au son le plus pur, le plus dégagé, le plus naturel d'une voix donnée. Ce son qui, de la sorte, n'aurait rencontré aucune obstruction, aucun ''superflu'' dans sa marche, résulte en voix libre, lâchée, projetée, facile, colorée, etc. Seule cette voix libre révèle toute la beauté, la richesse du timbre; seule cette voix libre permet toutes les nuances de l'expression — une émission serrée est automatiquement monochrome; seule cette voix libre rend possible la flexibilité et l'agilité requises pour le répertoire classique et les arabesques du bel canto — Rossini, Donizetti, Bellini; seule cette voix libre est le secret de la santé et de la longévité de ce précieux instrument; seule cette voix libre permet le déploiement de sa plus longue étendue, l'exploitation de toute sa résonance, de son ampleur, de sa largeur; enfin, seule cette voix libre est celle qui coûte le moins d'efforts au chanteur et le moins d'appréhension à l'auditeur. Plus les cordes vocales jouiront de la totale liberté d'oscillation, plus le son deviendra beau, ce qui, en bref, revient à dire que l'art vocal le plus près de la vérité est la réalisation du maximum d'effets avec le minimum d'efforts.»

C'est à la demande de Roland Leduc, alors directeur du Conservatoire de Montréal, que Léopold Simoneau accepta de consacrer un peu de son temps aux élèves-chanteurs de cette institution, et ce, entre deux concerts. Pour sa part, Pierrette Alarie avoue que l'enseignement de la technique vocale est «une trop grande responsabilité...»

«Je n'aurais pas la patience d'enseigner le chant, dira-t-elle. Je vois trop de problèmes et je ne serais peut-être pas le péda-gogue désigné pour cette matière. Ce que j'aimerais, par contre, ce sont des cours d'interprétation.

«Et justement, un jour, Sœur Marie-Stéphane, directrice de l'école Vincent-d'Indy, me téléphone et me fait part de son désir de compléter l'éducation des chanteurs qui fréquentaient l'école Vincent-d'Indy par des cours de mise en scène. C'était peu de temps après *La Voix humaine* qu'elle avait admirée à *L'Heure du concert* à la télévision. Elle me dit: "Madame Alarie, j'ai-merais beaucoup commencer un programme d'opéra à Vincent-d'Indy pour nos chanteurs, nos jeunes en ont tellement besoin, et vous seriez la personne idéale pour ce cours..." C'était la première fois qu'on me faisait une telle offre. Je lui dis: "Je n'ai jamais pensé à donner de tels cours et je ne me sens pas prête, surtout en ce moment, je suis très prise par ma carrière et ma famille... — Mais vous êtes capable, me dit-elle, je vous ai vue dans *La Voix humaine* et vous avez un talent dramatique incon-testable. Vous pourriez inspirer nos jeunes... — Je regrette, je ne peux pas, je ne me sens pas prête, j'ai trop d'engagements. Rappelez-moi dans deux ans, j'y penserai..."

«J'avais oublié cette invitation lorsqu'elle me téléphona de nouveau deux ans plus tard. Elle me dit: "Je compte sur vous." J'en parle avec Léopold, qui me dit: "Tu peux toujours essayer, tu verras bien: ça marche ou ça ne marche pas..." J'ai accepté. Le temps venu, j'étais très nerveuse et je comptais sur les notes que j'avais préparées. Je suis partie en tremblant et en me disant: "Qu'est-ce que je vais leur raconter pendant une heure?..." Puis j'ai commencé mon cours sur le jeu scénique et j'ai parlé sans arrêt comme si je l'avais toujours fait. Après, je me suis dit: "C'est là, c'est en moi, je peux le faire. Il s'agit d'avoir confiance et d'y aller..."

«J'ai fait plusieurs années à Vincent-d'Indy et j'ai monté de petits spectacles. Ayant commencé ma carrière au théâtre, je revenais ainsi à mes premières amours. Les chanteurs étaient vocalement très bien préparés par Sœur Louise Andrée et par Bernard Diamant, et parmi ces jeunes j'ai eu Roland Richard et la pianiste Denise Massé, Louise Lebrun, Sylvia Saurette et d'autres... J'étais à l'aise. Puis un jour la remplaçante de Sœur Marie-Stéphane, déjà très âgée, décida que ces cours de mise en scène n'étaient pas essentiels pour les chanteurs.»

Le 29 avril 1967, Montréal inaugurait avec faste le Festival mondial du Spectacle dans le cadre de l'Exposition universelle. Le Gala Inauguration de l'Expo 67 est retransmis sur les ondes de Radio-Canada, qui le conserve dans ses archives sonores. La grande salle de la Place des Arts de Montréal accueillera durant ce Festival mondial les spectacles signés par les plus grandes maisons d'opéra internationales, des orchestres prestigieux, du théâtre, du ballet, du chant choral, des ensembles de musique de chambre, des orchestres de danse et de jazz, des chanteurs populaires et des troupes folkloriques.

Du 29 avril au 27 octobre 1967, des manifestations eurent lieu dans les trois salles de la récente Place des Arts ainsi qu'à l'Expo-Théâtre, construit sur le site de l'Expo 67. Des concerts furent présentés dans les divers pavillons nationaux, dans les kiosques et sur les places, et, pendant six mois, 6 000 concerts gratuits furent offerts aux visiteurs de Terre-des-Hommes. Les compagnies de la Scala de Milan, de l'Opéra de Vienne, de Hambourg, du Théâtre Bolchoï, de l'Opéra royal de Suède présentèrent les meilleures productions de leur répertoire.

Ainsi, durant le Festival mondial, les Montréalais et les visiteurs étrangers venus des quatre coins du monde purent applaudir: l'Opéra de Vienne, dirigé par Karl Böhm, Heinrich Hollreiser, Josef Krips et Berislav Klobucar, dans *Don Giovanni* et les *Noces de Figaro, Elektra* et *Der Rosenkavalier* de Richard Strauss, et *Wozzeck* d'Alban Berg; la Scala de Milan, dans *Il Trovatore* et *Nabucco* de Verdi, *La Bohème, I Capuletti e I Montecchi* de Bellini et le *Requiem* de Verdi dirigé par Herbert von Karajan; l'Opéra du Bolchoï, dans *Boris Godounov, La Dame de pique, Le Prince Igor, Guerre et Paix,* etc.; l'English Opera Group, dans des œuvres de Britten et de Haendel; l'Opéra de Hambourg, dans des œuvres d'Alban Berg, Hindemith, Janacek et Weber; l'Opéra royal de Suède, avec *The Rake's Progress,* production d'Ingmar Bergman, et *Tristan et Iseult* avec Birgit Nilsson, etc.;

la Canadian Opera Company de Toronto, dans *Louis Riel* de Harry Somers et les *Contes d'Hoffmann;* la mémorable production de l'*Otello* de Verdi de l'O.S.M. sous la direction de Zubin Mehta. Les plus grandes troupes de ballet furent invitées et des concerts furent donnés par les orchestres philharmoniques de Vienne, de New York, de Buffalo, de Los Angeles, par l'Orchestre de la Suisse romande, dirigé par Ernest Ansermet et Paul Kletzki, le Concertgebouw d'Amsterdam, etc. La venue en terre nord-américaine de ces prestigieux invités donna le coup d'envoi à de nombreuses idées créatrices dont plusieurs se concrétiseront au cours des années, que ce soit à l'opéra, au concert, au théâtre ou au cinéma.

Le concert inaugural du 29 avril vit la création de *Terre des hommes,* cantate pour chœur et orchestre d'André Prévost sur un poème de Michèle Lalonde, avec les récitants Michelle Rossignol et Albert Millaire, et une flamboyante exécution de l'«Ode à la joie» de la *Neuvième Symphonie* de Beethoven, avec Pierrette Alarie, Maureen Forrester, Léopold Simoneau, Joseph Rouleau, et Wilfrid Pelletier au pupitre de l'Orchestre symphonique de Montréal et du chœur de l'université américaine Rutgers.

«Ce gala, dira Léopold Simoneau, fut une très grande réussite et laissait déjà pressentir le niveau exceptionnel de l'Expo 67 et du Festival mondial. Le coup d'envoi fut donné par Pierre Dupuy, ancien ambassadeur du Canada en France, et deux artistes géniaux enchaînaient discours et musique: Jean-Louis Barrault, en français, et Sir Laurence Olivier, en anglais. L'atmosphère de grande fête qui se dégageait de cette soirée de gala était assez exceptionnelle et une palme d'or revient aux organisateurs. Montréal n'était plus la même après ces mois d'abondance culturelle, et le maire Jean Drapeau l'a vraiment mise sur la carte internationale.

«Pierrette et moi avons fait en août un récital conjoint au théâtre Port-Royal de la Place des Arts dans le cadre des concerts de Radio-Canada, avec la pianiste Janine Lachance, et j'ai donné des cours de perfectionnement au pavillon de l'Homme et de la Musique pour les Jeunesses musicales, où des expositions, des cours, une animation musicale et des démonstrations sur les méthodes d'enseignement, dont celles d'Orff et de Kodaly, étaient offerts au public. L'édifice devait être transporté par la suite sur le site du Centre d'Art d'Orford et devenir l'un des pavillons du camp musical des Jeunesses musicales du Canada. Cet été-là, il y eut le 21ᵉ congrès de la Fédération internationale des Jeunesses musicales, un concours national d'interprétation et un concours international de composition.

«Mais le principal lieu d'exécution pour les musiciens canadiens fut un pavillon nommé Katimavik, "lieu de rencontre" en langue inuit, dont Hugh Davidson était le principal responsable. John Newmark était l'accompagnateur attitré et Pierrette et moi y avons également participé. Les musiciens canadiens, de Halifax à Vancouver, ont été présents tout au long de ces six mois. Nos activités extérieures étaient au ralenti mais nous avons tout de même accepté une invitation de Josef Krips pour une *Neuvième Symphonie* avec l'Orchestre symphonique de San Francisco et un récital pour le C.B.C. Festival de Toronto. L'été était magnifique à Saint-Bruno et Pierrette aimait cultiver ses fleurs...»

C'est peu de temps après l'Expo 67 que la rumeur d'une compagnie permanente d'opéra commença à circuler dans le milieu, et que Léopold Simoneau en serait le directeur. La rumeur persistait et Jean-Noël Tremblay, nommé ministre des Affaires culturelles dans le cabinet du nouveau Premier ministre du Québec, Jean-Jacques Bertrand, avait fait discrètement appel à Léopold Simoneau pour former un comité d'étude sur la possibilité d'établir une compagnie de théâtre lyrique à l'échelle provinciale. Le rapport de 200 pages, selon *La Presse*, demeura secret plusieurs mois, et l'édition du 22 décembre 1967 publie une nouvelle venant de son bureau de Québec...

Le ministre des Affaires culturelles du Québec, M. Jean-Noël Tremblay, a déclaré, hier, que l'ouverture d'un théâtre lyrique au Québec, à l'automne 1968, demeure «une possibilité et une probabilité».

M. Tremblay a dit qu'avec ce rapport son ministère sera maintenant en mesure d'étudier toutes les possibilités de la création d'un Opéra permanent. Le ministre a laissé entendre également qu'un montant est prévu dans les prochaines prévisions budgétaires de son ministère pour donner suite à ce projet.

Cependant, tout porte à croire que ce montant n'a pas encore été approuvé par le ministère des Finances et, selon certaines sources, il s'agirait du seul obstacle à surmonter pour mettre en branle le projet.

Le ministre des Affaires culturelles du Québec n'a pas rendu public le rapport du comité d'étude qui avait été formé l'été dernier. Il a indiqué cependant que celui-ci serait favorable au projet et il a dit qu'il fait le point sur l'art lyrique au Québec.

M. Tremblay a ajouté que le rapport se divise en deux parties: la première partie analyse les ressources artistiques du Québec tandis que la seconde élabore un plan d'exploitation et suggère diverses formules. Par ailleurs, M. Tremblay a réaffirmé qu'il demeure illusoire de penser qu'un théâtre lyrique au Québec serait capable de s'approvisionner à même les ressources humaines canadiennes.

«Aucun pays au monde ne peut faire appel en ce domaine uniquement à des ressources locales, a dit M. Tremblay. Il est évident, a-t-il précisé, que nous devrons faire appel à des ressources locales, nationales et internationales.»

M. Tremblay s'en est également pris à ceux qui croient que le théâtre sera strictement montréalais. Il a dit qu'«il est évident que le centre de l'Opéra sera à Montréal puisque cette ville est la capitale des arts», mais il a ajouté qu'«il devra servir toute la population et que son activité devra s'étendre à toute la province».

M. Jean-Noël Tremblay admettra, quelques années plus tard:
«Quand je suis arrivé au Ministère, on m'a soumis le projet du maire Drapeau, que j'ai rencontré à quelques reprises. Nous n'avions pas les mêmes idées sur l'avenir de l'opéra au Québec. Il voulait faire un ''Opéra de Montréal'', et moi un ''Opéra du Québec''. Nous ne nous sommes jamais mis d'accord. Je le trouvais irréaliste, d'abord parce qu'il voulait monter un trop grand nombre de productions la première année. J'ai consulté MM. Jobin et Simoneau de même que d'autres musiciens qui avaient été mêlés au monde de l'opéra.»
À la suite à l'article de La Presse du 22 décembre 1967, l'agitation est à son comble autour du maire Jean Drapeau, dont le projet de 1964 semble être relégué aux oubliettes, et certains artistes lyriques vont jusqu'à faire des déclarations partisanes... Avec la discrétion d'un diplomate et en même temps l'amabilité d'un homme du monde, Léopold Simoneau répond à quelques-unes des questions d'un journaliste de La Presse, le 10 février 1968:

— Croyez-vous que nous ayons ici tout ce qu'il faut (chanteurs, orchestres, metteurs en scène, décorateurs, personnel technique et administratif, public aussi) pour établir une compagnie permanente d'opéra?...

— Aucun pays au monde, même l'Italie, berceau de l'opéra, ne peut se vanter de posséder tout ce qu'il faut pour présenter de l'opéra d'une façon régulière. Même dans les pays qui ont une tradition de 200 ou 300 ans, on importe encore des chanteurs...

— Mais quand même, êtes-vous optimiste quant à la possibilité de l'établissement ici, au Québec, d'une telle compagnie?...

— Ah! mais certainement...

— On a parlé d'un budget qui serait de l'ordre de quatre millions de dollars?...

— C'est un gros budget, mais il n'est pas question de «millions de dollars»...

— On a dit que vous seriez nommé administrateur de cette compagnie...

— (Sourire) Non. C'est fini, pour moi, les responsabilités de ce genre-là... Direction? Oui. Administration? Non.

Peu de temps après ces déclarations, on annonçait que Léopold Simoneau était nommé adjoint au directeur musical du ministère des Affaires culturelles, M. Victor Bouchard; que, par sa fonction, il était responsable des activités lyriques dans la province, de l'enseignement du chant dans les Conservatoires, et de la formation des jurys pour les admissions et les concours. Professeur de chant au Conservatoire de Montréal à l'invitation du directeur Roland Leduc, depuis 1964, Léopold Simoneau cumulera ces fonctions jusqu'à sa nomination officielle à la direction artistique de l'Opéra du Québec en 1970. Entre-temps, il est nommé membre de la Corporation de la Place des Arts de Montréal.

Les fonctions administratives et pédagogiques fixent désormais davantage Léopold Simoneau au Québec, où la vie lui paraît enfin plus stable et où l'avenir est, croit-il, tout tracé. Ne déclarera-t-il pas lors d'une entrevue à Radio-Canada, le 17 mars 1971: «Je ne peux espérer rien d'autre...» Il est heureux. Tout semble sourire au couple dont l'image est presque trop parfaite. Les Simoneau acceptent néanmoins les invitations pour des concerts et récitals à Ottawa, Toronto, Boston, Orford, et de courtes tournées.

À Montréal, l'Orchestre symphonique s'est doté d'un nouveau directeur musical en la personne de Franz-Paul Decker, qui remplace Zubin Mehta, et Pierrette Alarie interprète sous sa direction les *Bacchianas Brasileras* de Villa Lobos. Alexander Brott l'invite à l'Orchestre de chambre McGill, et elle donnera, au Ladies' Morning Musical Club, une série de récitals qui seront le couronnement de sa carrière d'artiste et d'interprète. De plus, elle enregistre avec Léopold Simoneau, dans la série *Orchestre* de Radio-Canada, de larges extraits de *Pelléas et Mélisande*, et *Les Pêcheurs de perles* dans la série *Opéra en concert*, œuvres dirigées par Jean-Marie Beaudet. Alarie-Simoneau ont également enregistré des opéras canadiens pour la série *C.B.C. Wednesday Night: Pirouette* de Maurice Blackburn et *Le Magicien* de Jean Vallerand (1962), puis, pour la Journée France-Culture, le 19 janvier 1969, le premier opéra canadien, *Colas et Colinette* de Joseph Quesnel, créé en 1790. Ils étaient de la fête pour le 25e anniversaire de Radio-Canada, le 2 octobre 1961, mais vingt-cinq ans plus tard, on les ignorait comme on a ignoré le ténor Raoul Jobin, en 1932, au premier concert de la Commission canadienne de la radio, où il interprétait *Minuit, chrétiens!* à l'église Saint-Dominique de Québec avec le jeune organiste Jean-Marie Beaudet, concert réalisé conjointement à Paris, Montréal et Québec, et retransmis jusqu'en Amérique du Sud. Les jeunes auditeurs de 1988 ignorent les noms mêmes de ces artistes québécois. Leurs discographies, introuvables au Canada, font uniquement la convoitise des collectionneurs, et ils furent parmi les grands oubliés du 50e anniversaire de Radio-Canada, comme l'ont été la plupart des émissions musicales prestigieuses non conservées dans les archives de la radio ou de la télévision. Sur quoi se baseront les futurs historiens de la musique au Québec? Aujourd'hui, de minces crédits sont accordés pour la conservation du patrimoine sonore, mais il est impossible de récupérer ce qui s'est envolé sur les ondes ou qu'on a négligé d'enregistrer dans les salles de concerts.

Le 3 novembre 1969, Pierrette Alarie est invitée à un quatrième récital au Ladies' Morning Musical Club de Montréal à la Comédie-Canadienne. *«Pierrette Alarie returns in triumph»*, titre Eric McLean dans *The Montreal Star*. Le programme de ce récital, réservé exclusivement aux dames du club dans l'après-midi, est composé d'un cantabile *L'Amour médecin* d'Armand-Louis Couperin — descendant de la famille de l'illustre François le Grand —, d'extraits de *Siroe* et d'*Amadigi di Gaula* de Haendel, de trois lieder de Beethoven, de mélodies espagnoles de Turina et Granados, de *La Courte Paille* de Francis Poulenc, et, comme plat de résistance, de *Der Hirt auf dem Felsem (Le Berger sur le rocher)* de Schubert, avec l'obligato de clarinette de Raphael Masella, et Janine Lachance au piano. La presse ne tarit pas d'éloges et Claude Gingras écrit ce que les témoins de ce grand moment musical ont ressenti et dont ils se souviennent encore aujourd'hui, dans *La Presse* du 14 novembre 1969:

> Un récital d'une exceptionnelle tenue artistique, un récital qui aurait pu être celui de n'importe lequel des plus grands noms actuels de la musique vocale, sur n'importe laquelle des plus grandes scènes du monde. Transposé, tel quel, dans une grande salle et devant le grand public, disons à la Place des Arts, ce récital, qui se place d'ores et déjà comme l'un des sommets de la saison, aurait peut-être suscité un triomphe encore plus grand que celui qu'obtenait cette semaine un Kyril Kondrashine. Un récital comme celui de Pierrette Alarie reste cependant le lot d'un petit nombre, en fin de compte, et en ce sens je serais presque porté à dire que c'est dommage.

> Et, pendant que nous sommes sur le sujet, je me permets de faire une suggestion. Je souhaiterais que Radio-Canada enregistre ces récitals semi-publics (qui, comme ceux de Pro Musica, sont généralement de grande qualité), de façon à faire profiter le grand public de ces expériences exceptionnelles et à préserver certaines interprétations incomparables.

> Et si la chose est vraiment impossible (car il y a toujours des difficultés, et quand il n'y en a pas, on s'arrange pour en créer!), eh bien! mon Dieu, je souhaite tout simplement que quelqu'un, quelque part (un service radiophonique, une maison de disques, un conseil des arts), songe à préserver, pour le présent et pour l'avenir, l'art extraordinaire d'artistes comme Pierrette Alarie au moment où ils sont dans leur meilleure forme. Tout, ou presque tout ce qu'elle a chanté

hier après-midi, et surtout la façon dont elle a chanté, mériterait d'être réentendu. Pour le plaisir des mélomanes et pour la formation des élèves de chant.

Ces considérations disent assez, je pense, la haute perfection du récital. Il est un fait indéniable: Pierrette Alarie chante maintenant mieux que jamais. Avec des années d'un travail acharné, elle a développé une technique extrêmement précise et brillante, je dirais presque une technique de «compensation» pour une voix limitée. Actuellement, cette voix, bien que toujours assez petite, est belle, pure et juste, comme jamais auparavant.

Mais chez Alarie, tout n'est pas que technique vocale: au contraire, l'artiste fait «oublier» la technique. Elle a à la fois affiné sa musicalité, approfondi son expression et sa connaissance des styles. Et ici, je donne tout de suite le crédit qui lui revient à Janine Lachance, qui a été une pianiste impeccable et une collaboratrice de tous les instants, bref une très grande musicienne, comme celle qu'elle accompagnait.

Musicienne jusqu'au bout des doigts, Pierrette Alarie ne fait pas que bien chanter: elle sait choisir les programmes qui sont vraiment au service de la musique. Elle aime sortir des sentiers battus et généralement son choix révèle une grande culture musicale.

Tout au long de ce récital inoubliable, Pierrette Alarie nous a démontré qu'elle aimait non seulement le chant mais qu'elle aimait par-dessus tout LA MUSIQUE.

Qui aurait pu prévoir que Pierrette Alarie renoncerait à poursuivre sa belle carrière quelques mois plus tard?... Personne n'aurait pu soupçonner que, sous une apparence professionnelle sereine et une grande assurance extérieure, Pierrette Alarie luttait constamment contre le trac et la hantise de ne pas être à la hauteur de ce que le public attendait d'elle. Sa vie de femme, de mère et d'épouse la dévorait entièrement et sa santé l'inquiétait de plus en plus. Après une consultation médicale, on lui répondit: «Vos problèmes de bronches sont en fait de l'épuisement, une grande fatigue accumulée après toutes ces années de tension. Il faut penser votre vie différemment...» Après quarante ans de vie d'artiste sur le plateau, depuis les premiers pas de la «petite Pierrot», elle est gagnée par la fatigue et ses nerfs n'en peuvent plus. Elle est dans sa 49ᵉ année — période difficile à vivre...

«Après le dernier récital du Ladies et l'éloge de la critique, j'ai dit: "Ça y est, j'arrête!" dira-t-elle. J'en étais venue à penser que ça ne valait plus la peine de vivre constamment avec le trac. Je préférais quitter en beauté et Léopold était de mon avis. J'ai annulé tous mes engagements des mois suivants, sauf le *Messie* prévu pour la saison suivante.»

Janine Lachance, pianiste accompagnatrice des dernières années, témoignera en se souvenant des Simoneau:

«J'ai commencé à travailler avec Pierrette Alarie après la nomination de Léopold Simoneau comme professeur de chant au Conservatoire. Ils avaient leur accompagnateur attitré, Allan Rogers, et c'est d'ailleurs lui qui a accompagné le premier récital de Pierrette au Ladies' Morning en 1961. J'ai fait les trois suivants. Pierrette avait un souci constant de la perfection et du travail bien fait; rien n'était laissé au hasard. Tout comme son mari, elle avait une très grande discipline de travail, une rigueur acquise au cours des années. Elle se confiait rarement, mais elle a vécu une période difficile et je l'ai aidée de mon amitié. Elle adorait ses filles et, pour elle, c'était un déchirement à chaque fois qu'elle avait à s'en éloigner. Elle a beaucoup soutenu Léopold dans les mois qui ont précédé leur départ du Québec.

«J'ai travaillé avec Léopold au Conservatoire. Il avait dans ses classes le ténor Paul Trépanier, Jean-Louis Pellerin, Danielle Pilon, Yolande Deslauriers, Marcel Allard, Lyette Juneau, etc. Il était encore bien pris par sa carrière et ne pouvait consacrer le temps qu'il aurait voulu à l'enseignement. Il préférait les cours de perfectionnement où sa belle culture musicale était davantage mise en valeur. Nous avons toujours eu des rapports basés sur la confiance réciproque et l'intégrité professionnelle. Leur gentillesse, leur politesse et leur civisme étaient à la hauteur de leur réputation artistique.

«Durant mes premiers séjours d'études à Paris, j'ai pu constater l'ampleur de la réputation qu'ils y avaient laissée, et Gabriel Dussurget, à qui ils doivent leur carrière internationale, a toujours dit: "Léopold Simoneau était un très grand et beau chanteur, et Pierrette Alarie une belle et grande artiste..."

«Tous les deux étaient fatigués des voyages, des valises, du trac, et ils voulaient arrêter en pleine possession de leur art, comme Raoul Jobin dix ans plus tôt. Ils disaient: "C'est préférable que notre public dise: 'C'est dommage qu'ils ne chantent plus' plutôt que: 'Ils chantaient mieux il y a quelques années, et ils devraient comprendre que c'est le temps d'arrêter...' " Même après la déception de l'Opéra du Québec, ils n'ont jamais voulu faire de retour. Pour eux, c'était fini. Une page était tournée...»

Ils ont quitté la carrière *early,* dira Nelly Walter de l'agence Columbia de New York. Léopold Simoneau fera des *Messie* à Montréal et Toronto et, après avoir terminé sa carrière d'opéra avec un *Don Giovanni* en 1964, il mettra fin à sa carrière de soliste concertiste par une magistrale interprétation du «Sanctus» du *Requiem* de Berlioz que dirige Seigi Ozawa au Festival de Tanglewood avec l'Orchestre symphonique de Boston, «à la mémoire de Charles Munch», le 23 août 1970. Trois mois avant ses adieux définitifs au concert, il reçoit de nouveau l'éloge de la critique: «*The performance reached its zenith in the* Sanctus, *which was not merely beautified, but beatified, by Simoneau's artistry.*»

De toute sa carrière de chanteur, Léopold Simoneau n'a jamais eu de mauvaise critique. Il ne connaît pas l'échec, et plus cruelle sera l'épreuve à venir.

Le 24 novembre 1970, Alarie-Simoneau sont les seuls à savoir que ce sont des adieux qu'ils font au public de 10 000 personnes réunies au Forum de Montréal pour l'audition du *Messie* que dirige Franz-Paul Decker au pupitre de l'Orchestre symphonique de Montréal.

«Pour nous, c'était notre dernier engagement public, dira Léopold Simoneau, et notre décision était demeurée secrète. Nous n'avions parlé de rien avant le concert. C'est après que nous avons annoncé aux musiciens que c'était là notre chant du cygne. "Mais vous êtes en pleine forme", nous ont-ils dit. Ils ne comprenaient pas... La décision avait été longuement mûrie et une des raisons premières était que, étant nommé directeur artistique de l'Opéra du Québec, nous ne voulions pas avoir la tentation de nous attribuer des rôles. Nous étions naïfs de croire que cette belle résolution allait être nécessaire...»

Le rideau tombe sur deux grandes carrières d'artistes canadiens qui ont fait la gloire de leur pays, et dont on parle toujours dans les milieux bien informés. L'art mozartien de Léopold Simoneau a fait époque et demeure une référence pour les jeunes interprètes, les critiques sérieux et les mélomanes avertis à travers le monde. Encore aujourd'hui, on évoque le *Tamino* de Salzbourg 1959, les *Don Ottavio* d'Aix-en-Provence, de la Scala, de Salzbourg, de Vienne et de New York, le *Cosi fan tutte* de Karajan, l'*Idomeneo* de Glyndebourne, le *Requiem* de Bruno Walter, les Mozart de l'Opéra de Chicago, le *Sanctus* de Charles Munch, l'*Orphée* d'Hans Rosbaud aussi bien que le *Requiem* de Fauré de Pierrette Alarie, les airs de concert et les duos de Mozart qui leur ont valu un Grand Prix du Disque, *L'Heure du Concert* de Radio-Canada, et les innombrables récitals conjoints à travers l'Amérique du Nord. Comment oublier tout cela?... Comment oublier ceux que l'on surnomme avec reconnaissance et affection Monsieur et Madame Mozart...?

En mai 1983, Pierrette Alarie et Léopold Simoneau sont parmi les artistes canadiens auxquels la Conférence canadienne des Arts décerne des diplômes d'honneur lors de son assemblée générale à Ottawa. Les Simoneau sont maintenant installés à Victoria. À ces grands chanteurs et éducateurs, la C.C.A. remet un diplôme d'honneur et un talisman en argent créé par Bill Reid. À l'occasion de la présentation des Diplômes d'honneur 1983 par Son Excellence le très honorable Edward Schreyer, gouverneur général du Canada, Gilles Potvin présente les deux artistes francophones:

> Alarie-Simoneau-Simoneau-Alarie; deux noms qui chantent déjà avant que ceux qui les portent n'aient ouvert la bouche! Deux noms, deux prénoms aussi, Pierrette et Léopold, qui, pendant un quart de siècle, ont enchanté les Canadiens et le monde grâce à leurs voix splendides et à leur art d'un suprême raffinement stylistique. Le témoignage d'admiration et d'estime qui leur est rendu aujourd'hui a d'autant plus sa raison d'être qu'il souligne leur retour définitif au Canada après dix ans d'exil à l'étranger.

> C'est Mozart qui allait devenir le bon génie de leurs carrières. Déjà en 1943, ils avaient abordé les rôles de Barbarina et de Basilio dans *Les Noces de Figaro* sous la baguette de Sir Thomas Beecham. À partir de ce moment, Mozart sera leur fidèle compagnon de route et les accompagnera sous tous les ciels.

> Puis vint le soir du 24 novembre 1970 au Forum où tous les deux avaient pris place devant l'Orchestre symphonique

de Montréal comme solistes du *Messie* de Haendel. Personne n'avait été prévenu que cette présentation allait être leur dernier engagement public. Par la suite, ils se consacrèrent à l'enseignement. Peu après, Léopold Simoneau fut associé à la fondation de l'Opéra du Québec dont il fut nommé directeur artistique. Une contestation indue de son autorité allait entraîner non seulement sa démission mais le départ du couple et de leurs deux filles vers la Californie.

Bien à regret, le Canada perdait deux de ses plus grands artistes. On ne s'attendait plus à les revoir. Mais voilà qu'ils nous sont revenus, avec cette fois Victoria comme port d'attache, d'où ils dirigent le Canada Opera Piccola voué à la formation de jeunes chanteurs et chanteuses qui se destinent à la carrière professionnelle.

Les voix de Pierrette et de Léopold se sont tues. Mais leur art incomparable vivra grâce à leurs nombreux disques. Le Français Charles Cros, inventeur du phonographe et poète visionnaire qui a donné son nom à cette académie qui décerne chaque année des grands prix du disque (le duo Alarie-Simoneau reçut un de ces prix en 1961), a vanté les mérites de son invention dans les vers suivants:

> *Comme les traits dans les camées*
> *J'ai voulu que les voix aimées*
> *Soient un bien qu'on garde à jamais...*

Pierrette Alarie et Léopold Simoneau, vos voix aimées sont et vont demeurer un bien que les Canadiens garderont à jamais!

Gilles Potvin.

Les Simoneau ont été honorés à plusieurs reprises; déjà, en 1959, ils étaient les premiers récipiendaires du prix Calixa-Lavallée de la Société Saint-Jean-Baptiste de Montréal, et, en 1961, ils obtenaient un trophée du Congrès du Spectacle. Individuellement, ils reçurent en 1967 la médaille du Centenaire de la Confédération canadienne pour services rendus à la patrie, et ils sont tous deux officiers de l'Ordre du Canada, Pierrette depuis 1967 et Léopold depuis 1971. Pierrette Alarie obtint deux récompenses pour sa magistrale interprétation de *La Voix humaine* de Francis Poulenc à la télévision de Radio-Canada en 1959: un trophée pour la meilleure chanteuse classique et le trophée du

Congrès du Spectacle en 1960. Pour sa part, Léopold Simoneau fut honoré de deux doctorats en musique honoris causa — de l'université d'Ottawa (1969) et de l'université Laval (1973) —, d'un doctorat en loi honoris causa de l'université Brock de Sainte-Catherine en Ontario (1971), et, en 1972, il reçut, à Ottawa, un prix du Conseil canadien de la Musique. C'est toutefois le Grand Prix du Disque 1961 qui couronne leur interprétation mozartienne et la rend encore plus tangible pour les mélomanes d'aujourd'hui et de tous les pays.

---

1. *«Miss Alarie is, as always, a great artist, and she never attempts anything that is not completely within her grasp. Last night she sang her numbers with the sensitivity and musical intelligence she would have lavished on a Mozart score, and this is to eternal credit. Never did she allow herself to do anything less than her artistic best.»*

CINQUIÈME PARTIE

19.

«La rançon de la gloire au Québec»

Le samedi 26 août 1972, le quotidien de Québec *Le Soleil* titrait ainsi le départ des Simoneau pour San Francisco, et Marc Samson commentait:

La (curieuse) rançon de la gloire au Québec

«Ce départ devrait provoquer un scandale», m'affirmait le directeur d'un important organisme musical. Alors que, devant ce même départ, on soupçonne certaines personnalités rattachées accidentellement ou artificiellement au milieu artistique de se frotter les mains de satisfaction.

Le départ en question est évidemment celui de Léopold Simoneau, qui quitte le Québec pour San Francisco. Cette décision, annoncée la semaine dernière, n'a pas manqué de susciter de nombreux commentaires. On la regrette, on l'approuve, on ne la comprend pas, on l'interprète de diverses façons.

Comment saurait-il en être autrement? S'il est courant au Québec de voir nos chanteurs s'expatrier pour gagner leur sel, se «faire un nom», on s'explique moins bien que deux artistes à la carrière aussi prestigieuse que Pierrette Alarie et Léopold Simoneau choisissent de faire profiter les Américains de leur expérience, après avoir décidé de se retirer de la scène.

Mais justement, ont-ils choisi? Leur a-t-on laissé la possibilité de choisir? Sans en être la cause directe, la triste expérience de M. Simoneau à l'Opéra du Québec, qui devait se terminer avec sa fracassante démission en novembre dans les circonstances que l'on sait, a compté pour beaucoup dans cette décision. Ce fut non pas la goutte d'eau qui a fait déborder la coupe mais plutôt le torrent qui a fait déborder la rivière.

«Nous partons — Léopold Simoneau associe toujours sa femme Pierrette Alarie à ses propos — parce qu'ici nous nous trouvons dans l'impossibilité de déboucher vers des choses concrètes, de réaliser des projets essentiels.»

En rentrant au pays il y a dix ans pour s'y installer, en permanence pensaient-ils alors, les deux chanteurs envisageaient et comptaient participer à l'animation de la vie musicale québécoise. Soit en retransmettant les connaissances acquises auprès de grands maîtres, soit en mettant à profit la longue et vaste expérience que leur a procurée la fréquentation des plus grandes scènes lyriques d'Europe et d'Amérique.

Et Marc Samson d'ajouter:

On pourrait épiloguer longuement sur cet exil que non seulement les autorités en place n'ont pas su prévenir mais ont en quelque sorte encouragé par leur complicité. Rien n'y changera de part et d'autre. La situation n'est pas sans précédent et le cas Simoneau rappelle celui de Jean Gascon qui laissa le Québec pour Stratford. Au moment où l'on fait grand état d'un projet de loi visant à la conservation de nos biens culturels, on peut se demander s'il ne faudrait pas également prévoir quelque action pour retenir au pays nos quelques rares autorités aptes à contribuer au développement de la réalité québécoise. Après tout, un homme vaut bien un tableau ou un bahut!

En septembre, les Simoneau auront quitté la splendide maison de style canadien (pouvait-il en être autrement?) qu'ils s'étaient fait construire à Saint-Bruno à leur retour au pays. Dans le bureau, où se déroule notre entretien, certains témoignages (photos des artistes prises lors de représentations à Salzbourg, Milan, Aix-en-Provence, Glyndebourne), parchemins attestant quelque réalisation exceptionnelle, tel le Grand Prix du Disque, décorations accentuent encore ce que ce départ a d'absurde pour le Québec.

Mais ce que le Québec a refusé à Léopold Simoneau, San Francisco le lui offre. Et peut-être plus encore! À la rentrée, il assumera la direction de la section vocale du Conservatoire de cette ville et y donnera des cours de technique, d'interprétation et d'orientation. De plus, la faculté de musique de l'université de San Francisco lui a demandé de succéder à Martial Singher comme responsable des *master's classes* qu'elle offre à tous les étudiants de la côte californienne appelée Bay Area.

De son côté, Pierrette Alarie retournera à Banff, l'été prochain, où elle a été de nouveau invitée à faire partie du personnel enseignant de cet important centre musical.

À nous, il restera toujours le loisir de renouveler contact avec la science et l'art de Simoneau par le disque...

Les deux chanteurs canadiens ont décidé de s'expatrier. Les raisons de leur départ, ils les ont données à Claude Gingras dans une interview exclusive, et il les résume en quelques mots: «Simoneau et Alarie quittent à cause de ce qu'ils appellent l'"incompétence", le "manque de sérieux", le "pistonnage politique" et la "médiocrité" de notre milieu musical.»
Et *La Presse* du 2 septembre 1972 publie l'interview:

Les Simoneau: dernier acte.
Simoneau et Alarie accusent.

Ce n'est pas sans regret que les Simoneau quittent leur patrie, leurs nombreux amis, leurs innombrables admirateurs, ceux-là mêmes qui les ont vu débuter modestement aux Variétés lyriques, au début des années 40, et qui par après suivirent leurs éclatants succès à l'étranger — à Vienne, à Salzbourg, à New York, à Paris, à Buenos Aires, dans toutes les grandes villes américaines —, soit par la voix des journaux, soit par le truchement de prestigieux enregistrements individuels ou conjoints.

Trente ans de carrière, donc, et, sur un nombre incalculable de spectacles d'opéras, de concerts avec orchestre et de récitals, de 35 à 40 pour cent de carrière conjointe.

Rencontrés il y a quelques jours dans leur luxueuse maison de Saint-Bruno (vendue la veille, avec tous ses meubles: les Simoneau n'apportent que leurs partitions, disques, livres et quelques tableaux canadiens), les deux éminents artistes lyriques n'ont pas caché que leur décision a été prise après mûre réflexion, quand ils se furent bien rendu compte que, pour reprendre leur propre expression, «il n'y avait plus rien à faire ici».

La nouvelle du départ de Léopold Simoneau et de Pierrette Alarie a provoqué, dans le monde musical, dans le monde artistique en général et même dans le grand public, un sentiment de profond regret mêlé d'indignation et de honte. «Il faut vraiment se croire trop riche pour laisser partir des gens de cette valeur», déclarait Jean-Paul Jeannotte, ténor canadien, professeur à l'École de musique de l'université Laval et ex-président de l'Union des Artistes. «On les avait mis sur une voie d'évitement. Un départ comme celui-là signifie le triomphe de l'incompétence et de la mafia bourgeoise. Je suis écœuré... J'ai honte... On retrouve bien là ce détestable côté canadien-français: «Ôte-toi que je m'y mette.»

Que le Canada et en particulier le Québec n'aient pas su donner à ces deux prestigieux artistes les moyens de «continuer leur œuvre» (comme on disait aux temps d'un célèbre Premier ministre québécois), voilà qui est, en effet, incompréhensible.

Ou peut-être, au contraire, comprend-on trop bien la signification de ce départ. «Cela va faire l'affaire de bien des gens», me confiait Simoneau au cours de notre conversation. Et il enchaînait: «Les gens qui sont encore en poste se hâtent, avant d'être remplacés, de pistonner leurs amis. Attendez-vous à quelques beaux exemples de médiocrité dans les futures productions d'opéra!»

On ne saurait donc blâmer les Simoneau de quitter ce climat de médiocrité, pour ne pas dire de malhonnêteté, dans lequel notre *music business* locale se berce confortablement. Après les difficultés sans nombre que nos autorités (?) gouvernementales, pédagogiques et musicales ont faites à Simoneau et Alarie, parce que ceux-ci se montraient trop «sévères», trop «exigeants», trop «intransigeants» — c'est-à-dire, tout simplement, trop au-dessus de la médiocrité.

Comment Léopold Simoneau en est-il venu à donner sa démission comme directeur artistique de l'Opéra du Québec, le 22 novembre 1971? Pourquoi a-t-il quitté ses amis, son pays et la maison qu'ils adoraient tous, avec Pierrette Alarie et ses deux filles? D'où est venue l'humiliation profonde faite à ces deux grands artistes? Quel en est le cheminement, vu quinze ans plus tard — l'heure des passions ayant fait place à l'heure du bilan historique?

La plupart des spectacles du Festival mondial de l'Expo 67 à la Place des Arts de Montréal révélèrent au grand public un répertoire lyrique nouveau. Les Québécois réalisèrent qu'ils n'avaient pas de théâtre lyrique, du moins pas de troupe permanente proprement dite comme à Londres, Vienne, Hambourg, Berlin, Stockholm, ou de théâtre à *stagione* comme la Scala de Milan, et, comme leurs aînés, ils rêvèrent de beau chant, de spectacles lyriques qui puissent satisfaire l'œil et l'oreille. En juillet 1967, le ministre des Affaires culturelles d'alors, Jean-Noël Tremblay, annonçait son intention de créer «une compagnie nationale d'opéra au Québec». Peu de temps après, un comité était formé et chargé d'enquêter sur les aspects artistiques et administratifs d'une saison lyrique régulière; ce comité était présidé par Léopold Simoneau. La saison lyrique ne devait pas toucher exclusivement Montréal mais s'étendre à d'autres villes de la province, notamment Québec. Le comité remettait son rapport le 31 décembre 1967 mais les recommandations devaient demeurer confidentielles. Puis Léopold Simoneau, alors attaché au service de la musique au ministère des Affaires culturelles, s'entourait de hauts fonctionnaires du ministère afin de matérialiser le projet. Mais le gouvernement changea et les libéraux prirent le pouvoir. François Cloutier, médecin-psychiatre, assuma alors la direction du ministère.

Le 15 septembre 1970, un mémoire sur la «nécessité d'une politique rationnelle à l'expression lyrique au Québec», constituant une brève synthèse des quatre mémoires précédents, était remis au nouveau ministre libéral, François Cloutier. Le cinquième mémoire, venant de la direction générale de la musique du ministère des Affaires culturelles depuis 1967, était signé par le directeur général, Victor Bouchard, et Léopold Simoneau, adjoint au directeur général, section art lyrique. Il contenait une analyse de la situation déplorable au Québec et la structure éventuelle de «l'Opéra de l'État du Québec». Le mémoire soulignait donc les disparitions d'organismes ou de sociétés des dernières décennies, qui étaient: (1) The Montreal Opera Company, (2) la Société canadienne d'opérette, (3) les Festivals de Montréal, (4) les Variétés lyriques, (5) le Grand Opéra de Montréal, (6) les opéras de l'Orchestre symphonique de Montréal, (7) l'Opera Guild de Montréal; et l'échec et la disparition du Théâtre lyrique du Québec, en mai 1970, marquaient la huitième faillite d'institution ayant héroïquement tenté de présenter des spectacles d'opéra à Montréal et à Québec. Les diverses causes analysées étaient: (1) l'amateurisme, (2) une administration inepte, (3) le cloisonnement de ces institutions privées, (4) l'impossibilité d'une planification rationnelle causée par des structures improvisées et des subventions aléatoires. La solution à ce problème serait la formation d'un axe Montréal-Québec avec une «Compagnie d'Opéra panquébécoise». Il était écrit dans le mémoire du 15 septembre 1970:

> Il faut créer une compagnie sous contrôle et régie de l'État qu'on appellera l'Opéra de l'État du Québec et dont la vocation sera de regrouper et de canaliser toutes nos ressources humaines et artistiques et de mettre en commun tous les fonds fédéraux, provinciaux et municipaux disponibles à ce chapitre d'animation musicale et culturelle de même qu'une partie des budgets à la production de la Place des Arts et du Grand Théâtre, consacrant ainsi la mise sur pied d'une institution stable, vouée au plus populaire de tous les arts d'interprétation et qui constituera un axe culturel de taille entre les deux principales villes de notre province. L'expansion vers d'autres centres résultera seulement de motivations impérieuses.

Ce cinquième rapport donna lieu à une conférence de presse à la Place des Arts de Montréal, et le ministre François Cloutier annonça, le 9 novembre 1970, la création de l'Opéra du Québec, qui fut constituée juridiquement le 9 février 1971. La société incorporée avait comme membres les présidents et les directeurs généraux des régies de la Place des Arts de Montréal et du Grand Théâtre de Québec, plus trois autres personnes choisies par le ministre, et Marcel Caron fut par la suite élu président de l'Opéra du Québec. Léopold Simoneau fut prêté dès lors à la compagnie par le gouvernement à titre de directeur artistique afin d'élaborer la programmation de la saison 1971-72 et d'établir les distributions des ouvrages choisis. La Corporation de l'Opéra du Québec accepta le programme proposé et fut entièrement d'accord sur le choix de Léopold Simoneau comme directeur artistique. Puis les membres se réunirent à cinq ou six reprises pour étudier les programmes des saisons à venir.

Il faut se rappeler qu'avant la création de l'Opéra du Québec, le 9 février 1971, la Régie de la Place des Arts de Montréal avait décidé de relancer l'opéra et avait produit deux ouvrages pour la saison 1970-1971, *La Bohème* et *Carmen*. De plus, elle avait planifié les saisons 1971-1972 et 1972-1973, et Léopold Simoneau, membre de la Corporation de la Place des Arts depuis 1968, était au courant de quelques-uns des engagements verbaux et écrits, dont celui de Jon Vickers pour l'*Otello* de la saison 1973-74, et il était d'accord avec ces décisions pour l'Opéra du Québec. Pensée pour le public et les chanteurs québécois, la première saison, entièrement programmée par Léopold Simoneau, affichait quatre productions — *Samson et Dalila, Il Trittico, La Fille du régiment, La Traviata* —, et, sur un total de quarante-neuf rôles, quarante et un avaient été confiés à des chanteurs canadiens. Il est bon de rappeler également que les trois petits opéras du *Trittico* de Puccini ont été montés avec une distribution entièrement canadienne et d'une façon exemplaire, ce qui a donné raison à tous ceux qui faisaient confiance aux chanteurs québécois, le directeur artistique en tête, Léopold Simoneau.

Ce dernier s'adresse aux journalistes de Montréal et de Québec, dans une communication datée du 14 septembre 1971:

> Avant de vous parler de la programmation de la saison 1972-73, j'aimerais vous faire quelques brefs commentaires sur les modalités à partir desquelles une maison d'opéra ou un théâtre lyrique établit sa programmation et, partant, ses distributions; je crois quelques mises au point nécessaires pour répondre aux mille et une suggestions de répertoire pour l'Opéra du Québec, aux recommandations d'artistes et surtout pour réfuter des accusations non fondées et relatives à notre générosité à l'endroit des artistes étrangers.
>
> À ces accusations, je réponds immédiatement que nous avons réussi, et ce malgré une absence à peu près totale de tradition

lyrique au Québec, à atteindre une moyenne de participation canadienne et surtout québécoise dans nos distributions pour le moins étonnante. Ainsi, pour la saison 1971-72, sur 30 artistes que nous avons engagés pour l'interprétation de 49 rôles, 27 sont canadiens. (En d'autres termes, trois seulement des 49 rôles sont interprétés par des étrangers.) Ce qui représente 90 % de participation canadienne quant au nombre des artistes. Pour la saison 1972-73, 39 artistes dont 31 Canadiens ont été engagés pour défendre 51 rôles, ce qui représente une participation canadienne de 83 %.

Je dois ici vous préciser qu'il y a deux façons d'établir la programmation.

La première, qui est de loin la moins heureuse (celle à laquelle sont assujettis les tout petits théâtres de province), consiste d'abord à faire l'évaluation du potentiel vocal et artistique à la disposition d'un théâtre lyrique donné dans un territoire donné, et à établir la programmation à partir de ces éléments forcément restreints. On se rend tôt compte que cette politique de vase clos aboutit à un cul-de-sac. Par exemple, en dépit d'une absence de tradition lyrique au Québec, comme je le disais il y a un instant, nous avons un réservoir vocal assez étonnant. Il y a des voix chez nous. Elles ne sont pas toutes disciplinées adéquatement, mais une matière première est là. Mais si je pars de ce potentiel pour la programmation d'une saison d'opéra d'un standing professionnel, je me rends immédiatement compte qu'il faut renoncer à tout le répertoire de Wagner. Même obligation en ce qui a trait à Richard Strauss. De Mozart, *Les Noces de Figaro* seraient, je crois, assez bien servi; pas question cependant de *Don Giovanni*, de *La Flûte enchantée*, de l'*Enlèvement au sérail*, et je ne suis pas tout à fait sûr de pouvoir réunir une distribution adéquate pour *Cosi fan tutte*. Il faudrait certes renoncer aussi au *Fidelio* de Beethoven. De Puccini, mettons de côté *Turandot* et *Manon Lescaut*. Du grand Verdi, il faudrait oublier *Il Trovatore, Don Carlo, La Forza del destino, Bal masqué, Simon Boccanegra* et *Aïda* (sauf si Vickers prenait la nationalité québécoise...). *Andrea Chénier* pourra toujours attendre. Enfin, car il faut abréger, je ne suis pas sûr que nous ayons au Québec une distribution pour *Pelléas*... C'est là le dilemme inextricable que doit résoudre le responsable d'une compagnie d'opéra au Québec en 1971 si sa politique en est une de frontière provinciale, ou de chauvinisme, ce qui équivaut à un suicide artistique.

L'autre façon la plus courante et logique d'établir la programmation d'une saison d'opéra est de choisir les œuvres d'abord, selon leur mérite, selon aussi la demande du public, selon les besoins de diversité, de nuance, etc., et d'aller chercher les interprètes adéquats après coup. Là, forcément, et nous l'avons démontré, le responsable de cette programmation devra jouer sur l'échiquier mondial des rois et des reines de l'art vocal, et ce, pour un certain nombre de rôles. Il reste cependant, et j'insiste sur ce point, qu'une fois le répertoire choisi, notre devoir, notre obligation, et j'ajoute: notre satisfaction, est de donner la toute première priorité aux Québécois d'abord, aux Canadiens ensuite, et, en troisième lieu, aux étrangers. Ce recours au réservoir vocal mondial est inévitable pour la presque totalité des compagnies d'opéra.

Pour terminer, je vous dirai que l'absence de certains artistes canadiens dans nos distributions au cours de ces deux premières saisons est due à l'indisponibilité de ceux-ci; ces artistes sur le marché international posent les mêmes exigences que les autres artistes prestigieux, c'est-à-dire qu'il faut les inviter deux ou trois ans à l'avance. C'est ainsi qu'il nous a été impossible, par exemple, d'accueillir au cours de ces premières saisons Madame Boky, Huguette Tourangeau, Pierre Hétu, Jacques Beaudry. (Madame Boky chantera Juliette à la toute fin de notre saison 72-73.) Enfin, les cachets fort élevés de certains artistes canadiens dépassent nos possibilités budgétaires.

Voilà, entre autres, les quelques impératifs dont les responsables de l'Opéra du Québec ont tenu compte avec assez de bonheur jusqu'à ce jour, et je veux croire que leurs efforts conjugués pourront assurer au public québécois des saisons lyriques dignes de notre société et des nombreux talents qui y fleurissent.

Avant la séance orageuse de la Corporation de l'Opéra du Québec du 4 novembre 1971, soit le jour de la première à Québec de *Samson et Dalila,* le président de la Régie de la Place des Arts de Montréal, Marcel Piché, faisait parvenir au président de l'Opéra du Québec, Marcel Caron, une lettre datée du 13 octobre 1971, qui contenait le «projet de résolution» qui soulèvera la tempête à venir.

Monsieur le Président,

Au mois d'août 1969, notre Régie prenait la décision de présenter *La Bohème* et *Carmen* durant la saison 1970-71. Dès le début de 1970, elle a planifié, pour son propre compte, la saison d'opéra 1971-72; elle a sérieusement, dans le cours des mois qui ont suivi, amorcé la planification de certaines autres saisons.

Elle a pris à cet égard des engagements précis la liant juridiquement et moralement envers des tiers: chanteurs, chefs d'orchestre, metteurs en scène, décorateurs, costumiers, etc. Ses budgets reflétaient les prévisions requises et prévoyaient leur équilibre.

Pour la saison 1972-73, nous nous sommes commis à faire une *Salomé* avec Zubin Mehta, un *Rigoletto* ou un *Falstaff* avec Alfredo Bonavera dont l'engagement verbal fut fait à Genève le 26 juillet 1970, ayant à l'esprit Carlo Maestrini comme metteur en scène, un *Vaisseau fantôme* avec Franz-Paul Decker. Pour la saison 1973-74, nous nous sommes engagés à faire *Otello* avec Zubin Mehta, Jon Vickers et Carlo Maestrini. Un premier contact verbal avec Jon Vickers est intervenu fin novembre 1970. Tous ces engagements ont été pris avant que n'existe l'Opéra du Québec, qui n'a été créé qu'en février 1971. Il a assumé, à compter de sa naissance, notre programmation globale et tous les engagements afférents. Les responsabilités qui étaient nôtres envers les tiers sont devenues les siennes propres.

Voilà des faits incontestables et vous reconnaîtrez sans doute qu'il serait inacceptable pour notre Régie que l'Opéra du Québec ne respecte pas tous et chacun des engagements qui avaient été pris par nous et que vous avez assumés. Il ne serait pas possible de laisser entacher la réputation intouchable que la Régie a acquise depuis 1964 et que son intégrité et sa responsabilité financière soient attaquées.

Pour toutes ces raisons éminemment valables, il est essentiel que nous soyons, par voie de résolution adoptée par le conseil d'administration de l'Opéra du Québec, assurés du transfert de nos responsabilités suivant les ententes faites entre nous dès la formation de notre corporation.

J'attache à la présente un projet de résolution qui nous serait agréable.

Je vous prie d'accepter, Monsieur le Président, l'expression de mes sentiments les meilleurs.

Marcel Piché, S.M., C.R.

Projet de résolution

<u>Attendu</u> que la Régie de la Place des Arts, en 1969, a pris la décision de présenter *La Bohème* et *Carmen* durant la saison 1970-1971;

<u>Attendu</u> qu'au début de 1970 la même Régie a planifié, pour son propre compte, la saison d'opéra 1971-1972 et amorcé la planification de certaines des saisons à venir;

<u>Attendu</u> que l'Opéra du Québec a été créé le 9 février 1971 et qu'il a été, dès lors, entendu que cette nouvelle corporation se substituait à ladite Régie pour présenter les saisons d'opéra à Montréal et à Québec, et qu'elle a verbalement assumé les obligations de la Régie;

<u>Attendu</u> qu'à la demande de la Régie il est à propos de formaliser l'entente déjà existante entre elle et l'Opéra du Québec;

Il est proposé par M.
appuyé par M.
et résolu à l'unanimité:

Que la Corporation confirme et ratifie l'entente intervenue entre elle et la Régie de la Place des Arts en date du 9 février 1971 à l'effet de se charger des saisons d'opéra à être présentées à la Place des Arts et au Grand Théâtre de Québec, au lieu et place de la Régie de la Place des Arts;

Que la Corporation assume, sans exception, toutes les obligations et engagements par rapport aux opéras suivants pris par la Régie de la Place des Arts avant même la création de l'Opéra du Québec:

Saison 1971-1972
Samson et Dalila de Saint-Saëns,
Il Trittico de Puccini,
La Fille du régiment de Donizetti,
La Traviata de Verdi.

Saison 1972-1973
Rigoletto ou *Falstaff* de Verdi

avec le chef Alfredo Bonavera,
Salomé de Richard Strauss
avec le chef Zubin Mehta,
Roméo et Juliette de Gounod
avec Colette Boky.

Saison 1973-1974
Otello de Verdi
avec le chef Zubin Mehta, Jon Vickers
et Carlo Maestrini.

Et que la Corporation donne une garantie de porte-fort à la Régie de la Place des Arts par rapport aux engagements qu'elle avait pris pour lesdits opéras.

Soumis à la réunion du 4 novembre 1971, le projet de résolution présenté par Monsieur Marcel Piché eut l'effet d'une bombe sur les membres non avertis, y compris Léopold Simoneau[1]. Quelques jours plus tard, le 10 novembre 1971, Victor Bouchard, directeur de la musique au ministère des Affaires culturelles et présent à la réunion du 4 novembre, fait parvenir le rapport suivant au sous-ministre, Monsieur Guy Frégault:

> Au cours de la dernière réunion de la Corporation de l'Opéra du Québec, tenue à Québec, le 4 novembre 1971, l'un des membres de cette Corporation, Monsieur Marcel Piché, a proposé, par voie de résolution, que l'Opéra du Québec *ratifie* et *confirme* toutes les obligations et tous les engagements pris par la Régie de la Place des Arts avant la création de l'Opéra du Québec, ces obligations et ces engagements se rapportant à des choix d'œuvres, d'artistes et de chefs d'orchestre.

> Monsieur Piché a ajouté, à l'appui de sa résolution, qu'il avait déjà discuté de ce problème avec Monsieur le ministre Cloutier au cours de l'automne 1970, au moment des pourparlers de la création de l'Opéra du Québec. Monsieur Piché a assuré les membres que le ministre donnait un accord de principe à ce propos. Toutefois, la présentation d'une telle résolution a surpris plusieurs des membres de l'Opéra du Québec.

> En effet, la Corporation de l'Opéra est constituée depuis février 1971: les membres se sont réunis à plusieurs reprises pour des assemblées régulières et ce n'est que lors d'une

assemblée en novembre que l'on évoque le problème de ratification des engagements antérieurs.

D'autre part, à propos de ces engagements et de ces obligations prises par la Place des Arts, il ne semble pas y avoir **aucun contact écrit,** tout au plus des sondages et des contacts pris auprès des artistes ainsi que des promesses verbales prises personnellement par Monsieur Piché. Et parmi ces engagements, on note celui d'un jeune chef d'orchestre du nom d'Alfredo Bonavera, à qui on aurait promis la direction du spectacle de *Rigoletto* pour la saison 1972-1973.

Monsieur Piché a fait connaître que le chef Bonavera est un jeune lauréat du prix Mitropoulos et qu'il est chaudement recommandé par des artistes tel Leonard Bernstein. Monsieur Piché ajoute que l'Opéra du Québec se doit de faire connaître un jeune artiste de grand talent.

D'autre part, le directeur artistique de l'Opéra du Québec, Monsieur Léopold Simoneau, s'objecte fortement à l'engagement de Monsieur Bonavera. Selon Monsieur Simoneau, Monsieur Bonavera n'a aucune preuve de carrière lyrique et l'Opéra du Québec ne peut prendre le risque d'engager un jeune chef inexpérimenté pour un spectacle.

Monsieur Simoneau invoque aussi le fait que ce chef est un étranger et que l'Opéra du Québec doit, en priorité, susciter et développer le talent de nos jeunes artistes canadiens et québécois. Monsieur Simoneau ajoute encore qu'il a pris des renseignements auprès du directeur de l'Opéra de Genève, Monsieur Graf (ville où réside Monsieur Bonavera). Monsieur Graf connaît le chef Bonavera mais ne veut pas l'engager à l'Opéra de Genève, prétextant son inexpérience.

Cet état de fait risque de créer un conflit assez grave au sein de l'Opéra du Québec et particulièrement entre Monsieur Piché et Monsieur Simoneau, directeur artistique.

Pour ma part, à titre d'observateur du ministère, je constate que les engagements antérieurs évoqués par Monsieur Piché ne sont que des engagements verbaux et, je dois dire, pris à titre personnel, puisqu'*il ne semble pas que la Régie de la Place des Arts ait été informée* de l'existence de tels engagements. Je crois savoir aussi que plusieurs de ces engagements ou démarches ont été faits en collaboration avec

Monsieur Pierre Béique, ancien administrateur de l'Orchestre symphonique de Montréal.

Or, Monsieur Béique n'a aucune autorité à la Régie de la Place des Arts, ni dans l'Opéra du Québec.

Pour votre information, la réunion de l'Opéra du Québec du 4 novembre dernier a été ajournée au 17 novembre prochain. Entre-temps, Monsieur Marcel Caron, président de l'Opéra du Québec, doit rencontrer le ministre, Monsieur Cloutier, le 15 novembre. Il est essentiel à ce moment que Monsieur Cloutier soit mis au courant de ces problèmes afin qu'il puisse en discuter avec Monsieur Caron. Il ne paraît pas facile de trancher dans le vif. Les membres de l'Opéra du Québec paraissent assez inquiets de cette situation puisqu'elle met en présence deux fortes personnalités, Messieurs Piché et Simoneau, qui ne cèderont pas facilement et qui ont sûrement de part et d'autre des arguments valables pour défendre leur thèse.

Il faut vraiment savoir si toutes les promesses et les engagements verbaux par Messieurs Piché et Béique doivent obligatoirement lier l'Opéra du Québec pour les trois prochaines années.

Se poursuivent alors les intrigues de coulisses... Avant la réunion prévue à Montréal pour le 17 novembre, MM. Piché et Caron rencontraient privément, à Québec, le ministre François Cloutier, qui s'est défendu par la suite à l'Assemblée nationale... «de leur avoir donné raison contre Monsieur Simoneau», ayant rappelé que «l'Opéra du Québec est une corporation privée, même si elle reçoit une subvention du ministère des Affaires culturelles», qu'il avait «toujours respecté son autonomie» et qu'il n'avait «pas l'intention de s'immiscer dans les affaires intérieures de cet organisme»... C'est néanmoins ce même ministre qui avait prêté un haut fonctionnaire de son ministère à l'Opéra du Québec à titre de «directeur artistique», lequel brillait par son absence lors de ladite réunion montréalaise. *Le Soleil* publie le 24 novembre 1971:

> M. Caron faisait accepter sans aucune discussion et à l'unanimité une nouvelle résolution relative «aux obligations contractées par la Régie de la Place des Arts, antérieurement à la formation de l'Opéra du Québec».

À cette réunion, une autre proposition était votée pour éliminer le poste de directeur artistique à l'Opéra du Québec, afin de le remplacer par celui de «conseiller artistique». Au début de cette même séance, M. Caron donnait lecture de *la lettre de démission* de Léopold Simoneau. Cette démission était aussi acceptée unanimement, le poste de *conseiller artistique* lui étant par contre offert. Même si Monsieur Simoneau n'a pas encore donné suite à cette offre, il est bien évident qu'il la refusera si l'on tient compte de sa déclaration remise lundi à la presse. Déclaration dans laquelle il affirme: «Quelques membres de la Corporation de l'Opéra du Québec m'ont enjoint, et ce, pour des raisons inexplicables, d'offrir l'entière responsabilité musicale et la direction orchestrale de notre première production de la saison 1972-1973, soit *Rigoletto,* à un jeune chef d'origine étrangère qui, n'ayant à ce jour jamais dirigé d'opéra, n'a donc pas encore démontré sa compétence dans le domaine de l'art lyrique.»

Devant une telle situation, plusieurs questions viennent à l'esprit.

1 Quelle a été la teneur de la démarche de MM. Piché et Caron auprès du ministre des Affaires culturelles, démarche qui a amené l'acceptation de la résolution des engagements de la Place des Arts par les membres de la Corporation?

2 Le ministre a-t-il convoqué le directeur artistique de l'Opéra du Québec, Léopold Simoneau, pour avoir son avis sur la question de ces engagements[2]?

3 Quels sont exactement ces engagements[3]? S'agit-il *d'un* (comme le prétend M. Simoneau) ou de plusieurs engagements? Qui touchent-ils? S'agit-il de contrats dûment signés ou de simples promesses verbales? De quand datent exactement ces engagements?

4 Pourquoi l'Opéra du Québec aurait-il à honorer des engagements contractés par un autre organisme, alors qu'il n'a pas hésité à résilier ceux déjà pris avec des artistes canadiens et québécois quand furent annulées les représentations à Québec d'*Il Trittico?*

5 Comment l'Opéra du Québec pourra-t-il justifier l'engagement d'un chef d'orchestre d'origine étrangère et qui

n'a jamais démontré sa compétence dans le théâtre lyrique,
de préférence à un chef québécois ou canadien qualifié,
si l'on en croit la déclaration de Léopold Simoneau?

Léopold Simoneau refuse catégoriquement le poste de
«conseiller artistique» tel que nouvellement défini par les membres
du Conseil de l'Opéra du Québec. «C'est non», dit-il, et il ajoute:
«Le dossier n'est pas encore fermé. Au cours des prochains jours
et des prochaines semaines, vous allez certainement en savoir
plus long sur cette affaire.»

Le 22 novembre 1971, Léopold Simoneau fait parvenir sa
lettre de démission à M. François Cloutier, ministre des Affaires
culturelles:

Monsieur le Ministre,

Veuillez trouver sous même pli copie de ma lettre de démission comme directeur artistique au président de la Corporation de l'Opéra du Québec, M. Caron.

Inutile de vous dire que je n'ai pas posé un tel geste par
caprice. Je n'allais pas à la légère renoncer à mes responsabilités auprès d'une institution culturelle naissante à laquelle
j'ai consacré une bonne partie des quatre dernières années
et à laquelle je devais normalement en consacrer quelques
autres.

Désigné par vous, Monsieur le ministre, comme directeur
artistique de l'Opéra du Québec, ce mandat avait été agréé
à l'unanimité par les membres de la Corporation dudit Opéra.
Je me suis dès lors mis à la tâche avec toute l'objectivité,
l'impartialité et la conscience professionnelle dont je suis
capable. En dépit de ma longue expérience des mécanismes
des théâtres lyriques et du monde des artistes qui les anime,
je n'ai jamais pris une décision relativement importante sans
consulter le directeur administratif ou encore les autres
membres de la Corporation de l'Opéra du Québec, dont la
collaboration a toujours été des plus cordiales.

Bien sûr, il y a eu des divergences occasionnelles. À deux
reprises au moins, j'ai dû changer mon choix de répertoire
et je l'ai fait de très bon gré devant des arguments valables.

Mais le jour où le président de la Régie de la Place des Arts,
Monsieur Marcel Piché, a exigé, pour des motifs inexplicables, que je confie l'entière responsabilité musicale et la

direction orchestrale de notre première production de la saison 1971-1972 *(Rigoletto)* à un néophyte, Monsieur Bonavera, qui, à toutes fins utiles, n'a jamais dirigé d'opéra et qui n'a même pas encore prouvé son réel talent de chef d'orchestre, et dont l'engagement aurait été une flagrante contradiction de la politique de l'Opéra du Québec maintes fois énoncée, à savoir que cette institution avait été créée «pour aider au développement de la culture des Québécois», que ses objectifs premiers étaient «d'une part, d'accorder la priorité à nos artistes et, d'autre part, de maintenir la plus haute qualité dans ses productions», j'ai refusé catégoriquement.

Pour ma part, je pouvais soumettre la candidature de quatre chefs d'orchestre canadiens chevronnés, dont deux du Québec, pour remplir cet engagement, et mon acquiescement à la demande de Monsieur Piché aurait été une infraction sérieuse au mandat que vous m'aviez confié de même qu'une preuve d'irresponsabilité.

Vous connaissez la suite du scénario: un projet de résolution, type cheval de Troie, dans lequel la Régie de la Place des Arts s'attribue allègrement la paternité de huit des neuf productions de l'Opéra du Québec au cours des prochaines saisons, a été soumis à la Corporation le 4 courant et qui l'a reçu avec une certaine stupéfaction. Enrobé des mots sacro-saints d'engagements juridiques et moraux antérieurs à la création de l'Opéra du Québec, ce projet de résolution arrivait singulièrement tard puisque la corporation en était à son cinquième meeting et n'avait jamais été informée de cette imposante programmation pas plus que le soussigné. (Voir les procès-verbaux de la Corporation de l'Opéra du Québec.) Est-il besoin de préciser que, dans le domaine du théâtre lyrique, comme dans tant d'autres, seules les ententes contractuelles lient les parties en cause; ici, un projet sur trois se concrétise et les artistes savent s'accommoder dans ce contexte hypothétique.

Enfin, après votre rencontre, Monsieur le Ministre, du 15 courant avec le président de la Régie de la Place des Arts et le président de la Corporation de l'Opéra du Québec, Monsieur Marcel Caron, celui-ci m'a clairement laissé entendre qu'il fallait tout de même sortir de l'impasse, que l'Opéra du Québec était pour le moment irrémédiablement tributaire de la Place des Arts, que certaines structures boiteuses devaient être corrigées, qu'enfin il faudrait sans doute réviser mon mandat et redéfinir mes responsabilités, etc. Le message était clair et j'y ai donné suite.

Voilà, Monsieur le Ministre, quelques précisions que j'ai cru devoir vous apporter. Si vous jugez opportun de connaître de plus amples détails sur ce regrettable imbroglio qui pourrait influencer l'acheminement de l'Opéra du Québec, je veux vous assurer de mon entière et dévouée collaboration.

Veuillez agréer, cher Monsieur le Ministre, l'expression de mes sentiments les plus cordiaux.

Léopold Simoneau.

En remettant personnellement sa lettre de démission à François Cloutier, Léopold Simoneau faisait parvenir un communiqué aux journalistes dans lequel il expliquait très clairement les motifs de sa décision, «purement d'ordre professionnel». De son côté, Marcel Caron, président de l'Opéra du Québec, répondait aux questions de la presse et commentait: «Le conflit a éclaté au niveau de la Corporation. Je ne peux pas vous en dire plus pour l'instant, sinon que j'ai beaucoup d'admiration pour Léopold Simoneau. Nous serions très heureux qu'il accepte de continuer à œuvrer avec nous à l'Opéra du Québec.» D'autre part, la rumeur circulait que Pierre Béique avait déjà été pressenti pour agir en tant que «conseiller artistique» à l'Opéra du Québec. (On se souvient que Pierre Béique avait quitté son poste de directeur à l'Orchestre symphonique de Montréal peu de temps avant qu'on annonce la création de l'Opéra du Québec, en février 1971.) De plus, le nom de Zubin Mehta fut avancé comme futur conseiller artistique de l'Opéra du Québec, poste refusé par Léopold Simoneau. *Le Soleil* poursuit: «S'agirait-il alors d'une fonction purement honorifique, ou M. Mehta aurait-il l'intention de renoncer à sa carrière internationale pour se vouer à l'avenir du théâtre lyrique au Québec?»

La démission de Léopold Simoneau de son poste de directeur artistique de l'Opéra du Québec a provoqué un véritable tollé, tant dans le milieu musical qu'au gouvernement du Québec. Les commentaires fusèrent de toutes parts. On louait son courage, son honnêteté et sa perspicacité. Au même moment, la presse apprenait que le choix du chef d'orchestre étranger avait été établi à partir d'une «amitié personnelle» avec la famille d'un membre du conseil d'administration de l'Opéra du Québec, plutôt que d'après sa compétence personnelle. L'Union des Artistes s'en mêle. On rappelle l'engagement du jeune chef étranger, on relève des irrégularités. On apprend que les chanteurs engagés pour les représentations du *Trittico* ont été trompés. En effet, les contrats stipulaient des représentations au Grand Théâtre de Québec, et on leur apprend que les représentations sont annulées, puis que le metteur en scène demande de commencer les répétitions une semaine avant la date prévue par le contrat, et ce, sans aucun dédommagement. Les chanteurs acceptent tout de même en se disant qu'il faut faire preuve de souplesse mais on interdit à tous les artistes de signer de nouveaux contrats avec l'Opéra du Québec jusqu'à ce que le conflit soit réglé. Le gouvernement reste muet. Le ministre Cloutier reçoit une lettre (publiée par *Le Devoir* du 7 décembre 1971) dans laquelle les choristes de l'Opéra du Québec «déplorent la démission de Léopold Simoneau». La majorité des choristes souhaite qu'il retourne, s'il le désire, à son poste de directeur artistique, «avec tous les pouvoirs attachés à ce poste».

Le 14 décembre 1971, un communiqué officiel, en provenance du ministère des Affaires culturelles et faisant suite à la réunion de l'Opéra du Québec tenue au ministère le 8 décembre en présence de François Cloutier, apprenait aux journalistes que l'Opéra du Québec serait restructuré:

> À partir de maintenant, sur le plan administratif, l'Opéra du Québec aura son propre administrateur et son secrétariat indépendant de la Place des Arts et du Grand Théâtre de Québec, situé dans les locaux du ministère des Affaires culturelles à Montréal. Sur le plan artistique, un comité de trois membres remplacera le poste de directeur artistique, qui se trouve ainsi aboli. Cette formule sera mise à l'essai pour un an. L'Opéra du Québec procédera par contrat de production avec la Régie de la Place des Arts, ou le Grand Théâtre de Québec, ou tout autre organisme [...] L'Opéra du Québec aura désormais une existence autonome, et cela nous permettra aussi d'exercer un meilleur contrôle du budget[4].

Pas un mot sur le sort de Léopold Simoneau. Ce manque élémentaire d'élégance s'explique à la lecture du procès-verbal de la réunion du 8 décembre, signé par le directeur de la musique au ministère, Victor Bouchard:

Monsieur le ministre constate un sérieux malaise au sein de l'organisme et suggère certaines modifications à être apportées afin de mettre fin à ces malaises.

Monsieur Cloutier rappelle ensuite le mandat dévolu à l'Opéra du Québec: la fondation de cet organisme correspondant à un besoin culturel évident, soit la conception, la production, la réalisation de spectacles d'art lyrique dans la perspective d'un axe culturel Montréal-Québec. Enfin, Monsieur Cloutier rappelle le contexte sociologique dans lequel doit se développer et s'orienter sa politique vers la production de spectacles à prix modique et la diffusion éventuelle de ces spectacles en province.

Le ministre réitère son offre d'un fonctionnaire du ministère prêté à l'Opéra du Québec. Il insiste sur la nécessité de structures qui puissent assurer à l'Opéra du Québec une certaine direction artistique et recommande qu'un comité consultatif de trois membres soit désigné à cette fin. De plus, Monsieur le ministre rappelle qu'il ne veut imposer personne. Il ajoute que *si* la démission de Monsieur Léopold Simoneau est acceptée par le conseil d'administration, **il l'entérinera.**

Monsieur le ministre termine son exposé en déclarant que ses remarques sont des suggestions et qu'il attend à leur sujet les commentaires du conseil d'administration de l'Opéra du Québec. Après le départ du ministre pour l'Assemblée nationale, la discussion se poursuit sous la présidence de Monsieur Frégault et l'assemblée reprend, point par point, les remarques du ministre.

Le conseil d'administration abolit le poste et la fonction de directeur général ainsi que celui de trésorier, par suite de la nomination d'un administrateur délégué, fourni par le ministère. La discussion s'engage à propos du rôle éventuel d'un conseiller artistique ou d'un directeur artistique ou d'un comité artistique de trois personnes. Dans l'esprit du conseil d'administration, le conseiller artistique ou **le comité artistique n'aurait qu'un rôle de consultation, toute décision appartenant au conseil d'administration.**

Au cours de la discussion, MM. Jean Vallerand, Victor Bouchard et Robert Desjardins (agissant en qualité d'observateurs du ministère) insistent pour que les trois critères suivants soient rigoureusement respectés dans le choix des membres dudit comité artistique:

1 Il faudra éviter de choisir des personnes qui pourraient être impliquées dans des conflits d'intérêts. À ce propos, il faut éviter de choisir des artistes engagés présentement dans des activités de chef d'orchestre, de metteur en scène ou d'interprète.

2 Il faudra éviter de choisir des éléments étrangers au Québec, si prestigieux soient-ils.

3 Il faudra, dans la mesure du possible, choisir les membres de ce comité parmi des professionnels de la musique et de l'art lyrique.

La nouvelle des annulations au Grand Théâtre de Québec du *Trittico,* de *Salomé* et d'*Otello* prévus pour la saison 1973-1974 suscite la colère chez les mélomanes de la Vieille Capitale, et des accusations de «tentative de mainmise de la Place des Arts», écrit Marc Samson dans *Le Soleil* du 1er décembre 1971.

Si les membres québécois de la Corporation de l'Opéra du Québec font preuve d'aussi peu de vigilance qu'ils n'en ont montré jusqu'ici, il y a de sérieux dangers que la place de la ville de Québec devienne de plus en plus restreinte dans les destinées de l'Opéra du Québec.

Jusqu'à ce jour, M. Cloutier s'est retranché de la question en déclarant qu'il ne voulait pas s'immiscer dans les affaires internes de cet organisme supposément indépendant. Toutefois, comme l'Opéra du Québec est une création du ministère des Affaires culturelles et comme les dimensions de cette affaire prennent une allure un peu suspecte, on se demande pendant combien de temps il pourra encore se dérober dans un silence inquiétant.

Le ministre acceptera-t-il sans mot dire la tentative, à peine déguisée, de mainmise de la Place des Arts sur l'Opéra du Québec? Se laissera-t-il dicter sa conduite par les membres de cette Régie? Sans doute le silence est d'or! Mais à l'opéra il est impératif de se bien faire entendre sinon il se trouve toujours quelqu'un pour couvrir votre voix.

Le ministre François Cloutier rompt le silence vis-à-vis de Léopold Simoneau dans une lettre datée du 16 décembre 1971:

Cher Monsieur,

Je vous remercie de votre lettre du 22 novembre par laquelle vous me faites part de votre démission comme directeur artistique de l'Opéra du Québec. Je prends également connaissance du texte de votre lettre du 16 novembre adressée au président de la Corporation à ce propos.

Je regrette cette décision mais je dois vous informer qu'il appartient à l'Opéra du Québec, qui est formé en corporation d'après la troisième partie de la Loi des compagnies, d'accepter ou de refuser votre démission. En effet, ce n'est pas moi qui vous ai nommé à ce poste même si j'ai proposé votre candidature au conseil d'administration.

Si par hasard cette décision était maintenue de part et d'autre, je souhaiterais que vous puissiez prendre la direction d'un authentique atelier d'opéra au Conservatoire de musique de Montréal. Vous seriez ainsi appelé à planifier une initiative pédagogique dont vous connaissez mieux que quiconque la grande importance.

Veuillez croire, cher Monsieur, à l'assurance de mes sentiments distingués.

François Cloutier.

Quelques mois plus tard, Madame Claire Kirkland-Casgrain remplaçait François Cloutier au ministère des Affaires culturelles. Vers la mi-août 1972, à peine trois semaines avant le départ de la famille Simoneau pour San Francisco, elle eut un entretien avec Léopold Simoneau en la résidence de Jean-Paul Jeannotte à Québec, au cours duquel elle invita Monsieur Simoneau à reprendre la direction artistique de l'Opéra du Québec, toujours dans le même marasme. Mais c'était trop tard. Le départ des Simoneau était irréversible.

Dans un des numéros des *Cahiers canadiens de musique,* Jacques Thériault, journaliste au journal *Le Devoir,* résume la situation et fait un bilan de l'«imbroglio Simoneau-Piché» qui fit couler beaucoup d'encre... «On ne semble pas avoir compris qu'il faut dépoussiérer les coulisses des organismes subventionnés, que diriger la musique n'est ni une charge, ni un honneur, ni une voie de garage, mais une fonction qui a besoin de spécialistes tels que Léopold Simoneau.»

Et Jacques Thériault écrira dans *Le Devoir* du 17 décembre 1971:

Tant qu'on ne viendra pas au chevet de la musique malade, le Québec restera ce pays où l'on improvise plutôt mal que bien, où la musique est en train de devenir un appendice dérisoire.

M. Simoneau, comme on le sait, n'était en aucune façon rattaché à la Régie de l'Opéra du Québec. Il remplissait sa fonction de directeur artistique à la demande du gouvernement québécois, qui a pris sur lui de fonder et de subventionner largement (sinon entièrement) cette nouvelle troupe de théâtre lyrique. *Et c'est justement parce que les responsabilités de chacun n'auraient pas été suffisamment définies que le conflit aurait éclaté, puis provoqué la démission de Léopold Simoneau.*

Rejoint hier au téléphone, le ministre Cloutier a précisé que «la Place des Arts jouait un rôle beaucoup trop important. On s'est rendu compte que le fardeau du conseil d'administration était trop lourd». Mais le ministre ne peut encore dire si M. Simoneau fera partie du nouveau comité de trois membres qui s'occupera des questions strictement artistiques.

«Monsieur Simoneau, a-t-il expliqué, est un fonctionnaire au service du ministère des Affaires culturelles. Au moment de la création de l'Opéra du Québec, j'ai proposé qu'on retienne ses services. La Corporation l'a engagé, il a démissionné, on a accepté sa démission. Maintenant, je ne peux pas forcer le conseil d'administration de l'Opéra du Québec, qui est totalement indépendant, à le réengager. Je ne saurais dire non plus si M. Simoneau accepterait de nouveau un poste au sein de l'Opéra du Québec.»

L'humiliation dont est victime Léopold Simoneau émeut les mélomanes, le grand public, le monde des artistes, les amis et admirateurs de longue date, les collègues étrangers et les nouveaux élèves. La nouvelle de sa démission consterne les nombreux Canadiens témoins de sa gloire européenne et la colère que suscite le départ du couple pour San Francisco se manifeste par des lettres ouvertes dans les quotidiens montréalais, particulièrement *Le Devoir* et *La Presse,* et des lettres personnelles à leur résidence de Saint-Bruno. Les témoignages d'amitié sont nombreux et proviennent de tous les coins de la province. Ainsi, François Magnan, musicien et secrétaire général de l'Orchestre symphonique de Québec, écrivait le 14 décembre 1971:

Depuis plusieurs jours déjà, je veux vous dire combien nous regrettons tous que les circonstances vous aient forcé à donner votre démission à l'Opéra du Québec. Sans connaître dans le détail les différentes parties de cette affaire, je tiens à vous dire que je suis entièrement d'accord avec votre attitude.

On ne peut mettre en doute ni votre compétence ni votre bonne foi. J'espère que les choses pourront s'arranger pour permettre votre retour, car je crois que les milieux lyriques du Québec ne peuvent se passer de vous.

Journaliste de carrière et futur historien du quotidien montréalais *La Presse,* Cyrille Felteau, à l'occasion du centenaire de ce journal, s'indigne à son tour du départ des Simoneau et il écrit, le 21 août 1972:

Peu de pays laisseraient partir sans regret ou laisseraient partir, tout simplement, des artistes lyriques de la classe de Léopold Simoneau et de Pierrette Alarie, prêts à faire profiter les jeunes de leur expérience et de leur talent. Au Québec, un tel départ provoque sur le coup une certaine surprise, fait naître quelques questions. Et c'est à peu près tout. Dans quelques semaines, sinon quelques jours, on n'y pensera plus.

Cette indifférence regrettable témoigne du peu d'importance que l'on accorde à certaines valeurs. Dans le domaine vocal en particulier, le Québec produit bon an mal an beaucoup plus que son quota d'artistes de classe internationale. Mais lorsqu'il s'agit de les utiliser, nous donnons volontiers notre préférence à des noms étrangers. La chanson de Raymond Lévesque sur «la Place des Arts» exprime à ce sujet, sur un ton mi-ironique, mi-poétique, une grande vérité.

On peut objecter que nos débouchés restreints ne nous permettent pas de les employer tous et que cette surproduction doit en quelque sorte s'écouler sur les marchés étrangers, si l'on peut s'exprimer ainsi. Mais que dire de ceux, peu nombreux en somme, qui, après avoir fourni une carrière internationale exceptionnelle, sont prêts à revenir ici et à s'y établir afin de servir leur milieu d'origine en qualité de directeurs, de maîtres ou d'enseignants?

On devrait au moins leur faire confiance dans le domaine où ils excellent, celui qu'un ancien dirigeant municipal appelait dans son langage «les arts-z-artistiques»... Or, ils ne peuvent même pas compter sur cette mesure élémentaire de confiance, indispensable à l'exercice heureux d'une profession exigeante. L'incident qui a poussé M. Simoneau à démissionner comme directeur artistique de l'Opéra du Québec est révélateur à cet égard: on ne saurait servir deux maîtres, l'Art et en même temps ce qui ressemble fort à du favoritisme. Il faut choisir.

Il semble bien qu'au Québec, une douzaine d'années après le début de la Révolution tranquille, on n'ait pas encore choisi. Notre habitude ancestrale de tout mêler, les arts, la politique et les affaires, est loin d'avoir disparu. Le seul fait de la dénoncer ne suffira pas, loin de là, pour la déraciner.

En attendant, nous perdons un temps précieux et des sujets dont la présence utile nous permettrait de progresser dans la voie de la qualité. Mais il coulera vraisemblablement beaucoup d'eau sous les ponts de notre voirie avant que l'on ne parvienne à créer un climat au sein duquel les artistes de valeur se sentiront heureux de travailler pour les leurs. Car ce que plusieurs d'entre eux vont chercher à l'étranger, ce n'est pas tant la sécurité matérielle qu'une certaine confiance et un certain climat qu'ils n'ont pu trouver ici.

Nombreux sont les mélomanes et admirateurs des Simoneau qui croient que le temps adoucira et calmera les passions. Ils imaginent mal un départ définitif. Alarie-Simoneau font partie de leur vie, de leur idéal artistique. Les tribunes téléphoniques des radios reçoivent les commentaires les plus divers et chaleureux, on ne comprend pas!

Quelques mois avant son départ pour San Francisco, Léopold Simoneau était invité par l'Association des Anciens du collège de Lévis à titre de conférencier. Il retrouvait avec émotion ces confrères des années d'études secondaires, les humanités, et le bilan des dernières années s'avérait positif pour la plupart d'entre eux. Déjà en 1948, il avait été invité à donner un récital à son alma mater, et le banquier Michel Bélanger, alors étudiant, s'en souvient comme «d'un exemple de carrière réussie qu'on avait voulu présenter aux jeunes élèves»... L'accueil mêlé de fierté et de chaleureuse amitié qu'il reçut, ce 18 mai 1972, lui fit chaud au cœur, et c'est avec une émotion contenue qu'il s'adressa en ces termes aux anciens étudiants et professeurs des années 30.

Inutile de vous dire que c'est avec une âme profondément attendrie que je me retrouve parmi vous ce soir à l'occasion du souper annuel des Anciens, et je suis particulièrement sensible à la distinction qu'ont bien voulu m'accorder votre Association et l'alma mater: à l'une et l'autre, je veux exprimer ma plus vive gratitude.

Je ne saurais laisser passer cette occasion sans rendre hommage à des hommes et à une institution qui ont façonné mon destin lors de mon passage dans ces murs. Nous avions dans mon temps une définition assez équivoque de la culture qui s'énonçait à peu près comme suit: «La culture est la somme des choses apprises et ensuite oubliées.» Pour ma part, j'ai bien involontairement oublié mon grec et mon latin que j'avais si péniblement emmagasinés au cours de mes cinq années d'humanités à notre alma mater; bien sûr, il m'en reste quelques bribes.

Mais le bilan le plus positif de mon passage en ces murs a été celui d'une certaine formation de l'esprit, du caractère, et partant la mise en éveil des forces vives que chacun possède en son for intérieur. En toute justice, je dois une fière chandelle à tous mes professeurs du collège de Lévis car tous avaient un message vital qu'ils transmettaient avec une infinie patience.

À vous, professeurs, pédagogues, éducateurs de toutes sortes, j'ai voulu apporter cette modeste consolation, à savoir qu'à travers l'indifférence et souvent l'ingratitude de vos ouailles, il y a toujours quelques précieuses graines de semence qui tombent en sol fertile.

Je termine en formulant le vœu que le sort me ramène parmi vous à une meilleure fréquence qu'à tous les trente ans...

Les mois qui suivirent demeurent les plus pénibles qu'ait eu à vivre Léopold Simoneau, tant il était partagé entre son attachement et sa fidélité à ceux qui lui témoignaient amitié et reconnaissance, et sa fierté d'artiste et d'homme d'honneur blessée profondément. Mais, l'indignation du monde artistique solidaire et compréhensif n'ébranla en aucune façon une décision longuement réfléchie.

Qu'en est-il aujourd'hui? La blessure est-elle cicatrisée? Il déclarait quelques années plus tard, lors d'une rencontre au Festival de Guelph 1978, alors qu'il était membre du jury d'un concours national de chant aux côtés du Earl of Harewood: «On me ferait un pont d'or que jamais je ne retournerais au Québec... ce pays qui humilie ses artistes... où les artistes sont toujours considérés comme des amuseurs publics, que l'on s'empresse d'oublier dès qu'ils ne produisent plus... pays où l'on fait semblant de respecter les artistes, ce qui est plus grave que l'ignorance et le non-respect.»

Paroles dures et teintées d'amertume. Qu'en est-il aujourd'hui, quelques années après l'imbroglio de novembre 1971? Comment Léopold Simoneau analyse-t-il la situation en 1988?

«Une brève rétrospective, si vous le voulez bien, pour mettre en pleine lumière, et définitivement, le personnage clé de cette lamentable bouffonnerie dont vous venez de relater le scénario.

«Le ministre des Affaires culturelles, Jean-Noël Tremblay (de juin 1966 à mai 1970), homme remarquablement cultivé, mélomane, était bien déterminé à mettre sur pied un théâtre lyrique au Québec en le structurant d'une façon sérieuse et rationnelle pour éviter, cette fois, un échec semblable aux nombreux échecs précédents.

«Malheureusement, la défaite de son parti en 1970 mit fin à son mandat et à son rôle de parrain au premier lever de rideau d'un Opéra d'État au Québec.

«Son successeur fut François Cloutier, une prima donna qui n'aimait pas l'opéra (c'est lui-même qui me l'a avoué) et qui s'avéra un remarquable acrobate de contradictions. Après avoir refusé de chapeauter l'Opéra du Québec d'une Régie d'État et m'avoir spolié de toute autorité artistique, il désignait la Place des Arts comme centre initial des productions, ce qui donna à ses directeurs une fièvre d'infatuation incontrôlable.

«Prestement formée, la corporation appelée à présider à la destinée de l'Opéra du Québec réunissait des amis ou associés professionnels, tous de solides *yes man* dont un n'avait jamais vu un spectacle d'opéra; pas un seul musicien parmi eux.

«La porte était désormais ouverte aux plus absurdes manigances, aux plus sordides manœuvres, tel ce projet de résolution du 4 novembre 1971. Que cette bourde soit agréée par les membres de la Corporation, rien de surprenant, mais qu'elle ne rencontre aucune objection de la part du ministre (15 novembre 1971) me laissa stupéfait. De deux choses l'une: ou il avait été d'une incroyable naïveté ou il avait accepté une impardonnable complicité, et ce, en dépit de ses protestations énonçant qu'il ne voulait pas s'immiscer dans les affaires intérieures de cet organisme.

«Moins d'un mois plus tard (14 décembre 1971), le tollé provoqué par cette affaire dans le milieu musical et même politique du Québec lui fit faire volte-face et c'est lui-même qui décapitait pour ainsi dire la Place des Arts à la gérance de l'Opéra du Québec.

«Pour une pirouette, c'était réussi. Incapable de juger lui-même de la complexité d'un théâtre lyrique, ce ministre commit la fatale erreur d'en confier la responsabilité artistique à des amateurs qui n'entendaient rien à l'art, pour lequel, de surcroît, ils n'avaient que peu de respect.

«Mais le tort était fait. Dégoûté par cette déplorable bouffonnerie et persuadé qu'il était impossible d'établir un théâtre lyrique crédible avec cette Corporation et surtout avec ce ministre, j'avais remis ma démission. La dégringolade qui s'ensuivit me donna raison.

«Le premier lever de rideau de l'Opéra du Québec s'avéra pour moi également le dernier. Je voyais tristement quatre ans de belles planifications s'effondrer sous le poids de la plus irresponsable bêtise contre laquelle je n'ai jamais su me défendre. Le traumatisme fut lourd, très lourd.

«Antérieurement, les efforts de Pierrette et les miens pour établir des ateliers d'opéra valables à Vincent-d'Indy et au Conservatoire ayant été vains, il ne nous restait qu'une option: refaire nos valises.

«On dit que le temps arrange bien des choses et que seul l'essentiel demeure... Pour nous, c'est à peu près ce qui se passe. Revivre nos souvenirs à travers un travail biographique fait remonter à la surface les grands moments que nous avons vécus avec notre public québécois et efface peu à peu l'humiliation infligée par une poignée d'opportunistes.

«Nous avons habité dix ans à San Francisco, où me retenaient les cours du Conservatoire, et le Conseil des Arts du Canada nous a pour ainsi dire rapatriés en 1982 en nous offrant la possibilité de participer à la formation de futurs professionnels du chant, avec un cours avancé au Canada Opera Piccola de Victoria. Nous nous sommes donc installés dans l'île de Vancouver et nous avons à nouveau fait construire une maison, à proximité de la mer. Le climat du Pacifique nous est favorable et nos deux filles nous comblent de joie et de bonheur.

«Depuis cinq ans, nous parcourons le Canada afin de recruter les chanteurs que nous jugeons prêts pour la carrière. Nous sommes donc revenus fréquemment au Québec, où nous avons retrouvé des amis très chers et des mélomanes fidèles. De plus, Pierrette a signé deux mises en scène à l'Opéra de Québec, à ne pas confondre avec l'Opéra du Québec, et j'y ai retrouvé des collègues de collège et surtout la famille Larochelle, qui m'avait si chaleureusement accueilli à l'époque où, pauvre, je faisais mes premières vocalises avec le professeur Émile Larochelle.

«Toutefois, nous nous rendons compte, hélas, que le climat du milieu musical a peu changé, qu'il est toujours aussi divisé et en proie aux intrigues de toutes sortes, politiques ou autres. L'amateurisme est toujours en veilleuse et ceux qui le combattent y laissent encore des plumes... Néanmoins, il y a toujours de jeunes talents prometteurs et c'est vers eux qu'il faut orienter nos énergies et dispenser notre savoir. L'accès à la carrière est de plus en plus difficile et parsemé d'embûches de tous ordres. Dès le départ, il faut confier les jeunes voix à des maîtres consciencieux. Une fois atteint le maximum de formation requis, le futur professionnel doit être bien informé sur les milieux de travail et orienté dans la voie qui conviendra à sa personnalité. Il devra apprendre à se méfier des marchands de rêve, des charlatans de la voix, des miroirs aux alouettes, et vivre son art conformément à l'idéal de ses vingt ans, si possible! Il devra savoir que la concurrence est féroce, que l'artiste trop sensible est souvent brimé et humilié. À lui de se faire une carapace et un monde intérieur non vulnérable.»

Pierrette Alarie et Léopold Simoneau vivent aujourd'hui à Victoria, sur la côte ouest du Canada, dans une magnifique demeure à proximité de la mer, qu'ils ont fait construire après un séjour de dix ans à San Francisco. Lorsqu'ils décidèrent de s'établir à Victoria, ils n'allaient pas vers l'inconnu, pas plus d'ailleurs que lors de leur installation américaine quelques années plus tôt, en septembre 1972. Ils avaient été invités fréquemment à chanter avec l'Opéra et l'Orchestre symphonique de San Francisco, ce qui leur avait permis d'admirer le ciel de la Californie, qui leur rappelait le ciel de Provence, et de se faire des amis parmi l'intéressante population cosmopolite de cette ville. Mais avant d'atteindre le rythme régulier, plus détendu, auquel ils aspiraient, les Simoneau eurent à traverser une période d'installation et d'adaptation qui ne manqua pas de perturber, à différents degrés, les membres de la famille. Avec le recul des années, Pierrette Alarie parlera ainsi de l'arrivée et de l'installation de la famille à San Francisco, de leur nouvelle vie:

«Quelques mois plus tôt, j'avais été opérée pour la vésicule biliaire, une intervention chirurgicale majeure. J'étais donc encore en période de convalescence, en plus d'avoir les nerfs sérieusement ébranlés par tous les événements des derniers mois à Montréal.

«Au cours de l'été, nous avions fait un voyage éclair à San Francisco pour y préparer notre emménagement, choisir un appartement, inscrire les filles dans les bonnes institutions, etc.

«Au retour, nous nous étions arrêtés à Banff où pendant une semaine j'avais donné des *master's classes* en interprétation à la School of Fine Arts. Mon ancien et vénéré professeur de la toute première heure, Marie-Thérèse Paquin, membre de la faculté, assistait à mes cours. Imaginez un peu le trac qui m'habitait. Le plus difficile a été de vivre la tension des premiers mois dans un nouveau décor. En arrivant à San Francisco, nous n'avions pas un lit pour dormir. Léopold entrait dans un Conservatoire nouveau pour lui où il était engagé comme professeur de chant et en charge de la classe de mélodie française. C'était une nouvelle carrière car il n'avait enseigné que périodiquement au cours des années précédentes. Léopold commençait ses cours et les enfants devaient retourner à l'école.

«Les deux filles, âgées de 14 et 16 ans, étaient alors deux adolescentes et elles ont vécu un traumatisme, surtout l'aînée Isabelle, qui devait entrer au niveau collégial au collège français de Montréal, Marie-de-France. À San Francisco, elle arrivait dans un collège de 6 000 élèves. Elle était tout à fait dépaysée et se refusait à tout, traumatisée par tout ce qui nous arrivait, le départ, la séparation de ses amies. Elle refusait d'aller au collège, d'étudier en anglais, de prendre l'autobus, etc. Pour elle, ce fut très difficile et j'ai dû être très ferme. Un jour, je lui ai dit, après lui avoir indiqué la voie du collège: ''Je te mets au coin de la rue, tu te débrouilles pour prendre l'autobus.'' Elle était en larmes mais il a fallu que j'agisse de cette manière. J'avais trop à faire pour la conduire tous les jours. Ce qui l'a aidée finalement, ce fut d'être admise très tôt dans la section théâtre de ce collège.

«Pour Chantal, ce fut assez différent. Elle avait été acceptée comme externe dans un couvent du niveau secondaire, avec tenue et uniforme, discipline et programme intensif, etc. Le temps efface les peines, l'épreuve développe souvent la maturité, dit-on. Jusque-là, nous n'avions jamais vécu de grandes épreuves. Cette situation difficile nous a beaucoup rapprochés et les enfants l'ont réalisé plus tard.»

Chantal dira:

«Ce fut très difficile, bien sûr, de quitter Saint-Bruno, mais pour moi ce fut également excitant; je quittais beaucoup d'amis, d'activités, mais le changement et l'inconnu m'excitaient davantage. N'aimant pas les villes, je n'y allais jamais car nous habitions la banlieue. Je préférais monter mon cheval ou aller à la mer. Encore aujourd'hui, les bruits de la ville me rendent nerveuse et je me sens perdue. Il a fallu apprendre à vivre en anglais et étudier en anglais, mais je me suis vite adaptée et me suis rapidement fait de nouveaux amis. Je n'ai jamais tenu rigueur à mes parents d'avoir quitté Saint-Bruno; ce n'était qu'une nouvelle expérience.»

Et Isabelle:

«La question de notre départ de Saint-Bruno est très délicate; comme ce n'est pas ici ma biographie, je ne veux pas trop m'étendre sur le sujet. Il me suffit de dire que, oui, j'en ai voulu à papa et à maman de m'avoir arrachée d'un monde qui était toute ma vie, ma sécurité. Je m'adapte très mal aux situations nouvelles et celle-là était beaucoup plus que je ne pouvais supporter; je ne me suis jamais sentie chez moi nulle part depuis ce temps-là.»

Trois ans après leur arrivée en Californie, les Simoneau ont fait l'acquisition d'une propriété dans les collines de San Rafael, où la vie était pour eux extrêmement calme et paisible.

Les dix années de vie américaine sur la côte du Pacifique resserrent les liens familiaux, les blessures se cicatrisent peu à peu et la visite occasionnelle de vieux et fidèles amis leur fait chaud au cœur. L'un d'entre eux, le ténor montréalais Jean-Paul Jeannotte, actuel directeur artistique de l'Opéra de Montréal, les visita et il commentera ainsi son amitié pour Pierrette Alarie et Léopold Simoneau:

«Je connais les Simoneau depuis les années 40 et j'ai toujours été un grand admirateur de leur art. À Montréal, j'ai étudié chez le professeur Issaurel peu de temps après Pierrette et Léopold, et, lorsque j'étais chez Pierre Bernac à Paris, ils chantaient à l'Opéra-Comique et à l'Opéra. Ils avaient déjà conquis la presse française et internationale avec les Mozart d'Aix-en-Provence et de Glyndebourne. C'est aussi l'époque où Raoul Jobin chantait Lohengrin et Radamès en français à l'Opéra, Werther, Des Grieux, Hoffmann et Don José à l'Opéra-Comique.

«Léopold Simoneau est arrivé au bon moment. Le public d'après-guerre avait d'autres exigences pour les œuvres. Il voulait un retour aux textes originaux, ce que favorisent le disque, la radio, les festivals et les échanges internationaux. On vit se transformer peu à peu les maisons d'opéra et disparaître progressivement les troupes régulières des théâtres où un chanteur pouvait faire carrière et être retraité. Les écoles nationales de chant perdirent lentement leur personnalité, leurs traditions propres, et, depuis, tout tend de plus en plus vers une uniformisation des styles. Dans leur travail vocal et d'interprétation, les Alarie-Simoneau ont toujours recherché l'authenticité des styles des œuvres qu'ils avaient à préparer, et ils ne chantaient pas Mozart comme Massenet ou Bach. Ils approfondissaient tous leurs rôles et recherchaient toujours l'excellence.

«J'ai surtout travaillé avec Pierrette. Nous nous sommes retrouvés très souvent dans les studios de Radio-Canada, que ce soit en concert à la radio ou à *L'Heure du concert* de la télévision, où nous avons fait ensemble *L'Heure espagnole* de Ravel et *L'Impresario* de Mozart avec Claire Gagnier. Aux Festivals de Montréal, Pierrette était une admirable Suzanne des *Noces de Figaro,* je chantais Basilio, et j'ai rarement entendu interpréter avec tant de grâce et de musicalité le *Deh vieni non tardar.* Je me souviens aussi de cet extrait de *Lakmé* qu'elle chantait comme personne, avec des pianissimi d'une grande tendresse, *Tu m'as donné le plus doux rêve,* et de l'air de *Louise* de Gustave Charpentier, *Depuis le jour,* et de Mozart, et des airs de concert... Et dans *La Voix humaine,* elle était sublime et inoubliable. Quelle grande artiste! C'était une artiste complète et elle savait utiliser avec tellement de finesse et de sensibilité une voix qu'elle savait petite. Elle disait que son professeur du Curtis, Élisabeth Schumann, lui avait enseigné qu'il ne fallait jamais chanter à la limite de sa voix, ce qu'elle mettait admirablement en pratique. Elle aimait beaucoup chanter les personnages romantiques. Elle aurait pu être un très bon professeur de chant mais l'enseignement de la technique vocale ne l'intéressait pas; le théâtre avait été sa formation de base et elle voulait y revenir. Pierrette Alarie était très populaire auprès du public montréalais et, à l'occasion de son audition pour le Met, un quotidien anglais de Montréal a écrit: «*A prayer for Pierrette*».

«Lorsque Léopold Simoneau a donné sa dimension à l'Opéra du Québec, j'étais président de l'Union des Artistes et je lui avais mentionné que nous serions tous derrière lui s'il voulait faire valoir ses raisons et ses droits. Il a refusé! Le jeune chef d'orchestre contesté est venu diriger *Rigoletto* et ce fut un désastre. D'ailleurs, nous ne savons rien de sa carrière depuis ces malheureuses polémiques. C'était surtout un conflit de personnalités entre Léopold Simoneau et Marcel Piché, deux forces de caractère qui se sont affrontées, et Léopold n'avait aucun pouvoir déterminé. Il était prêté par le ministère qui, en l'occurrence, aurait dû supporter son haut fonctionnaire. J'ai évité le même piège lorsqu'on m'a offert la direction artistique de l'Opéra de Montréal. J'ai voulu une fonction bien déterminée et être seul à prendre les décisions d'ordre artistique. C'est ma responsabilité.

«Les Simoneau ont fait une immense carrière. Le grand public les a connus davantage grâce à la télévision et leur départ a étonné tout le monde; les gens ne comprenaient pas. Ils avaient une superbe maison à Saint-Bruno et je les avais visités à plusieurs reprises. Ils étaient affables, d'une grande gentillesse, très accueillants et d'une belle culture. C'est une grande perte pour un pays de laisser partir des artistes de cette envergure, et ici nous n'en avons pas les moyens.»

---

1. À plusieurs reprises au cours des mois précédents, Monsieur Marcel Piché avait essayé en vain de convaincre Léopold Simoneau d'engager Bonavera; c'est pourquoi il eut recours au stratagème du cheval de Troie (dira Léopold Simoneau).
2. La réponse est non (dira Léopold Simoneau).
3. D'un contrat (dira Léopold Simoneau).
4. François Cloutier revenait donc tout doucement à la Régie d'État qu'il avait tout d'abord maladroitement rejetée, commentera Léopold Simoneau.

20.

Canada Opera Piccola

La carrière pédagogique des Simoneau atteignait un sommet à l'été 1986 avec un autre événement mozartien: la présentation, à l'école d'été Canada Opera Piccola de Victoria, des *Noces de Figaro*. L'automne suivant, la revue musicale québécoise *Sonances* publiait mon compte rendu:

À l'Opera Piccola, une folle journée

À l'ouest du Canada, au-delà des Rocheuses, tandis que Vancouver vibrait à la musique de Verdi (la Scala de Milan a présenté à Vancouver, du 24 août au 4 septembre 1986, l'opéra *I Lombardi* et le *Requiem*), Victoria vivait à l'heure de Mozart. L'Opera Piccola y célébrait en effet, dans la pure tradition mozartienne, le 200e anniversaire de la création des *Nozze di Figaro* au Burgtheater de Vienne le 1er mai 1786. Mozart dirigeait ce jour-là son œuvre, entouré d'une distribution jeune (le rôle de Susanne était défendu par Nancy Storace, à peine âgée de 20 ans). La «Folle Journée», inspirée de l'œuvre de Beaumarchais, était placée sous le signe de la jeunesse, de l'espièglerie, de la vivacité et de l'insouciance. La commedia dell'arte n'était pas loin, et la Révolution française allait bientôt ébranler un monde. Créée dans un tout petit théâtre viennois, l'œuvre avait un caractère intimiste et chambriste qui s'est malheureusement perdu, au cours des années, dans des salles qui affichent Verdi et Wagner.

C'est donc avec l'intention de retrouver la tradition mozartienne du XVIIIᵉ siècle que Pierrette Alarie et Léopold Simoneau ont auditionné, à travers le Canada, 135 jeunes chanteurs, prêts à suivre le cours de perfectionnement de 12 semaines consacrées cette année à l'interprétation mozartienne. Il faut rappeler ici que l'Opera Piccola est associé au Festival international de Victoria, dont J. J. Johannesen est le directeur artistique, et qui présente une pléiade d'artistes et de professeurs chevronnés.

Les 21, 23 et 24 juillet dernier, au McPherson Playhouse de Victoria, *Les Noces* ont suscité l'enthousiasme d'auditoires pour lesquels l'œuvre a été une révélation. La production a en effet permis une nouvelle compréhension de l'esprit de Beaumarchais, d'autant plus qu'il y avait surtitrage en langue anglaise. Tout avait été ramené aux proportions de l'époque de la création, autant le théâtre, idéal pour le répertoire du XVIIIᵉ siècle, et la scène, favorable aux décors intimistes, que l'orchestre réduit et la jeunesse des interprètes. Préparés vocalement et musicalement par Léopold Simoneau, secondés par les pianistes répétiteurs Wayne Vogan, Teresa Turgeon et Sandra Atkinson, les onze chanteurs solistes ont défendu, d'une façon tout à fait professionnelle, une œuvre où brillent l'esprit et l'élégance.

À qui donner la palme d'or? Le choix est difficile. La Comtesse de Lyne Fortin rejoignait les grandes interprétations musicales, vocales et scéniques, et il n'est pas téméraire de croire à une brillante carrière pour cette jeune Québécoise de 24 ans. La Susanna de Kathleen Brett était piquante, enjouée, tendre, d'une aisance remarquable sur scène, en plus de chanter à ravir. Le Cherubino d'Anne-Marie Donovan a pour sa part effacé de notre mémoire bien des noms célèbres, par la fragilité, la naïveté et l'authenticité de son personnage de jeune adolescent. Si le Figaro de Thomas Goerz et le comte Almaviva de David Budgell constituaient déjà des réalisations de niveau professionnel, les rôles secondaires ont eu le caractère de leur emploi et ont ajouté un pétillant scénique que l'auditoire a fort apprécié.

Jusqu'ici, la palme d'or n'est pas encore décernée. En effet, c'est à Pierrette Alarie, qui signe là un chef-d'œuvre d'orfèvrerie, qu'elle revient, à mon avis. Tout, dans la mise en scène, a été soigné et poli avec art, aussi bien le geste, la démarche sur scène, les mouvements, les ensembles, que le bijou de grâce que constitue le menuet du mariage dans la chorégraphie de Maureen Eastick. Ces jeunes peuvent danser, jouer et chanter avec autant de fraîcheur et d'élégance que les camarades de Mozart.

Le spectacle s'est déroulé avec entrain et humour dans les décors sobres et de bon goût de Brian Jackson. La collaboration sensible et efficace de Timothy Vernon, à la tête du Victoria Festival Orchestra, a contribué, pour une large part, à la perfection d'une production que plus d'un théâtre d'opéra pourrait envier. En septembre, l'Expo 86 de Vancouver a accueilli également ce spectacle, qui demeurera une date importante dans l'enseignement de l'art lyrique au Canada.

Depuis cinq ans, au Canada Opera Piccola, l'accent est mis sur la jeunesse et le talent. Parmi tous les jeunes chanteurs auditionnés à travers le Canada, quels sont les critères qui déterminent le choix des Simoneau? Quel est le répertoire abordé et comment se partagent-ils le travail? Ce à quoi ils répondent:

«Son nom l'indique bien — *advanced training:* le stade le plus avancé du programme de formation professionnelle. Ils doivent donc être prêts vocalement et scéniquement, avoir une solide technique vocale et une bonne formation musicale. Pour ceux qui abordent les rôles mozartiens, il est essentiel d'avoir, en plus d'une belle voix et d'une pureté sonore, le goût, la musicalité et la culture. La compréhension de Mozart ne vient pas spontanément et il faut sans cesse se documenter sur l'art du XVIIIe siècle, les grands classiques. La musique de Mozart est d'une infinie pureté, sa grandeur musicale demande des chanteurs doués d'une voix très pure, très libre; c'est la liberté du son qui en favorise la beauté.

«Notre première saison à Victoria, cette ville jardins-fleuris, remonte à l'été 1978 et l'ambiance nous a plu immédiatement. Au début, nous habitions toujours San Francisco et nous y venions pour des périodes de six semaines. Nous étions au programme de la Shawnigan Summer School que dirigeait J. J. Johannesen, qui était également directeur artistique du Festival international de Victoria, dont nos spectacles faisaient partie.»

Parlant de l'évolution de sa seconde carrière et de son retour à la pensée théâtrale, Pierrette Alarie raconte:

«À mon arrivée à San Francisco, je me préparais à un genre de rencontres intimidantes et un peu huppées mais j'ai trouvé des gens sans cravate, pour ainsi dire. Il faut reconnaître que nous vivions dans un perpétuel esprit de vacances, sans jamais être vraiment en vacances. C'est le climat tempéré qui engendre cette mentalité. Je ne dis pas que nous n'aurions pas préféré vivre dans notre pays, mais nous n'avons jamais regretté notre décision et nous étions heureux à San Francisco.

«La première année, je n'ai eu aucune activité artistique. Par contre, l'année suivante, on m'a proposé une classe de jeu scénique au Conservatoire. J'ai accepté et, cette saison, j'ai monté dans les salles du Musée de la Légion d'honneur un opéra français d'Albert Roussel, *Le Testament de tante Caroline,* avec les élèves les plus avancés. Nous avons eu un très beau succès et j'étais très fière des bonnes critiques. C'était ma première mise en scène publique à San Francisco. Toutefois, le coût de la production avait sensiblement dépassé les prévisions budgétaires et le Conservatoire renonça momentanément aux productions intégrales.

«J'ai enseigné sans studio et sans école attitrée. Si les jeunes chanteurs désiraient approfondir un personnage, perfectionner un rôle en particulier, ils venaient me voir. Je n'enseignais pas l'art dramatique aux acteurs mais, connaissant à la fois les lois du théâtre et les exigences du chant, je crois pouvoir amener un chanteur à améliorer son jeu tout en facilitant son art vocal.

«En principe, le chanteur d'opéra devrait étudier non seulement le chant et les rudiments du théâtre pour interpréter un personnage de façon convaincante, mais bien connaître aussi les lois de la musique. Trop souvent, les chanteurs sont de mauvais acteurs et pas toujours de bons musiciens. C'est le facteur temps qu'on retrouve à la source de ces défaillances. Le chanteur, malheureusement, découvre assez tard qu'il a une voix. S'il aspire à une carrière professionnelle, il doit faire vite. Apprendre à chanter vers l'âge de 18 ans, alors qu'on ne s'est jamais préoccupé jusque-là d'apprendre la musique ou le théâtre, ça n'est pas facile: il faut mettre les bouchées triples. On ne peut pas développer la voix avant, il n'y a rien à faire. Les parents qui constatent chez l'enfant des dispositions pour les arts en général devraient lui permettre d'étudier un peu la musique et, surtout, lui offrir la chance d'assister à des pièces de théâtre, des concerts, d'entendre des symphonies, de l'opéra, etc. Plus tard, s'il décide de faire carrière, il s'en trouvera plus à l'aise.

«Ce qui me fascine surtout dans le travail de mise en scène, c'est d'aider un élève à comprendre, à développer son personnage, à trouver les moyens originaux d'interpréter un rôle. C'est pour cela que mes préférences vont aux opéras de chambre plus intimes, des Mozart, certains Rossini ou de petits opéras en un acte.

«J'ai eu la possibilité de monter des spectacles pour de petites compagnies. Il y a de multiples institutions d'enseignement dans la région de San Francisco, à Berkeley et à Palo Alto. Il y a également le State College à San Francisco. Je dois ma seconde carrière à Madame Maria Holt, qui m'a fait confiance comme metteur en scène et m'a engagée à plusieurs reprises. Pour elle, j'ai monté avec succès à Palo Alto *Il Campanello* de Donizetti, pour la 21e saison du West Bay Opera, *La Fille du régiment,* puis *Don Pasquale* avec le jeune chef d'orchestre David Ramadanof, un collègue à Juillard de James Levine, très doué mais moins favorisé par le destin. J'ai eu beaucoup de satisfaction à travailler avec ce jeune chef prometteur. En général, je suis nerveuse au début d'une nouvelle mise en scène, au premier contact avec chanteurs, chef d'orchestre, équipe technique et de production. Mais une fois le dialogue bien amorcé, la conception de l'œuvre bien clarifiée et acceptée, je retrouve une assurance que je n'ai en réalité jamais connue comme interprète lyrique; sur ce plan, c'est connu, j'ai tout au long de ma carrière été victime du trac.

«Il y avait à San Francisco un énorme réservoir de voix qui pouvait trouver des débouchés de travail intéressants. Il y avait en réalité quatre compagnies d'opéra: la grande compagnie, le San Francisco Opera, le Spring Opera Co., qui a pour complément une troupe secondaire, le Western Opera Co., lequel fait surtout de la tournée, puis la Merola Opera School, qui accepte les jeunes chanteurs exceptionnels et donne des spectacles à Oakland, Fresno et San Diego. Justement, c'est le programme de Merola qui nous a inspirés dans la structure d'Opera Piccola.

Plusieurs chanteurs ont commencé au Merola et, palier par palier, sont arrivés à la grande maison, en passant par le Western et le Spring.

«Puis durant six étés consécutifs, soit de 1972 à 1978, j'ai été invitée à la School of Fine Arts de Banff. La première fois, l'année du grand dérangement, j'étais seule, mais par la suite Léopold était invité pour les cours de technique vocale et l'interprétation des œuvres de Mozart et Debussy. J'y ai fait plusieurs mises en scène mais le Work Shop de Banff avait un budget minime. En 1976, nous avons présenté une œuvre d'Aaron Copland pour la première fois au Canada, *The Tender Land*. Ce fut un très beau succès et les critiques furent très élogieuses pour toute l'équipe. Aaron Copland était venu et avait été charmé de la production. Le soir de la première, il en avait les larmes aux yeux, et il m'a laissé une très belle dédicace dans la partition.

«L'année suivante, soit en juillet 1977, le Centre national des Arts d'Ottawa a invité le Work Shop de Banff à présenter, dans le cadre du Festival, deux opéras de chambre que j'avais préparés avec mon petit groupe, *Le Secret de Suzanne* de Wolf-Ferrari et *Le Téléphone* de Gian Carlo Menotti. C'était ma première visite professionnelle dans l'«est» du Canada depuis 1972, et ma dernière saison d'été à Banff. J'avais rencontré, peu de temps auparavant, J. J. Johannesen, qui avait été mis au courant de mon travail de mise en scène et qui nous a proposé de nous joindre à son école d'été de musique de chambre à Victoria. Déjà nous trouvions qu'à Banff le nombre d'élèves était trop grand pour pouvoir travailler en profondeur.

«À San Francisco, Léopold était très actif dans l'enseignement au Conservatoire et il défendait le répertoire de mélodies françaises avec conviction. Il disait: ''Je considère que la mélodie française est dans un état assez précaire; il y a de moins en moins d'interprètes et d'enregistrements consacrés à ces joyaux de la littérature française. Je ne veux pas qu'ils tombent dans l'oubli, alors j'essaie de défendre cette cause avec énergie.'' Il donnait des conférences et il avait déjà été invité par l'Association des professeurs de musique de la Californie à une conférence sur l'histoire de la mélodie française. Il a continué son enseignement jusqu'à la fin de l'année 1982 alors que nous habitions toujours notre maison de San Rafael, à vingt-cinq kilomètres au nord de San Francisco. Nous n'avions jamais été de vrais citadins et,

284

presque toute notre vie, nous avons cherché à vivre en dehors des grandes villes.»

Le Conseil des Arts du Canada s'intéresse de très près à l'enseignement des Simoneau, et Pierrette Alarie relate ainsi les échelons du programme actuel:

«Le Conseil des Arts nous avait demandé, quelques années plus tôt, d'élaborer un programme d'atelier, d'enseignement avancé pour jeunes chanteurs. Nous en avons longuement discuté "en comité" à plusieurs reprises et j'ai fait une tournée des studios d'opéra européens avec Yvonne Goudreau, alors agent pour la musique, section art lyrique, au Conseil. Nous avons visité Londres, l'Opéra Studio de Paris que dirigeait alors Louis Erlo, La Monnaie de Bruxelles et Zurich, afin de voir ce qui se passait ailleurs. Au retour, nous avons remis un long rapport au Conseil des Arts, proposant un programme beaucoup trop beau et coûteux, et impossible à réaliser financièrement.

«Nous avons dû repenser avec J. J. Johannesen un programme de trois mois, moins coûteux, qui a été accepté. Depuis, nous sommes séparés et indépendants de son école d'été sur le plan artistique, mais nous y sommes toujours rattachés sur le plan administratif, le siège social étant à Vancouver. Les élèves du Canada Opera Piccola ont donc la possibilité de participer au Festival international de Victoria dont il est le directeur, ce qui est très important pour eux. Les artistes invités, dont plusieurs sont des professeurs à son école d'été, sont des sommités internationales. Nous avons fonctionné avec l'aide du Conseil des Arts du Canada, du ministère des Affaires culturelles de la Colombie britannique, de l'Office des tournées (Touring Office), du ministère des Affaires extérieures et de la Municipalité de Victoria, et, à l'occasion, de quelques sponsors privés.

«La première production majeure de la session Canada Opera Piccola 1982, toujours dans le cadre du Festival international de Victoria, fut le chef-d'œuvre de Cimarosa, *Il matrimonio segreto (Le Mariage secret),* présenté en italien par six stagiaires sous la direction musicale de William Shookoff et une mise en scène du jeune Marc Bégin.»

«Au cours des quatre premières sessions d'été qui suivirent, enchaîne Léopold, nous avons accueilli quelques-uns des plus beaux talents vocaux canadiens; pendant six semaines, les candidats étaient soumis à une discipline rigoureuse et à un programme d'études très intensif qui se couronnait par la présentation de deux opéras de chambre scrupuleusement montés avec décors, costumes, orchestre, bref, selon la plus pure tradition lyrique. Les œuvres, surtout choisies pour leur valeur musicale, vocale et théâtrale, étaient habituellement celles de Pergolesi, Haydn, Rossini, Benjamin, Walton, Menotti, valeureusement défendues par nos jeunes stars d'alors: Marie-Danielle Parent, Patricia Fournier, Michelle Boucher, Roland Richard, Richard Margison, etc.

«Sur le plan de la préparation musicale, une précieuse collaboratrice de ces premières saisons fut Denise Massé, qui, à partir de cette époque, s'est engagée presque exclusivement sur la voie de la discipline lyrique. Une autre collaboration majeure, sur le plan théâtre cette fois, nous vint de notre Isabelle, fraîchement graduée en technique de scène du College of Marin en Californie. Après neuf ans d'études de danse, elle avait été contrainte de renoncer à une carrière de ballerine par une opération chirurgicale à la cheville, de sorte que, désormais, elle s'était courageusement résignée à tenir un premier rôle en coulisse plutôt que sous les feux de la rampe.»

C'est dans l'enthousiasme et avec une aide financière substantielle que deux spectacles du Canada Opera Piccola (Advanced Training Opera Centre) ont pris la route de l'Est à l'automne 1982 et visité douze villes du Québec, à l'invitation des Jeunesses musicales du Canada, soit une trentaine de personnes comprenant chanteurs, instrumentistes et techniciens de scène. La troupe présente un double programme d'opéras français, *Le Pauvre Matelot* de Cocteau-Milhaud et *Angélique* de Jacques Ibert. La troupe, avec son personnel, ses décors, costumes et petit orchestre que dirige le jeune Québécois Gilles Auger, a été applaudie dans plusieurs villes du Québec, sauf Québec et Montréal, les J.M.C. n'y ayant pas de centres pour accueillir les spectacles. Le spectacle Milhaud-Ibert réunissait neuf chanteurs dont quelques-uns étaient francophones, Marie LaFerrière, David Doane, Yolande Parent, Benoît Boutet, et un orchestre de treize musiciens. Le choix de deux ouvrages de chambre français fut suggéré pour la tournée québécoise par l'Office des tournées du Conseil des Arts. Le spectacle était en hommage au Conseil des Arts, dont on soulignait le 25e anniversaire.

L'été 1983, le Canada Opera Piccola présente son premier opéra de Mozart au McPherson Playhouse, *Cosi fan tutte,* dans des décors de Jack Simon, et Timothy Vernon, à la tête du Symphony Summer Festival Orchestra, entraîne et appuie les jeunes interprètes avec aisance et souplesse. Audrey Johnson souligne la production dans le *Time-Colonist* du 19 juillet 1983: «Ce *Cosi* surpassa de beaucoup sur le plan musical, dramatique et visuel les deux productions professionnelles antécédentes que j'avais vues de cet ouvrage...» Et Madame Audrey Johnson n'eut que des éloges pour le style des jeunes interprètes dont le ténor québécois Benoît Boutet, la mise en scène et les décors.

Mais en ce soir de première, pendant que sur la scène les interprètes chantaient: *«Ah, che dal ridere l'alma dividere, ah, che le viscere sento scoppiar...»* («Ah, mon âme est déchirée à force de rire, mes entrailles vont éclater»), au niveau des loges, sous la scène, Pierrette Alarie avait aussi «l'âme déchirée» mais, cette fois, de douleur, car elle venait de se fracturer la hanche; en effet, quittant rapidement le plateau pour aller voir son spectacle de l'arrière-salle, elle avait trébuché dans un escalier mal éclairé. Elle ne vit donc pas son spectacle et n'entendit pas les bravos à la tombée du rideau car elle était déjà sur un lit d'hôpital.

Mais, quelques semaines plus tard et toujours sur des béquilles, la courageuse Pierrette Alarie s'attaquait à la production du Pacific Opera Association de *L'Elisir d'Amore,* version anglaise, avec l'équipe musicale et technique du *Cosi.* Le ténor Richard Margison (Nemorino), la soprano Barbara Collier (Adina) et la basse Pierre Charbonneau (Dulcamara) participaient pour une large part au succès des représentations.

L'été 1984 verra la production d'une œuvre de Benjamin Britten et Pierrette Alarie commente ainsi la préparation du spectacle:

«*Albert Herring* est un opéra en trois actes qui exige treize personnages dont un enfant. Nous avions un jeune garçon de 10 ans, très doué et attentif à la direction de mise en scène, Philippe Sinnot, que nous aimions tous. Dans cette œuvre, chaque personnage a un caractère bien défini. Musicalement, l'ouvrage présente de grandes difficultés et il est très formateur pour les jeunes chanteurs. Nous avions à la direction d'orchestre Bryan Balkwill, un professeur britannique à l'Université de l'Indiana et spécialiste reconnu des œuvres de Britten. Il avait dirigé l'œuvre maintes fois pour le compositeur lui-même et connaissait à fond la partition. Nos chanteurs ont tous très bien collaboré, les seconds rôles autant que les premiers, et le travail de Timothy J. Sherwood dans le rôle de Herring et de Donna Ellen Trifunovich dans celui de l'institutrice ont particulièrement attiré l'éloge de la critique. De plus, les décors d'Alan Fellow étaient tout à fait proportionnés aux dimensions de la scène du McPherson Theatre.»

Enhardi par le succès d'*Albert Herring,* le Canada Opera Piccola n'hésite pas à présenter, devant un auditoire anglophone et en première canadienne, la version française de *Don Procopio* que Georges Bizet écrivait en italien en 1858 alors qu'il était lauréat du «prix de Rome» à la villa Médicis et âgé de 19 ans. L'auteur de *Carmen* signait une œuvre très influencée par le *Don Pasquale* de Donizetti, et l'action vivante et espiègle mise en relief par Pierrette Alarie amusa les auditeurs de la soirée inaugurale du Victoria International Festival, le 15 juillet 1985. Les deux principaux rôles sont défendus par Donna Ellen Trifunovich (Bettina) et Christopher Coyea (Ernesto), les décors sont d'Alan Fellows, les costumes de Nicola Ryall, et Guy Bélanger, directeur artistique de l'Opéra de Québec, assume la direction musicale et collabore avec le pianiste répétiteur Wayne Vogan, de Toronto.

Guy Bélanger invitera Pierrette Alarie à signer deux mises en scène à l'Opéra de Québec: *Les Pêcheurs de perles* et *La Fille du régiment.* Il exprime son admiration pour le travail professionnel du couple:

«J'ai travaillé à trois reprises avec Pierrette Alarie et, à chaque fois, elle arrivait avec une mise en scène préparée dans les moindres détails. À chaque mise en scène, après le soir de la générale, elle disait: ''Je recommence tout.'' J'ai vécu très près des Simoneau et leur travail hautement professionnel m'impressionnait. Léopold vérifiait régulièrement les problèmes vocaux ou techniques des chanteurs et ils en discutaient entre eux. Rien n'était jamais assez parfait. Ils s'intéressaient aux débouchés de carrière des jeunes et leur prodiguaient les conseils appropriés; sans vouloir les désillusionner, ils étaient réalistes.

«Il est bon que les jeunes sachent que les carrières sont de plus en plus difficiles pour eux. Les étudiants qui fréquentent les écoles de chant et les studios de professeurs privés sont de plus en plus nombreux et peu d'entre eux émergeront dans les circuits des impresarios. Le mythe de la star et des gros cachets est facilement exploité par certains professeurs. Monter des productions lyriques coûte de plus en plus cher et, par conséquent, elles sont moins nombreuses. Le temps des troupes et de la sécurité qu'elles apportaient aux chanteurs est bien révolu. Il faut toujours penser à «vendre» un spectacle, les artistes. On ne fait surtout pas de l'art pour l'art. Et, avec le disque, le public devient de plus en plus exigeant et il veut retrouver dans une salle les mêmes sonorités que sur son appareil ultrasophistiqué. Le public veut les grands noms, souvent en fin de carrière, et les jeunes ont de moins en moins d'occasions d'apprendre leur métier. Ils sont souvent à la merci d'une critique négative et ils abandonnent par manque de persévérance.

«Pour tous ces jeunes qui fréquentent le Canada Opera Piccola, Pierrette Alarie et Léopold Simoneau sont un modèle de volonté, de courage, de discipline et de réussite. Leurs exigences sont celles des grands professionnels et l'à-peu-près leur est inconnu. Ils parlent le même langage musical et leur intégrité commande le respect. Lorsque Léopold Simoneau était directeur artistique à l'Opéra du Québec à Montréal, il avait songé à y intégrer une école pour former les jeunes chanteurs comme à Toronto. À Victoria, les Simoneau font un travail similaire. Lorsque j'ai invité Pierrette Alarie à venir faire la mise en scène des *Pêcheurs de perles* à Québec, elle a un peu hésité. Léopold Simoneau craignait qu'elle y soit mal reçue. Au contraire, le public l'a accueillie avec chaleur et générosité et se souvient des grandes heures de leur carrière. Nous devions monter *Lucia di Lammernoor* mais nos budgets ne l'ont pas permis.

«Nous avons raison d'être fiers d'eux. Avec Raoul Jobin et Richard Verreau, Léopold Simoneau est un des grands ténors français d'Amérique, et son art mozartien est toujours une référence pour les mélomanes de tous les coins de la planète. Notre fierté est d'autant plus grande qu'il est aussi de la ville de Québec.»

Fidèle à sa pensée, Léopold Simoneau attache beaucoup d'importance à la valeur musicale des œuvres. Devenu un spécialiste du répertoire lyrique mozartien, on l'a très peu vu à la scène dans des rôles d'opéras français, alors qu'il a réalisé de nombreux enregistrements de ce répertoire. Il a enregistré *Faust* et *Don José* sans les avoir chantés sur scène, et si ces airs de Des Grieux sont d'un style français hors du commun, il ne les a interprétés qu'au concert. Néanmoins, son interprétation sur scène et sur disque est encore inégalée dans le rôle d'Orphée. Depuis ses tout débuts, ses goûts le portent vers les opéras dont la valeur musicale est primordiale, de là sans doute ses affinités avec la musique de Mozart, avec le théâtre de Mozart.

Au printemps 1987, Léopold Simoneau était invité par le cinéaste montréalais Gilles Carle à participer à un documentaire sur la ville de Québec où l'accent musical était mis sur les trois grands ténors qui l'ont honorée sur les scènes internationales: Raoul Jobin, Léopold Simoneau et Richard Verreau. Les jeunes ténors québécois qui participaient à ce documentaire l'accueillirent avec respect et enthousiasme. En acceptant cette invitation, Léopold Simoneau réalisa qu'il jouissait toujours de l'estime et de la considération de ses compatriotes.

En juillet 1988, il a terminé la traduction anglaise d'un ouvrage de Reynaldo Hahn sur l'art du chant. Ce même été, il a mis, avec Pierrette Alarie, un point final aux activités du Canada Opera Piccola avec une œuvre de Mozart qu'ils chérissent entre toutes, *Cosi fan tutte*. Que sera demain?... Quel cheminement suivront-ils pour continuer à transmettre à une jeune génération d'interprètes l'acquis d'une vie?... On doit songer à l'éventualité d'une troisième dimension — un autre souffle.

ANNEXES

Réflexions à trois sur l'art lyrique d'aujourd'hui

Renée Maheu — *Vous nous avez livré, Léopold, votre pensée sur le style chez le chanteur et particulièrement dans l'interprétation des ouvrages de Mozart; je suggère maintenant un échange d'impressions sur les conditions présentes de l'art vocal, avec vous, Léopold, et sur le jeu scénique, avec vous, Pierrette. Assistons-nous à un déclin ou même à une décadence (comme on se plaît à le répéter dans certains milieux) de l'art vocal?*

Léopold Simoneau — Vaste et fascinante question... Déclin? Sans doute. Décadence? Non pas. Il faut se rappeler que le chant, le plus populaire en même temps que le plus noble des arts d'interprétation, a toujours été controversé. Quand il s'agit de chanteurs, on tombe facilement dans l'esprit dit «vieille école», dans une inébranlable nostalgie. De tout temps, en effet, on a affirmé que cet art du chant, si vivant jadis, devait nécessairement mourir. Déjà en 1774, Giambattista Mancini déclarait: «En Italie, la musique est en décadence, il n'y a plus d'écoles, plus de célèbres chanteurs.» Et, cependant, ce qu'on appelle, à tort ou à raison, l'âge d'or du bel canto n'était pas encore à l'horizon.

Il appert qu'un âge d'or est idéalisé par chaque génération, et l'âge d'or du chant, pour plusieurs, n'est peut-être justement qu'une nostalgie qui n'a rien à voir avec la qualité intrinsèque du chant. L'évaluation d'un chanteur, en effet, ne s'arrête pas à un beau timbre, comme un beau son produit par un Stradivarius ou un Steinway. L'art du chant est l'union du son et de la pensée, le tout enveloppé de sensibilité, de goût, de style, etc. Le chanteur se révèle encore à travers sa personnalité, ses dispositions dramatiques, théâtrales. C'est dans l'exercice de cet art complexe du chant qu'il y a déclin et non dans le potentiel vocal de notre génération.

Renée Maheu — *J'aimerais que vous nous donniez la principale raison de ce déclin de l'art vocal à notre époque en dépit d'un abondant réservoir de potentiel vocal.*

Léopold Simoneau — En réalité, il y en a plusieurs. Je me limiterai pour l'instant à celle que je considère la plus grave, et c'est la pauvreté de l'enseignement du chant, ou, devrais-je dire, les ravages causés par le charlatanisme dans l'enseignement de cet art. N'importe quel quidam peut ouvrir son studio et se déclarer subito presto professeur de chant, et c'est exactement ce qui se passe. Point n'est besoin de brevet, l'État y est tout à fait indifférent. Comme il y a une masse incroyable d'individus qui caressent les plus hautes illusions de faire carrière lyrique, il y a proportionnellement une masse de marchands de vocalises prêts à répondre à la demande. Soit dit en passant, ce professorat, habituellement à l'abri du fisc, est énormément lucratif.

Ce domaine est donc pollué d'apprentis chanteurs, pianistes, organistes, répétiteurs, metteurs en scène, chefs d'orchestre, compositeurs et même musicothérapeutes qui prônent les théories les plus saugrenues et abracadabrantes dont l'application contribue à la démolition de précieux talents. Qu'une fonction aussi naturelle que chanter donne lieu à d'aussi aberrantes attitudes au siècle de la technologie dans lequel nous vivons est incompréhensible; d'accord, la prétendue «science» de l'art vocal demeure indéfinie, mais ce n'est pas là une excuse à tant de charlatanisme.

Il y a d'autres causes au déclin de l'art vocal, et la première qui me vient à l'esprit et qui a d'énormes ramifications au sein de l'art lyrique à notre époque est le marketing du chanteur. La commercialisation d'un art réussit toujours à le souiller, et les affaires ont, à la base, des buts opposés. Le chanteur aujourd'hui est devenu une denrée sur le marché international des théâtres d'opéra où on se livre quotidiennement à une surenchère effrénée des superstars. Si vous avez la curiosité de suivre de près le choix de répertoire et les distributions des six plus grandes maisons d'opéra au monde, vous constatez rapidement que ce sont les mêmes stars en tête d'affiche de leurs productions majeures, grâce aux voyages supersoniques; ces nomades n'ont ni le temps ni le désir de s'intégrer totalement à une production pour en faire ressortir un semblant d'authenticité; ils ne s'amènent pas dans un théâtre pour participer à une manifestation artistique mais pour y chercher un énorme cachet qui va contribuer à un chalet et à un compte de banque en Suisse.

Ces «bêtes rares», au gosier d'or mais dont l'art se fera toujours attendre, sont rapidement exploitées et aussi rapidement balancées, grâce à la candeur de l'artiste lui-même, qui se laisse presser comme un citron, et à la gourmandise du public, toujours avide de nouvelles stars.

Renée Maheu — *Et vous, Pierrette, avez-vous semblable réticence en ce qui a trait au jeu scénique dans son état actuel?*

Pierrette Alarie — Sans doute, car nous assistons présentement à un inquiétant renversement des priorités à l'opéra chez nombre de metteurs en scène. Avec les années 50, l'avènement de la télévision et, petit à petit, la prépondérance du visuel sur l'auditif ainsi qu'un intérêt accru de l'homme de théâtre envers l'opéra, on a vu soudainement le metteur en scène supplanter le chanteur et le chef d'orchestre. Il arrivait avec un esprit révolutionnaire et donc avec l'intention de repenser les chefs-d'œuvre, de «corriger» les grands créateurs lyriques et de les présenter sous un jour nouveau, actuel, éclatant, choquant, et souvent scandaleux. On assiste souvent à de pitoyables parodies, à un renversement des priorités, à une trahison du metteur en scène à l'égard d'une grande œuvre lyrique et de son auteur. Le même phénomène se répète souvent au cinéma.

Toute production d'opéra doit refléter le contexte, la période, le style de sa création; en un mot, recréer le climat, le cadre dans lequel son créateur l'a fait naître. Malheur au metteur en scène qui ne peut voir une œuvre qu'à travers le prisme de son propre temps ou d'une mode; il est bien évident que cette option est plus simple que de rechercher la vérité originelle et de la communiquer.

Lors d'une conférence internationale des directeurs d'opéra tenue à New York en novembre 1945, le réputé chef d'orchestre et directeur de l'Opéra de Munich, Wolfgang Sawallish, avait eu un mot juste sur la présentation des ouvrages anciens: «Les nouvelles productions d'opéra doivent continuer la tradition — non celle d'il y a cent ans, mais celle du compositeur.»

Léopold Simoneau — Je me permets d'ajouter ici que l'on assiste présentement à un étrange paradoxe. La maison Ricordi, par exemple, en collaboration avec une université américaine, se livre présentement à une longue et coûteuse recherche pour mettre sur le marché les partitions les plus scrupuleusement authentiques de toute l'œuvre théâtrale de Verdi; par ailleurs, certains chefs d'orchestre, animés de ce même souci d'authenticité, tentent de ressusciter l'usage d'instruments d'époque, pour la musique baroque en particulier. Il me semble d'autant plus incongru que, pendant ce temps, une clique de metteurs en scène récalcitrants viennent torpiller cette noble poursuite et se livrent à la plus provocante trahison des illustres créateurs.

Renée Maheu — *Au début de notre entretien, vous avez démontré, Léopold, que la médiocrité de l'enseignement était la cause principale du fléchissement actuel de l'art vocal. Or vous avez vous-même donné des cours de maîtrise au Conservatoire de Boston; vous avez enseigné pendant exactement dix ans au Conservatoire de San Francisco et vous enseignez toujours au centre lyrique de Formation professionnelle de l'Opera Piccola à Victoria. Quel est votre leitmotiv dans votre enseignement?*

Léopold Simoneau — Je n'ai pas encore découvert la formule magique, la panacée qui pourrait ouvrir les portes de l'Opéra de Paris en quelques mois au premier jeune de talent. Une chose est certaine, qui émerge de mes recherches, de mes années de professorat et de ma propre aventure de vingt-neuf ans sur les scènes internationales: on attache une importance beaucoup trop grande au terme prodigieux de «technique», qui est devenu un vrai passe-partout dans l'enseignement et dont la puissance est magique aussi bien que fictive, et dont maints professeurs affirment posséder les profonds et, naturellement, les plus divergents secrets...

Le Créateur nous a munis d'un gosier ou, si vous voulez, d'un système de phonation tout simplement miraculeux, et ce n'est que par une rigoureuse observance des lois naturelles qu'on peut en obtenir les meilleurs résultats et non par l'imposition d'une quelconque «technique» qui, inévitablement, risque de brouiller un mécanisme si perfectionné et si sensible. Ce mécanisme du chant, dont la plupart des articulations échappent à notre volonté, est d'une telle complexité qu'il faut réduire son utilisation à sa plus grande simplicité dans l'enseignement. Penser à ses cordes vocales, par exemple, peut y éveiller des sensations exagérées et fausses, car à trop penser à l'exécution d'un acte physiologique on risque d'y imposer une fonction contre-nature, ce qui est désastreux. On marche mal en regardant ses pieds...

Au sens purement littéral, il n'existe pas de véritable «science du chant». Une science procède de formules éprouvées, de constantes invariables; or, à ce jour, aucune formule stable n'a été avancée qui assurerait de constants, d'indiscutables progrès vocaux et esthétiques résultant de la rigide application de données scientifiques. On en est même encore aujourd'hui à la recherche d'un vocabulaire précis pour définir la variété de qualité de la voix humaine.

La prétendue science du chant n'a, en général, réussi qu'à jeter une profonde confusion dans cet art. Le chant, avant tout, demeure un geste mental, une expression d'intériorité et non une gymnastique de vocifération; tout hurlement sans inspiration n'est qu'un cri animal.

Renée Maheu — *Et vous, Pierrette, êtes-vous du même avis?*

Pierrette Alarie — J'enchaînerai en affirmant que cette libre émission de la voix est également libératrice de la principale contrainte dans le jeu scénique dont souffrent tant de jeunes chanteurs; toute rigidité, toute crispation superflue de l'appareil phonétique freine l'expression dans le mouvement scénique; c'est pour cette raison que, dans mon enseignement du jeu au théâtre, je commence toujours mes cours par des exercices de détente inspirés surtout du yoga, où le geste respiratoire naturel et décontractant joue un rôle primordial.

Donc, voix et jeu scénique sont en quelque sorte interdépendants; dégagé de préoccupations d'ordre vocal, le chanteur peut devenir aussi bon comédien que l'acteur au théâtre; le traditionnel piètre jeu scénique du chanteur est presque toujours attribuable à son handicap vocal plutôt qu'à son manque de talent de comédien; bien sûr, l'acteur d'opéra doit de toute évidence chanter, et ce geste, à lui seul, est déjà de taille; certains rôles, musicalement perchés au sommet du registre aigu du chanteur, présentent un défi quasi surhumain. Mais cette priorité ne doit pas totalement annuler son mouvement sur le plateau; l'un ne doit pas totalement sacrifier l'autre; la difficulté est d'arriver à un bon équilibre, que l'artiste de talent finit toujours par obtenir.

Renée Maheu — *Mais ce «son libre» que vous considérez fondamental dans la culture de la voix, comment l'obtenez-vous?*

Léopold Simoneau — Principalement par la pureté de la voyelle qui, forcément, subit une légère modification dans l'extrême aigu de toute voix, due à la nécessité d'une plus généreuse ouverture de la bouche dans ce registre. Cela étant dit, je ne m'engagerai pas davantage sur une voie qui mène trop facilement à de fausses interprétations, à la confusion, à la controverse; il va de soi que définir une pure voyelle sans le secours de clairs exemples est impossible.

Rappelons encore une fois que le chant est principalement une culture psychique; les mille inflexions et nuances du timbre sont un vrai tableau de l'âme du chanteur; la pure voyelle est donc la résultante non seulement de la netteté du mot mais aussi de son sens profond. L'art n'a rien à voir avec le bruit seul. Cette poursuite de la pureté de la voyelle était déjà le procédé des professeurs des XVIIe et XVIIIe siècles et est fidèlement pratiquée encore de nos jours par ceux qui mettent la qualité de la voix avant la quantité.

Nous avons un exemple remarquable de cette approche en la personne de Luciano Pavarotti. Dans son autobiographie intitulée *Ma vie,* il précise: «L'étude du chant ne m'exaltait pas... pas tout à fait. J'accomplissais aveuglément tout ce que mon professeur Pola me demandait de faire, et ce, jour après jour. Pendant six mois, nous ne fîmes rien d'autre que des vocalises et besogner sur les voyelles.» Est-il besoin de rappeler que Pavarotti, étant italien, s'exprimait déjà avant l'étude du chant dans la langue la plus riche en pures voyelles?

Renée Maheu — *Et de votre côté, Pierrette, quel est votre leitmotiv dans l'enseignement du jeu scénique?*

Pierrette Alarie — Deux mots clés: *jouer, c'est penser.* Je m'explique. L'interprète doit analyser et comprendre parfaitement le texte et le contexte qu'il doit interpréter; comprendre son propre texte, cela va de soi mais exige quand même des recherches, surtout s'il s'agit d'un texte en langue étrangère, ce qui est très souvent le cas pour le chanteur; par contexte, j'entends le contenu non seulement verbal mais surtout psychologique de chaque personnage, qui forme le nœud d'un drame ou d'une comédie; là réside toute la motivation qui va inspirer le jeu du comédien, du chanteur. Il faut savoir écouter et bien comprendre son interlocuteur, qui, en somme, déclenche votre propre réaction. Si vous réagissez, vous jouez.

Quand je fais une mise en scène, je soumets d'abord mes idées à l'interprète sans les imposer. Le jeune artiste doué d'un certain instinct théâtral saura mettre à profit cette conception en la mariant à la sienne pour aboutir à l'épanouissement de son personnage. La plus grande difficulté est le jeu intérieur. Trop souvent on croit que gesticuler c'est jouer; je m'oppose catégoriquement à cette méthode en préconisant le procédé réaction-action, ce qui mène à un jeu plus naturel. Voilà mon leitmotiv.

Renée Maheu — *De quelle façon abordiez-vous un nouveau rôle quand vous étiez vous-même interprète lyrique?*

Pierrette Alarie — Je lisais d'abord la partition à vol d'oiseau pour ainsi dire, portant attention presque exclusivement à la musique pour bien m'assurer que mon potentiel vocal pouvait rendre justice aux exigences de l'écriture, c'est-à-dire: tessiture générale, difficultés des passages d'agilité et de bravoure (le suraigu ne m'a jamais préoccupée), longueur et complexité des ensembles, etc. M'étant rassurée sur cet aspect, venait ensuite une analyse longue et détaillée du texte, d'autant plus longue s'il s'agissait d'un livret italien ou allemand, pour m'as-surer, encore là, que le rôle convenait à mon tempérament. Une fois satisfaite sur ces exigences, je commençais, encore lentement, à insérer le mot dans le cadre rythmique et mélodique, et à lui donner l'accent dramatique selon les indications dynamiques de l'auteur.

C'est seulement à partir de ce moment que je commençais à chanter phrase par phrase, en toute facilité, donnant maintenant priorité à la ligne musicale et à la qualité sonore. Cette dernière étape, c'est-à-dire la «mise en voix» comme on dit dans le métier, est un défi de taille qui souvent requiert des semaines ou des mois, et je ne parle pas du style, qui, lui, peut exiger des années s'il s'agit des œuvres les plus magistrales du théâtre lyrique.

Renée Maheu — *Et vous, Léopold, quelle était votre façon de mettre un nouveau rôle à votre répertoire?...*

Léopold Simoneau — À peu près la même que celle de Pierrette, sauf que, dans mon cas, le processus exigeait beaucoup plus de temps; j'étais tout simplement plus lent à piger, à analyser, à assimiler; Pierrette a l'habitude de lire la musique avec la facilité que j'ai, moi, à lire le journal.

Renée Maheu — *Dans la nomenclature des opéras que vous avez interprétés au cours de votre carrière, je vois plusieurs ouvrages que vous n'avez chantés qu'en programmation radiophonique ou en enregistrement commercial, ce qui laisse un répertoire assez restreint que vous avez défendu jour après jour sous les feux de la rampe.*

Léopold Simoneau — Ce répertoire restreint, comme vous dites, se résume à sept ou huit opéras qui constituaient mes chevaux de bataille les plus fringants, et ce nombre est à peu près normal pour l'artiste qui opère en *stagione,* c'est-à-dire qui n'accepte des engagements que pour quelques mois dans chaque maison d'opéra. C'est la politique courante depuis la disparition des troupes permanentes. On vous y engage avant tout, naturellement, pour y interpréter les rôles qui vous ont tout particulièrement distingué.

Le légendaire baryton Titta Ruffo déclarait un jour: «J'ai chanté approximativement cent rôles dans ma carrière, mais si c'était à refaire, je me limiterais à cinq ou six que je polirais à l'extrême musicalement et vocalement dans tous les moindres détails, de sorte que je pourrais dormir paisiblement sans crainte de la compétition.»

Voilà une politique que je ne saurais trop recommander aux jeunes artistes et qui est devenue une quasi-nécessité dans notre monde si compétitif. Il est inutile d'avoir des douzaines de rôles à son répertoire; on ne peut exceller également dans une variété de styles; l'important est d'atteindre le sommet dans l'interprétation des rôles choisis. Il faut être des plus réalistes et modestes dans l'évaluation de ses moyens mais d'une folle ambition dans l'exploitation de ces mêmes moyens pour semer ses compétiteurs.

Victoria, août 1986.

Analyse d'une discographie

Le 24 mai 1943, les Festivals de Montréal affichaient *Le Nozze di Figaro,* et ceux qu'on surnommera Monsieur et Madame Mozart chantaient pour la première fois un rôle mozartien. Elle, le rôle de Barbarina, lui, celui de Don Curzio. Sir Thomas Beecham enthousiasmait aussi bien les Steber, Mildmay, Brownlee, Valentino que les jeunes débutants d'alors. En 1945, à l'Opera Guild de Montréal, c'est un premier Tamino et un premier Ferrando pour Léopold, sous la baguette du fin musicien Jean Vallerand, et, l'année suivante, Emil Cooper dirige un *Enlèvement au sérail,* et le jeune couple est à nouveau réuni. Elle chante Blonde avant d'aborder ses belles Constance, lui est déjà Belmonte. La critique s'enthousiasme très tôt et reconnaît l'aisance vocale, la luminosité aristocratique du timbre de Léopold Simoneau, la musicalité exceptionnelle de Pierrette Alarie. Elle est heureuse de s'attaquer aux grands rôles du répertoire. Le mariage consolidera ce duo né sous le signe de Mozart. Puis viendront les célèbres productions de Mozart d'Aix-en-Provence, de Glyndebourne, de Salzbourg, les enregistrements de l'année du bicentenaire, la Scala, Munich, Vienne, Montréal et New York.

Dès ses premières vocalises de l'air *Il mio tesoro* chez son professeur québécois Émile Larochelle, Léopold Simoneau s'orientera vers le répertoire mozartien et les grands classiques du XVIIIe siècle, tant à l'opéra qu'au concert. Au cours des ans, il deviendra un interprète recherché par les grands chefs d'orchestre et sa discographie sera convoitée par les collectionneurs. Ses interprétations mozartiennes seront des références citées par la jeune critique, qui ne peut qu'être éblouie par la beauté du timbre et la musicalité de l'interprétation.

Si, dès 1950, la critique internationale reconnaît, à Aix-en-Provence, l'art de Léopold Simoneau, ce n'est qu'en 1954 qu'il enregistrera un premier disque solo consacré au génie qu'il vénère. Avant Salzbourg et Vienne, il enregistre chez Philips sept des plus célèbres arias de Mozart, avec Bernhard Paumgartner et le Philharmonique de Vienne. De son côté, Pierrette Alarie enregistre l'année suivante, chez Ducretet-Thomson, un récital Mozart que dirige André Jouve à la tête de l'Orchestre des Champs-Élysées. La critique et leurs admirateurs les accueillent avec enthousiasme, et les disques seront réédités successivement sur étiquettes différentes. Le 26 janvier 1957, le *Saturday Review* (New York) publiait, dans sa large chronique de disques, une critique de ces deux parutions signée Irving Kolodin, qu'il intitulait: *«Mr. and Mrs. Mozart-Stylist».*

> Pour ceux qui ont porté leur attention sur les faits et gestes marquant la présente époque anniversaire de Mozart, ce n'est plus un secret que Léopold Simoneau est probablement le chanteur actuel le plus raffiné en cette littérature. Ou alors, si sa remarquable contribution dans des réalisations telles que *Cosi fan tutte* chez Angel, *Don Giovanni* chez Epic, *La Flûte enchantée* chez London ou le *Requiem* chez Columbia a échappé à l'attention des amateurs, la superbe maîtrise de ses dons dans l'interprétation de ce difficile air de concert ainsi que de ces airs plus familiers, *Il mio tesoro* et *Dalla sua pace (Don Giovanni), Un' aura amorosa (Cosi fan tutte)* ou *Se fosso intorno (La Clemenza di Tito),* est à ne pas manquer. Le talent vocal de Simoneau n'est pas vraiment spectaculaire, mais il en a fait un instrument extrêmement sensible d'un élan musical aussi vital que sophistiqué.

> Mais ce qui est décidément demeuré encore plus secret jusqu'à ce jour, ce sont les dons similaires de Pierrette Alarie qui, incidemment, est l'épouse de Léopold Simoneau. On se souviendra que cette soprano légère, brillante mais pas particulièrement bien disciplinée, fit ses débuts, toute jeune encore, au Metropolitan Opera il y a dix ans. (Un de ses rôles, alors, fut celui de Blondine dans une version anglaise de *L'Enlèvement au sérail*.) Pierrette Alarie a, depuis, atteint un très haut niveau artistique et révèle un superbe style mozartien dans ses interprétations sur ce disque. La voix est quelque peu limitée pour les nuances et les accents particuliers des airs de *La Reine de la nuit* de *La Flûte enchantée,* mais elle excelle remarquablement dans le *Motet Exsultate, Jubilate* (qui se termine, comme on le sait, par le brillant *Alléluia*) et elle nous offre une magnifique et reposante version de *L'Amero, saro costante* du *Re Pastore.* (Le flûtiste qui l'accompagne n'est pas identifié.)

Cependant, c'est dans l'air de concert peu connu *Popoli di Tessaglia* (K-316) que Pierrette Alarie a vraiment l'occasion d'accomplir de rares prouesses vocales. Cet air est inspiré par la passion du jeune Mozart pour Aloysa Weber, mais le compositeur se livre ici à un exercice de flamboyantes ornementations qui touchent le contre-sol au-dessus du contre-ut. Mademoiselle Alarie atteint ces sommets avec la même assurance qu'elle montre dans son remarquable legato de *L'Amero, saro costante* et cela tout en conservant la pureté sonore.

Sur ce point, elle est décidément supérieure à Ilse Hollweg qui chante ce même air sur la face B du disque de Simoneau (ses deux autres pièces sont: *Ah, t'invola agl'occhi miei* et *Vorrei spegarVi*) avec une sonorité plus aiguë et de plus grands efforts vocaux. De plus, Mademoiselle Alarie sait faire de la longue introduction qui précède l'aria et de l'aria même une touchante expérience musicale plutôt qu'une série d'acrobaties vocales.

Son disque offre par ailleurs *Non so piu* et *Voi che sapete* des *Noces de Figaro* ainsi que *Welche Wonne, welche Lust* de *L'Enlèvement au sérail*. Les deux disques sont d'une belle qualité sonore. Il semble que Mademoiselle Alarie tire avantage d'une position microphonique plus intime, nous permettant ainsi de mieux apprécier son excellente prononciation allemande et italienne[1].

Dès la parution de *Die Zauberflöte* chez Decca en 1955, avec Karl Böhm et le Philharmonique de Vienne, la revue française *Disques* (nos 75-76) commentait les différentes versions de l'œuvre enregistrée précédemment. D'abord, jusqu'en 1939, aucune version intégrale du dernier opéra bouffe de Mozart n'avait été tentée en 78 tours. C'est alors que parurent, dans la collection de la Société des opéras de Mozart, éditée à Londres par His Master's Voice, les quatre albums des dix-neuf disques de la version réalisée à Berlin sous la direction de Beecham. Le fait que c'était là le premier enregistrement intégral, la qualité extrême de la direction, de l'interprétation de tous les rôles, en ont fait une version de référence pour tous les discophiles. Il fut réédité en 33 tours par RCA aux États-Unis (LTC-610) et la qualité est toujours aussi remarquable. Suivirent la version Karajan, chez Columbia en 1951, et celle du bicentenaire Mozart réalisée chez Decca, qui utilisent le même orchestre et les mêmes chœurs de Vienne. Les distributions des trois versions en présence sont ainsi commentées:

> En ce qui concerne les interprétations individuelles des grands rôles de cet opéra, les deux versions 33 tours nous proposent les meilleurs solistes viennois (d'origine ou d'adoption éphémère) avec, pour deux rôles (Reine de la nuit, Papagena), les mêmes interprètes, respectivement Wilma Lipp et Emmy Loose. Pour les autres

personnages principaux, les protagonistes de Columbia sont, à une exception près, nettement supérieurs à leurs rivaux de Decca.

Nous commencerons par cette exception heureuse de la version Decca, le ténor Léopold Simoneau, qui incarne le prince Tamino avec une telle perfection vocale et de style qu'il en devient la vedette incontestable de cet opéra. Non que l'on puisse reprocher quoi que ce soit à Anton Dermota (Tamino de la version Columbia), qui nous avait paru d'emblée supérieur à son aîné, H. Roswaenge (version H.M.V., dir. Beecham). La voix de Dermota est belle, son style admirable et sa musicalité parfaite. Mais Simoneau a, lui, du génie... Ce mot n'est pas trop fort ici. Ce ténor canadien, que les amateurs de disques connaissent grâce à quelques réalisations (trop peu nombreuses encore!) toutes meilleures les unes que les autres, se révèle ici le grand ténor mozartien de notre époque. Nous ne trouverions sans doute pas d'autres mots pour caractériser son interprétation de Tamino que ceux qui nous ont servi à caractériser l'interprétation de Dermota, et il faudrait les entendre tous deux pour ressentir la différence subtile mais capitale de leurs incarnations — nous dirons sommairement que Dermota «chante» parfaitement son rôle, alors que Simoneau est, «superbement», le prince Tamino...

Les comparaisons discographiques ont toujours passionné les collectionneurs de raretés — sans oublier les critiques, qui voient les productions de plus en plus nombreuses et répétitives des mêmes œuvres. Ainsi, le critique de l'*American Record Guide,* Ralph V. Lucano, pouvait-il commenter, dans le numéro de juin 1978, huit versions différentes du *Cosi fan tutte* de Mozart — *«the once neglected Cosi fan tutte has become the most recorded of the Mozart operas...»* Enregistré avec le Philharmonique de Londres, en 1954, sous la direction de von Karajan, ses rééditions successives des trente dernières années évoquent d'elles-mêmes la qualité unique de l'interprétation mozartienne. R.V. Lucano écrit:

Même le vieil enregistrement Busch/Glyndebourne, dont la valeur est largement sentimentale, se glorifie d'une Fiordiligi vraiment excellente en la personne de Ina Souez. (Ses airs de *Cosi* apparaissent sur un disque Orion ORS 7293 de même que les airs de sa vibrante Donna Anna de *Don Giovanni.*) Mais nul doute que le *Cosi* qui m'accompagnerait sur mon île déserte serait celui de Karajan, bien que je sois disposé à passer trois heures agréables à écouter n'importe quel enregistrement de cet ouvrage.

Donc, je le répète, mon *Cosi* favori et l'un de mes enregistrements les plus vénérés est toujours celui de Karajan. En cas de feu, c'est cet enregistrement sur Angel qui m'accompagnerait dans ma fuite de la maison.

C'est un réconfort d'apprendre que cette performance a été rééditée en Europe et qu'elle est distribuée ici par les importateurs de disques français. De tous les enregistrements de *Cosi,* c'est certes le plus élégant et, dans l'ensemble, le mieux chanté. La distribution: Schwarzkopf, Merriman, Otto, Simoneau, Panerai, Bruscantini, n'a jamais été surpassée. Bruscantini demeure le suprême Alfonso; Schwarzkopf, la plus éblouissante Fiordiligi; Simoneau, dont la voix s'intègre harmonieusement dans les ensembles tout en gardant sa lumineuse individualité, est un parfait Ferrando; il sème ses émules de loin. Karajan dirige en maître. Cet enregistrement «mono» de 1955 est un peu terne mais demeure fort satisfaisant[2].

Léopold Simoneau dira, en parlant du rôle de Ferrando de *Cosi:* «Dans *Cosi fan tutte,* le rôle de Ferrando est un rôle en or... Cet opéra, en effet, date de l'ultime période des miraculeuses créations de Mozart; il a déjà donné au théâtre lyrique son *Nozze di Figaro* et son *Don Giovanni;* il a à son crédit près de cinquante symphonies, trente concertos pour piano et orchestre, vingt-cinq concertos pour violon et orchestre et une variété d'autres compositions, de sorte que, quand il en arrive à *Cosi fan tutte,* son dix-huitième opéra, il est à l'apogée de son suprême génie. On peut donc considérer cet ouvrage comme la quintessence de l'opéra de chambre. Et cependant, cet incomparable divertissimento compte autant sinon plus de pages dramatiques que *Le Nozze di Figaro* ou *Don Giovanni;* ici, encore une fois, on est en présence du prestidigitateur capable d'entremêler la frivolité et les situations théâtrales dramatiques. Ce que cet opéra nous révèle avant tout, grâce au livret sardonique de Da Ponte, c'est la sincérité des émotions, quelle que soit leur motivation.

«J'ai donc une affection particulière pour *Cosi fan tutte,* c'est indéniable. Si toute ma vie j'ai chanté plus souvent dans *Don Juan,* j'ai quand même participé à au moins soixante-quinze représentations de *Cosi,* et cela dans les plus belles conditions, avec les plus grands interprètes, sous la direction de Karajan, Fritz Busch, Karl Böhm, Rosbaud, etc.»

Étant tous deux d'origine francophone, Pierrette Alarie et Léopold Simoneau ont laissé quelques enregistrements du répertoire français dont certains demeurent des références pour les critiques de disques. Ainsi, le *Pie Jesu* que chante Pierrette Alarie, air incomparable du *Requiem* de Fauré enregistré en 1953 chez Philips (A00669R) avec Camille Maurane, le chœur d'Élisabeth Brasseur et l'orchestre des Concerts Lamoureux que dirige Jean Fournet, est-il toujours considéré comme étant la meilleure interprétation de l'ouvrage. Entendu fréquemment sur les ondes des radios européennes, l'enregistrement est quasi introuvable en territoire nord-américain. Pierrette Alarie enregistrait, dès les débuts de sa carrière européenne, lors de son séjour à l'Opéra-Comique de Paris, en 1953, toujours chez Philips (N.00663R), des airs d'opéra français avec Pierre Dervaux et l'orchestre des Concerts Lamoureux. La critique française l'accueillit favorablement et René Dumesnil, critique musical du *Monde,* écrivait:

> J'avoue avoir éprouvé quelque inquiétude à la lecture du programme de récital imprimé sur la couverture du disque Philips qui a pour titre *Airs d'opéras français: Roméo et Juliette:* «Je veux vivre dans le rêve»; *Mireille:* «Heureux petit berger» et «Ô légère hirondelle»; *Lakmé:* «Tu m'as donné le plus doux rêve»; *Mignon:* «Je suis Titania la blonde»; *Les Pêcheurs de perles:* cavatine de Leïla; les *Contes d'Hoffmann:* air de la poupée; *Carmen:* «Je dis que rien ne m'épouvante» (air de Micaela). [...] Et puis j'ai placé le disque sur le plateau, et j'ai entendu une voix cristalline, pure comme celle d'une enfant, mais une enfant qui serait experte dans l'art périlleux de la vocalise. Et j'ai été conquis. C'est une victoire que celle-ci: elle fait qu'on oublie le mélange des styles et des œuvres, qui va de Gounod à Bizet en passant par Offenbach et Ambroise Thomas, et qu'on se délecte sans plus songer à autre chose qu'au plaisir d'entendre Mademoiselle Pierrette Alarie. [...] L'orchestre Lamoureux, sous la direction de Pierre Dervaux, l'accompagne comme elle mérite de l'être: en perfection.

Et dans *France-Observateur,* Jacques Havet commente à son tour dans sa critique du 27 mai 1954:

> La soprano canadienne Pierrette Alarie a été saluée comme une nouvelle Lily Pons. Malgré ce que de telles comparaisons peuvent avoir de hasardeux, on ne saurait contester que c'est là une très grande voix de soprano légère, admirablement travaillée, avec ce qu'il faut de méthode italienne pour que les embûches du répertoire français ne posent aucun problème pour elle. Personnellement, je lui reconnais un mérite que n'avait pas toujours Lily Pons: celui d'une justesse irréprochable dans les vocalises. [...] Son disque récent groupe les pages qui sont parmi les plus populaires du répertoire de nos théâtres nationaux, dans lesquelles les amateurs apprécieront non seulement la sûreté de sa technique et la solidité de son style, mais encore une distinction d'esprit qui, dans ce genre de musique, n'est pas toujours la qualité maîtresse de ses consœurs. [...] Un autre disque, qu'elle a enregistré avec son mari, l'excellent ténor Léopold Simoneau, présente les duos célèbres de *Roméo et Juliette,* de *Mireille,* de *Carmen,* de *Manon,* et complète ainsi le premier de manière heureuse.

C'est en 1953 que le duo Alarie-Simoneau enregistra son premier disque, composé de duos célèbres français, chez Ducretet-Thomson (270C008), avec Pierre Dervaux et l'orchestre du Théâtre des Champs-

Élysées. Suivirent chez Philips des extraits de *Lakmé, Les Pêcheurs de perles* avec Jean Fournet et l'orchestre des Concerts Lamoureux, et, avec le même orchestre que dirige Hans Rosbaud, l'*Orphée* de Gluck (1956), l'un des plus précieux de la discographie, et toujours au catalogue. En décembre 1968, dix ans après la parution de l'enregistrement, la revue *High Fidelity Magazine* publiait sous la plume de Peter G. Davis:

> On n'a que rarement l'occasion d'entendre aujourd'hui la version ténor de cet ouvrage, mais les collectionneurs de disques, eux, peuvent la connaître grâce à cette nouvelle réédition. Simoneau a la voix idéale pour interpréter cette musique: charmeuse, voluptueuse et souple; les nombreux passages aigus ne lui créent aucune difficulté[3].

Et, au moment de la parution de l'enregistrement, Eric McLean écrivait dans *The Montreal Star* du 29 janvier 1957:

> Sur l'enregistrement Epic, Léopold Simoneau est un Orphée éminemment musical, donnant une tournure au phrasé avec toute la maîtrise et la beauté sonore qui ont fait de lui un des plus célèbres interprètes actuels des opéras du dix-huitième siècle. Son épouse Pierrette Alarie exécute avec charme et précision le rôle du dieu de l'Amour; son grand air à la fin du premier acte est un des sommets de la performance. Eurydice a un rôle moins flatteur mais Suzanne Danco s'en tire avec une interprétation marquée de sympathie et d'intelligence[4].

Chez Westminster, le célèbre couple enregistrait, en 1959, la *Messe en si mineur* de Bach (WST 304) et *Le Messie* de Haendel (WST 306) avec Hermann Scherchen à la direction de l'orchestre de l'Opéra de Vienne. Et, avec leur pianiste-accompagnateur américain Allan Rogers, Pierrette Alarie enregistrait des mélodies de Debussy et Ravel, et Léopold Simoneau, treize mélodies de Duparc — trois disques que convoitent les collectionneurs et qui furent hautement acclamés par la critique américaine. Commentant les disques Debussy-Ravel (XWN 18778, 18779) de Pierrette Alarie, Edward Tatnall Canby publiait dans le numéro d'avril 1959 de *Harper's*:

> Elle est à son meilleur chez Debussy: superbe dans les mélodies les mieux connues et même encore plus remarquable dans celles qui sont peu familières et plus difficiles[5].

Et *The American Record Guide* publiait, également en avril 1959, un long commentaire de l'enregistrement des mélodies de Duparc (XWN 18788) de Léopold Simoneau:

> Monsieur Simoneau a su ménager la susceptibilité des superstitieux en ajoutant une autre mélodie, peu connue celle-là, du jeune

Duparc aux treize que contient l'album. Gérard Souzay et George London avaient enregistré des récitals Duparc (Souzay avait omis *Au pays où se fait la guerre,* rarement entendue); mais ni l'un ni l'autre ne semblait à l'aise dans ces mélodies, de sorte que ces deux enregistrements furent retirés du marché.

Simoneau, un Canadien français, y est plus chez lui même si son chant diffère sensiblement de celui d'un chanteur typiquement français. Son intonation est très ample et dégagée; la musique coule de ses lèvres sans effort apparent tout en s'appuyant sur une magnifique diction qui reflète le sens profond de la poésie. Nulle trace ici de ce son pincé et nasillard, caractéristique de tant de chanteurs français. Son interprétation est colorée de toutes sortes de nuances qui donnent aux mélodies un air de nouveauté.

Dans *L'Invitation au voyage,* il produit une tendre et jolie qualité sonore dans la phrase «à travers leurs larmes». Dans *La Vie antérieure* et précisément au sommet dramatique «c'est là que j'ai vécu», il anticipe le diminuendo avec un effet renversant. Les phrases longues et soutenues de *Extase,* par contre, sont remarquables; le danger, dans cette chanson, est que toute la structure de la composition s'effondre si le chanteur ne réussit pas à maintenir une bonne tension; ce n'est pas le cas ici. Simoneau prépare adroitement un autre sommet dramatique dans *Phidylé* et, quand il survient, il est magnifique. Une autre surprise est la facilité avec laquelle il chante la phrase «Mon amour, quand tu berceras mon triste cœur», dans *Chanson triste. Sérénade* enfin nous fait vivre un moment extrêmement pathétique quand Simoneau déclare: «je suis homme...».

Le ténor canadien est très bien secondé sur ces disques par Allan Rogers, un pianiste qui a compris la texture de ces chansons. Duparc n'a jamais été si bien servi depuis le temps où Charles et Madeleine Panzera enregistraient encore[6].

La discographie Alarie-Simoneau se complète avec une *Carmen,* un *Faust,* et les *Contes d'Hoffmann,* enregistré pour la RAI (Milano) en 1959 avec l'Orchestra Sinfonica di Milano della RAI et édité chez Melodram (033 33/30) dans la série «Les interprètes célèbres» — la distribution comprenant, entre autres, George London, Renato Capecchi et Suzanne Danco. Un autre enregistrement des *Contes d'Hoffmann* était enregistré en 1957 avec Léopold Simoneau à la Guilde du Disque. Et en 1961, Léopold Simoneau enregistrait, avec Lois Marshall, Regina Sarfaty, William Warfield, les pianistes-duettistes Arthur Gold/Robert Fizdale, les *Spanische Liebeslieder* de Schumann chez Columbia (MS 6461).

De son côté, Radio-Canada international (R.C.I.) a toujours dans son catalogue les enregistrements d'œuvres de compositeurs canadiens de Pierrette Alarie accompagnée au piano par John Newmark: Papineau-Couture *(Quatrains)*, Pépin *(Cycle Éluard)*, Beckwith *(Five Lyrics of the T'ang Dynasty)*; un récital au pavillon canadien de la Musique donné dans le cadre de l'Expo 67; des œuvres de Haydn, Strauss, Papineau-Couture, et John Newmark au piano. Et conjointement avec Léopold Simoneau, des duos de Schumann avec John Newmark, et, avec Janine Lachance, des duos de Monteverdi, Schubert et Cornelius. En 1968, ils enregistraient pour Radio-Canada international *Colas et Colinette*, œuvre de Joseph Quesnel, considérée par les Simoneau comme étant le premier opéra canadien:

«*Colas et Colinette* a une valeur historique, et le disque a une valeur documentaire et constitue donc un apport précieux pour les archives sonores du Canada français. Quant à sa valeur relativement au fond et à la forme, c'est un genre d'opéra-comique à couplets qui se situe au sens large entre Grétry et Rameau avec de longs dialogues parlés qui ont été passablement écourtés pour l'enregistrement.»

Un Grand Prix du Disque de l'Académie Charles-Cros de Paris, section récital lyrique, viendra couronner, en 1961, le disque d'airs de concert et de duos d'opéra consacré à Mozart, que produit la Guilde internationale du Disque avec l'orchestre de la Société philharmonique d'Amsterdam, direction Walter Goehr, en 1959. Réédité quelques années plus tard, l'enregistrement est un témoignage du grand art des Simoneau, et la revue *Opéra international* publiait, en avril 1983:

Léopold Simoneau, Pierrette Alarie. Deux noms, mais pour les mozartiens une seule légende: celle du couple idéal de l'immédiat après-guerre. Léopold Simoneau, c'est le ténor du *Requiem* de Walter, le Ferrando d'Aix-en-Provence en 1950, le Tamino le plus lumineux de notre mémoire: autant de souvenirs du plus souple, du plus élégant et surtout du plus tendre des ténors mozartiens avec le timbre le plus exceptionnellement transparent et les phrasés les plus parfaitement justes.

Pierrette Alarie n'a pas eu la même gloire. Ni le *Dictionnaire de l'opéra* de Rosenthal ni l'*Anthologie des interprètes* de Nanquette n'ont cru nécessaire de mentionner son nom. Elle est pourtant le charme incarné. Sa voix légère, qui la destinait à être Lakmé, Olympia ou Blondine, a pourtant une qualité rare chez les sopranos coloratura, et que ce disque met en évidence: elle n'est jamais froide et la vocalise ne sent jamais l'école. Qu'on écoute la fin de l'air de bravoure, *No, no, no, che non sei capache* (K.419), si redoutable, et qu'on compare son interprétation aux laborieux exercices que proposent quelques disques récents d'arias de Mozart. Tout est simple ici, naturel, d'une infinie tendresse.

Et quand Pierrette Alarie et Léopold Simoneau chantent ensemble l'amour comme dans les quatre duos de ce récital, on se sent soi-même amoureux. Y a-t-il autre chose à ajouter?...

Alain Fantapié.

Dans le palmarès 1961, Léopold Simoneau remporte également un Grand Prix, section oratorio, avec l'enregistrement du *Requiem* de Berlioz par l'Orchestre symphonique de Boston et les chœurs du New England Conservatory, sous la direction de Charles Munch. Cet enregistrement RCA Victor remportait le prix du Président de la République française quelques mois plus tôt.

C'est chez RCA Victor (VCCS 1640) que le couple Alarie-Simoneau enregistrait pour la dernière fois, en 1970, des airs de concert et d'opéra de Haydn avec Mario Bernardi et l'orchestre du Centre national des Arts d'Ottawa.

Quelques années plus tard, une analyse exhaustive de la discographie mondiale, de son origine à nos jours, par J. B. Steane dans *The Grand Tradition*, édité chez Schribners & Sons, fait une large part aux interprétations de Léopold Simoneau, et nous pouvons lire à la page 435:

Mais le plus élégant des ténors mozartiens — on serait tenté de dire depuis la Deuxième Guerre mondiale, mais probablement depuis McCormack — est aussi d'origine et de culture nord-américaines. Il s'agit du ténor canadien-français Léopold Simoneau; sa carrière à l'enregistrement de disques ne fut pas longue mais certains d'entre eux sont encore considérés comme les meilleurs de notre époque. C'est à tort que l'on voit en lui un interprète exclusif des œuvres de Mozart car il a apporté un gracieux raffinement à d'autres pièces du répertoire de ténor. Dans *Les Pêcheurs de perles,* par exemple, on est immédiatement assuré qu'il s'agit là d'un ténor chantant dans la tradition d'Edmond Clément, c'est-à-dire que son intonation est claire et parfaitement juste tout en dessinant une ligne d'une pureté et d'une régularité incroyables. Même ici, une anomalie attire l'attention: il est surprenant qu'un chanteur faisant preuve de tant de soin et de goût laisse cette habitude de monter vers une note haute devenir une caractéristique si évidente de son style. Parfois il attaque la note avec la précision qu'on attend de lui («Une femme apparaît», par exemple, dans le duo *Au fond du temple saint*), mais tôt ou tard il a recours encore à une glissade montante (comme on le voit plus loin dans le même duo). Mais cela demeure du grand chant, remarquable pour son équilibre à notre époque.

Par exemple, son enregistrement de *Una furtiva lagrima* de *L'Elisir d'Amore* est sûrement le plus uniforme et finement équilibré des enregistrements modernes, de même que son interprétation de *Dei miei bollenti spiriti* de *La Traviata* est la plus élégante et authentique. (En l'écoutant, on se souvient qu'Alfredo était français.) Dans ces pièces et dans les arias de *Manon* et de *Mignon*, on peut entendre un ténor qui, comme Clément et Muratore de la génération précédente, a su conserver une voix douce et contrôlée ainsi qu'un style gracieux sans devenir insipide.

Dans les œuvres de Mozart, ces qualités étaient inestimables. La clarté et la pureté du son libre de toute qualité gutturale se mariaient idéalement à la luminosité tempérée d'une partition de Mozart, et l'excellente technique de Léopold Simoneau pouvait surmonter les sérieux défis sans signe de lassitude. Dans l'air de concert *Misero, o sogno,* il peut soutenir les longues phrases mélodiques des premières parties et garder le son parfaitement juste dans tout l'allegro mouvementé. Son épouse, la soprano Pierrette Alarie, se joignit fréquemment à lui pour ces enregistrements, soit en duo, soit en solo, et là aussi le chant était exquis, avec une délicate intonation et une aisance dans les passages rapides qui soulèveraient l'enthousiasme des connaisseurs si ces enregistrements dataient de quarante ans, soit de l'époque des 78 tours. C'est indéniablement Simoneau qui se compare le plus favorablement à McCormack dans le *Il mio tesoro,* cette fameuse pièce-test de *Don Giovanni:* tout ici est précis, clair, et le legato ininterrompu. Dans l'autre aria, *Dalla sua pace,* on éprouve un immense plaisir à sa maîtrise du mezza-voce et à l'élégance de son phrasé. Les comparaisons démontrent également la force de caractère de ce chanteur; bien sûr, Ernst Häfliger et Stuart Burrows chantent correctement l'air de Tamino dans la *Flûte enchantée,* mais c'est Simoneau qui donne forme le mieux aux phrases musicales tout en préservant la plus admirable régularité d'intonation. Et en même temps, il peut vous transmettre un sourire via le micro quand il interprète *Un aura amorosa* de *Cosi fan tutte,* son chant en douceur admirablement soutenu sans la moindre trace de fausset. Dans le rôle d'Idamante de *Idomeneo,* on discerne là encore une idéale combinaison de virilité et de raffinement: une grande chaleur de sentiments et de sensibles nuances musicales sans jamais altérer la parfaite définition de l'intonation[7].

---

1. «*For those who have been paying attention to their class work in this Mozart anniversary time, it is no secret that Léopold Simoneau is probably the most refined male vocalist in that literature now active. Or if his tenorish part in such notable enterprises as the Angel* Cosi, *the Epic* Don Giovanni, *the London* Magic Flute *or the Columbia* Requiem *has escaped attention, the superb summation of his abilities in this challenging concert aria as well as the more familiar* Il mio tesoro *and* Dalla sua pace *(Don Giovanni),* Un' aura amorosa *(Cosi fan tutte), or* Se fosso intorno *(Titus)*

is not to be missed. Simoneau's vocal endowment is something less than spectacular, but he has converted it into a highly responsive instrument of a musical impulse both sophisticated and vital.

«What has been decidedly more of a secret is the similar abilities of Pierrette Alarie, who happens also to be Mrs. Léopold Simoneau. Remembered for a brilliant, not-too-well disciplined high soprano when she was a young singer at the Metropolitan ten years ago (one of her parts was Blondine in an English-language Entführung*), Miss Alarie has matured into an artist of high rank and a superior stylist in the Mozart material contained on this record. The voice is somewhat small and «narrow» in color gamut for best results in the Queen of the Night's arias from* Die Zauberflöte, *but she delivers a decidedly fluent* Exsultate, Jubilate *(the whole of the motet concluding with the familiar* Alleluia*) and a beautifully reposeful version of* L'amero, saro costante *(the able player of the violin obbligato is unidentified).*

«However, it is the little known Popoli di Tessaglia *(K.316) concert air which provides Miss Alarie with opportunity for demonstration of vocal capacities rare in any time. A product of Mozart's youthful infatuation for Aloysa Weber (the Weber sister he didn't marry), it is not only a flattering testimonial to be vocal powers she must have commanded, but an ornate exercise in florid writing up to and including A above C. Miss Alarie twines her voice about this lofty peak with no less assurance than she shows in the legato line of* L'amero, saro costante, *all the while preserving a pure musical sound. In this respect she is decidedly more successful than Ilse Hollweg, who sings the same aria on side two of the Simoneau disc (her other selections are* Ah, t'invola, agl'occhi miei *and* Vorrei spiegarvi*) with much more of a pin-point sound and effortful vocal production. Moreover, Miss Alarie makes the lengthy introduction and aria an affecting musical experience, rather than merely a series vocal acrobatics.*

«Her disc also offers Non so piu *and* Voi che sapete *from* Nozze di Figaro *and* Welche Wonne, welche Lust *from* Die Entführung. *Both discs are well reproduced, though Miss Alarie profits from closer microphoning and the easier perception thus possible of her fine enunciation in German and Italian.»*

2. *«Even the old Busch/Glyndebourne set, the values of which are largely sentimental, boasts the truly superlative Fiordiligi of Ina Souez. (Her arias may be heard on an Orion disc, ORS 7293, which also includes a sample of her fiery Donna Anna.) No doubt the* Cosi *I would take to my desert island would be Karajan's, but I am always willing to spend an enjoyable three hours with any of the alternatives.*

«My favorite Cosi, *and one of my favorite recordings of anything, is Karajan's. In case of fire, the old Angel pressings would be the first things to come out of the house with me; it is reassuring to know that the performance has been reissued in Europe and is available here as a French import. It is the most elegant of all the* Cosi's *and in the whole the best sung. The cast — Schwarzkopf, Merriman, Otto, Simoneau, Panerai, Bruscantini — has not been bettered. Bruscantini remains the supreme Alfonso, Schwarzkopf, the most dazzling Fiordiligi, Simoneau, whose voice blends smoothly*

into the ensemble even while it maintains its gleaming individuality, is a perfect Ferrando; none of his counterparts can touch him. Karajan conducts expertly. The 1955 mono sound is a bit dim but quite listenable.»

3. *«While the version for tenor is scarcely ever performed today, record collectors may sample it for themselves via this reissue... Simoneau has the ideal voice for this music: sweet, voluptuous, and flexible — the many high-flying passages give him no trouble at all.»*

4. *«In the Epic recording, Léopold Simoneau is an eminently musical Orpheus, shaping the phrases with all the skill and beauty of tone which have made him one of the most celebrated interpreters of eighteenth century opera in the world today. His wife, Pierrette Alarie, shows her charm and vocal accuracy in the role of the god of love, and her big aria at the end of Act 1 is one of the high points of the performance. Eurydice is a less grateful role, but Suzanne Danco gives it a sympathetic and intelligent interpretation.»*

5. *«Her best is in the Debussy, superb in the better known concert songs, even better in the unusual and difficult ones.»*

6. *«Mr. Simoneau has avoided offending the superstitious by adding one of the three little-known early songs to the thirteen in the volume. Though Gérard Souzay and George London have given us LP recitals of Duparc (Souzay omitted only the rarely heard* Au pays où se fait la guerre *from the thirteen) neither seemed at his best in the songs, and both recordings have been withdrawn. Simoneau, a French Canadian, is more at home, though his manner of singing is rather different from that of the typical Frenchman. His tone is very open and easy; the music flows from his lips apparently without effort, yet beautifully placed on the diction so that it carries the meaning of the poetry. There is none of the characteristically pinched and nasal quality so many French singers have. There are many shadings and special touches in his performance that give the songs an air of novelty. In* L'Invitation au voyage *he gets a lovely soft quality into the line "à travers leurs larmes". In* La Vie antérieure *at the climatic passage, "c'est là que j'ai vécu", he anticipates the marked diminuendo with really exciting effect.* Extase, *on the other hand, is notable for its long sustained phrases. The danger in this song is that the whole structure may fall apart if the singer loses the tension; this does not happen here. Simoneau saves the climax in* Phidylé, *and when it comes it is terrific. Another surprise is the easy way in which he takes the phrase, "mon amour, quand tu berceras mon triste cœur", in* Chanson triste. *Again, in the early* Serenade *he is devastatingly pathetic as he says, "je suis homme". The tenor is well supported by Allan Rogers, a pianist who understands the texture of the songs. Not since the days when Charles and Madeleine Panzera were recording has Duparc been so well served.»*

7. *«But the most elegant of Mozart tenors — one was about to say since the Second World War, but possibly since McCormack — was also born in the North American continent and trained there too. This is Léopold Simoneau, the French-Canadian; a singer whose recording career has been a short one, he has nevertheless made records which still set the best stand-*

ard in our time. We think of him nowadays almost exclusively in Mozart, but several other parts of the lyric tenor's repertoire have been graced by his performances in them. In Pêcheurs de perles *we become immediately aware of a tenor singing in the tradition of Edmond Clément. That is, his tone is absolutely clear and precise in focus, and he draws a fastidiously clean, even line. One anomaly forces itself upon the attention even here; it is surprising that so careful and tasteful a singer should have allowed the habit of lifting upwards towards a high note to become so noticeable a feature of his style. Sometimes he will take the note with the precision one would expect of him ("Une femme apparaît" for example, in the duet* Au fond du temple saint*) but sooner or later he will resort again to an upward portamento (as we shall find later in that same duet). But this is still fine singing, remarkable in modern times for its poise. His, for instance, is surely the most even and finely poised modern recording of* Una furtiva lagrima *from* L'Elisir, d'Amore, *and the most elegant, well-mannered performance of* Dei miei bollenti spiriti *from* La Traviata *(and, hearing him, one remembers that Alfredo was a Frenchman). In these and in arias from* Manon *and* Mignon *we can hear a tenor who like Clément and Muratore in the earlier generation kept the voice trim and slender, their style graceful without becoming insipid.*

«In Mozart these were priceless qualities. The clarity and sweetness of tone, unmuddied by any throatiness, fitted the temperate brightness of a Mozartian score, and his excellent technique could take the severe demands put upon it without sign of strain. In the concert aria Misero! o sogno *he can float the long melodic phrases of the earlier sections and keep the tone perfectly in focus throughout the agitated allegro. His wife, the soprano Pierrette Alarie, would often join him in these records, both in duets and in solo work, and here too there was much delicious singing, with delicate tone and the sort of fluency in runs that connoisseurs would rave over if they had been recorded about forty years earlier on 78s. It is Simoneau too who best survives the comparison with McCormack in* Il mio tesoro, *the famous test-piece in* Don Giovanni. *All is distinct and the legato is unbroken. In the other aria,* Dalla sua pace, *there is great pleasure in his well-supported soft singing and in the elegance of his phrasing-over. Comparisons also show how characterful a singer he could be: trying himself, Ernst Häfliger and Stuart Burrows in Tamino's arias from* Die Zauberflöte, *all of them singing well, it is Simoneau who most interestingly shapes his phrases and yet still preserves the most finely drawn evenness of tone. Similarly he can transmit a smile through the microphone as the sings* Un' aura amorosa *in* Cosi fan tutte, *the soft singing finely supported without a trace of falsetto tone. And as Idamante in* Idomeneo *we hear again something like the ideal combination of virility and refinement: warm and sympathetic in feeling, shading the music most sensitively, and never smudging the perfect definition of tone.»*

Discographie de Pierrette Alarie et Léopold Simoneau

Bach	*Messe en si mineur* Grace Hoffmann, Catherine Delfosse, Heinz Rehfuss Société philharmonique d'Amsterdam Direction: Walter Goehr Enregistrement: 1959.	Vanguard SRV 216/7
Bach	*Messe en si mineur* Nan Merrimann, Richard Standon Orchestre de l'Opéra de Vienne Direction: Hermann Scherchen Enregistrement: 1959.	Westminster WST 304 Musical Guild MS 6301
Beethoven	Ode à la joie, *Neuvième symphonie* Chœur de l'université Rutgers Maureen Forrester, J. Rouleau Orchestre symphonique de Montréal Direction: Wilfrid Pelletier Enregistrement: 1967.	CBC Expo-1
Bizet	*Carmen* (Intégrale) Consuelo Rubio, Heinz Rehfuss Orchestre des Concerts de Paris Direction: Pierre Michel Le Conte Enregistrement: 1959.	Epic SC 6035 Epic BC 1056-58

Bizet	*Les Pêcheurs de perles* (Intégrale) Xavier Depraz, René Bianco Orchestre des Concerts Lamoureux Direction: Jean Fournet Enregistrement: 1953.	Philips A 00 188L ″ 189L Epic LC 3087-3088 Philips GBL 5574 (extraits)
Couperin	*Trois leçons des ténèbres* et *Motet de sainte Suzanne* B. Retchitzka, G. Abdoun, Geoffroy de Chaume, orgue Ensemble vocal de Paris, André Jouve Orchestre de chambre Gérard Cartegny Direction: Ernest Bour Enregistrement: 1954.	Ducretet-Thomson 320 C 051
Delibes	*Lakmé,* les plus beaux airs Orchestre des Concerts Lamoureux Direction: Pierre Dervaux & André Jouve Enregistrement: 1953.	Philips N 00638R
Gluck	*Orphée* (Intégrale) Suzanne Danco Orchestre des Concerts Lamoureux Direction: Hans Rosbaud Enregistrement: 1956.	Philips PHC2-014 Epic SC6019
Gounod	*Faust* (Intégrale) Liliane Berton, Heinz Rehfuss Orchestre du Festival de Vienne Direction: Gianfranco Rivoli Enregistrement: 1962.	Guilde internationale du Disque CFC 60012 Festival classique Concert Hall SMS2374
Haydn	Airs de concert et d'opéra Orchestre du Centre national des Arts Direction: Mario Bernardi Enregistrement: 1970.	R.C.A. Victor VCCS 1640
Mozart	Airs de concert et duos d'opéra Orchestre de la Société philharmonique d'Amsterdam Direction: Walter Goehr Enregistrement: 1959. Réédition en 1983.	Guilde internationale du Disque MMS 2183 Pearl SHE 573

(Grand Prix du Disque de l'Académie Charles-Cros 1961)
ALARIE: *No no no, che non sei capace* (K.419); *Mia
    speranza adorata* (K.416).
SIMONEAU: *Misero! O sogno, O desto* (K.425b); *Per pieta
    non recercate* (K.420).
DUOS: *Idomeneo (Spiegarti non poss'io); Die Entführung
    (Welch ein Geschick); Cosi fan tutte (Fra gli
    amplessi); La Finta Giardiniera (Tu mi lasci?).*

Mozart	Airs de concert	Ducretet-Thomson
	Orchestre du Théâtre des Champs-Élysées	255 C 086
	Direction: André Jouve	
	Enregistrement: 1954.	
	Alarie: *Populi di Tessaglia* (K.316)	
	Simoneau: *Misero, o sogno, o son desto* (K.431)	
Mozart	Lieder	CBC International
	Bicentenaire Mozart	RCI 146
	John Newmark, piano.	
Mozart	Airs et duos, Bicentenaire Mozart	RCI 147
	Orchestre Radio-Canada, Montréal	
	Direction: J.-M. Beaudet	
	Enregistrement: 1956.	
Offenbach	*Contes d'Hoffmann* (Intégrale)	Melodram
	Radiodiffusion de la R.A.I., *Les Interprétations célèbres*	033 33/30
	George London, Renato Cappecchi, Suzanne Danco	
	Orchestra Sinfonica di Milano della RAI	
	Direction: Lee Schaenen	
	Enregistrement: 1959.	
Quesnel	*Colas et Colinette* (Intégrale)	Select SSC 24160
	Claude Corbeil, Claude Létourneau	
	Orchestre Radio-Canada	
	Direction: Pierre Hétu	
	Enregistrement: 1968.	
Schumann	Duos C.B.C. International	RCI 198
	John Newmark, piano	
	Enregistrement: 1962.	

Collection	Duos de Monteverdi, Schubert, Cornelius Janine Lachance, piano Enregistrement: 1968.	CBC SM 50

Collection	Les duos célèbres français Orchestre du Théâtre des Champs- Élysées Direction: Pierre Dervaux Enregistrement: 1953. Gounod: *Mireille (Chanson de Magali), Roméo et Juliette* *(Ô nuit d'amour), (Va, je t'ai pardonné);* Bizet: *Carmen (Parle-moi de ma mère);* Massenet: *Manon* (Duo de la rencontre).	Ducretet-Thomson 270 C 008 Select M298-004 Telefunken TW 30120

Collection	Récital d'airs et duos d'opéra
	Orchestre radio-symphonique de
	Berlin
	Direction: Lee Schaenen
	Enregistrement: 1959.
	ALARIE: *Donizetti: Don Pasquale (So anch'io la virtu*
	            magica); Verdi: *Rigoletto (Caro nome).*
	SIMONEAU: Ciléa: *L'Arlesiana* (Lamento di Federico);
	            Halevy: *La Juive (Rachel, quand du*
	            Seigneur).
	DUOS: Cimarosa: *Il matrimonio segreto (Cara, cara non*
	            dubitar);
	            Puccini: *La Bohème (O suave fanciulla);*
	            Gounod: *Faust (Il se fait tard);*
	            Massenet: *Manon (J'ai marqué l'heure du départ).*
		Deutsche
		Grammophon
		LPM 18593

Haendel	*Le Messie* (Intégrale) Nan Merrimann, Richard Standon Orchestre de l'Opéra de Vienne Direction: Hermann Scherchen Enregistrement: 1959.	Westminster WST 306

Discographie de Pierrette Alarie

Debussy	Choix de mélodies Allan Rogers, piano Enregistrement: 1956.	Westminster XWN 18778

Debussy- Ravel	Collection de mélodies Allan Rogers, piano Enregistrement: 1956.	A.B.C. Westminster Gold, W.G.N. 8316

Fauré   *Requiem* (Intégrale)   Philips A00
Camille Maurane, baryton   669R
Chœur Élisabeth Brasseur   Epic LC 3044
Orchestre des Concerts Lamoureux
Direction: Jean Fournet
Enregistrement: 1953.

De Falla   *Psyché*   Ducretet-Thomson
Quintette Jamet   260-C 088
Enregistrement: 1959.

Mozart   Motet *Exultate Jubilate*   Ducretet-Thomson
Orchestre Pro Musica de Paris   L.P.G. 8556
Direction: André Jouve
Enregistrement: 1952.

Mozart   Airs d'opéra   Ducretet-Thomson
Orchestre du Théâtre   270 C 097
des Champs-Élysées, Paris   Select S.C.12 017
Direction: André Jouve
Enregistrement: 1955.
Le Nozze di Figaro (Voi che sapete, Non so piu cosa son);
Il re pastore (L'amero saro costante); Die Zauberflöte (O
zittre nicht, Der Holle Rache kocht in meinem Herzen); Die
Enrfuhrung aus dem Serail (Welche Wonne).

Mozart   Récital de Pierrette Alarie   Ducretet-Thomson
Orchestre du Théâtre des   D.T.L. 93089
Champs-Élysées, Paris
Direction: André Jouve
Enregistrement: 1955.
Die Zauberflöte (O zittre nicht, Der Hölle Rache, Exultate,
jubilate. Motet K.165); Les Noces de Figaro (Non so piu,
Voi che sapete); L'Enlèvement au sérail (Welche Wonne,
welche Lust); Il re pastore (L'amero, saro costante, Populi
di Tessaglia K.316).

Ravel   Choix de mélodies   Westminster
Allan Rogers, piano   XWN 18789
Enregistrement: 1956.

Strauss, R.   *Die Schweigsame Frau*   Melodram 105 (3)
H. Güden, F. Wunderlich,

H. Hotter, H. Prey, R. Streich
Orchestre philharmonique de Vienne
Direction: Karl Böhm
Festival de Salzbourg 1959.

Vivaldi	*Gloria* (Intégrale) Marie-Thérèse Cahn, contralto Orchestre Pro Musica Direction: André Jouve Enregistrement: 1952.	Ducretet-Thomson L.P.G. 8556
Verdi	*Un ballo in maschera* Zinka Milanov, Leonard Warren, Jan Peerce Metropolitan Opera Orchestra, New York Direction: Bruno Walter Enregistrement: 1945.	Classic
Werner Egk	Airs de soprano (création) Orchestre du Sudwesfunk de Baden- Baden Direction: Paul Sacher Festival d'Aix-en-Provence 1953.	I.N.A. Radio- France

Collection   Airs de colorature, extraits d'opéras   Philips N 00 663R
français
Orchestre des Concerts Lamoureux
Direction: Pierre Dervaux
Enregistrement: 1953.
Gounod: *Roméo et Juliette (Je veux vivre); Mireille (Ô
légère hirondelle, Heureux petit berger);* Delibes: *Lakmé
(Tu m'as donné le plus doux rêve);* A. Thomas: *Mignon (Je
suis Titania);* Bizet: *Carmen (Je dis que rien ne
m'épouvante); Les Pêcheurs de perles (Cavatine de Leila);*
Offenbach: *Contes d'Hoffmann* (Air de la poupée).

Collection   Récital d'œuvres canadiennes de: RCI 148
J. Beckwith, J. Papineau-Couture,   CBC Montréal
C. Pépin
John Newmark, piano
Enregistrement: 1958.

Collection   Musique au Pavillon canadien   CBC Expo-32
Haydn, Strauss, Papineau-Couture
John Newmark, piano
Enregistrement: 1967.

Discographie de Léopold Simoneau

Berlioz	*Enfance du Christ* (Intégrale) Mary Davenport, Martial Singher, Donald Gramm Little Orchestra Society, N.Y. Direction: Thomas Scherman Enregistrement: 1953.	Columbia Masterworks SL 199
Berlioz	*Messe de Requiem* (Intégrale) Boston Symphony Orchestra Direction: Charles Munch Enregistrement: 1959.	RCA Victor L.D. 6077 RCA Victrola VICS 6043 RCA ATL2-4269
Berlioz	*Messe de Requiem, In Memoriam Furtwangler* Orchestre philharmonique de Vienne Direction: D. Mitropoulos Festival de Salzbourg 1956.	Citra LO 509
Duparc	Quatorze mélodies, Série Collectionneur Allan Rogers, piano Enregistrement: 1956.	Westminster W-9604
Gluck	*Iphigénie en Tauride* (Intégrale) Patricia Neway, Robert Massard, Pierre Mollet Orchestre de la Société des Concerts du Conservatoire, Paris Direction: Carlo Maria Giulini Enregistrement: 1952.	Pathé 33TDX 130 à 132 VOX OPX 212
Haendel	*Le Messie* (Intégrale) Mattiwilda Dobbs, Grace Hoffmann, Heinz Rehfuss Chœur et orchestre de la Haendel Society de Londres Direction: Walter Goehr Enregistrement: 1958.	Guilde internationale du Disque MMS 2153 Perfect 15006 (extraits)

Honegger	*Le Roi David* Jean-Louis Barrault, récitant Orchestre de l'O.R.T.F. Direction: Jean Giton Enregistrement: 1953 à l'Université de Paris.	I.N.A. Radio- France
Mozart	*Don Giovanni* Suzanne Danco, Emmy Loose, Marcello Cortis, Renato Capecchi, C. Castellani Orchestre de la Société des Concerts du Conservatoire de Paris Direction: Hans Rosbaud Festival d'Aix-en-Provence 1950.	I.N.A. Radio- France
Mozart	*Don Giovanni* (Intégrale) Hilde Zadek, Sena Jurinac, George London, Walter Berry, Graziella Sciutti, Eberhard Wächter Orchestre symphonique de Vienne Direction: Rudolf Moralt Enregistrement: 1955.	Philips A 00281 L Epic LC 3191-3193 Philips PHC 9057- 9059
Mozart	*Don Giovanni* Élisabeth Grümmer, Lisa Della Casa, Cesare Siepi, Fernando Corena, Walter Berry, Rita Streich Orchestre philharmonique de Vienne Direction: Dimitri Mitropoulos Festival de Salzbourg 1956.	Replica R.A.I. RPL 2422/25
Mozart	*Don Giovanni* (Intégrale) George London, Hilde Zadek Chœur et orchestre de la Radio de Cologne Direction: Otto Klemperer Enregistrement: Historical Radio Broadcast, 1955.	R.R. 478
Mozart	*Cosi fan tutte* (Intégrale) Élisabeth Schwartzkopf, Nan Merriman, Rolando Panerai, Sesto Bruscantini London Philharmonia Orchestra Direction: Herbert von Karajan Enregistrement: 1954.	Angel 35164 Pathé-Marconi FCX 484-486 Electrola 80574 (extraits)

Mozart	*Idomeneo* (Intégrale) Sena Jurinac, Richard Lewis, Lucille Udovick Glyndebourne Festival Orchestra Direction: John Pritchard Enregistrement: 1956.	His Master's Voice ALP 1517 Angel 3574 CL Seraphim SIC 6070
Mozart	*Die Entfurung aus dem Serail* (Intégrale) Lois Marshall, Ilse Hollweg, Gottlöb, Gerard Unger Royal Philharmonic Orchestra, London Direction: Sir Thomas Beecham Enregistrement: 1956.	Angel 35434 Pathé-Marconi FCX 700-701
Mozart	*The Abduction from the Seraglio* Beecham in Rehearsal Royal Philharmonic Orchestra, London Direction: Sir Thomas Beecham Enregistrement: 1956.	HMV SLS 845 EMI Angel RL-32144 (extraits)
Mozart	*Die Zauberflöte* (Intégrale) Hilde Güden, Wilma Lipp, Christa Ludwig, Walter Berry, Paul Schoeffler, Kurt Böhme Orchestre philharmonique de Vienne Direction: Karl Böhm Enregistrement: 1955.	London XLLA33 LON OS 25046 (extraits) Decca 6.35101 EK Richmond SRS 63507 Treasury Series
Mozart	*Die Zauberflöte* E. Koth, Lisa Della Casa, G. Sciutti, Walter Berry, Hans Hotter Orchestre philharmonique de Vienne Direction: George Szell Festival de Salzbourg 1959.	Melodram 0073
Mozart	*Requiem* (K.626) Irmgard Seefried, Jennie Tourel, William Warfield Philharmonic Orchestra of New York Direction: Bruno Walter Enregistrement: 1956.	Columbia ML5012
Mozart	Airs d'opéra Orchestre du Théâtre des	Ducretet-Thomson 270 C 088

Champs-Élysées   Select S.C. 12-017
Direction: André Jouve   London DTL 93091
Enregistrement: 1955.
*La Clémence de Titus (Se all'impero); Idomeneo (Torna la
pace); Die Zauberflöte (Dies Bildnis); Die Entführung aus
dem Serail (Ich baue ganz, O wie angstlich).*

Mozart   *Les airs d'opéra les plus célèbres   Philips A 00740 R*
                Orchestre symphonique de Vienne   Epic L.C. 3262
                Direction: Bernhard Paumgartner
                Enregistrement: 1954.
                *Idomeneo (Fuor del Mar); Cosi fan tutte (Un'aura
                amorosa); Don Giovanni (Dalla sua pace, Il mio tesoro); La
                Clemenza di Tito (Ah, se fosse intorno);* Air de concert *(Non
                temer, amato bene).*

Offenbach   *Contes d'Hoffmann* (Intégrale)   Epic SC 6028
                Mattiwilda Dobbs, Nata Tuescher,
                Aime Doniat, Heinz Rehfuss
                Orchestre des Concerts de Paris
                Direction: Pierre Michel Le Conte
                Enregistrement: 1957.

Schumann   *Spanische Liebeslieder*   Columbia MS 6461
                Lois Marshall, Regina Sarfaty,
                William Warfield
                Arthur Gold/Robert Fizdale, pianistes
                Enregistrement: 1961.

Stravinsky   *Œdipus Rex*   I.N.A. Radio-
                E. Zareska, Jean Cocteau, récitant   France
                Chœur d'Yvonne Gouverné   Montaigne C.D.
                Orchestre national de la
                Radiodiffusion française
                Direction: Igor Stravinsky
                Enregistrement: 1952, Festival du
                XXe siècle.

Verdi   *La Traviata* (extraits)   Philips A 00639R
                Maria De Los Angeles Morales
                Orchestre des Concerts Lamoureux,
                Paris
                Direction: Pierre Dervaux
                Enregistrement: 1953.

Collection   Récital Schubert, Mozart, Dela   CBC Expo 1967 33
                Janine Lachance, piano.

Collection	Dix grandes étoiles de l'opéra canadien *Dies Bildnis (Zauberflöte)*, K. Böhm.	London OS26270
Collection	Airs d'opéra français, italiens, allemands Orchestre radio-symphonique de Berlin Direction: Paul Strauss Enregistrement: 1957.	Deutsche Grammophon 19100 D.G. 19101 (allemand) Decca D.L. 9968

Méhul: *Joseph en Égypte (Champs paternels);*
Thomas: *Mignon (Adieu Mignon, Elle ne croyait pas);*
Massenet: *Manon (Le Rêve, Ah! fuyez douce image);*
Donizetti: *L'Elisir d'Amore (Une furtiva lagrima);*
Verdi: *La Traviata (Dei miei bollenti spiriti);*
Flotow: *Martha (Ach so fromm).*

ANNEXE IV

Chronologie partielle des principaux engagements de la carrière de Pierrette Alarie et Léopold Simoneau

Les participations au même spectacle, répété dans le même théâtre avec sensiblement la même distribution et la même direction, ne sont pas énumérées dans la présente chronologie, ni les dates et endroits des fréquentes tournées de récitals, conjoints ou non, aux États-Unis, au Mexique, au Canada, ni les engagements à la radio et à la télévision.

LIEUX ET DATES	ŒUVRES ET RÔLES	DISTRIBUTION
1938, septembre Montréal Variétés lyriques	*L'Auberge du Cheval- Blanc* (R. Benatzky) ALARIE (Sylvabelle)	C. Lamoureux, L. Daunais, G. Dauriac Direction: Jean Goulet
1939, mars Montréal Variétés lyriques	*Normandie* (Paul Misraki) ALARIE (Barbara)	M. Lapointe, L. Daunais Direction: Jean Goulet
1941, octobre Montréal Variétés lyriques	*Lakmé* (L. Delibes) SIMONEAU (Hadji)	V. Delisle, L. Daunais, J. Gérard Direction: Jean Goulet

1942, mars Montréal Variétés lyriques	*Le Grand Mogol* (E. Audran) ALARIE (Bengaline)	M. Lapointe, L. Daunais Direction: Jean Goulet
1942, novembre Montréal Variétés lyriques	*La Grande-Duchesse* *de Gérolstein* (Offenbach) ALARIE (Wanda)	C. Lamoureux, L. Daunais Direction: Jean Goulet
1943, janvier Montréal Variétés lyriques	*Mandrin* ALARIE (Solange)	M. Lapointe, L. Daunais Direction: Jean Goulet
1943, 6 février Montréal Les Concerts symphoniques	Concours des Matinées SIMONEAU (gagnant)	Direction: Désiré Defauw
1943, mars Montréal Variétés lyriques	*La Traviata* (Verdi) SIMONEAU (Le Vicomte)	C. Lamoureux, L. Daunais, Jacques Gérard Direction: Jean Goulet
1943, 20 mars Montréal Les Concerts symphoniques	Concours des Matinées ALARIE (gagnante)	Direction: Désiré Defauw
1943, 24 mai Les Festivals de Montréal	*Les Noces de Figaro* (Mozart) ALARIE (Barbarina) SIMONEAU (Don Curzio)	E. Steber, A. Mildmay, J. Brownlee, Valentino Direction: Sir Thomas Beecham
1943, novembre Montréal Variétés lyriques	*Mignon* (A. Thomas) SIMONEAU (Wilhem Meister)	M. Lapointe, L. Daunais, Caro Lamoureux Direction: Jean Goulet
1943, 12 décembre Québec Orchestre symphonique	SIMONEAU (soliste)	Direction: Edwin Bélanger

1944, décembre N.Y. Columbia University Dept. of Music	*Il Geloso Schernito* (Pergolesi) SIMONEAU (Don Pietro)	Direction: Otto Luening
1945, 16 avril Philadelphie Curtis Institute	Récital de graduation ALARIE	Accompagnement: G. Walker
1945, mai Montréal Opera Guild	*La Flûte enchantée* (Mozart) SIMONEAU (Tamino)	R. Dirman, M. Starr, F. Worthington, A. Kuzak Direction: Jean Vallerand
1945, mai Montréal Opera Guild	*Cosi fan tutte* (Mozart) SIMONEAU (Ferrando)	R. Dirman, M. Starr, A. Kuzak, F. Worthington Direction: Jean Vallerand
1945, août Chalet de la Montagne Montréal	ALARIE (soliste)	Direction: Jean Deslauriers
1945, septembre Montréal Variétés lyriques	*La Fille du régiment* (Donizetti) ALARIE (Marie) SIMONEAU (Tonio)	L. Daunais, Toupin, Jeanne Maubourg Direction: Jean Goulet
1945, octobre Les Festivals de Montréal	*Te Deum* (Berlioz) SIMONEAU (soliste)	Direction: Emil Cooper
1945, 8 décembre New York Metropolitan Opera	*Un Ballo in maschera* (Verdi) ALARIE (Oscar, début)	Z. Milanov, Jan Peerce, L. Warren, M. Harshaw Direction: Bruno Walter
1946, janvier New York Metropolitan Opera	*Contes d'Hoffmann* (Offenbach) ALARIE (Olympia)	Raoul Jobin, B. Thebom, Martial Singher, Jarmila Novotna Direction: Wilfrid Pelletier

1946, février New Orleans Opera	*L'Enlèvement au sérail* (Mozart) SIMONEAU (Belmonte)	Jerome Hines Direction: Walter Herbert
1946, mai Tournée canadienne	SIMONEAU (soliste)	Baruta Ramoska Direction: Oscar Strauss
1946, 3 novembre Québec Orchestre symphonique	ALARIE-SIMONEAU (solistes)	Direction: Edwin Bélanger
1946, 30 novembre New York Metropolitan Opera	*L'Enlèvement au sérail* (Mozart) ALARIE (Blonde) (Première au Met)	E. Steber, C. Kulmann, H. Thompson, D. Ernster Direction: Emil Cooper
1947, 30 janvier Montréal	Récital (Ladies' Morning Musical Club) SIMONEAU	Accompagnement: J.-M. BEAUDET
1947, 8 mai Montréal Opera Guild	*L'Enlèvement au sérail* (Mozart) ALARIE (Blonde) SIMONEAU (Belmonte)	Rowe, Carter, Jerome Hines Direction: Emil Cooper
1947, avril New York Metropolitan Opera	*Boris Godounov* (Moussorgsky) ALARIE (Xenia)	Ezio Pinza Direction: Emil Cooper
1947, juillet Central City Colorado Festival	*Martha* (Flotow) SIMONEAU (Lionel)	Francis Greer, James Pease, Claramae Turner Direction: Emil Cooper
1947, septembre Montréal Variétés lyriques	*Mireille* (Gounod) ALARIE (Mireille) SIMONEAU (Vincent)	L. Daunais, Jeanne Maubourg Direction: Jean Goulet

1948, 29 janvier Québec	Récital (Club musical des Dames) SIMONEAU	Accompagnement: J.-M. Beaudet
1948, hiver États-Unis	Récitals ALARIE- SIMONEAU	Accompagnement: Allan Rogers
1948, été	Études, recherches, vacances, auditions	
1949, hiver États-Unis, Mexique	Récitals ALARIE- SIMONEAU	Accompagnement: Allan Rogers
1949, 4 septembre Paris Opéra-Comique	*Contes d'Hoffmann* (Offenbach) ALARIE (Olympia, début)	Direction: Pierre Dervaux
1949, 9 septembre Paris Opéra-Comique	*Mireille* (Gounod) SIMONEAU (Vincent, début)	Direction: Pierre Dervaux
1949, 5 novembre Paris Opéra	*La Flûte enchantée* (Mozart) SIMONEAU (Tamino, début)	Denise Boursin, Henri Medus, Nadine Renaux, L. Jourfier Direction: Maurice Franck
1949, 23 novembre Nancy Grand Théâtre	*L'Enlèvement au sérail* (Mozart) ALARIE (Blonde) SIMONEAU (Belmonte)	Janine Micheau, H. Medus
1949, 23 octobre Paris Opéra-Comique	*Lakmé* (L. Delibes) ALARIE (Lakmé)	M. Roux, Malabrera Direction: Pierre Dervaux
1949, 12 décembre Paris Palais de Chaillot	*Messe de Gran* (Liszt) SIMONEAU	Suzanne Danco, Michel Roux Direction: Hoch
1949, 15 décembre Paris Radiodiffusion française	*L'Amant jaloux* ALARIE- SIMONEAU	Simone Rainville, R. Cardinal, R. Gosselin, Amade Direction: Obradous

1950, janvier Tunis Opéra-Comique en visite	*Le Barbier de Séville* (Rossini) SIMONEAU (Comte Almaviva)	Janine Micheau
1950, 9 avril Paris Opéra-Comique	*Le Barbier de Séville* (Rossini) ALARIE (Rosine) SIMONEAU (Comte Almaviva)	Enot Direction: André Cluytens

1950, 26 avril
Genève
Grand Théâtre
	Le Barbier de Séville
	(Rossini)
	SIMONEAU
	(Comte Almaviva)
		Janine Micheau,
		   Michel Dens
		Direction: Pierre
		   Dervaux

1950, 8 juin Festival de Strasbourg	Concert sacré SIMONEAU (soliste)	S. Danco, E. Cavelti, P. Mollet Direction: Hoch

1950, juillet
Aix-en-Provence
Festival
	Cosi fan tutte (Mozart)
	SIMONEAU
	(Ferrando)
		Suzanne Danco,
		   Emmy Loose,
		   Renato Capecchi,
		   Marcello Cortis,
		   E. Zareska
		Direction: Hans
		   Rosbaud

1950, juillet
Aix-en-Provence
Festival
	Don Giovanni
	(Mozart)
	SIMONEAU (Don
	Ottavio)
	   (première fois)
		C. Castellani, Suzanne
		   Danco, Renato
		   Capecchi, Emmy
		   Loose
		Direction: Hans
		   Rosbaud

1950, 27 juillet Aix-en-Provence Festival	*Il Giustino* (Vivaldi) ALARIE (soliste)	M. Thérèse Cahn Direction: Fernando Previtali

1950, 29 juillet
Aix-en-Provence
Festival
	Concert bel canto
	ALARIE-
	SIMONEAU
		C. Castellani, R. Arie,
		   Capecchi
		Direction: Fernando
		   Previtali

1951, 3 avril
Montréal
O.S.M. (Orchestre
   symphonique)
	Requiem (Verdi)
	SIMONEAU
	(soliste)
		Louise Roy, J. Hall,
		   Denis Harbour
		Direction: Désiré
		   Defauw

1951, avril Montréal Variétés lyriques	*La Traviata* (Verdi) ALARIE (Violetta) SIMONEAU (Alfredo)	Yolande Dulude, Joseph Rouleau, Louis Quilico, L. Daunais, J. Plouffe Direction: Jean Goulet
1951, juin Glyndebourne Festival	*Idomeneo* (Mozart) SIMONEAU (Idamante)	Sena Jurinac, Birgit Nilsson, Richard Lewis Direction: Fritz Busch
1951, 29 juin Paris Célébration du bimillénaire	*Il Matrimonio Segreto* (Cimarosa) ALARIE (Carolina)	G. Souzay, M. Luccioni Direction: Jean Martinon
1951, juillet Aix-en-Provence Festival	*Il Matrimonio Segreto* (Cimarosa) ALARIE (Carolina)	G. Souzay, G. Sciutti, E. Haeffliger Direction: G.A. Gavazzini
1951, août Édimbourg Festival	*Don Giovanni* (Mozart) ALARIE (Zerlina) SIMONEAU (Don Ottavio)	Mario Petri, Geraint Evans, Sena Jurinac, Hilde Zadek Direction: Fritz Busch
1951, 15 octobre Winnipeg	Récital (Women's Musical Club) SIMONEAU	Accompagnement: Allan Rogers
1951, 19 octobre Toronto Orchestre symphonique	Concert ALARIE (soliste)	Direction: Paul Scherman
1951, 10 décembre New York Town Hall	*Enfance du Christ* (Berlioz) SIMONEAU (récitant)	Mary Davenport, Martial Singher, Donald Gramm Direction: Thomas Scherman
1952, mars New Orleans	*Mignon* (A. Thomas) SIMONEAU (Wilhem Meister)	Blanche Thebom, Nicola Moscona Direction: Walter Herbert

1952, 19 mai Paris Festival du XXᵉ siècle	*Œdipus Rex* (Stravinski) SIMONEAU (Œdipe)	E. Zareska, Jean Cocteau (récitant) Direction: Igor Stravinsky
1952, juin Glyndebourne Festival	*Idomeneo* (Mozart) SIMONEAU (Idamante)	Sena Jurinac, Richard Lewis Direction: John Pritchard
1952, juillet Aix-en-Provence Festival	*Don Giovanni* (Mozart) ALARIE (Zerlina) SIMONEAU (Ottavio)	L. Rysanek, C. Martinis, E. Coda, H. Rehfus, R. Arie, Marcello Cortis Direction: Hans Rosbaud
1952, juillet Aix-en-Provence Festival	*Iphigénie en Tauride* (Gluck) SIMONEAU (Pylade)	Patricia Neway, Robert Massard, Pierre Mollet Direction: Carlo Maria Giulini
1952, septembre Édimbourg Festival	*L'Enfance du Christ* (Berlioz) SIMONEAU (récitant)	André Vessières Direction: Thomas Beecham
1952, 13 octobre New York Town Hall	*La Clemenza di Tito* (Mozart) SIMONEAU (Tito)	Francis Bible Direction: Thomas Scherman
1953, 28 janvier Milan La Scala	*Don Giovanni* (Mozart) SIMONEAU (Ottavio)	Elisabeth Schwartzkopf, C.Martinis, Mario Petri, Lisa Della Casa, Rolando Panerai Direction: Herbert von Karajan
1953, 18 juin Paris Opéra-Comique	*Le Libertin (The Rake's Progress)* création en français (Stravinski) SIMONEAU (Tom Rakewell)	Janine Micheau, Xavier Depraz Direction: André Cluytens

1953, 26 juin Paris	*L'Enlèvement au sérail* (Mozart) ALARIE (Blonde)	Graziella Sciutti, Nicolai Gedda, Michel Sénéchal Direction: Martin
1953, 13 juillet Toulon Visite du Festival d'Aix-en-Provence	*Le Roi David* (Honegger) ALARIE- SIMONEAU	Michel Sénéchal Direction: Pierre Dervaux
1953, juillet Aix-en-Provence Festival	*Cosi fan tutte* (Mozart) SIMONEAU (Ferrando)	Teresa Stich-Randall, Nan Merriman, G. Schiutti, R. Capecchi, M. Cortis Direction: Hans Rosbaud
1953, 19 juillet Aix-en-Provence Festival	Création des mélodies de Werner Egk dédicacées à ALARIE	Direction: Paul Sacher
1953, automne Paris Opéra	*Les Indes galantes* (Rameau) ALARIE (Fatime) SIMONEAU (Damon)	Direction: Louis Fourestier
1953, 21 août Munich Visite de la Scala de Milan	*Don Giovanni* (Mozart) SIMONEAU (Don Ottavio)	Elisabeth Schwartzkopf, Carla Martinis, Mario Petri, Lisa Della Casa, Rolando Panerai Direction: Herbert von Karajan
1953, 16 octobre Munich Orchestre symphonique	Mélodies de Werner Egk ALARIE	Direction: Eugen Jochum
1954, 29 janvier Toronto Orchestre symphonique	Concert SIMONEAU (soliste)	Direction: Paul Scherman

1954, 25 février Chicago Opéra (réouverture)	*Don Giovanni* (Mozart) SIMONEAU (Don Ottavio)	Eleanor Steber, Bidu Sayao, Nicolas Rossi-Lemini, I. Jordan, L. Sgarro Direction: Nicola Rescigno
1954, 25 février Toronto Orchestre symphonique	Concert ALARIE- SIMONEAU (solistes)	Direction: Paul Scherman
1954, avril-mai Toulouse Le Capitole	*Le Barbier de Séville* (Rossini) ALARIE (Rosine) SIMONEAU (Comte Almaviva)	Renato Capecchi, Marcello Cortis Direction: Molinari- Pradelli
1954, 24 juin Würzburg Festival	Concert Mozart ALARIE (soliste)	Direction: Eugen Jochum
1954, 29 juillet Londres BBC Television Production du Festival de Glyndebourne	*Don Giovanni* (Mozart) SIMONEAU (Don Ottavio)	Direction: Georg Solti
1954, 9 août Munich Festival	*Columbus* (Werner Egk) ALARIE (Isabelle) SIMONEAU (Ferdinand)	Direction: Werner Egk
1954, 4 septembre Munich Festival	*Don Giovanni* (Mozart) SIMONEAU (Don Ottavio)	Direction: Rudolf Kempe
1954, 13 septembre Londres Visite de l'Opéra de Vienne	*Don Giovanni* (Mozart) SIMONEAU (Don Ottavio)	Élisabeth Grümmer, S. Jurinac, George London, Walter Berry, Erich Kunz Direction: Karl Böhm

1954, 15 septembre Londres Visite de l'Opéra de Vienne	*Cosi fan tutte* (Mozart) SIMONEAU (Ferrando)	Irmgard Seefried, Emmy Loose, Christa Ludwig, Erich Kunz, Paul Schöffler Direction: Karl Böhm
1954, 8 novembre Chicago Opéra	*Barbiere di Siviglia* (Rossini) SIMONEAU (Almaviva)	Giulietta Simionato, Tito Gobbi, Nicola Rossi-Lemini Direction: Nicola Rescigno
1954, 12 novembre Chicago Opéra	*La Traviata* (Verdi) SIMONEAU (Alfredo)	Maria Callas, Tito Gobbi, Nicola Rossi-Lemini Direction: Nicola Rescigno
1955, 15 février New York Town Hall	*Iphigénie en Tauride* (Gluck) SIMONEAU (Pylade)	Lucine Amara, Hugh Thomson Direction: Oxenburg
1955, 17 mai Cologne	*Don Giovanni* (Mozart) SIMONEAU (Ottavio) (concert radio)	George London, Hilde Zadek, Rita Streich, Benny Kusche, Ludwig Weber, H. Gunter Direction: Otto Klemperer
1955, 6 juin Vienne Festival	*Columbus* (Werner Egk) ALARIE (Isabelle) SIMONEAU (Ferdinand)	Direction: Werner Egk
1955, 19 juin Baden-Baden Festival	Mélodies de Werner Egk ALARIE (soliste)	Direction: Werner Egk
1955, 10 août Montréal Festivals	Récital Mozart ALARIE- SIMONEAU	Accompagnement: John Newmark

1955, 4 novembre New York Town Hall	*Œdipus Rex* (Stravinsky) SIMONEAU (Œdipe)	Elena Nikolaidi
1955, 22 novembre Chicago Opéra	*L'Elisir d'Amore* (Donizetti) SIMONEAU (Nemorino)	Rosanna Carteri, Hugh Thomson, Nicola Rossi-Lemini Direction: Tullio Serafin
1956, 19 janvier Chicago Orchestre symphonique	*Messe en do mineur* (Mozart) SIMONEAU (soliste)	Hilde Güden, Jennie Tourel, Donald Gramm Direction: Fritz Reiner
1956, 14 février New York Town Hall	*La Périchole* (Offenbach) SIMONEAU (Piquillo)	Jennie Tourel, Martial Singher Direction: Oxenberg
1956, 8 mars New York Philharmonic Orchestra	*Requiem* (Mozart) SIMONEAU (soliste)	Irmgard Seefried, Jennie Tourel, W. Warfield Direction: Bruno Walter
1956, 20 mars Rochester Philharmonic Orchestra	*Don Giovanni* (Mozart) ALARIE (Zerlina) SIMONEAU (Ottavio)	Suzanne Danco, Teresa Stich- Randall, Franco Corena, James Pease Direction: Josef Krips
1956, 17 avril Montréal Orchestre symphonique	*Requiem* (Mozart) SIMONEAU (soliste)	Lois Marshall, Denis Harbour, Maureen Forrester Direction: Josef Krips
1956, 24 juillet Salzbourg Festival	*Don Giovanni* (Mozart) SIMONEAU (Ottavio)	Élisabeth Grümmer, Lisa Della Casa, Rita Streich, Walter Berry, Cesare Siepi Direction: Dimitri Mitropoulos

1956, juillet Salzbourg Festival	*Requiem* (Berlioz) SIMONEAU (soliste)	Direction: Dimitri Mitropoulos
1956, 8 août Montréal Les Festivals	*Les Noces de Figaro* (Mozart) ALARIE (Susanna)	Claire Gagnier, Colette Merola, Marguerite Lavergne, Yoland Guérard, Robert Savoie, J.P. Jean- notte, A. Lortie Direction: Roland Leduc
1956, 23 septembre Buenos Aires Teatro Colon (début)	*Don Giovanni* (Mozart) SIMONEAU (Ottavio)	George London, Birgit Nilsson, Lisa Della Casa, Loose Direction: Ferdinand Leitner
1956, 29 octobre Chicago Opera	*Don Giovanni* (Mozart) SIMONEAU (Ottavio)	Nicola Rossi-Lemini, Cerquetti, F. Core- na, P. Schöffler Direction: Georg Solti
1956, 31 octobre Chicago Opera	*La Traviata* (Verdi) SIMONEAU (Alfredo)	Eleanor Steber, Ettore Bastianini Direction: Tullio Serafin
1956, 29 novembre Montréal Télévision de Radio- Canada *L'Heure du concert* (100ᵉ émission)	*Œdipus Rex* (Stravinski) SIMONEAU (Œdipe)	Elena Nikolaidi, R. Savoie, Yoland Guérard Direction: Roland Leduc
1957, 25 février Toronto Opera	*L'Enlèvement au sérail* (Mozart) ALARIE (Blonde) SIMONEAU (Belmonte)	Symonek, Jan Rubes, Mc Manus Direction: N. Goldschmidt
1957, 18 mars New York	*Orphée* (Gluck) ALARIE (l'Amour)	Elena Nikolaidi, Teresa Stich-Randall Direction: Thomas Scherman

1957, 20 mai Vienne Opéra	*Don Giovanni* (Mozart) SIMONEAU (Ottavio)	Mario Petri, E. Kunz, Loose, Ludwig Weber, Hilde Zadek, Lisa Della Casa Direction: Karl Böhm
1957, 2 juillet Copenhagen Orchestre symphonique	Concert SIMONEAU (soliste) Dans les jardins de Tivoli	Direction: Felumb
1957, 22 juillet Montréal Les Festivals (G.O.M.)	*Don Giovanni* (Mozart) SIMONEAU (Ottavio)	Yoland Guérard, Claire Gagnier, Micheline Tessier, Robert Savoie, G. Gagnon Direction: Roland Leduc
1957, 4 décembre	Récital SIMONEAU	Accompagnement: Allan Rogers
1957, 8 décembre Toronto Orchestre symphonique	Concert SIMONEAU (soliste)	Direction: Walter Susskind
1958, 13 janvier Winnipeg Celebrity Concerts	Récital ALARIE	Accompagnement: Allan Rogers
1958, 21 janvier New York Town Hall	*La Grande-Duchesse* *de Gérolstein* (Offenbach) ALARIE (Wanda) SIMONEAU (Fritz)	Jennie Tourel, Louis Quilico, Martial Singher A. Gamson
1958, 11 février New York Town Hall	*L'Enlèvement au sérail* (Mozart) ALARIE (Blonde) SIMONEAU (Belmonte)	Dobbs, Donald Gramm Direction: Thomas Scherman

1958, 13 février Québec Club musical des Dames	Récital ALARIE- SIMONEAU	Accompagnement: Allan Rogers
1958, 9 mars San Antonio (Texas) Opera	*Lakmé* (L. Delibes) SIMONEAU (Gérald)	Lily Pons, B. Wolfe, Napoléon Bisson Direction: Alessandro

1958, 25 avril
Boston
Orchestre
   symphonique
	Requiem (Berlioz)
	SIMONEAU
	(soliste)
		Direction: Charles
		   Munch

1958, 7 mai Cincinnati Orchestre symphonique	Concert SIMONEAU (soliste)	Direction: Josef Krips

1958, 28 mai
Montréal
	Requiem (Mozart)
	SIMONEAU
	(soliste)
		Lois Marshall,
		   Fernande Chiocchio
		Direction: Alexander
		   Brott

1958, 28 juin Chicago Orchestre symphonique	Concert Al Fresco (Grand Park) ALARIE- SIMONEAU (solistes)	Direction: Rosenstock

1958, 29 juillet
Vancouver
Festival
	Don Giovanni
	(Mozart)
	ALARIE (Zerlina)
	SIMONEAU
	(Ottavio)
		George London, Milla
		   Andrew, Joan
		   Sutherland, J.
		   Rubes, B. Turgeon,
		   D. MacManus
		Direction: Nicolas
		   Goldschmidt

1958, 5 août Vancouver Festival	Récital ALARIE- SIMONEAU	Accompagnement: John Newmark

1958, 5 novembre
Chicago
Opera
	La Traviata (Verdi)
	SIMONEAU
	(Alfredo)
		Eleanor Steber, Ettore
		   Bastianini
		Direction: Tullio
		   Serafin

1958, 20 novembre
New York
Philharmonic
  Orchestra
	Neuvième Symphonie
	(Beethoven)
	SIMONEAU
	(soliste)
		Leontyne Price,
		  N. Scott, Maureen
		  Forrester
		Direction: Herbert von
		  Karajan

1958, 4 décembre New Orleans Opera	*L'Elisir d'Amore* (Donizetti) SIMONEAU (Nemorino)	Likova, Louis Quilico Direction: Renato Cellini

1958, 10 décembre
Montréal
Orchestre
  symphonique
	Le Messie (Haendel)
	ALARIE-
	SIMONEAU
	(solistes)
		Maureen Forrester,
		  J. Melligan
		Direction: Josef Krips

1959, 19 janvier
New York
Town Hall
	Iphigénie en Tauride
	(Gluck)
	SIMONEAU
	(Pylade)
		Gloria Davy, Louis
		  Quilico, Martial
		  Singher
		Direction: Thomas
		  Scherman

1959, 27 février
Philadelphie
Opera
	Les Pêcheurs de perles
	(Bizet)
	ALARIE (Leila)
	SIMONEAU (Nadir)
		Martial Singher,
		  Michalski
		Direction:
		  G. Bambochek

1959, 2 mars
Montréal
Concerts de
  l'Université
	Récital
	ALARIE-
	SIMONEAU
		Accompagnement:
		  Allan Rogers

1959, 13 mars
Buffalo
Philharmonic
  Orchestra
	*Passion selon saint
	  Mathieu* (J.S. Bach)
	SIMONEAU
	(l'Évangéliste)
		Maureen Forrester,
		  D. Gramm
		Direction: Josef Krips

1959, 25 mars
San Francisco
Orchestre
  symphonique
	Messe en si mineur
	(J.S. Bach)
	SIMONEAU
	(soliste)
		Lois Marshall, Donald
		  Gramm, Nan
		  Merriman
		Direction: Jorda

1959, 25 avril
Boston
Orchestre
  symphonique
	Requiem (Berlioz)
	SIMONEAU
	(soliste)
		Direction: Charles
		  Munch

1959, 30 avril Cleveland Orchestre symphonique	*Requiem* (Berlioz) SIMONEAU (soliste)	Direction: George Szell
1959, 15 juin Vienne Opera	*Cosi fan tutte* (Mozart) SIMONEAU (Ferrando)	Irmgard Seefried, R. Streich, Christa Ludwig, P. Schöffler Direction: Karl Böhm
1959, 26 juin Vienne Opera	*Don Giovanni* (Mozart) SIMONEAU (Ottavio)	Hilde Güden, T. Stich- Randall, Lisa Della Casa, E. Kunz, E. Wachter, G. Frick Direction: H. Holreiser
1959, 27 juillet Salzbourg Festival	*Die Zauberflöte* (Mozart) SIMONEAU (Tamino)	Lisa Della Casa, G. Sciutti, Erika Köth, Walter Berry, Hans Hotter Direction: George Szell
1959, 8 août Salzbourg Festival	*Die Schweigsame Frau* (R. Strauss) ALARIE (Isotta)	Hans Hotter, Hilde Güden, Fritz Wunderlich, H. Prey Direction: Karl Böhm
1959, 14 août Salzbourg Festival	Récital au Mozarteum SIMONEAU	Accompagnement: Erik Werba
1959, 16 août Salzbourg Festival (Orchestre du Mozarteum)	Concert au Mozarteum ALARIE	Direction: B. Paumgartner
1959, 30 août Salzbourg Festival (Orchestre du Mozarteum)	Concert au Mozarteum ALARIE- SIMONEAU	Direction: B. Paumgartner
1959, 3 octobre San Francisco Opera	*Don Giovanni* (Mozart) ALARIE (Zerlina)	George London, Leontyne Price, Sena Jurinac, G.

Lewis, T. Uppman
Direction: Ludwig

1959, 13 octobre San Francisco Opera	*Ariadne auf Naxos* (R. Strauss) ALARIE (naïade)	E. Farrell, R. Streich, G. Lewis, Sena Jurinac, Geraint Evans, T. Uppman Direction: Ludwig
1959, 9 novembre Chicago Opera	*Cosi fan tutte* (Mozart) SIMONEAU (Ferrando)	Elisabeth Schwartzkopf, Christa Ludwig, W. Berry, Fernando Corena Direction: Josef Krips
1959, 23 novembre Chicago Opera	*Thaïs* (Massenet) SIMONEAU (Nicias)	Leontyne Price, Michel Roux Direction: N. Rescigno
1959, 4 décembre Brooklyn College	*Djamileh* (Bizet) SIMONEAU (Haroun)	Francis Bible Direction: Thomas Scherman
1959, 22 décembre Washington National Symphony Orchestra	*L'Enfance du Christ* (Berlioz) SIMONEAU (récitant)	Direction: Howard Mitchell
1960, 23 février Montréal Orchestre symphonique	Concert Mozart ALARIE- SIMONEAU	Direction: Josef Krips
1960, 1er mars Springfield Symphony	*Orfeo* (Gluck) SIMONEAU (Orfeo)	Saramae Endich Direction: Robert Staffanson
1960, 4 mars Philadelphie Opera	*Lakmé* (L. Delibes) SIMONEAU (Gérald)	Graciela Rivera, Ara Berberian Direction: Giuseppe Bamboschek
1960, 23 mars Montréal Orchestre symphonique	*Le Messie* (Haendel) ALARIE- SIMONEAU	Direction: Thomas Schippers

1960, 27 mars Sioux City Orchestra	Concert ALARIE (soliste)	Direction: Kucinski
1960, 14 avril Los Angeles Philharmonic	*Création* (Haydn) SIMONEAU (soliste)	Chester Watson, Donald Gramm Direction: Georg Solti
1960, 20 avril Los Angeles Philharmonic	Concert Mozart SIMONEAU (soliste)	Direction: Georg Solti
1960, 3 mai Cincinnati Festival	*Les Saisons* (Haydn) SIMONEAU (soliste)	Direction: Josef Krips
1960, 18 mai Ottawa	*Les Saisons* (Haydn) SIMONEAU (soliste)	Judith Raskin, Donald Gramm Direction: Karam
1960, 22 juin San Juan, Porto Rico Festival Casals	Concert Mozart SIMONEAU (soliste)	Direction: Pablo Casals

1960, 2 juillet
Orford
(Inauguration de la
   salle de concert
   Gilles-Lefebvre)
	Récital
	ALARIE-
	SIMONEAU
		Accompagnement:
		Allan Rogers

1960, 16 août Montréal Les Festivals (Comédie-Canadienne)	*L'Enlèvement au sérail* (Mozart) ALARIE (Constance) SIMONEAU (Belmonte)	Marguerite Gignac, J.L. Pellerin, Jan Rubes Direction: Roland Leduc
1960, 23 septembre Buenos Aires Teatro Colon	*Cosi fan tutte* (Mozart) SIMONEAU (Ferrando)	Hoffmann, Eberhard Waechter Direction: Ferdinand Leitner

1960, 25 octobre
Montréal
Orchestre
   symphonique
   (O.S.M.)
	Concert au Forum
	SIMONEAU
	(soliste)
		Lois Marshall
		Direction: Zubin
		Mehta

1960, 9 novembre Boston	Récital ALARIE- SIMONEAU	Accompagnement: Allan Rogers
1960, 3 décembre Washington Symphony	*Le Messie* (Haendel) SIMONEAU (soliste)	Warenskjold, Beverly Wolfe, Donald Gramm Direction: Howard Mitchel
1960, 7 décembre Montréal O.S.M.	Concert («Une Soirée à Salzbourg») ALARIE- SIMONEAU	Direction: Josef Krips
1960, 11 décembre Buffalo Philharmonic	Mozart-Mahler *(Quatrième Symphonie)* ALARIE (soliste)	Direction: Josef Krips
1961, 26 janvier New York Philharmonic Orchestra	*Roméo et Juliette* (Berlioz) SIMONEAU (soliste)	Nan Merriman, Chester Watson Direction: Alfred Wallenstein
1961, 26 janvier Montréal Opera Guild	*Roméo et Juliette* (Gounod) ALARIE (Juliette)	F. Chiocchio, R. Cassily, N. Bisson, Gaston Gagnon, Claude Létourneau Direction: Wilfrid Pelletier
1961, 23 février New Orleans Opera	*Don Giovanni* (Mozart) ALARIE (Zerlina) SIMONEAU (Ottavio)	Cesare Siepi, I. Kombrink, C. Berberian Direction: Renato Cellini
1961, 10 avril Princeton University	Récital SIMONEAU	Accompagnement: Allan Rogers
1961, 17 avril Montréal (Comédie-Canadienne)	Récital (Ligue des Compositeurs canadiens) ALARIE- SIMONEAU	Accompagnement: Allan Rogers

1961, août Aspen (Colorado) Festival	Concerts de musique de chambre SIMONEAU	Adele Addison, J. Tourel Accompagnement: Grant Johannesen
1961, 1ᵉʳ novembre Chicago Opera	*Cosi fan tutte* (Mozart) SIMONEAU (Ferrando)	Élisabeth Schwartzkopf, Christa Ludwig, W. Berry, Renato Cesari Direction: Peter Maag
1961, 2 novembre Montréal (Ladies' Morning)	Récital ALARIE	Accompagnement: Allan Rogers
1961, 6 novembre Chicago Opera	*Don Giovanni* (Mozart) SIMONEAU (Ottavio)	Élisabeth Schwartzkopf, Irmgard Seefried, R. Cesari, Eberhard Waechter, T. Stich- Randall, S. Stahlman Direction: Peter Maag
1961, 24 novembre New York Town Hall	*Spanische Liebeslieder* (Schumann) SIMONEAU	Lois Marshall, Regina Sarfaty, William Warfield Accompagnement: Gold & Fizdale
1961, 6 décembre Montréal O.S.M.	*Le Messie* (Haendel) ALARIE- SIMONEAU	Elena Nikolaidi, D. Gramm Direction: Zubin Mehta
1961, 19 décembre Québec Orchestre symphonique	*L'Enfance du Christ* (Berlioz) SIMONEAU (récitant)	Direction: Françoys Bernier
1962, 9 janvier New York Carnegie Hall	*Iphigénie en Tauride* (Gluck) SIMONEAU (Pylade)	Marilyn Horne, J. Meir, Gabriel Bacquier Direction: Oxenburg
1962, 11 février Hamilton Philharmonic	Concert ALARIE (soliste)	Direction: Di Bello

1962, 27 février Montréal O.S.M.	*Quatrième Symphonie* (Mahler) ALARIE (soliste)	Direction: Josef Krips
1962, 10 mars Pennsylvania State University	Récital SIMONEAU	Accompagnement: Allan Rogers
1962, 15 avril Buffalo Philharmonic	*Neuvième Symphonie* (Beethoven) ALARIE	Maureen Forrester, Petrac, Donald Bell Direction: Josef Krips
1962, 5 août Stratford, Ont. Festival	Récital SIMONEAU	Accompagnement: Glenn Gould
1962, 28 août Montréal O.S.M.	Concerts Pops ALARIE	Direction: Alexander Brott
1962, 22 octobre New York New York Philharmonic	*Perséphone* (Stravinski) SIMONEAU (Eumolpe)	Direction: Thomas Scherman
1962, 24 octobre Boston Morning Musicales	Récital ALARIE- SIMONEAU	Accompagnement: Allan Rogers
1962, 15 novembre Winnipeg Winnipeg Symphony	Concert ALARIE- SIMONEAU (solistes)	Direction: Victor Feldbrill
1963, 10 janvier Los Angeles Los Angeles Philharmonic	*Perséphone* (Stravinski) SIMONEAU (Eumolpe)	Direction: Zubin Mehta
1963, 11 février New York Judson Hall	Récital SIMONEAU	Accompagnement: Allan Rogers
1963, 26 octobre New York Metropolitan Opera (DÉBUT)	*Don Giovanni* (Mozart) SIMONEAU (Ottavio)	Cesare Siepi, F. Corena, T. Stich- Randall, T. Uppman Direction: Rosenstock

1963, 9 décembre Montréal O.S.M.	*Le Messie* (Haendel) SIMONEAU	Adele Addison, D. Gramm, Maureen Forrester
1963, 20 décembre Buffalo Buffalo Philharmonic	*Le Messie* (Haendel) ALARIE- SIMONEAU	Shirley Verrett, West Direction: Lukas Foss
1964, 24 février Montréal O.S.M.	«Une Soirée à Vienne» ALARIE- SIMONEAU	Direction: Seiji Ozawa
1964, 27 février New York N.Y. Philharmonic	*Requiem* (Mozart) SIMONEAU (soliste)	Adele Addison, Parker, Donald Gramm Direction: Josef Krips
1964, 18 mars Montréal Société Bach	*Messe en si mineur* (J.S. Bach) ALARIE- SIMONEAU	Jones, Ian Simons Direction: George Little
1964, 24 mars Montréal O.S.M.	*Passion selon saint Mathieu* (J.S. Bach) ALARIE- SIMONEAU	Maureen Forrester, D. Gramm Direction: Charles Munch
1964, 9 avril Montréal Opera Guild	*Don Giovanni* (Mozart) ALARIE (Zerlina) SIMONEAU (Ottavio, 185e et dernier)	Richard Cross, T. Paul, M. Simmons, R. Savoie, B. Bower, C. Létourneau Direction: Julius Rudel
1964, 29 avril San Francisco San Francisco Symphony	*Neuvième Symphonie* (Beethoven) ALARIE (soliste)	Lewis, Sze, Hilgenberg Direction: Josef Krips
1964, 7 mai Chicago Chicago Symphony	*Neuvième Symphonie* (Beethoven) SIMONEAU (soliste)	Ingrid Bjoner, M. Forrester, Heinz Rehfuss Direction: Jean Martinon
1964, 24 juin Montréal O.S.M.	*Jean le Précurseur* (Guillaume Couture)	Renée Maheu, Gloria Richard,

	SIMONEAU (soliste)	F. Chiocchio, H. Tourangeau, Gaston Germain, R. Savoie Direction: Wilfrid Pelletier
1964, 5 juillet Charlottetown Centre de la Confédération	Récital ALARIE- SIMONEAU	Accompagnement: Claude Savard
1964, 22 septembre Montréal O.S.M.	*Neuvième Symphonie* (Beethoven) SIMONEAU (soliste)	Endich, McCurdy, H. Tourangeau Direction: Zubin Mehta
1964, 12 octobre Montréal O.S.M.	*Carmen* (Bizet) ALARIE (Micaela)	Shirley Verrett, Victor Braun, Richard Verreau, Y. Guérard, B. Turgeon, L. Lebrun, H. Tourangeau Direction: Zubin Mehta
1964, 24 novembre Montréal O.S.M.	*Le Messie* (Haendel) ALARIE- SIMONEAU	H. Tourangeau, D. Gramm Direction: H. Swarowsky
1964, 15 décembre Cincinnati	*Le Messie* (Haendel) SIMONEAU (soliste)	Willauer, West, Stanford Direction: Max Rudolf
1965, 26 janvier New Brunswick Symphony	Concert ALARIE- SIMONEAU (solistes)	Direction: Kalnins
1965, 26 février New York New York Philharmonic	*Quatrième Symphonie* (Mahler) ALARIE (soliste)	Direction: Josef Krips
1965, 4 mars New York New York Philharmonic	*Messe* (Bruckner) SIMONEAU (soliste)	Maria Stader, D. Gramm, Judith Rankin Direction: Josef Krips

1965, 31 mars Montréal O.S.M.	*Gloria* (Poulenc) ALARIE (soliste)	Direction: Charles Munch

1965, 14 avril
San Francisco
San Francisco
  Symphony
	Requiem (Mozart)
	ALARIE-
	SIMONEAU
		Tatiana Troyanos,
		  Donald Gramm
		Direction: Josef Krips

1965, 20 avril
Québec
Orchestre
  symphonique
	Requiem (Mozart)
	ALARIE-
	SIMONEAU
		Réjane Cardinal,
		  Gaston Germain
		Direction:
		  S. Celibidache

1965, 21 avril
Montréal
Orchestre
  symphonique de
  Québec
	Requiem (Mozart)
	ALARIE-
	SIMONEAU
		R. Cardinal,
		  G. Germain
		Direction:
		  S. Celibidache

1965, 10 juin Puerto Rico Festival Casals	Récital FORRESTER- SIMONEAU	Accompagnement: John Newmark
1965, 27 juin Orford Centre d'Art	Récital ALARIE- SIMONEAU	Accompagnement: Janine Lachance

1965, 19 juillet
New York
New York
  Philharmonic
	Concert (Hommage à
	  Rameau)
	SIMONEAU
	(soliste)
		Jennie Tourel
		Ralph Kirkpatrick
		  (clavecin)

1965, 31 août
Montréal
Les Festivals
	Les Saisons (Haydn)
	SIMONEAU
	(soliste)
		Anne Elgar, Thomas
		  Paul
		Direction: Wilfrid
		  Pelletier

1965, 5 décembre
Montréal
	Le Messie (Haendel)
	ALARIE-
	SIMONEAU
		Maureen Forrester,
		  D. Gramm
		Direction: Hans
		  Swarowsky

1965, 15 décembre
Québec
Orchestre
  symphonique
	Le Messie (Haendel)
	SIMONEAU
	(soliste)
		Marie Daveluy,
		  C. Corbeil,
		  F. Chiocchio
		Direction: Wilfrid
		  Pelletier

1966, février et mars Québec et Montréal Théâtre lyrique de la Nouvelle-France	*La Veuve joyeuse* (F. Lehar) ALARIE (Missia)	J. Plouffe, P. Berval Direction: Jean Deslauriers
1966, 25 mars Université de l'Alberta	Récital ALARIE- SIMONEAU	Accompagnement: Allan Rogers
1966, 9 avril San Francisco San Francisco Symphony	*Passion selon saint Mathieu* (J.S. Bach) SIMONEAU (récitant)	Janet Baker, Ploatwright, Adele Addison Direction: Josef Krips
1966, 12 juin Puerto Rico Festival Casals	Concert Mozart SIMONEAU	Direction: Pablo Casals
1966, 17 juin Puerto Rico Festival Casals	*Les Saisons* (Haydn) SIMONEAU (soliste)	Iglesias, J. Diaz Direction: Pablo Casals
1966, 9 juillet New York New York Philharmonic Festival Stravinski	*Perséphone* (Stravinsky) SIMONEAU (Eumolpe)	Yvette Mimieux J. Cochereau (organiste) Direction: Ernest Ansermet
1966, 17 août Chicago Chicago Symphony	Concert estival SIMONEAU (soliste)	Direction: Hoffmann
1966, 12 novembre Montréal Les Grands Ballets canadiens	*Carmina Burana* (Carl Orff) ALARIE (soliste)	Pierre Duval, J. Boyden Direction: Jelinek
1966, 7 décembre Québec Orchestre symphonique	*Le Messie* (Haendel) ALARIE (soliste)	Pierre Duval, Beverly Wolfe Feres Direction: Françoys Bernier
1966, 11 décembre Montréal O.S.M.	*Le Messie* (Haendel) SIMONEAU (soliste)	Beverly Wolfe, Norman Treigle Direction: Swarowsky

1967, 16 février Montréal Ladies' Morning Musical Club	Récital ALARIE	Accompagnement: Janine Lachance

1967, 9 mars
Cleveland
Cleveland Orchestra
	Messe en si mineur
	(J.S. Bach)
	SIMONEAU
	(soliste)
		Lois Marshall,
		  D. Bell, Maureen
		  Forrester
		Direction: Robert
		  Shaw

1967, 22 mars San Francisco San Francisco Symphony	*Requiem* (Berlioz) SIMONEAU (soliste)	Direction: Seiji Ozawa

1967, 29 avril
Montréal
Gala d'inauguration
  d'Expo 67
	Neuvième Symphonie
	(Beethoven)
	ALARIE-
	SIMONEAU
	(solistes)
		Maureen Forrester,
		  Joseph Rouleau,
		  Laurence Olivier,
		  Jean-Louis Barrault
		Direction: Wilfrid
		  Pelletier

1967, 24 mai San Francisco San Francisco Symphony	*Neuvième Symphonie* (Beethoven) ALARIE- SIMONEAU (solistes)	Sze, L. Chookasian Direction: Josef Krips

1967, 23 juin
Montréal
Les Grands Ballets
  canadiens
	Carmina Burana (Carl
	  Orff)
	ALARIE (soliste)	

1967, 23 juillet Toronto CBC Festival	Récital (Music of Québec) ALARIE- SIMONEAU	Accompagnement: Janine Lachance
1967, 19 août Montréal EXPO (Grand Festival mondial)	Récital ALARIE- SIMONEAU	Accompagnement: Janine Lachance

1967, 22 août
Québec
Orchestre
  symphonique
	Carmina Burana (Carl
	  Orff)
	ALARIE (soliste)
		Pierre Duval, John
		  Boyden
		Direction: Françoys
		  Bernier

1967, 5 novembre New York New York Philharmonic	*Création* (Haydn) SIMONEAU (soliste)	Phillis Curtin, D. Gramm Direction: A. Wallenstein
1967, 7 décembre Montréal Ladies' Morning Musical Club	Récital ALARIE	Accompagnement: Janine Lachance
1967, 18 décembre Montréal O.S.M.	*Le Messie* (Haendel) ALARIE (soliste)	L. Chookasian, Brown Direction: Roberto Benzi
1967, 19 décembre Toronto Toronto Symphony	*Le Messie* (Haendel) SIMONEAU (soliste)	Lois Marshall, Greenwood, Louis Quilico Direction: Elmer Iseler
1968, 31 mars Ottawa National Gallery	*Allegro, Il Pensieroso* (Haendel) ALARIE- SIMONEAU	Kirby, Ransonne Direction: Law
1968, 10 avril Toronto Mendelssohn Choir	*Passion selon saint Mathieu* (J.S. Bach) ALARIE- SIMONEAU (solistes)	Farrow, Glover Direction: Elmer Iseler
1968, 21 avril Ann Arbor Festival (Michigan)	*Le Roi David* (Honegger) SIMONEAU (soliste)	Judith Raskin, Sanders, Theodor Uppman Direction: Johnson
1968, 6 juillet Orford Centre d'Art	Récital ALARIE- SIMONEAU	Accompagnement: Janine Lachance
1968, 22 octobre Montréal O.S.M.	*Bacchianas Brasileras* (H. Villa-Lobos) ALARIE (soliste)	Direction: Franz-Paul Decker
1968, 10 décembre Montréal O.S.M.	*Le Messie* (Haendel) ALARIE- SIMONEAU (solistes)	Donald Bell, Greevy Direction: Franz-Paul Decker

1968, 17 décembre Toronto Mendelssohn Choir	*Le Messie* (Haendel) SIMONEAU	Donald Bell, Greenwood Direction: Elmer Iseler
1969, 13 février New York New York Philharmonic	*Requiem* (Berlioz) SIMONEAU (soliste)	Direction: Seiji Ozawa
1969, 3 avril Toronto Mendelssohn Choir	*Requiem* (Berlioz)	Direction: Elmer Iseler
1969, 8 avril Boston	Récital ALARIE- SIMONEAU	Accompagnement: Allan Rogers
1969, 6 mai Montréal McGill Chamber Orchestra	Concert ALARIE (soliste)	Direction: Alexander Brott
1969, mai Cincinnati Festival	Concert ALARIE	Direction: Josef Krips
1969, 21 juin New York Caramoor Festival	*Semele* (Haendel) SIMONEAU (Jupiter)	Beverly Sills, Devlin, Berberian, Bonazzi Direction: Julius Rudel
1969, 13 juillet Stratford Festival	*L'Enlèvement au sérail* (Mozart) SIMONEAU (Belmonte)	Colette Boky, J. McCurdy, Clarice Carson Direction: George Schick
1969, 13 novembre Montréal Ladies' Morning Musical Club	Récital ALARIE	Accompagnement: Janine Lachance
1969, 2 décembre Montréal O.S.M.	*Le Messie* (Haendel) SIMONEAU (soliste)	Leslie Alyanakian, Lili Chookasian, D. Bell Direction: Franz-Paul Decker
1969, 21 décembre Toronto Mendelssohn Choir	*Le Messie* (Haendel) SIMONEAU (soliste)	Lois Marshall, D. Bell, Theodor Centry Direction: Elmer Iseler

1970, 23 août Boston Symphony Tanglewood (à la mémoire de Charles Munch)	*Requiem* (Berlioz) SIMONEAU (soliste)	Direction: Seiji Ozawa
1970, 24 novembre Montréal (Forum) O.S.M. (concert d'adieu)	*Le Messie* (Haendel) ALARIE- SIMONEAU (solistes)	Greenwood, Donald Bell Direction: Franz-Paul Decker

Répertoire de Pierrette Alarie

Liste des opéras et opérettes chantés au cours de sa carrière

AUTEURS	OUVRAGES	RÔLES
Audran	*Le Grand Mogol*	Benzaline
Bizet	*Carmen*	Micaela
	Les Pêcheurs de perles	Leila
Benatsky	*L'Auberge du Cheval-Blanc*	Sylvabelle
Cimarosa	*Il Matrimonio Segreto*	Carolina
Donizetti	*Lucia di Lammermoor**	Lucia
	La Fille du régiment	Marie
Delibes	*Lakmé*	Lakmé
Gounod	*Mireille*	Mireille
	Faust**	Marguerite
	Roméo et Juliette	Juliette
Gluck	*Orphée*	Eurydice et Amor
Grétry	*L'Amant jaloux**	Leonore
Lehar	*La Veuve joyeuse*	Missia
Massenet	*Manon**	Manon

Menotti	*Medium**	Monica
	The Telephone	Lucy
Misraki	*Normandie*	Barbara
Mozart	*Cosi fan tutte*	Despina
	Le Nozze di Figaro	Susanna
	Die Entführung aus dem Serail	Constanze et Blonda
	*Die Zauberflöte***	Reine de la nuit
	Der Schauspieldirektor	Madame Herz
	Don Giovanni	Zerlina
Offenbach	*Contes d'Hoffmann*	Olympia
	La Grande-Duchesse de Gérolstein	La Duchesse et Wanda
	La Vie parisienne	Gabrielle
	La Fille du tambour-major	Stella
Poulenc	*La Voix humaine*	La femme
Quesnel	*Colas et Colinette*	Colinette
Rameau	*Les Indes galantes*	Fatime
	Les Fêtes d'Hébé	Hébé et Amour
Ravel	*L'Heure espagnole*	Concepcion
Rimsky-Korsakov	*Boris Godounov*	Xenia
Smetana	*Hubicka*	
Strauss (Johann)	*Die Fledermaus*	Adele
Strauss (Richard)	*Ariadne auf Naxos**	Zerbinetta et naïade
	Die Schweigsame Frau	Isotta
Verdi	*La Traviata*	Violetta
	Rigoletto	Gilda
	Ballo in maschera	Oscar

* *En émission radiophonique seulement.*
** *Disque phonographique seulement.*

Oratorios chantés au cours de sa carrière

Bach	*Passion selon saint Mathieu*
Couperin	*Trois leçons des ténèbres*
	Motet de sainte Suzanne

Debussy	*La Damoiselle élue*
Egk	*Columbus*
Fauré	*Requiem*
Haendel	*Le Messie* *Allegro, Il Pensieroso*
Haydn	*Création* *Les Saisons*
Honneger	*Le Roi David*
Mozart	*Requiem*
Poulenc	*Gloria*
Vivaldi	*Gloria*

Répertoire de Léopold Simoneau

Liste des opéras chantés au cours de sa carrière

AUTEURS	OUVRAGES	RÔLES
Bizet	Les Pêcheurs de perles	Nadir
	Djamileh	Haroun
	Carmen**	Don José
Donizetti	L'Elisir d'Amore	Nemorino
	Don Pasquale	Ernesto
	La Fille du régiment	Tonio
	Lucia di Lammermoor*	Edgardo
Debussy	Pelléas et Mélisande*	Pelléas
Delibes	Lakmé	Gérald
Flotow	Martha	Lionel
Gluck	Alceste*	Admete
	Iphigénie en Tauride	Pylade
	Orphée	Orphée
Gretry	L'Amant jaloux*	Alonze
Gounod	Mireille	Vincent
	Faust**	Faust
Martin	Le Vin herbé*	Tristan
Massenet	Thaïs	Nicias
	Le Jongleur de Notre-Dame*	Jean
Mozart	Don Giovanni	Ottavio
	Die Zauberflöte	Tamino
	Cosi fan tutte	Ferrando
	Idomeneo	Idamante
	Clemenza di Tito	Tito
	Die Entführung aus dem Serail	Belmont
	Le Nozze di Figaro	Don Curzio
Offenbach	La Chanson de Fortunio	
	La Grande-Duchesse de Gérolstein	Fritz
	Contes d'Hoffmann**	Hoffmann
Pergolese	Il Geloso Schernito	

Quesnel	Colas et Colinette**	Colas
Rameau	Les Indes galantes	Damon
	Hippolyte et Aricie*	Hippolyte
	Castor et Pollux*	Castor
Rossini	Il Berbiere di Siviglia	Almaviva
Smetana	Hubicka (Le Baiser)	
Stravinski	The Rake's Progress	Tom Rakewell
	Œdipus Rex	Œdipus
Thomas	Mignon	Wilhem Meister
Verdi	La Traviata	Alfredo

* En émission radiophonique seulement.
** Disque phonographique seulement.

Oratorios chantés au cours de sa carrière

Bach	Passion selon saint Mathieu	L'Évangéliste
	Passion selon saint Jean	
	Messe en si mineur	
	Magnificat	
Berlioz	L'Enfance du Christ	
	Requiem	
	Te Deum	
Bruckner	Messe en fa mineur	
	Te Deum	
Couture	Le Précurseur	
Debussy	L'Enfant prodigue	
Egk	Columbus	
Haendel	Le Messie	
	Semele	
	Judas Maccabaeus	
	Joshua	
	Acis and Galatea	
	Allegro, Il Pensieroso	
Haydn	Création	
	Les Saisons	
Honneger	Le Roi David	

Mozart	Requiem
	Messe en ut mineur
	Messe du Couronnement
	Litanies
	Vêpres
Schubert	Messe en sol majeur
Stravinski	Perséphone
	Pulcinella
Verdi	Requiem
Vivaldi	Beata Virgine

Honneurs et distinctions accordés à Pierrette Alarie

1959, Montréal.	Trophée pour la meilleure chanteuse classique suite à son interprétation de *La Voix humaine* de Poulenc à la télévision de Radio-Canada.
1960, Montréal.	Trophée du Congrès du Spectacle pour son interprétation de *La Voix humaine* de Poulenc à la télévision de Radio-Canada.
1967, Ottawa.	Officier de l'Ordre du Canada.
1967, Ottawa.	Médaille du Centenaire de la Confédération canadienne pour services rendus à la patrie.

Honneurs et distinctions accordés à Léopold Simoneau

1967, Ottawa.	Médaille du Centenaire de la Confédération canadienne pour services rendus à la patrie.
1969, Ottawa.	Doctorat en musique honoris causa de l'université d'Ottawa.
1971, Ottawa.	Officier de l'Ordre du Canada.
1971, St. Catharines, Ontario.	Doctorat en loi honoris causa de l'université Brock.
1972, Montréal.	Prix du Conseil canadien de la Musique.
1973, Québec.	Doctorat en musique honoris causa de l'université Laval.

Honneurs et distinctions accordés au couple Alarie-Simoneau

1959, Montréal.	Prix Calixa-Lavallée.
1961, Montréal.	Trophée du Congrès du Spectacle.
1961, Paris.	Grand Prix du Disque de l'Académie Charles-Cros.
1983, Ottawa.	Diplôme d'honneur de la Conférence canadienne des Arts.

ANNEXE VII

Le style et Mozart

par Léopold Simoneau[1]

Lors d'un entretien sur l'interprétation musicale et vocale à l'université des Annales de Paris, en 1914, on demanda à Reynaldo Hahn, ce compositeur français dont l'œuvre est remplie de finesse, de définir le «style» dans l'interprétation vocale, ou, encore, de préciser ce que c'est que *d'avoir du style en chantant*. Il répondit: «Mais je n'en sais rien.» Puis, se ravisant, il se mit au piano et, d'une voix timide (il adorait le chant) et d'un accompagnement rempli de sensibilité, il entreprit de décrire le style grâce à quelques pages célèbres des opéras de Gluck, de Mozart et de Debussy et à quelques passages de mélodies et de lieder.

Le style, on le sait, est inexistant *per se;* ce n'est pas un concept isolé, une formule stéréotypée. C'est une qualité particulière qui distingue ou idéalise une forme; le style n'existe que par une expérience personnelle, recherchant le sens premier, intrinsèque d'une œuvre; c'est la marque individuelle qu'un compositeur donne à sa création, qu'un chanteur donne à son interprétation, qu'un individu donne à son comportement, etc.

C'est à partir de là qu'il faut tenter d'élucider, si possible, la question «style» grâce à un sens aigu d'analyse, de psychologie, d'esthétique, de goût, de raffinement.

C'est peut-être cette multiplicité des visages du style qui a tout d'abord motivé la réponse nette, laconique de Reynaldo Hahn.

«Oratio vultus animi est...»
Sénèque.

Le style est le visage de l'âme

Mais d'abord, d'où vient le mot «style»?

Le «stulos» ou «stilus» était un poinçon de métal avec lequel les anciens écrivaient sur des tablettes de cire; par extension, le mot «style» a été choisi pour définir la manière propre d'écrire, d'exprimer sa pensée, ses sentiments, etc. Par extension aussi, le mot «style» a fini par désigner les caractéristiques générales des œuvres: le style gothique, le style Louis XVI, etc.

Mais ce style d'époque n'a rien ou n'a que peu à voir avec l'essence même du style dans l'interprétation. Le plus beau costume d'époque ne donnera pas nécessairement du style à un piètre comédien; il pourrait tout au contraire le rendre ridicule. Le style n'est donc pas, avant tout, une forme extérieure; il ne se limite pas non plus à une forme stéréotypée dans l'art d'interprétation mais s'appuie essentiellement sur un concept d'idéalisation des moyens d'expression d'une substance intérieure. A priori, le style s'identifie donc à l'idée de *qualité*.

Une importante distinction qu'il faut dès maintenant bien noter est l'incompatibilité du style et de la «stylisation»; celle-ci, fort à la mode, n'est autre que la prostitution du concept intégral d'une œuvre; présenter *La Flûte enchantée* dans la stylisation punk ou *Cosi fan tutte* dans un décor de plage, avec les interprètes féminins en bikini et le philosophe Alfonso construisant tout bêtement de petits châteaux de sable, ou, mieux encore, placer un piano Steinway grand format en plein milieu du décor d'une production de ce classique par excellence qu'est *Iphigénie en Tauride* de Gluck (1779) sur un livret tiré de la tragédie d'Euripide (400 ans avant J.-C.)[2], et, pour compléter ce tableau anachronique, asseoir l'héroïne dans une énorme berceuse Art nouveau au milieu des Scythiens... Voilà des caricatures de styles qui tournent en parodies de purs chefs-d'œuvre.

«Le style est une spécialisation de la sensibilité.»
Rémy de Gourmont.

Le style, on l'a vu, n'est pas une optique objective, stéréotypée; dès lors, sa définition la plus juste ne sera pas dans l'énoncé de dogmes savants mais bien plutôt dans l'analyse de l'interprétation d'une page vocale idéalement chantée par un artiste inspiré ayant trouvé le secret d'arracher à une œuvre de valeur son essence la plus intrinsèque, ce qui est synonyme du culte du vrai, du beau. De sorte que le style le plus pur a inévitablement une teinte subjective en chant comme en littérature; chaque individu a sa langue, chaque chanteur a son timbre. Les nuances chez l'un comme chez l'autre sont infinies. On pourrait presque s'arrêter là, ne plus chercher à définir le style puisqu'on est impuissant à établir des règles générales, universelles sur cet entendement. Le style, c'est l'homme, comme l'a si bien dit Buffon.

Tel n'est pas le cas. Alors qu'il est impossible d'enseigner un style dans la création littéraire (ce serait du plagiat), c'est autre chose dans les arts d'interprétation, en musique, en chant, au théâtre.

Ici, on vise à recréer un style déjà conçu par un compositeur, un dramaturge; on part donc d'une forme matérielle, originelle, immuable (un opéra, une pièce de théâtre), que le génie de l'auteur, l'époque de la création de l'œuvre, les fidèles et justes traditions ont consacrée. Par exemple, le classicisme dans son parfait équilibre, dans l'harmonie de ses formes, dans sa pureté, sa simplicité et sa beauté. Le style est la synthèse de ces qualités et c'est lui qui a assuré la survie de grandes œuvres de l'humanité, y compris, bien entendu, la musique que Mozart a idéalisée sous sa forme la plus sublime.

Or, l'art de l'interprète inspiré par une œuvre de choix sera d'autant plus parfait qu'il se rapprochera de la pensée du créateur en respectant les règles établies pour son exécution. Sans aucun doute, le chanteur consciencieux est tout naturellement poussé vers la recherche du style d'interprète grâce à sa sensibilité, les coloris de son timbre, les contours de son phrasé, etc. Le style demeure donc inhérent à l'interprète comme il l'est à l'œuvre.

Quel est donc le style inhérent dans l'œuvre lyrique de Mozart? Si nous partons du principe que chaque œuvre d'art a son style propre, nous pouvons affirmer sans hésitation qu'une œuvre lyrique-théâtrale de «grand style» chez Mozart signifie que le langage musical pur en est l'élément essentiel d'expression. Quelles que soient les situations dramatiques dans ses opéras, la musique demeure toujours de la musique, c'est-à-dire de la musicalité la plus épurée.

Mozart, on le sait, était héritier d'une tradition lyrique déjà imposante: Scarlatti, Bach, Haydn, Gluck; grâce à son indéfinissable génie, il a couronné cette époque classique d'une miraculeuse pureté sonore, enrichie de multiples formes d'expression, de factures techniques éblouissantes tout en gardant un équilibre parfait, une suprême élégance aussi bien qu'une puissance expressive. Si le style est avant tout une illustration de «qualité», nous sommes ici en présence du style dans sa quintessence.

Le quasi impossible défi pour le chanteur dans sa poursuite du style intégral chez Mozart est d'obtenir d'abord une émission vocale faite de pureté, de liberté, de facilité, d'élégance et de discipline; on ne devient pas un styliste mozartien du jour au lendemain; ce qui faisait dire au célèbre critique Bernard Shaw (1856-1950): «Mozart est le seul musicien qui, à ce jour, ait composé une musique digne de la bouche de Dieu.» Dans la dernière scène des *Noces de Figaro,* le Comte, à genoux, implore la Comtesse de bien vouloir lui pardonner ses fredaines dans une courte et sublime phrase musicale, aussitôt reprise par la Comtesse elle-même et finalement par l'ensemble des interprètes. En quelques mesures seulement, Mozart décrit la beauté de l'amour conjugal que des pages de Victor Hugo sur le même sujet ne sauraient égaler. Une voix nasillarde, laborieuse serait incapable d'exprimer ce sublime message.

Il faut sans cesse se rappeler que Mozart composait pour une exceptionnelle élite; son style était ciselé d'une éloquence courtoise, d'un «style galant», surtout dans ses premiers ouvrages pour le théâtre. Mais il ne manquait pas de réalisme psychologique dans ses personnages quand il le fallait; il devint sombre, tragique déjà dans *Idomeneo* (1782), dans *Don Giovanni* surtout et dans ses dernières œuvres symphoniques et, bien entendu, dans le *Requiem.*

Cosi fan tutte, pour celui qui sait pénétrer sous l'écorce de ce divertimento, contient beaucoup plus de pages dramatiques que ne le laissent croire trop de «stylisations» en «grosses farces».

C'est donc toujours dans le caractère de cet ordre classique, superbe, infaillible, d'un langage idéalisé, que Mozart exprime joie, souffrance, idéalisme, bonhomie, etc.

Aristocratique dans sa forme, cette écriture demeure aristocratique dans son expression. Voilà, après la pure émission vocale mentionnée plus haut, une autre principale préoccupation de l'interprète de cette musique: éviter l'excès d'exaltation au profit de la recherche de l'équilibre classique dans une calme et noble sobriété et maîtrise de son art.

«Chez Mozart, écrit encore Bernard Shaw, l'exécution la plus raffinée, marquée de beauté, d'expression et d'intelligence, sera seule digne de sa musique; le défi le plus redoutable est que ses phrases sont si parfaitement claires et directrices que la moindre déviation, ne serait-ce que d'un cheveu, est immédiatement apparente. D'autre part, votre performance peut paraître si simple qu'on en déduira que tout cela est facile et on vous accusera volontiers de truquer. Il va sans dire qu'on entend très peu de fidèles interprétations de Mozart, et le peu qu'on entend sert surtout à démolir sa réputation.»

Mais comment atteint-on cet équilibre en chantant? Être classique dans l'expression, c'est être impersonnel jusqu'à un certain degré sans pour cela être dénué de sensibilité, d'émotion, de tendresse; au théâtre, à l'opéra, c'est de créer un personnage dont le caractère, au lieu d'être détaillé d'une façon purement subjective et réaliste, le sera d'une façon objective, universelle.

L'époque classique est l'esthétique de l'équilibre et de la clarté; la raison pure y est le dénominateur.

Au premier acte de *Don Giovanni*, Donna Anna vient d'assister à l'assassinat de son père le Commandeur et, dans son air *Or sai chi l'onore*, implore son fiancé Don Ottavio de la venger. Bien entendu, elle ne doit pas chanter cet air avec un désespoir académique; elle est déchirée, horrifiée, anéantie à la pensée de cet abominable crime; c'est une lamentation déchirante, une imploration émouvante à son fiancé de punir le coupable; mais tout cela doit être exprimé avec une noble résignation, une ardeur contrôlée tout en étant véhémente, et ce, dans le caractère de l'équilibre classique.

La véhémence d'Electra de Strauss, au contraire, est parsemée d'accents quasi vociférés; ce sont de spectaculaires soubresauts d'une écriture vocale vériste et virulente, soulignée par des éclatements orchestraux à l'opposé de la sobriété, de la netteté et de la contenance de l'écriture de Mozart. Sur le plan instrumental, on voit une certaine analogie dans l'écriture de Liszt et de Chopin qui distribuent les arpèges sur toute l'étendue du clavier alors que Mozart est tout aussi expressif avec la moitié. On pourrait multiplier les exemples.

On poursuit également l'équilibre classique en chant en se rappelant que Mozart est avant tout instrumental dans son écriture lyrique; il a affirmé lui-même que «la poésie doit être l'humble servante de la musique». Son incroyable génie musical fait que ses opéras, par exemple, sont tout autant des symphonies que des drames. Sa maîtrise du langage symphonique lui permet d'exploiter, à cette époque déjà, de plus larges forces instrumentales au service des voix et, de la sorte, de les rendre plus expressives. Chez lui, également, le rôle de la voix est très étroitement lié à celui de l'instrument.

Ses airs de concert, au nombre de plus de quarante, sont, pour ainsi dire, des concerti miniatures pour voix et orchestre dans lesquels il exploite la voix de soprano en particulier jusqu'à son ultime limite en étendue, en flexibilité et en agilité. Les rôles de la Reine de la nuit dans *La Flûte enchantée* et de Constance dans *L'Enlèvement au sérail* sont également de cette catégorie. Ailleurs, les exigences du bel canto, c'est-à-dire limpidité de timbre, impeccable legato, élégance du phrasé, sont de rigueur.

Mais cette écriture *da bravura*, instrumentale, dans le langage musical du XVIIIᵉ siècle, particulièrement chez Mozart, n'exclut pas l'«expérience humaine»; elle est tout simplement vécue ici dans une «matérialité» épurée, rejetant les excès vocaux de toute sorte comme les coups de glotte, les sanglots artificiels, les portamenti sentimentaux, larmoyants, la vocifération, que sais-je? Ce sont là des outils d'expression d'une autre époque et d'un tout autre style.

Mais, il faut l'avouer, ce style épuré du XVIIIᵉ siècle devient de plus en plus difficile à saisir avec l'éloignement; jour après jour, nous sommes submergés par le langage romantique, sentimental, peu discipliné; jour après jour, nous évoluons dans une société ivre de technologies nouvelles qui obscurcissent les valeurs traditionnelles. Avec l'absence presque totale de l'étude des classiques grecs et latins dans notre formation contemporaine, il en résulte que la transposition du plan de notre vie moderne au plan de l'universalité du langage classique, la servitude qu'il exige, son élégance, sont à la portée d'une élite de plus en plus restreinte.

Mais comme les sommets de la créativité de cette époque classique n'ont jamais été dépassés, c'est dans cette grande tradition que demeure la clef de la plus belle formation du chanteur, surtout parce que celui-ci est probablement, de tous les exécutants en musique, le plus indiscipliné et le moins respectueux du texte. Alors qu'un pianiste n'oserait jamais changer une note d'une sonate de Beethoven, le chanteur, lui, n'hésite pas habituellement à transposer, à traduire, à ajouter ou à supprimer des notes, à en modifier la valeur, à négliger les indications de la dynamique, etc., sauf, bien entendu, dans l'œuvre de Mozart.

«Le premier péché contre le style est un péché contre la lettre.»
Stravinsky.

Le 30 juillet 1778, Mozart écrivait à Aloysa Weber et lui donnait les conseils suivants pour l'interprétation de l'air *Ah, lo previdi* (K-272) qu'il lui avait fait parvenir: «Je te conseille de bien respecter les indications relatives à l'expression, de bien réfléchir à la signification et à la force des mots, de t'identifier très sérieusement au personnage d'Andromède et de te situer dans son contexte réel.»

La plus belle création dans les arts d'interprétation ne révélera sa vraie valeur que dans la mesure où elle sera exprimée selon les normes conçues par son auteur; pareillement, un styliste de classe ne péchera jamais contre le génie qu'il interprète car le style est peut-être plus révélateur d'un compositeur que ses idées; on peut même ajouter qu'une œuvre valable ne vit sans doute pas par le seul style mais qu'elle ne subsiste généralement que par lui.

J'aimerais citer ici un exemple persuasif de la nécessité d'observer fidèlement les conseils de Mozart à Aloysa Weber. Dans la scène finale de l'opéra *Don Giovanni,* le somptueux dîner du héros est soudainement interrompu par un visiteur inattendu: la statue du Commandeur que Don Giovanni avait cavalièrement invitée à dîner frappe à sa porte. Venu lui ouvrir, le serviteur Laporello pousse des cris d'horreur à la vue de ce sinistre «convive de marbre». Contrarié, Don Giovanni demande à trois reprises: *«Che Cos'è?»* («Qu'est-ce que c'est?») Les deux premières avec force, bravade, mais la troisième «piano» murmuré, selon les indications de l'auteur. La stricte observance de cette opportune indication dynamique (trop souvent négligée) a un effet théâtral bouleversant; elle indique que, pour la première fois, un doute effroyable a soudainement traversé l'esprit de cet impie à la pensée qu'une puissance de l'au-delà pourrait bien mettre fin subito presto à ses iniquités.

Détail d'interprétation bien minime et pourtant essentiel dans la démonstration de la chute prochaine de ce «monstre perfide» comme l'appelle Elvira au premier acte. L'œuvre lyrique de Mozart est parsemée de ces subtilités dont l'observance est la clef du style de ce langage musical si finement ciselé.

L'infatigable poursuite du style chez Mozart est donc capitale et qui s'y consacre finira par voir ses efforts bénis du Dieu de Salzbourg, du moins jusqu'à un certain point. Car il est vain de croire que nous pouvons aujourd'hui recréer l'authenticité d'opéras créés il y a plus de deux cents ans et c'est là une autre difficulté dans la poursuite du style des ouvrages de Mozart.

Les vastes théâtres et les grands orchestres qu'ils exigent, l'attitude de plus en plus vaniteuse des chanteurs qui visent à se servir de la musique plutôt qu'à la servir, le jeu scénique, les auditeurs même, bref, le cadre du spectacle lyrique a trop évolué pour vouloir être authentique. Mozart a créé son *Don Giovanni* au Théâtre national de Prague, le théâtre Tyl, d'environ 800 places, avec un orchestre d'à peine 24 musiciens. L'écriture vocale et orchestrale était donc appropriée à ces dimensions de même que l'interprétation. Le rôle titre de Don Giovanni était confié à Bassi, qui n'avait pas encore 22 ans et n'avait nullement une voix de stentor. Le même opéra est présenté aujourd'hui au Metropolitan Opera, 3 800 sièges avec un orchestre proportionné, c'est-à-dire d'environ 60 musiciens. Dans une si vaste enceinte, le chanteur est incapable de communiquer la finesse, la subtilité d'une œuvre; en réalité, sa première préoccupation est de se faire entendre, et là il risque de vociférer plutôt que de chanter. Le résultat est que ces conditions faussent la perception du style chez l'interprète aussi bien que chez l'auditeur.

On le voit donc, le concept d'un créateur, c'est-à-dire le style d'une époque révolue, n'est pas toujours facile à déceler et est encore plus difficile à défendre; une chose est certaine, il se situe malheureusement bien au-dessus des capacités de trop d'amateurs ou simplement de trop de fumistes qui se donnent la vocation de rénovateurs sans avoir la moindre idée du suprême génie de Mozart, ou des dimensions du classicisme musical du XVIIIᵉ siècle; c'est dans le charlatanisme qu'ils se réfugient.

Que les opéras de Mozart et leur langage musical insurpassé aient survécu à l'usure et aux affronts de deux siècles est une preuve suffisante qu'ils peuvent se défendre sans qu'on les affuble de faux clinquants du plus mauvais goût comme une ridicule présentation de *La Flûte enchantée* dans le style punk. Fort heureusement, quelles que soient les idioties infligées aux grandes œuvres lyriques, celles-ci continuent leur marche imperturbable dans le temps alors que les petits esprits novateurs disparaissent avec la tombée du rideau sur leur insipide stylisation. Ce qui est navrant, c'est qu'on continue à confier la production d'opéras à des ignares en musique alors que l'essence même de cette forme d'art est précisément la musique...

Je conçois que l'opéra au XXᵉ siècle doit être autre chose qu'un concert en costumes comme c'était souvent le cas au XVIIIᵉ siècle; mais l'intégrité dans l'interprétation des divers éléments d'un spectacle lyrique doit demeurer la principale motivation et la seule voie qui conduit au style le plus juste d'une œuvre.

Y parvenir requiert temps, recherches, analyse, intuition, humilité et honnêteté. Au début, on peut même ressentir une certaine réticence vis-à-vis de Mozart, que l'on identifie trop facilement et trop simplement au rococo, aux perruques poudrées, aux jabots de dentelle, aux costumes extravagants. Mozart était pourtant bien autre chose. Nul mieux que lui n'a décrit l'universalité des passions humaines dans les pages sublimes des *Noces de Figaro*, de *Don Giovanni*, de *Cosi fan tutte*. Il faut aimer passionnément Mozart et s'armer d'une opiniâtreté farouche pour pénétrer et maîtriser le raffinement de son style.

Il reste que la littérature vocale du XVIIIᵉ siècle dont il est le sommet est une discipline à nulle autre pareille, et le chanteur qui sait en faire jaillir l'âme, l'essence, la beauté, se hisse au rang du petit nombre d'interprètes épris d'idéalisation artistique.

10 avril 1987.

---

1. *C'est avec la permission de son auteur que nous publions cet extrait.*
2. *Opéra de Stuttgart, 1984.*

Index des noms

Marthe Létourneau,
Jean Desprez (Laurette
Larocque-Auger),
Marie-Thérèse Paquin,
Jacqueline Richard,
Jean Goulet,
Wilfrid Pelletier,
Louis Quilico,

Bruno Walter,
Sir Thomas Beecham,
Eleanor Steber,
John Brownlee,
Audrey Mildmay,
John Christie,
Paul Althouse,
Juge Thibaudeau Rinfret,

Chapitre 4

Gian Carlo Menotti,
Herbert Graf,
Birgit Nilsson,
Jon Vickers,
Thomas Archer,

Edward Johnson,
Jean Vallerand,
Roland Leduc,
Gilles Potvin,

Chapitre 5

Martial Singher,
Pierre Mercure,
Nicholas Goldschmidt,

Emil Cooper,
Françoys Bernier,

Chapitre 6

Marcel Valois,
Olin Downes,
Jerome Hines,
Maureen Forrester,
André Turp,

Oscar Strauss,
Nicolas Koudriatzeff,
John McCormack,
Joseph Rouleau,

Chapitre 7

Lily Pons,
Maurice Faure,
Bernl Lilienfeld,
André Mertens,
Nellie Walter,
Louis Beydts,
Suzanne Danco,
Pierre Mollet,
Fulgence Charpentier,

Louis Fourestier,
Madame Athanase David,
Marc Pincherle,
Pierre Dervaux,
Albert Wolff,
André Cluytens,
Janine Micheau,
Gabriel Dussurget,
Elsa Cavelti,

Chapitre 8

Renato Capecchi,
Hans Rosbaud,

Cassandre,
Jean Meyer,

Emmy Loose,
Eugenia Zareska,
Claude Rostand,
Hélène Jourd'han Morhange,
Francis Poulenc,
Raphael Arie,
Carlo Maria Giulini,
Heinz Rehfuss,
Carla Martinis,
Roger Désormière,
André Jouve,
Teresa Stich-Randall,
Graziella Sciutti,
Maurice Sarrazin,
Leonie Rysanek,
Eraldo Coda,
Patricia Neway,
Robert Massard,
Nan Merriman,
Irmgard Seefried,

Marcello Cortis,
Carla Castellani,
Cecil Smith,
Bernard Gavoty,
Charles Munch,
Nadia Boulanger,
Fernando Previtali,
Irène Aitoff,
Virgil Thomson,
Ernst Haeffliger,
Fritz Ollendorf,
Gérard Souzay,
Gian Andrea Gavazzeni,
Pierre Bertin,
Maria de Los Angeles Morales,
Ernest Ansermet,
Geneviève Warner,
Marcel Schneider,
Werner Egk,
Anton Dermota,

Chapitre 9

Kathleen Ferrier,
Alfred Poell,
Fritz Busch,
Sena Jurinac,
Bruce Dargavel,
Harold Rosenthal,
Dimitri Mitropoulos,
Mack Harrell,
Igor Markevitch,
Georg Solti,
Oliver Messel,
Richard Taubert,
Jani Strasser,
Maria Callas,
Igor Stravinsky,
James Pease,

Luciano Pavarotti,
Richard Lewis,
Carl Ebert,
Alexander Young,
Mario Petri,
Hilde Zadek,
Jean Hamelin,
Karl Böhm,
Jean Cocteau,
Margaret Harshaw,
W.J. Turner,
John Pritchard,
John Piper,
Pierre Monteux,
René Dumesnil,
H. Nash,

Chapitre 10

Thomas Scherman,
Sesto Bruscantini,

Herbert von Karajan,
Élisabeth Schwarzkopf,

Nicola Benois,
Alda Noni,
Fernando Corena,
Élisabeth Grümmer,
Rita Streich,
Louis Musy,
Wakhévitch,
Simone Couderc,
Marthe Luccioni,

Marco Stefanoni,
Cesare Siepi,
Lisa Della Casa,
Walter Berry,
George London,
Carlo Marinelli,
Xavier Depraz,
Pierre Froumenty,

Chapitre 11

Carol Fox,
William Wymetal,
Tito Gobbi,
Tullio Serafin,
Jean-Paul Jeannotte,
Ettore Bastianini,
Gaetano Merola,
J.P. Hurteau,
Claudia Cassidy,
Jan Doat,
Paul Schöffler,

Nicola Rossi-Lemini,
Nicola Rescigno,
Irene Jordan,
Bidu Sayao,
Giulietta Simionato,
Yoland Guérard,
Gabriel Charpentier,
Rudolf Kempe,
Molinari-Pradelli,
Erich Kunz,

Chapitre 12

Isabelle Simoneau,
Allan Rogers,
Erik Werba,
John Newmark,
Noël Gauvin,
Marguerite Lavergne,
Hilde Gueden,
Wilma Lipp,

Bel Canto Trio,
Colette Merola,
Alexander Brott,
Otto Klemperer,
Benno Kusche,
Ludwig Weber,
Rudolf Moralt,

Chapitre 13

Fritz Reiner,
Jennie Tourel,
William Warfield,
Bernhard Paumgartner,
Lisa Otto,
Dietrich Fisher-Dieskau,
Gottlob Frick,
Rolf Gerard,

Josef Krips,
Denis Harbour,
Lois Marshall,
George Szell,
Erika Köth,
Max Reinhardt,
Eric McLean,
Franz Kraemer,

Clemens Holzmeister,
Ferdinand Leitner,
Gunther Rennert,
Ita Maximova,
Nicolai Gedda,
Glenn Gould,
Fritz Krauss,

Marc Samson,
Hans Hotter,
Fritz Wunderlich,
Teo Otto,
Böhme,
Walter Goehr,
Alfred Jerger,

Chapitre 14

Max Graf,
Heinrich Hollreiser,
Eberhard Wächter,
Chantal Simoneau,

Jan Rubes,
Ljuba Welitch,
Elena Nikolaidi,

Chapitre 15

Leontyne Price,
Joan Sutherland,
Kurt Herbert Adler,
Pablo Casals,
Clarice Carson,
Norman Scott,
Bernard Turgeon,
Mary Garden,
Gilles Lefebvre,
John Boyden,

Seiji Ozawa,
Weldon Kilburn,
Peter Maag,
Victor Di Bello,
Colette Boky,
Elmer Iseler,
Arnold Gamson,
Georges Prêtre,
Jean Gascon,
Irving Guttman,

Chapitre 16

Jean-Yves Landry,
Louise Lebrun,
Serge Garant,
Peter Symcox,

Jean-Louis Pellerin,
Pierre Morin,
Otto Werner-Mueller,

Chapitre 17

Donald Gramm,
Julius Rudel,
Robert Prévost,
Teresa Stratas,

Claude Gingras,
Zubin Mehta,
Jean-Claude Rinfret,

Chapitre 18

Jean-Noël Tremblay,
Jean Drapeau,
Franz-Paul Decker,

Sœur Marie-Stéphane,
Bernard Diamant,

Chapitre 19

François Cloutier,
Alfredo Bonavera,
Carlo Maestrini,
Pierre Béique,
Maria Holt,
Aaron Copland,

Marcel Piché,
Marcel Caron,
Claire Kirkland-Casgrain,
Cyrille Felteau,
J.J. Johannesen,

Chapitre 20

Timothy Vernon,
Wayne Vogan,

Guy Bélanger,
Harold C. Schonberg,

Annexe 2

Irving Kolodin,
O. Panerai,
Mario Bernardi,

Ilse Hollweg,
Janine Lachance,
J.B. Steane,

Achevé   Imprimerie
d'imprimer Gagné Ltée
au Canada Louiseville